臺灣歷史與文化_{研究輯刊}

十九編

第 15 冊

洪棄生《詩》《騷》別裁的遺民詩史研究

陳光瑩 著

花木蘭文化事業有限公司

國家圖書館出版品預行編目資料

洪棄生《詩》《騷》別裁的遺民詩史研究／陳光瑩 著 -- 初版
-- 新北市：花木蘭文化事業有限公司，2021〔民110〕
目 4+258 面；19×26 公分
（臺灣歷史與文化研究輯刊十九編；第 15 冊）
ISBN 978-986-518-463-6（精裝）
1. 洪棄生 2. 臺灣詩 3. 遺民文學
733.08   110000679

ISBN-978-986-518-463-6

9 789865 184636

臺灣歷史與文化研究輯刊
十九編　第十五冊
ISBN：978-986-518-463-6

洪棄生《詩》《騷》別裁的遺民詩史研究

作　　者	陳光瑩
總 編 輯	杜潔祥
副總編輯	楊嘉樂
編　　輯	許郁翎、張雅淋　美術編輯　陳逸婷
出　　版	花木蘭文化事業有限公司
發 行 人	高小娟
聯絡地址	235　新北市中和區中安街七二號十三樓
	電話：02-2923-1455／傳真：02-2923-1452
網　　址	http://www.huamulan.tw 信箱 service@huamulans.com
印　　刷	普羅文化出版廣告事業
初　　版	2021 年 3 月
全書字數	223706 字
定　　價	十九編 23 冊（精裝）台幣 60,000 元

洪棄生《詩》《騷》別裁的遺民詩史研究

陳光瑩　著

作者簡介

作者：陳光瑩（1967～）

簡歷：國立高雄師範大學文學博士，曾任南開科技大學助理教授，任教十五年。現職為臺中市立臺中第一高級中等學校國文老師，任教八年。

發表的相關作品，期刊論文兩篇：

一、〈洪棄生題畫詩題品畫境與書寫世變之研究〉，《南開學報》（第6卷第1期，2009年6月，頁1～14）。

二、〈洪棄生遊仙詩世變書寫之研究〉《應華學報》（2006年12月，頁61）。

研討會論文七篇：

一、〈「變格」與「意境」——洪棄生詩歌創作論研究〉，《第六屆思維與創作學術研討會論文集》（臺南市：國立臺南大學國語文學系，2012年9月）。

二、〈洪棄生「鹿港」詩文在地書寫研究〉，《國立聯合大學2011通識教育與在地產業、文化學術研討會論文集》（苗栗市：國立聯合大學通識教育中心，2011年12月，頁45～72）。

三、〈論洪棄生自述文與鹿港村里人物傳記文的特色〉，《2010年彰化研究學術研討會——彰化村史與社會變遷史研究論文集》（彰化：彰化師範大學文學院，2010年10月16日～10月17日，頁63～85）。

四、〈洪棄生古典的漢詩教學研究〉，《第七屆提升職業倫理與職業道德教育研討會論文集》（彰化：建國科技大學通識教育中心，2010年4月30日，頁1～29）。

五、〈論洪棄生紀遊南投山水詩文的旨趣風格〉，《風語南投——在地歷史與在地文化學術研討會論文集》（草屯：南開科技大學，2009年7月3日，頁143～181）。

六、〈施梅樵詩歌中的書畫創作觀研究〉，《文學中的老境——老年心境的探索與開掘學術討論會論文集》（草屯南開技術學院，2007年9月20日，頁30～58）。

七、〈洪棄生題畫詩研究〉，《「福祉」內涵學術討論會論文集》，（草屯：南開技術學院，2006年7月20日，頁30～58）。

專書著作五本：

一、《儒醫謝道隆《小東山詩存》研究》（新北市：花木蘭文化出版社，2020年3月）。

二、《洪棄生的旅遊詩歌：《八州詩草》研究》（臺北：花木蘭文化出版社，2015年3月）。

三、《洪棄生集》（與程玉凰老師合著）（臺南：國立台灣文學館，2012年）。

四、《臺灣古典詩家洪棄生》（臺中：晨星出版社，2009年）。

五、《吳梅村諷諭詩研究》（臺北：花木蘭文化出版社，2009年）。

詩集兩本：

一、《穎生詩集》（古典詩集）（臺北：秀威資訊，2018年）。

二、《震作稿》（現代詩集）（臺北：秀威資訊，2017年）。

提　要

　　洪棄生（西元一八六六～一九二八年），清末臺灣鹿港秀才，為臺灣古典漢文學詩文大家。日治時期貞隱不仕。「洪繻」、「洪棄生」則是乙未年（西元一八九五年）之後改取之名與字，寓意自己是清朝棄民，以教授並傳承漢學，創作古典詩為志。本書研究其《詩》《騷》別裁的遺民詩史。緒論分析乙未臺灣遺民洪棄生。研究方法闡釋棄生詩文體裁新變論。確立研究範圍、文獻探討、批評方法與論文架構。

　　根據《文心雕龍‧知音》六觀之法，批評洪棄生的遺民詩史，因此各章要旨如下：

　　第一章「憑情以負氣，遺民詩變論。」本六觀的觀位體，析論洪棄生的遺民詩新變理論，因《文心雕龍‧定勢》講的「因情立體」，「憑情以負氣」來分析宋明遺民詩的情志和正氣。以及洪棄生對當代晚清詩壇「同光體」詩人的批判與學習。

　　第二章「題材源《詩經》，比興標風格。」本六觀的觀置辭，析論洪棄生的題材源《詩經》理論，因用詞造句的技巧，即文學語言的藝術來分析《詩經》以賦比興的寫作法來標舉風格。

　　第三章「《楚辭》繼《詩經》，通變為詩史。」本六觀的觀通變，析論洪棄生就「變風變雅以諷論」，論中國古代詩人杜甫與陸游的性情及詩作，以及身世背景，因杜、陸二公詩多得變風遺音，詩染變風遺音，性情亦近之。清末世變方殷，詩人作品多染變風，棄生〈讀變雅詩說〉、〈讀變雅書感〉等文感慨家國，有憂世憂身之感，引《詩經》變風變雅以諷世傷時。認為《楚辭》繼《詩經》，通變為詩史。

　　第四章「《騷》變《詩》神理，執正以馭奇。」本六觀的觀奇正，指題材與風格的奇正，如宗經載道為正，參騷酌緯為奇。析論洪棄生論《楚辭》，稱許屈原以曠古逸才，運三百篇神理，變三百篇體形，不獨古賦之祖，亦古詩之祖。棄生詩作仰挹〈離騷〉的儒道思想與華采。以《詩經》之正以馭《楚辭》之奇。

　　第五章「《九歌》置辭奇，香草美人興。」本六觀的觀置辭，析論洪棄生的《楚辭》理論，因修辭的技巧，分析《楚辭》以香草美人比興的寫作。

　　第六章「〈遠遊〉而遊仙，設情以位體。」本六觀的觀位體，設情以位體，洪棄生以析論《楚辭》為後代詩歌題材與風格淵源。洪棄生論李白之〈遠別離〉、〈春日行〉，杜甫之〈寄韓諫議注〉等詩善學騷。所謂善學騷在於肖神不肖形。

　　第七章「〈招魂〉〈天問〉典，奧衍詩事義。」本六觀的觀事義，洪棄生析論《楚辭》〈招魂〉〈天問〉典故，風格奧衍，為其遺民詩史的淵源，品評洪棄生詩用典以足義的標準。

　　第八章結論，析論洪棄生親風騷而別裁偽體，因身為乙未臺灣遺民而為詩史，風格清新而詩句隱秀。總結其詩論與詩作的苦心孤詣與新變代雄。

目次

緒　論

　　洪棄生（西元一八六六～一九二八年），清末臺灣鹿港秀才，為臺灣古典漢文學詩文大家。日治時期貞隱不仕。「洪繻」、「洪棄生」則是乙未年（西元一八九五年）之後改取之名與字，寓意自己是清朝棄民，以教授並傳承漢學，創作古典詩為志。西元一九二一年辛酉（民國十年），鹿港「大冶吟社」成立，由洪棄生、施梅樵指導詩作。乙未年（西元一八九五年）臺灣割日後，洪棄生〈臺灣哀詞〉云：

> 魯仲千金恥帝秦，竟看時事化埃塵；有懷蹈海鼇梁折，無淚填河蜃氣皴。島嶼於今成糞壤，江山從此署遺民。棼棼玉石崑岡火，換盡紅羊劫外人。

　　鼇梁本自《楚辭・天問》：「鼇戴山抃，何以安之？」鼇暗示島，因此「鼇梁折」，借指臺灣淪陷。蜃氣：在此借指虛幻的國家，指臺灣民主國。紅羊劫指國難。古人以為丙午、丁未是國家發生災禍的年份。丙丁為火，色紅；未屬羊，故稱。「島嶼於今成糞壤，江山從此署遺民」，點出臺灣被清朝遺棄，悲憤之情，充斥胸臆。洪氏雖企求隱逸猶有濟世心懷，從生命反省到曠達應世，無非「以筆代戈」，反映臺灣士人的生存困境，抵抗日人的殖民統治，饒富「詩史」意涵。筆者的著作分析其「生壙詩」十六首（五古四首、七古四首、七絕八首），以《楚辭》的神話意象，推許謝道隆乙未抗日的義舉。〔註1〕生壙詩中如鯀竊息壤等典故本自《楚辭・天問》，亟欲拯溺而無奈蓬島淪陷。

〔註 1〕陳光瑩著，《儒醫謝道隆《小東山詩存》研究》（新北市：花木蘭文化出版社，2020 年）。

　　乙未年（西元一八九五年）臺灣割日後，洪棄生的諷諭詩可謂「詩史」，描寫臺灣受到日人殖民的痛楚，內容包括日治初期臺人抗日的英勇事蹟等等。筆者的著作分析諷諭詩的起源，早在詩三百篇的創作時代已開其端，現實社會可以說是諷諭詩取材的重要來源。再者，孔子以實用觀點說詩，春秋列國大夫間的聘問賦詩言志，使詩的諷諭功能更為顯著。漢儒以「美刺諷諭」說詩，和風雅頌賦比興六義相比附，詩的主要存在意義似乎只有「美刺諷諭」了。〈詩大序〉云：「風，風也，教也；風以動之，教以化之。故正得失、動天地、感鬼神，莫近於詩。……國史明乎得失之跡，傷人倫之廢，哀刑政之苛，吟詠情性以風其上。」由「美刺諷諭」的觀點闡述了風雅頌的意義，更說明了「風詩」根植於現實社會，以委婉譎諫使「言之者無罪，聞之者足以戒」。此外，《毛詩》獨標興體，鄭玄以政教善惡的觀點解釋「六義」。《周禮·春官·大師》鄭注所云。此漢儒「美刺諷諭」的《詩》說，容可討論，但其詩論實已奠定諷諭詩的理論基礎。鄭注所云「賦之言鋪」，直鋪陳得失；「比興」則取類喻勸，較為曲隱，故後人討論頗多。王逸《楚辭章句》以比興寄託為楚辭的主要技巧，所謂「善鳥香草以配忠貞，惡禽臭物以比讒佞」。劉勰《文心雕龍·比興》也說：「楚襄信讒，而三閭忠烈，依詩製騷，諷兼比興。」「詩史」比興諷諭之傳統自以《詩經》楚騷為大成，由來已久。洎乎盛唐，詩歌大盛。杜甫感時憂國的諷諭詩作，後人推為「詩史」。杜甫「詩史」，指其詩善陳時事，寓含悲歡、忠憤及褒貶，故後人重之。龔鵬程云：「詩史，乃是以敘事的藝術手法，記錄事件，而又能透顯歷史的意義與批判的一種尊稱。」〔註2〕杜甫「詩史」敘事詠懷、諷刺批判兼具，乃「詩」而為「史」者，此精神為中唐元白所承繼。棄生實上承風雅及漢儒詩論，近師杜甫「詩史」，中唐元白新樂府。〔註3〕

　　筆者的著作分析棄生諷諭詩的寫作，主張「學養深厚，快直為信。」作詩先須學養。學養深沈，詩作方不流於俗囂：「閱近人感事詩無慮數百首，非俗調未除，即囂塵難耐。求其有衝冠變徵之音，而無劍拔弩張之態者誠鮮。因見咸豐時張文節（洵）感粵匪之變八首，殆於養到木雞而仍覺可歌可泣。」〔註4〕詩雖有衝冠變徵之悲憤，卻不流於劍拔弩張之囂塵態，端賴深厚的學

〔註2〕龔鵬程著，《詩史本色與妙語》（台北：學生書局，1993年），頁24～25。
〔註3〕陳光瑩著，《臺灣古典詩家洪棄生》（台中：晨星出版社，2009年），第五章。
〔註4〕《寄鶴齋詩話》，頁143。

養。棄生畢竟是學者而兼詩人，所欣賞的張洵詩作，多用古代典型人物來稱
代詩人，既「可作當時故實讀」，又不流於露骨之指斥，自然較「氣厚詞醇」。
〔註5〕即使指斥犀利，詩語亦以古雅為尚，體裁以舊製為範，內容又能推陳出
新者為佳。《寄鶴齋詩話》卷七錄易順鼎〈剪髮〉詩，因「全臺風氣，競尚剪
髮，惟余一家，迄今未剪。」〔註6〕讀易氏詩而深喜人有同心。

　　筆者的著作分析棄生諷論詩的寫作，主張「敘事覈實，議論允當。」「詩
史」之可貴，在彰顯詩情及史識。詩情貴真；議論允當方顯識見洞達。強調敘
事覈實，目擊存真，棄生因舉清代咸同間詩人黃鈞宰（字宰平，號天河，江蘇
淮陰人，西元一八二六？～？）〈避兵詩〉寫咸豐三年（西元一八五三年）太
平天國亂世，描寫逼真，讀之感愴。〔註7〕又批評黃遵憲（西元一八四八～一
九〇五年）〈臺灣行〉議論不公，大污筆墨。黃遵憲〈臺灣行〉詩云：「……噫
戲吁！悲乎哉！汝全臺，昨何忠勇今何怯，萬事反覆隨轉睫。平時戰守無豫
備，曰忠曰義何所恃？」〔註8〕詩末誠責人太甚。相較之下，清末詩人王國維
（初名國禎，字靜安，又字伯隅，號禮堂，晚年又號觀堂、永觀，浙江省海寧
縣人，西元一八七七～一九二七年）於民國元年（西元一九一二年）所作的
〈頤和園詞〉，用清初吳偉業的「梅村體」詩格，敘清室鼎革事。棄生讚許王
國維有詩人之銳感，及學者之博識，詩深有情韻而具見雅度。

　　棄生「詩史」的寫作，宗法杜甫的「別裁偽體親風雅」，以風騷為典則，
別裁偽體，分別優劣，決定取捨，懸為論詩作詩之圭臬。就「變格破體以求
新」棄生作詩，在「求其可古可今而不可俗而已」，變格破體以求新方能超越
前人，有所成就：

> 余言詩，不主宗派，不立宗旨，惟一意以古時之詞，寫今時之事；
> 以今人之情，入古人之格。唐以前多含蓄，而不能盡事情，則取唐
> 以後之法發揮之。宋以下專發淺而不能涵風韻，則取宋以上之格約
> 束之，求其可古可今而不可俗而已。

〔註5〕《寄鶴齋詩話》，頁144。
〔註6〕《寄鶴齋詩話》，頁151。
〔註7〕黃鈞宰著，《金壺七墨》。《續修四庫全書》第1183冊（上海：上海古籍出版
　　　社，1999年版）。黃鈞宰《金壺遯墨》卷1。詩之本事又參見倪在田著，《揚
　　　州禦寇錄》卷上。收於楊家駱主編，《太平天國文獻彙編》第五冊（民國62年
　　　12月初版）。
〔註8〕洪棄生，《寄鶴齋詩話》，頁139。黃遵憲著，《人境廬詩草箋注》（上海：上海
　　　古籍出版社，1999年12月第二刷），卷8。

「以古時之詞，寫今時之事。」棄生因主張詩語當雅正，不可攙入方言、俗語。「以今人之情，入古人之格。」則貴在轉益多師，取法前人之優點，以求詩作格高而不俗。論其取徑及方法，如棄生云：

> 或問入格之道當如何？余謂此不可以言詞形容也，當自取漢魏晉宋
> 及初唐盛唐諸名家詩習之。習之既久，唐以前各名家精神懸於心目，
> 則自無不入格之作，彼時再瀏覽宋元明及國朝諸家，則萬象在旁，
> 唐以上、唐以下之人皆入我鑪錘，又庶幾其到矣。

平日寢饋於前人詩作，以研法取神；臨文之際復善自錘煉，詩作庶幾可入格而到家。又云：

> 學三百篇，學離騷，皆當寢饋於平時，而下筆時則不容絲毫著意，
> 當以無心自然得之，乃能有合。不然雖賈長沙、班孟堅，不免無味，
> 何況他人？〔註9〕

平日學《詩經》、《離騷》，並取徑漢魏以下詩作，此本自劉勰《文心雕龍·通變》「參古定法」的理論。〔註10〕至於作詩時不容絲毫著古人意，「當以無心自然得之。」亦本自宋人「妙悟」之說。清人袁枚也說：「人閒居時，不可一刻無古人，落筆時不可一刻有古人。平居有古人，而學力方深。落筆無古人，而精神方出。」〔註11〕要在真積力久，鑪錘功深，看似無心自得，如陸游所謂「文章本天成，妙手偶得之。」實乃用功所致。以下先就身分認同的觀點論乙未臺灣遺民洪棄生。

第一節　研究動機：論乙未臺灣遺民洪棄生

乙未年（西元一八九五年）清廷割讓臺灣給日本，洪棄生貞隱不仕，批評日人治臺苛政，如抱器之魯生，傳承漢學，可視為遺民和逸民。「遺民」一詞，最早見於《左傳》和《孟子》。《左傳·閔公二年》：「衛之遺民男女有七百三十人。」又《左傳·襄公二十九年》：「陶唐氏之遺民。」《孟子·萬章上》：「〈雲漢〉之詩曰：『周餘黎民，靡有孑遺。』信斯言也，是周無遺民也。」因此，論者何冠彪認為：

〔註9〕《寄鶴齋詩話》，頁30、33、6。
〔註10〕劉勰著，王更生注譯，《文心雕龍》下篇，頁50。
〔註11〕袁枚原著，張健選，《隨園詩話精選》（台北：文史哲出版社，1986年4月一版），頁90。

遺民的本義是指國亡而遺留下來的人民。至於現在指易代後不仕新
朝的人……乃是後起的意思。……。

何冠彪認為平時歸隱的人物和因國亡而後歸隱的人並列，忽略他們不同
的退隱理由，並不能符合史家求真的精神。辯之甚詳。〔註12〕

洪棄生日治時期不願出仕，又不認同日人政權，而且隱逸以求能避世，
可稱為遺民和逸民。論者龔鵬程討論中國逸民的傳統，舉出許由不要堯的政
權，吳太伯讓國逃走，吳公子季札避位，儒家從《易經》以下就很強調。因為
逸民是一個人基於對天下的關懷，孔子即屬於這種人。《莊子·逍遙遊》也藉
由鯤鵬表達胸懷天下之志。後代又如東漢嚴光。逸民的特點是看不起政權，
也不跟政權合作。另一種是遺民，遺民認同政權，但其認同的政權已消失，
而對現存的政權，遺民並不認同。遺民的代表人物如陶淵明，他在東晉滅亡
後，所寫的作品就不記年號，表示不認同劉宋。遺民和逸民不是西方政府法
律制度下的「公民不服從」。遺民和逸民不朝天子、不揖大夫，是國境內的化
外之民。〔註13〕

中國傳統士人面對時勢而無力兼濟天下時，退而獨善其身，甚至貞隱以
求志，保存以天合天的純真自然。棄生效法前賢，日治時期貞隱以求志，他
詠生壙的詩提及王績（字無功，絳州龍門人，人號東皋子，著〈醉鄉記〉，又
著〈五斗先生傳〉，西元五九〇～六四四年）之類的隱士，以及阮籍之類的傲
世佯狂，實有尚友古人，旌賁而舉逸民之意。詠生壙的詩句如「王績醉餘書
葬地」、「王無功壙寄河渚」。《舊唐書》稱阮籍、王績：「阮嗣宗傲世佯狂，王
無功嗜酒放蕩，才不足而智有餘，傷其時而晦其用，深識之士也。」〔註14〕，
據《舊唐書》王績琴酒自樂以保真素。〔註15〕儒醫謝道隆和洪棄生引為典範。
他們因為臺灣割日，既有社會秩序毀滅失落的悲傷感受，寂寞而思慕古人，
藉由歷史經驗與文化價值來處理情緒、以面對人生。印證《莊子·應帝王》
中，列子「於事無所親，雕琢復樸。」的生活態度。從日常生活中活出真趣，

〔註12〕何冠彪著，《明末清初學術思想研究》（台北：台灣學生，1991年），頁102～
　　　　105。
〔註13〕龔鵬程著，《中國文學十五講》（臺北市：臺灣學生，2013年8月），頁197～
　　　　200。
〔註14〕宋張昭遠等撰，楊家駱主編，《新校本舊唐書附索引·列傳第142·隱逸》（台
　　　　北：鼎文書局，1976年10月初版），卷192，頁5116。
〔註15〕宋張昭遠等撰，楊家駱主編，《新校本舊唐書附索引·列傳第142·隱逸》（台
　　　　北：鼎文書局，1976年10月初版），卷192，頁5115～5116。

中國文人陶潛歸隱田園後的詩作每有相應的情趣。《科山生壙詩集》中的詩人以文會友，以友輔仁，本諸求道立誠的態度，詩作充滿傳統士人憂身憂世之情懷。〔註16〕

　　論者龔鵬程討論中國逸民的傳統，舉出許由不要堯的政權，吳太伯讓國逃走，吳公子季札避位，儒家從《易經》以下就很強調。因為逸民是一個人基於對天下的關懷，孔子即屬於這種人。《莊子・逍遙遊》也藉由鯤鵬表達胸懷天下之志。後代又如東漢嚴光。逸民的特點是看不起政權，也不跟政權合作。另一種是遺民，遺民認同政權，但其認同的政權已消失，而對現存的政權，遺民並不認同。遺民的代表人物如陶淵明，他在東晉滅亡後，所寫的作品就不記年號，表示不認同劉宋。遺民和逸民不是西方政府法律制度下的「公民不服從」。遺民和逸民不朝天子、不揖大夫，是國境內的化外之民。〔註17〕

　　儒家所謂「舉逸民」的政治理念，彰顯儒家為政以「德」的思想。如《論語・堯曰》：「……興滅國，繼絕世，舉逸民，天下之民歸心焉。所重：民、食、喪、祭。寬則得眾，信則民任焉，敏則有功，公則說。」具體的施行方法：「謹權量，審法度，修廢官」這三點，而能「興滅國，繼絕世，舉逸民」，才能獲得民心的歸向。「興滅國，繼絕世」指的是不斷前代之後，亦即以仁心延續各族的生存權。「舉逸民」，業師康義勇認為指的是舉用被遺落而節行超逸的人才，用人惟才，使俊傑在位。〔註18〕後漢書〈逸民列傳第七十三〉引《易經》〈遯卦〉爻辭，發揮「逸民」就性分所至，「亦云性分所至而已」，是逸民的人生抉擇，不必盡是親魚鳥而遠人群的隱者。〔註19〕其為「逸民」的動機，不外憂生憂世之感，「或隱居以求其志，或回避以全其道，或靜己以鎮其躁，或去危以圖其安，或垢俗以動其槩，或疵物以激其清。」只在審時而動，高尚其志，以全其道而靜己慮。筆者的著作分析〈逸民列傳第七十三〉云嚴光曰：

〔註16〕陳光瑩著，《儒醫謝道隆《小東山詩存》研究》（新北市：花木蘭文化出版社，2020 年 3 月），頁 9～10。

〔註17〕龔鵬程著，《中國文學十五講》（臺北市：臺灣學生，2013 年 8 月），頁 197～200。

〔註18〕康義勇著，《論語釋義》（高雄：麗文文化，1993 年），頁 1601。

〔註19〕范曄著，楊家駱主編，《新校本後漢書并附編十三種》（台北市：鼎文書局，1999 年 4 月二版一刷），頁 2755～2757，卷 83，〈逸民列傳第七十三〉。

昔唐堯著德，巢父洗耳。士故有志，何至相迫乎！」帝曰：「子陵，
我竟不能下汝邪？」於是升輿歎息而去。〔註20〕

　　引用論者劉紀曜分析「道仕」與「身隱」的分別，認為「道仕」是為了實
現「道」的理想而出仕的觀念、態度。「身隱」是指為追求個人的養生、適性
與逍遙而隱。〔註21〕嚴光之流，行為合於養生保真、不貪辭爵、清靜不競等
觀念。棄生從積極參加科舉考試，懷有「道仕」理想。乙未年後，貞隱不仕日
人，乃由「道仕」退而「身隱」。此嚴光之高風。

　　儒家淑世的理想即在化民成俗。《論語‧子罕》：「子欲居九夷。或曰：『陋，
如之何？』子曰：『君子居之，何陋之有？』」孔子強調君子修己以安人，進而
化民成俗。若舉歷史史實，如箕子遠赴朝鮮，管寧避地遼東。漢末三國時期
的管寧，因逢戰亂，避地遼東，守志箕山，孝親睦族，清高厲節，此逸民高且
廉之風範。《三國志‧魏書‧袁張涼國田王邴管傳》記東漢末的管寧行誼，裴
松之注引傅子曰：「邴原性剛直，清議以格物，度己下心不安之。寧謂原曰：
『潛龍以不見成德，言非其時，皆招禍之道也。』密遣令西還。」〔註22〕正
始二年，魏太僕陶丘一、永寧衛尉孟觀、侍中孫邕、中書侍郎王基薦管寧，其
詞有云：「中平之際，黃巾陸梁，華夏傾蕩，王綱弛頓。遂避時難，乘桴越海，
羈旅遼東三十餘年。在乾之姤，匿景藏光，嘉遁養浩，韜韞儒墨，潛化傍流，
暢於殊俗。」〔註23〕

　　管寧既以「潛龍以不見成德」來勉人並且自勉，其思想本自《周易》乾
卦初九卦辭稱：「潛龍勿用」，〈文言傳〉解釋云：「初九曰：『潛龍勿用』，何謂
也？子曰：『龍德而隱者也，不易乎世，不成乎名，遯世无悶，不見是而无悶，
樂則行之，憂則違之，確乎其不可拔，潛龍也。』」乾卦初九爻變則為姤卦，
卦辭稱：「女壯，勿用取女。」也有「勿用」之詞，姤是不期而遇的危機之象。
〔註24〕《三國志》所謂「在乾之姤」，實以「潛龍勿用」喻管寧之德操。而
所謂「韜韞儒墨」，指管寧為儒墨二家所標榜的士人典型。棄生篤信儒術，自

〔註20〕范曄著，楊家駱主編，《新校本後漢書并附編十三種》（台北市：鼎文書局，
　　　　1999年4月二版一刷），頁2763～2764，卷83，〈逸民列傳第七十三〉。
〔註21〕劉紀曜著，〈仕與隱——傳統中國政治文化的兩極〉，《理想與現實》（台北：
　　　　聯經文化公司，1987年2月），頁292～295、308。
〔註22〕陳壽著，楊家駱主編，《新校本三國志注附索引》（台北市：鼎文書局，1997
　　　　年5月9版），卷11，頁354。
〔註23〕陳壽著，楊家駱主編，《新校本三國志注附索引》，卷11，頁359。
〔註24〕劉君祖著，《易斷全書：理解《易經》斷卦的實用寶典》第一輯，頁95～97。

年少撑持家事，參與鄉族慶弔冠昏，以優異的文采贏得書院山長的獎金鼓勵，卻轉濟鄉黨之矜寡哀憐者，棄生出處近於隱逸之遺民，如其子洪炎秋所記留辮一事：

> 我的那一條辮髮，是在二十五年前，斷送在下村海南的手中的，「讐人見面，分外眼明」，所以他這篇文章，特別惹我注意。我既知和他有這一段關係，聽到他講起辮髮，觸著舊傷痕，自然是要沉不住氣，不能不出來狗尾續貂，添補幾句。在二十五年前，他當了我們那裡的民政長官，少年得志，勇於作為，第一步就要使他屬下人民，有所表示，於是下令勸誘剪辮放足，標榜同化，下級警吏，聽到上司屁聲，便覺得大似雷響，雷厲風行，爭顯成績，攔途剪人辮髮，入閨解人腳布，弄得雞犬不寧，閭閻騷擾，我的辮髮就是在那個時候，被警吏在路上給剪掉的。「我雖不殺伯仁，伯仁由我而死」，下村雖不剪我辮髮，我的辮髮卻實在是由下村而失的。當時我父作了一首七律，詠他這個舉動說：「是何世界任摧殘，警吏施威六月寒。削足妄思求適屨，髡頭謬說慶彈冠。時無美鬢人人鬎，家有金蓮步步難。癸女丁男顛倒甚，此間奚事不心酸。」……我那時正打算到東京去留學，一條豚尾，方嫌累贅，所以樂得順水推舟，送個人情，借他杯酒，澆我壘塊，幾根頭髮，任他拔去，彼既可以感到勝利者的愉快，而我卻也能夠藉此減少了開拓前途的一個障礙，可以說是彼此稱心，兩達目的。可是在我父的立場看來，情形卻又不同，他在他自己的詩中說是：「垂之亦自嫌剺剺，斷之夫豈能彬彬？」一條辮髮，原也不是他所視為怎樣了不得的，只因它在那個時候，乃是最好的頑民標誌，所以他想要「且留尺寸來反脣」。任他警吏幾次催迫，總是相應不理的。稍為上級的官吏，對於我父的為人，對於我父的心情，還有理解，原想放任，不為已甚，可是少壯派的下級警察，則以威嚴所關，終不放鬆，我父因此頗覺自危，所以有感詠一律云：「穆生久懼楚人箝，藏尾藏頭二紀淹，髮短忽警城旦酷，令輕猶比路灰嚴。山中夏馥緘鬚去，世外淳于努目瞻，匿跡時將形影問，余顱何術葆鬖鬖？」我父當時因要逃避他們的兇勢，閉門不出者數月，但這班胥吏，因顏面攸關，且欲擒賊擒王。從抵抗最強處下手，所以非得我父而甘心不可，終於由某警部率領三四

個部屬，闖進我家，將我父那條碩果僅存的辮髮，倚靠暴力，強制剪去，因此又給我父添上一段詩料說：「長歎無天可避秦，中華遠海總蒙塵。本為海島埋頭客，更變伊川披髮人。愧與伍閭儕父輩，錯成廿載寓公身。江湖滿地供楀散，不數褌中蟣蝨臣。」……我父性極倔強，當時雖處於暴力之下，無法抵抗，任他剪去，其後卻並不進剪，仍留其半，而由兩旁作細辮科頭，為不今、不古、不中、不外的一種獨出心裁的編髮，警吏看這怪頭，雖甚切齒，終也無奈他何，只好從此不再過問了。我父於是又作了一首蓄髮詩，敘述這番光景說：「不歐不亞亦不倭，我髮雖短未嫦娥，我頭不與人同科，可屈可伸奈我何？垂垂漸覺成盤螺，有如玉山長嘉禾，不似童山空峨峨。隨俗不隨鄉人儺。老子頭顱聊自摩，任人訕笑語言訛，閉門縮頸甘藏窩，道逢獰吏掩而過，抱璧相如避廉頗。自笑楊朱拔一毛，有慚膚撓與目逃。幾根衰髮奚堅牢，如斯時世須哺糟，但余未能從時髦，耄矣老夫愛皤皤。」我父幾首關於剪髮的詩，很能描寫出執著於辮髮者中一派人的心情，是將來辮髮文獻中的很好的資料，所以我乘著下村海南氏的逗引，抄下幾首，敘明本事，以供後世的辮髮歷史研究者的徵引。後世如再有像江紹原先生那樣的人，對於髮鬚爪特感興味，要用辮髮作題，去寫一篇博士論文，這幾首詩如能於他有點用處，則他一面固須感謝我父，另一面也該感謝下村博士。蓋沒有下村博士先前那一道命令，是不會迫出我父的那幾首詩來；沒有下村博士後來這一篇隨筆，也是不會引我特標題目，加入註釋，把它送到中國文藝讀者的眼前來的。〔註25〕

從洪棄生遭喻台灣割日，深受日人殖民之痛來立論。對於個人的創傷，源自人被不公平的事件所擊垮，而如何處理心裡上的破碎感覺？個人解釋的本質將影響個人對事件的回應，此即受害者的創傷對話。包括對私密經驗或內在經驗的迴避和控制。但學者說得好：「部分的迴避成效將能使創傷生存者的整體感被切斷。」〔註26〕創傷後受創者的心理特徵，使其無法走出創傷，

〔註25〕洪炎秋著，〈辮髮茶話〉，見《閑話與常談——洪炎秋文選》（彰化市：彰化縣立文化中心，1996年7月），頁169～173。

〔註26〕Robyn D. Walser & Steven C. Hayes 著，林俊宏譯，〈接納與創傷生存者：適用的主題與問題〉，收於 Follette，Victoria 等著，楊大和等譯，《創傷的認知行為治療》（台北市：心理出版社，2004年），頁253～271。

迴避和麻木是兩個重要的關鍵點。從道德修養言,孔子稱許顏回好學,「不遷怒,不貳過。」遷怒即是情緒的迴避與轉移。重複犯錯的原因有可能是對個人行為反省的麻木,所作所為無能更新改變。而「過多的情緒壓抑(迴避)可能會導致情緒麻木或認知與情緒的解離。」〔註27〕反而擴大負面情緒,經歷事件的時間更拉長。洪棄生的哲嗣洪炎秋的那一條辮髮,斷送在民政長官下村宏(字海南,日本和歌山縣人,西元一八七五~一九五七年。一九一五年台灣總督安東貞美邀請其任民政長官)的手中的,只因日本統治者下令勸誘剪辮放足,標榜同化,下級警吏,聽到上司屁聲,便覺得大似雷響,雷厲風行,爭顯成績,攔途剪人辮髮,入閨解人腳布,弄得雞犬不寧,閭閻騷擾,洪炎秋的辮髮就是在那個時候,被警吏在路上給剪掉的。當時洪棄生作了一首七律〈厲行斷髮散足事感詠〉說:「是何世界任摧殘,警吏施威六月寒。」云云。七律〈逃剪髮感詠〉說:「穆生久懼楚人箝,藏尾藏頭二紀淹。」云云。七律〈再為厲行斷髮散足事感詠〉說:「長歎無天可避秦,中華遠海總蒙塵。」云云。七古〈蓄髮詩〉說:「不歐不亞亦不倭,我髮雖短未婷婀。」云云。

論者江燦騰認為此是舊式知識階層沒落後的反應,日人的優點,臺人被殖民而不滿、反抗之餘,但是向殖民者交心認同或借鏡學習的也有馴順反應。一九二〇年《台灣青年》創刊,台灣留日學生組成「新民會」,推林獻堂為會長。要求日人讓台灣人高度自治。一九二一年「台灣文化協會」成立,持續進行「議會設置請願運動」。面對日人禁鴉片、斷頭髮、解纏足以及標榜同化。由矢內原忠雄的著作,推論日治時期「同化」主張,皆不包括「政治同化」在內;反之有關「經濟」與「教育」的事務,可以允許逐漸「同化」,即是因此兩者有助於日人從中取利。〔註28〕然而從下級警吏,聽到上司屁聲,便覺得大似雷響,雷厲風行,爭顯成績,攔途剪人辮髮,入閨解人腳布,弄得雞犬不寧,閭閻騷擾。日人處理「土匪」「鴉片」等問題的兩面手法。誠如東鄉實和佐藤四郎共著《台灣殖民發達史》頁四八〇所說,日人「施惠」與「威壓」統治異民族,但若無正義則無尊嚴,無尊嚴則易生屈辱之感和反抗壓迫之意。〔註29〕

〔註27〕林俊宏譯,〈接納與創傷生存者:適用的主題與問題〉,頁258。
〔註28〕江燦騰著,《日據時期臺灣佛教文化發展史》(台北:南天,2001年元月初版1刷),頁3~4、158、128、134、151。
〔註29〕江燦騰著,《日據時期臺灣佛教文化發展史》,頁135、145~146。

　　「武裝抗日」失敗後，「兒玉、後藤體制」所主導的「大陸擴張政策」、
「領土侵略」動機。兒玉源太郎（長州藩的支藩—德山藩出身（今山口縣周
南市），一八五二～一九〇六年），臺灣第四任總督（一八九八～一九〇六
年）。後藤新平（今岩手縣奧州市，一八五七～一九二九年）曾為臺灣總督府
民政長官（一八九八～一九〇六年）所施行的統治方針、策略，屠殺臺灣人
如慘絕人寰之地獄。臺灣人的信仰生活，日人警察體系極端者毫不同情。後
藤的統治心態，在「日語問題」、「鴉片」等專賣問題，十足是臺灣殖民地統
治特徵。〔註30〕洪棄生在日治時期隱居不仕日人。隱居十年，年近不惑，其
〈遣意漫賦〉云：「欲免衣冠優孟容，永甘形塊哀駘醜。」卑微隱世，不願意
折腰侍奉權貴。沉著而無可奈何的憂鬱，〈遣意再賦〉云：「閉門鬱鬱無所為，
如頭受髡足受刖。」〔註31〕以受刑戮比喻淪為次等國民的屈辱和憂鬱。而「過
多的情緒壓抑（迴避）可能會導致情緒麻木或認知與情緒的解離。」棄生藉
由遺民情懷抒發，批評日人施政的苛刻。亦以風騷為典則，別裁偽體，寫作
遺民詩。以下分析其詩文體裁正變論。

第二節　研究方法：棄生詩文體裁新變論

　　棄生詩文體裁正變與新變論的要旨，正變論是「以時言詩」，見本書第三
章。而新變論是「以詩言時」。相同處是兩者都以共時的研究為主，著眼當代
的詩壇，分析作品如何反映現實？而作者又如何鎔鑄風格以新變代雄？研究
洪棄生的遺民詩史，如何親風騷而別裁偽體？其詩史又如何仰挹風騷而反映
現實？關於研究方法，因棄生精於《文心雕龍》的創作與批評論，以此提綱
挈領，引申義例，以為研究方法。

　　詩文體裁新變說的要旨即《南齊書·文學傳論》所強調的「若無新變，
不能代雄。」講求新變，才能獨自成家，雄長一代。不同於「風雅正變」
說，關切文學與時代的關係，又強調先王禮義，詩篇諷刺時政。

　　就詩體新變說，一如葉燮《原詩》內篇所說「詩遞變而時隨之」，所以當
「以詩言時」，不同於「風雅正變」說「以時言詩」。所以不能說詩在前必盛，

〔註30〕江燦騰著，《日據時期臺灣佛教文化發展史》，頁135、125～127、118～119、
　　　　105～115、81～82。
〔註31〕洪棄生著，《寄鶴齋詩集》，頁300。

在後必衰。〔註32〕葉燮《原詩》內篇云：

> 韓愈為唐詩之一大變。其力大，其思雄，崛起特為鼻祖。宋之蘇、
> 梅、歐、蘇、王、黃，皆愈為之發其端，可謂極盛。〔註33〕

葉燮《原詩》內篇稱杜甫為集大成者，韓愈為傑出者，又稱兩人與蘇軾鼎立為三，推崇極矣。論者朱自清闡發葉燮提到變有大小，「有因變而得盛者」，也有「因變而益衰者」。「伸正而詘變」並非全無理由，只是向來的「伸正而詘變」的不加辨別，一筆抹殺，卻不合道理。劉勰《文心雕龍‧通變》說「斟酌乎質文之間，而櫽栝乎雅俗之際。」以復古為通變，韓愈的古文承此精神，詩從杜甫起卻奇變不窮。從《孫子兵法》奇正說來訓詁，奇即變。宋代詩人如蘇軾等人以晉人「高風遠韻」為正宗，然而如論者張高評強調宋詩「新變代雄」的破體變體之美，引用朱自清〈論以文為詩〉的論點而闡述：

> 朱自清論詩，以為唐詩為選體之「變」，而宋詩又建立「新」傳統，
> 且發展「沈著痛快」之散文風格者，多因新變而成家，如蘇軾、劉
> 克莊詩是；若拘守吟詠情性、溫柔敦厚、「風詩正宗」者，如張戒、
> 嚴羽，皆不成家數。嚴羽雖不認同「沈著痛快」之「以文為詩」風
> 格，然《滄浪詩話‧詩辨》又不得不與「優遊不迫」並列為作詩的
> 兩大界限。〔註34〕

朱自清論「以文為詩」風格，以黃庭堅「以俗為雅，以故為新」的法門為「詩人之奇」，其流弊引發朱熹的復古論，沿及明代李夢陽的「文必秦漢，詩必盛唐」的復古。〔註35〕

嚴羽雖不認同「沈著痛快」之「以文為詩」風格，卻以「優遊不迫」並列為作詩的兩大界限。清初王原祁與王士禎論詩文與畫理相通，王原祁謂「始貴深入，既貴透出，又須沈著痛快。」又論倪元璐、董其昌書畫雖以「閑遠為工」，但「閑遠中沈著痛快」，乃董源、巨然嫡派，如禪家之有南宗。〔註36〕此「優遊不迫」中有「沈著痛快」，一如宋代蘇軾「以文為詩」者，吟詠情性，

〔註32〕朱自清著，《朱自清古典文學論文集》，頁351。
〔註33〕葉燮著，《原詩》。收於王夫之等撰，《清詩話》（上海：上海古籍出版社，1999年6月第1版），頁570。
〔註34〕張高評著，《宋詩之新變與代雄》（台北：洪業文化，1995年），頁178。朱自清著，《朱自清古典文學論文集》，頁91～99。
〔註35〕朱自清著，《朱自清古典文學論文集》，頁335～355。
〔註36〕王士禎著，《帶經堂詩話》（北京：人民文學出版社，1998年），頁86。

卻又能沈著痛快，如張高評前文所說：「打破格律拘忌，易形成奔騰揮灑之美，與頓挫闊達之勢，可免直致易盡之病。」棄生詩「優遊不迫」中有「沈著痛快」；感性與知性兼具。洪棄生詩論認為詩人風格恆兼唐宋，揭櫫唐宋詩的特色，以個人情性本有高華和平實，閱歷境遇有奇變和日常之跡，調和唐宋之爭。宋以下又標舉名家以為典範。其光緒二〇年甲午（西元一八九四年）〈擬作劉彥和文心雕龍序〉從詩文體裁源流與正變，論說詩文批評理論要旨，重點如下。

一、從「原道以徵聖」、「宗經而下緯」論文章體製

劉勰《文心雕龍・原道》原自然之理，稱「心生而言立，言立而文明。」棄生文學批評理論根源自《文心雕龍》，其〈擬作劉彥和文心雕龍序〉（甲午十一月十四日夕作）〉云：

> 劉舍人含毫渺然，凝思卓爾，想落九天，神遊八表，觀海登山之氣，無處形容，練都擬京之才，末由擴淺。鐘鳴蕭寺，空繙大藏之經；花落禪房，未作頭陀之記。既託僧門，遂依定室，幼悟根而無礙，翻瀾舌而不窮。釋典傳燈之籙，細作區分，慧門清淨之書，多資手定。

> 既而握餘鉛槧，心在創垂，夢入尼山，器隨孔步，乃有託而放言，明其神之攸注。而註經則服荀孔鄭有專家，述事則班馬范陳成鉅製。於是以文論文，闡千古不傳之秘；以意明意，炳百家未發之談，作為雕龍一編，信乎吐鳳之手。

> 其分體製也，原道以徵聖，意同韓愈；宗經而下緯，識過康成。騷詩賦頌，則異流而同源；碑銘表對，復振業以尋根。大有上下千秋之概，是為網羅百世之書。

> 其論文術也，幽渺無間，磅礡無垠，入乎文人之心，出乎造物之外，曲從藻繪，乾坤之妙用斯開，妙為雕鏤，學士之隱腸畢露。鑿混沌而無痕，罄洪鈞其進致，炙輠之思，醰醰而不竭；生花之筆，燦燦而無萎。譬若工師之琴，因人以變響，園客之絲，隨物而賦形。作者出以千端，論之約以數語。要言不煩，比周郎之識曲；精理為文，似師曠之審音。

> 其成編也，彌深鄭重，不苟異同，作為序志一篇，遂增書目五十，

析辭必根於理,立言必要乎中,無文士好奇之見,無才人釣詭之心,風雲變態,約而收於寸衷;金石遺聲,發而達於萬竅。陸機文賦,不足比其詳;子桓典論,不足方其致。精之至毫毛,而廣之彌宇宙,洵藝林之繡譜,而學海之元珠也。

夫六朝論文有三端焉,崇莊老之說,薄孔孟之道,則棄六經若芻狗,視五典為駢枝,用心乎無益之地,溺情乎廣莫之鄉,詞愈伸而理愈絀,文愈勝而質愈漓,而舍人本涉沙門,宜耽釋氏,乃金科玉牒,慕夫子之文章;河圖洛書,宗聖人之象數,是舍人之識也。

魏晉之後,齊梁之間,競為駢體,莫尚高文,故曹丕之稱阮瑀,皆因比儷之辭;謝朓之許稚圭,亦為雙行之句。而舍人體裁,又多對耦,則旨趣所存,宜求鞶悅之悅目,權衡攸在,當取綺縠而賞心。乃議論甚高,不囿應劉七子,推尊惟古,未拘任沈兩家。振其風流,已發三唐之盛,循其源委,將尋兩漢之蹤,故神思一作,早矯蕭代侈靡之風;通變一篇,遂啟韓公起衰之兆,是舍人之學也。

聲律之講,密於休文,自沿斯體,厥格遂卑,舍人生於當時,雖仍其說,別使成篇,不入於古詩之中,遂開乎唐律之徑。故流派迭鳴,中聲自存天地,繁音競奏,正響猶在人間。不瑟柱以論文,並轆轤而得解,是以騷可辨而詩可明,楚漢之流波未歇,采有情而隱有秀;河梁之古調猶新,是舍人之學而不雜也。

當其時騷壇事盛,文選樓開,秉風人之政,尺璧必收;操月旦之評,零金亦采。舍人以生與同時,故文不見錄,然而集滄海散珠,不可無曲穿之線;琢崑山片玉,何能無利切之刀,則將讀選中之鉅篇,正宜資文心為明鏡,一則別裁精,一則品論細也。〔註37〕

洪棄生說:「魏晉之後,齊梁之間,競為駢體,莫尚高文。」漢魏的賦和駢文,蔚為文苑精華,其根源自《詩經》、《楚辭》。棄生文學批評的規模和評準,本自劉勰《文心雕龍》。《文心雕龍》的內容結構,在〈序志〉篇有所說明:

蓋《文心》之作也,本乎道,師乎聖,體乎經,酌乎緯,變乎騷,

〔註37〕洪棄生著,《寄鶴齋駢文集》(南投:台灣省文獻委員會,1993年),頁99~100。

文之樞紐，亦云極矣。

業師王忠林指「文之樞紐」是文的本體論、思想論，是文的最高指導源則，也是劉勰對文學的基本觀點。〔註38〕棄生云：「其分體製也，原道以徵聖，意同韓愈。」《文心雕龍・原道》認為文學源於自然，即自自然然，自己如此，和老莊的自然，西方的自然不同。文學由道法自然，而聖人就天人之理，本乎道心而敷章。因此，詩文乃至書畫所推崇的「氣韻生動」，得乎道心而達到目擊道存的境界。學者柯慶明闡述謝赫《畫品》「六法」首言的「氣韻生動」，鍾嶸《詩品序》「氣之動物，物之感人，故搖蕩性情，行諸舞詠。」乃至「窮理盡性」所蘊涵的「『以至於命』、『盡生之極』的角度觀照，則『氣韻生動』所要求，恐怕更得是『原道心以敷章』而達到『目擊道存』的境界吧！」此與《文心雕龍・原道》以易象作為「文」的元始，亦以原道為「文」的形上根源，有異曲同巧之妙。」〔註39〕

劉勰《文心雕龍》的美學意義，《文心雕龍・原道》認為「心生而言立，言立而文明，自然之道也。」劉勰認為人工美要模仿自然。誠如王夢鷗所說，文學是表現美的文字工作。文學以美為內涵，以文字為媒介工具。《文心雕龍・原道》認為「文之為德（屬性）也，大矣，與天地並生者，何哉？夫玄黃色雜……，此蓋道之文也。」講美注重和諧，真善的統一，倫理、情感，形式、內容的自然和諧。當美包含真、善就要表現真情和善意，尤其在內容上，如此倫理和情感方能契合。文質彬彬，呈現要約、雅麗。創造的美要能率志，方能自然和諧，使心物合一。

自然和心靈的自然有關，聖人演繹自然之道而成人文之道。「夫子繼聖……曉生民之耳目矣。」《文心雕龍》〈徵聖〉云：「銜華而佩實。」「志足而言文，情信而辭巧。」聖人的情實而貴文，立下文章雅麗風格的典範。《文心雕龍》〈徵聖〉：

> 然則聖文之雅麗，固銜華而佩實者也。天道難聞，猶或鑽仰；文章可見，胡寧勿思。若徵聖立言，則文其庶乎！〔註40〕

情實與辭采互相配合，內容與形式協調，聖人之文立了這樣的典範。棄

〔註38〕王忠林著，《文心雕龍析論》（台北：三民書局，1998年），頁22。

〔註39〕柯慶明著，《柯慶明論文學》（台北：麥田人文，2016年7月），頁208～211。

〔註40〕劉勰著，王更生注譯，《文心雕龍讀本》（台北：文史哲出版社，1988年），頁20。

生〈擬作劉彥和文心雕龍序〉:「曲從藻繪,乾坤之妙用斯開,細為雕鏤,學士之隱腸畢露。」〔註41〕本自此觀點。師乎聖,聖人指孔子,聖人是最早把自然和人文結合,闡發其中的精義,即以人文化成自然。

學士師乎聖,文章則強調宗經。劉勰《文心雕龍·宗經》主張:「稟經以製式,酌雅以富言。」主張「建言修辭」應以五經為依歸。標舉「創作的標準」如下:

> 故文能宗經,體有六義:一則情深而不詭,二則風清而不雜,三則事信而不誕,四則義直而不回,五則體約而不蕪,六則文麗而不淫。

前四點偏重於作品內容,後二點側重於形式。劉勰的宗經是指經書文字的風格、內容、形式等。文能宗經,體有六義,學者王元化(西元一九二〇～二〇〇八年)認為六義中,「情深而不詭」指用情深刻而不詭詐。「風清而不雜」指作用純良(文章價值)而不駁雜。「事信而不誕」指取材、應用事例典故真實而不荒誕。「義貞而不回」指義理正大而不枉曲。「體約而不蕪」指文學風格簡煉而不拖沓。「文麗而不淫」指文辭華麗而不淫濫。

劉勰《文心雕龍·宗經》主張:「……詔策章奏,則《書》發其源;賦頌歌讚,則《詩》立其本。」賦頌歌讚,立本自《詩》。言文體風格而溯源自經書,又如顏之推(單字介,北朝臨沂(今山東臨沂縣)人,西元五一三～?)云:「凡作人為文,皆作彼語,理宜然矣。至於哀傷凶禍之辭,不可輒代。」〔註42〕又云:「文章地理,必須愜當。」〔註43〕「夫文章者,原出五經:詔命策檄,生於《書》者也;序述議論,生於《易》者也,歌詠賦詩,生於《詩》者也;祭祀哀誄,生於《禮》者也;書奏箴銘,生於《春秋》者也。」〔註44〕取法敘事美典以為研究方法,此因中國文人大都精於經書史籍,無論為文作詩,取材以為典故,別識會通以見心裁。文章宗經之說,本自劉勰《文心雕龍注釋·宗經》。《文心雕龍·原道》「心生而言立,言立而文明,自然之道也。」從日月山川之象形論聖人經典之神理,印證劉勰重視文人「雕琢情性,組織辭令」。〔註45〕氏附和云:「其分體製也,原道以徵聖,意同韓

〔註41〕《寄鶴齋駢文集》,頁 99。
〔註42〕《顏氏家訓》,頁 197。
〔註43〕《顏氏家訓》,頁 203。
〔註44〕《顏氏家訓》,頁 171。
〔註45〕劉勰著,周振甫注,《文心雕龍注釋》(臺北:里仁書局,1984 年),頁 32、1。

愈；宗經而下緯，識過康成。騷詩賦頌，則異流而同源；碑銘表對，復振業以尋根。」「其論文術也，幽渺無間，磅礴無垠，入乎文人之心，出乎造物之外，曲從藻繪，乾坤之妙用斯開，妙為雕鏤，學士之隱腸畢露。」〔註46〕氏稱許劉勰論文，強調文人之心磅礴幽渺，出入造物，妙為雕鏤，自然無痕。

二、從「尊古通變」、「神通千載」論〈宗經〉〈辨騷〉

　　洪棄生詩文風格清真古雅，其創作美學本自《文心雕龍‧通變》云：「矯訛翻淺，還宗經誥；斯斟酌乎質文之際，而櫽括乎雅俗之際，可與言通變。」〔註47〕宗經通變，作品「清真」而「古雅」，方能「文」「質」彬彬。語言「推陳出新」，立意化俗為雅。端在「憑情以會通，負氣以適變。」平日篤志博學，下筆之際，神思陶鈞，志氣情理，得心應手，自有不得不變，會通一貫之合作。〔註48〕

　　從文壇風氣與學術訓練言，清代為詩詞、古文、駢賦，各種文體集成熟練時期，作家能掌握各類文體特色風格，又能會通求變，方能推陳出新，與古人爭勝。洪氏光緒二十年（西元一八九四年）所作〈擬作劉彥和文心雕龍序〉云：「故神思一作，早矯蕭代侈靡之風；通變一篇，遂啟韓公起衰之兆，是舍人之學也。」〔註49〕氏詩文風格清真古雅，宗法《文心雕龍‧通變》與〈神思〉之說。宗經通變，端在「憑情以會通，負氣以適變。」〔註50〕以「尊古通變」、「神通千載」，懸為學養和創作的銘箴。

　　棄生的文學理論旨在由「辨體」，分辨文章體製；另一方面探源索流、遠紹旁搜而「尊體」，企求會通歷代文體風格異同，以「變格求新」，方能汲古而融鑄自家風格。劉勰《文心雕龍‧體性》論作者才性與作品風格有關。劉勰的體性論一方面本於才氣說，發揮了曹丕文以氣為主的論旨，而在創作及批評方面樹立了精確的原理，對作家文風派別予以劃分，一方面亦將體性論運用為文類區分的條件，予各類文體以明確的製作樣式，將曹丕、陸機的文體論作了更完密的補充。論者龔鵬程云：「但同樣作詩造論，不同的作者，仍然會表現不同的寫作特點，形成不同的風格，這就是體式的問題。」至於文體，如

〔註46〕洪棄生，《寄鶴齋駢文集》，〈擬作劉彥和文心雕龍序〉，頁99～100。
〔註47〕劉勰著，周振甫注，《文心雕龍注釋》，頁570。
〔註48〕劉勰著，周振甫注，《文心雕龍注釋‧神思》，頁515～516。
〔註49〕洪棄生，《寄鶴齋駢文集》（南投：台灣省文獻委員會，1993年），頁100。
〔註50〕洪棄生，《文心雕龍注釋》，頁570、515～516。

詩、樂府、章、表之類，是客觀的文學體製、體裁、類型。龔鵬程認為劉勰「以文體之體要為原則，而以才性為調節因素的。」所以〈通變篇〉云：「設文之體有常，變文之數無方。何以明其然耶？凡詩賦書記，名理相因，此有常之體。文辭氣力，通變則久，此無方之數。」以才入體，程才效技，把「學」的觀念帶進入，龔鵬程認為劉勰云：「才有天資，學慎始習。」兩者並列而說。這樣乃能教人去宗經、去徵聖。〔註51〕

　　劉勰《文心雕龍・體性》一篇討論作家的才性和作品的風格。業師王忠林認為「體」指文章的體貌，也就是風格。「性」指作家的才性，包括氣質、才能、性格等，也就是個性。〔註52〕劉勰論作家的性情與作品風格的關係見《文心雕龍・體性》：「各師成心，其異如面。」黃侃「文心雕龍札記」：「體謂文章形狀，氣謂人性氣有殊，緣性情之殊而所為之文異狀。」故「體性」是作品的體態而非文體。「體」指文章的風格，是外在的形式。「性」指作者的氣質、性格和才能。〔註53〕作家因內在精神的差別，致使作品表現出各各相異的情態，所以體態即本性、體性便是風格。體性分風格為八體。或二體為一，或互相融合烘托、陪襯。劉勰說：

　　若總其歸途，則窮八體，一曰典雅，二曰遠奧，三曰精約，四曰顯附，五曰繁縟，六曰壯麗，七曰新奇，八曰輕靡。

　　這是就文章的風格來分為八體，業師王忠林認為八種類型的劃分，「只是代表風格的基本類型」。〔註54〕劉勰又提出人的情性不同，形成他獨有文體。劉勰說：「是以賈生俊發，故文潔而體清，長卿傲誕，故理侈而辭溢。」所論人物很多，不再煩引。

　　劉勰《文心雕龍・辨騷》認為屈原的作品，上承詩經，下開漢賦，所謂奇文鬱起，並引淮南王劉安作傳，以為「國風好色而不淫，小雅怨誹而不亂，若離騷可謂兼之矣。蟬蛻穢濁之中，浮游塵埃之外，皭然涅而不緇，雖與日月爭光可也。」駁斥班固的說法，稱許王逸、揚雄的識見。劉勰認為屈原的作品「同乎風雅」者「四事」，即「典誥之體」、「規諷之旨」、「比興之義」、「忠怨之辭」；「異乎經典」者「四事」，即「詭異之辭」、「譎怪之談」、「狷狹之志」、

〔註51〕龔鵬程著，《才》（台北：臺灣學生，2006年），頁117。
〔註52〕王忠林著，《文心雕龍析論》（台北：三民書局，1998年3月初版），頁401。
〔註53〕劉勰著，羅立乾注譯，李振興校閱，《新譯文心雕龍》（臺北市：三民書局，1996年），頁445。
〔註54〕王忠林著，《文心雕龍析論》，頁405。

「荒淫之意」。以通變的觀點強調「酌奇而不失其貞，翫華而不墜其實。」可謂識見卓犖。柯慶明論《詩經》與《楚辭》文學的美感異同：

> 迴異於《詩經》中基於對人與人的畢竟同情共感的信賴，(《詩經》的作者或詩中人總是假定他的讀者基本上是會知和他深有同感的)，因而總是出以一往情深的訴說；《楚辭》，尤其在屈原的深具自傳性的作品中，總是反覆論辯的。揉合了最激切的熱情與複雜的說理，形成了一種深具思想性的熱情。《詩經》的情感或許因其出以精誠而有其情感體驗的深刻性與廣大的普遍性；但《楚辭》卻開始擁有它所未曾出現的思想觀照本身的深度與廣度。因為它所表達的是一個具有高度文化修養的敏銳心靈，對於時代社會之病癥的痛切反省。它透過一種高卓的文化理想，一種廣博的歷史知識，以一種憂心如焚的激切之情來關懷國家社會，來抨擊時代的墮落，人們的謬誤。它的美是一種對於高遠的理想的執著追尋之美。假如《詩經》反映的大體上只是常人之情的話，《楚辭》中反映的卻是屈原的志士哲人的憂國憂世之情。因此它的美也同時是偉大人格的自我流露之美。《詩經》中亦不乏對於某些人物的讚頌，但其「人格」只是一種遙遠的對象，並不自我呈現自我流露。屈原不但成為中國第一個面目鮮明的詩人；而且《楚辭》也開啟了以詩人自身人格為表現的偉大的詩歌傳統。自此以後，誠如舞與舞者難分，在偉大的詩人手中，詩之偉大亦與詩人人格之偉大，渾然一體難以區別。

屈原詩之偉大亦與其人格之偉大，渾然一體難以區別。以〈離騷〉言，屈原才高遭嫉，宜有香草美人之喻以及遲暮衰替之怨。凡人莫不有死之恐懼與生之焦慮；此死之恐懼與生之焦慮流露〈離騷〉文字間，強烈深刻的質問人存在的意義、世間的真相和生命的本質。

三、從「明詩辨騷」、「情采隱秀」論《詩》、《騷》

《詩大序》云：「詩有六義焉：一曰風，二曰賦，三曰比，四曰興，五曰雅，六曰頌。」棄生論《楚辭》〈離騷〉之出奇無窮，以為「不過從賦、比、興三法變化來。」〔註55〕《詩經》之體裁為風、雅、頌。作法為賦、比、興。棄生認為《楚辭》出奇無窮，不過從賦、比、興三法變化來。朱熹言

〔註55〕洪棄生著，《寄鶴齋詩話》（南投：台灣省文獻委員會，1993年），頁2。

賦、比、興三義「不特《詩》也，楚人之詞，亦以是而求之。」〔註56〕從寫作技巧言，詩人如何將激情沉澱，澄靜專注，善用比興，將情感的強度化為藝術處理的強度？足為典範的美文如〈離騷〉，如魏源云：「〈離騷〉之文，依詩取興，引類譬喻。詞不可徑也，故有曲而達。情不可激也，故有譬而喻焉。善鳥香草以配忠貞。」云云。〔註57〕比興手法曲達情意，善譬興喻，乃詩人不可或缺之修為。棄生論杜甫〈北征〉、〈出塞〉諸詩，其情近於小雅變雅，李白〈古風五十九首〉多近國風。本漢人溫柔敦厚的詩教，溯源《詩經》、《楚辭》，下逮歷代詩人詩風之新變代雄，評論風格，品第詩人，以為風雅法式。

從「風格即是人的本身」，將「風格」視為人的一種美德。《楚辭》奇思奇情，棄生論《楚辭》，稱許屈原以曠古逸才，運三百篇神理，變三百篇體形，不獨古賦之祖，亦古詩之祖，誠然。棄生論詩首重佳境真意，如舉證揚雄〈酒箴〉之諷諫，詼詭近於寓言，被游俠陳遵引為自喻。〔註58〕蘇軾之言，棄生云：「竟先得我心」：「揚雄文字，予獨愛其酒銘，以為佳境真意過〈長楊〉諸賦。」〔註59〕又論「香奩體」詩受《楚辭》啟沃，以美人香草喻託深微之情意。棄生因而批評趙執信（西元一六六二～一七四四年）《談龍錄》有涉於學究處：「……至謂李頎〈緩歌行〉夸炫權勢，阮翁不當選之，尤偏。詩人吟詠，恆多寓言，故漢魏樂府詠到富貴處及美人處輒多鋪張，蓋詩人之設色然也，豈得而廢乎？謂梁鍠〈美人臥〉為淫詞，不知梁詩有題作美人怨者，其詩雖不佳，亦不淫，趙本詩人，何論之腐耶？宋玉高唐、神女二賦，真淫詞，趙氏其謂之何？」〔註60〕若將「美人香草」之艷詞視為淫句，則宋玉〈神女〉〈高唐〉二賦真淫麗矣！要言之，以「美人香草」為寓言。

洪棄生論詩的意境以「自然高妙」為極則。意境要高，須斂才就範，取法經典，因此棄生論詩取法《詩》《騷》，強調以古為則，但下筆時呢？氏云：「然文字之高下，則繫下筆時之天機，不係乎風雅。」推源溯本，以《詩經》為典範云：

〔註56〕朱熹集注，《楚詞集注》〈離騷序〉按語（台北：文津出版社，1987 年），頁 2。

〔註57〕陳沆著，《詩比興箋》（台北：藝文出版社，1970 年 9 月初版），魏源序。

〔註58〕同前註，《漢書·游俠列傳》，頁 3713。

〔註59〕洪棄生，《寄鶴齋詩話》，頁 114。

〔註60〕洪棄生，《寄鶴齋詩話》，頁 91。

小雅之六月、采芑、車攻、吉日、楚茨、信南山、賓筵，大雅之皇
矣、生民、篤公劉、崧高、韓奕、江漢、常武，變小雅之正月、十
月、雨無正，變大雅之板板、蕩蕩諸篇以及周、魯、商三頌，俱有
泰山巖巖之氣象，而兼河水洋洋之自然，後世班張馬揚韓柳所作賦
頌，極終身之才學以規撫，祇能似其辭之巖巖處，不能得其氣之洋
洋處也，蓋後學之雋，雖能得其辭，亦不能得其辭之自然，至於真
性情則無從而得，此所以為經。

　　真性情之詩如自然天籟洋洋有餘味。棄生〈吸煙戲詠〉以煙霧騰騰象
徵寫詩時氣機靈動，渲染《楚辭》仙子形象，可印證作家詹姆斯‧喬伊斯所
說，身為藝術家的作家必須是「想像力的祭司」，須「沉默、放逐及敏銳。」
〔註61〕「哀哉亂世內，默默謀為臧」，〔註62〕洪氏堅持不與日人合作，又不能
忘懷世情，其詩文字裡行間隱藏無限的悲憤。以敏銳心靈，被放逐於社會邊
緣，人或譏刺其如「窮骨頭」。他卻以寫作形塑一自由想像，創意的心靈空間。
棄生認為詩歌「氣機靈動」則生氣勃勃，也就是靈感泉湧，揮灑如有神助，棄
生形容如「初寫黃庭，到恰好處者。」〔註63〕但須意境高，方稱合作。他強
調作詩的技巧，舉《文心雕龍》的〈隱秀〉篇為要旨。「隱」是「文外之重旨」、
「情在詞外」「隱以複義為工」，情深意隱而有言外之意，業師王忠林指現代
修辭學中的婉曲手法。「秀」是「篇中之獨拔者」、「狀溢目前」、「秀以卓絕為
巧」，業師王忠林指合於陸機〈文賦〉「立片言而居要，乃一篇之警策。」指現
代修辭學中的警策手法。〔註64〕「隱」和「秀」的寫作要領須「自然會妙」、
「潤色取美」、「思合而自逢」，譬喻如「卉木之耀英華」、「繪帛之染朱綠」。清
人黃鈞宰（字宰平，號天河，清江蘇淮陰人，西元一八二六？～？）《金壺浪
墨》嘗云：「畫無論山水、人物、花卉，皆可謂之寫生，但得生氣盎然，即造
物能事，不過如此，何況人工？」〔註65〕乃推至文章云：

　　《左》、《史》為千古文章之祖，生氣足耳。規矩所同也，神明氣味

〔註61〕瑪格麗特‧愛特伍（Margaret Atwood）著，嚴韻譯，《與死者協商：瑪格麗特‧
　　　　愛特伍》（台北：麥田出版社，2004 年），頁 116。

〔註62〕《寄鶴齋詩集》，頁 137。

〔註63〕《寄鶴齋詩話》，頁 19、40。

〔註64〕王忠林著，《文心雕龍析論》（台北：三民書局，1998 年），頁 494～500。

〔註65〕黃鈞宰著，《金壺七墨》（《續修四庫全書》第 1183 冊，上海：上海古籍出版
　　　　社，1999 年版），頁 91。

所獨也。眼耳鼻舌,千人一律,而神氣各殊。善文者摹繪聲情,終
古如見,即作者精神亦見,故曰:「造化在乎。」

　　《楚辭》與《左》、《史》各有神明氣味所獨者,得力於寫生之筆,以及比
興手法曲達情意,善譬興喻。洪棄生論詩語當求奇與麗,即重視「生香」、「活
色」。「生香為妙」,「活色為趣」,以其生動鮮活,所以可貴。〔註66〕「奇香」
及「秀色」二者尤貴,以其不比於俗近。籬菊盆蓮因其各有姿韻、各擅勝場。
鮮活生動就像史蒂文斯(Wallace Stevens)在其《格言集》(Adage)說:「想
像力渴待受到縱容。」「賦予生命清新鮮活的感受是詩合理的目標。」〔註67〕
「奇香」及「秀色」二者原自《文心雕龍》的〈隱秀〉篇。「隱」是婉曲手法,
「秀」是警策手法。強調真性情天籟之詩,自然洋洋有餘味。

四、從韓愈詩文論「中聲正響」與「唐律開徑」

　　棄生云:「聲律之講,密於休文,自沿斯體,厥格遂卑,舍人生於當時,
雖仍其說,別使成篇,不入於古詩之中,遂開乎唐律之徑。」南朝齊梁文壇聲
律論興盛,為唐律開徑。唐代古文運動自韓愈極力提倡,影響宋代歐陽修等
人。韓愈為古文百代之宗師,其「以文為詩」的寫詩方式亦影響宋代詩。「以
文為詩」的寫詩方式本自杜甫。韓愈為古文宗師,在文學史上,為唐代古文
運動之中堅,主張以散文代替駢文。「以文為詩」又影響之後宋代的詩人。在
思想史上,韓愈為宋代理學之啟蒙,排佛崇儒、始重《中庸》、開宋代心性之
學。宋朝蘇軾在〈潮州韓文公廟碑〉一文中讚揚韓愈:「文起八代之衰,道濟
天下之溺;忠犯人主之怒,勇奪三軍之帥。」「忠犯人主之怒」指的是諫迎佛
骨,「勇奪三軍之帥」指的是單騎入敵營。而「文起八代之衰」是指韓愈影響
最深遠的提倡:以散文代替盛行的駢文,至於「道濟天下之溺」則是以儒學
抗拒流行的佛、道思想。蘇軾又推許其「匹天而為百世師,一言而為天下法」。
洪棄生的〈崇正學論下〉寫於清朝末葉,臺灣尚未割日之前,此時棄生猶汲
汲於科舉八比之業,寄望青雲題名。然其識見已不同流俗,表彰韓愈,稱頌
有唐四百年正學之昌明,則韓愈一人崇之也。文中歷數從漢以下之儒者,稱
許程朱理學,此為官方所謂的正學。所謂「正學之由來久矣,然而三代之下,

〔註66〕洪棄生,《寄鶴齋詩話》,頁67。
〔註67〕轉引自海若‧亞當斯(Hazard Adams)著,傅士珍譯《西方文學理論四講》
　　　　(台北:洪範書店,2000年),頁117。

正學之任，皆匹夫師儒之事，帝王未有得焉。」卻推尊清聖祖康熙愛民出至誠，及物本至仁，學以堯舜為宗，道以孔孟程朱為本，可見其以官方的文教政策為範準，〈崇正學論下〉云：

> 精一之學，唐虞尚矣，及殷之衰，彝倫攸斁，箕子守其學，闡〈洪範〉以授武王，由身心之理，達天人之應，補虞廷所未及，啟後儒之奧旨，此正學之扶末造而開興朝者也。……運會之隆，必有不世之儒，挽頹風而障狂瀾，故昌黎韓文公出焉，其學問所至，不可得而盡知，而浩然之氣，塞於兩間，剛強之志，怵乎異端，於性於道，皆有所見，自命直接孟子，洵千古豪傑之士也，有唐四百年正學之昌明，則公一人崇之也。……正學之由來久矣，然而三代之下，正學之任，皆匹夫師儒之事，帝王未有得焉。故帝王之學，禹湯文武而後，若漢文、唐太宗、宋仁宗，或以質美，或以英明，雖成一代之治，而精一危微之緒，皆有所缺也。國朝聖祖皇帝愛民出至誠，及物本至仁，無嗜慾、無玩好、無偏好、無偏惡，學以堯舜為宗，道以孔孟程朱為本，古之所謂執中者，殆非小儒之所能窺測而想像萬一。固知正學之統隆於上，故明於下也。是以本朝學術純於勝國，本朝師儒盛於前代，其上有孜孜向道之心，其下無格格不入之故。邪說不得起，異端不得入，本於君身蒸為世道，是即所謂世之盛也，正學崇於上者也，噫！非後世所得而繼矣。

洪棄生〈崇正學〉之說，本自《尚書‧洪範》精一之學，歷覽君王施政之得失與文教興廢。陶鑄群材，範圍庶類，則歸其責於師儒，有唐一代特別推崇韓愈。洪棄生為學以清代桐城派主張的義理、考訂、詞章三者為規模。其〈崇正學論中〉說：「教士之路有二，一學宮，一書院；造士之學有三，一義理，一考訂，一詞章。」又稱許韓愈：

> 或曰正學之事，不盡於是，是乃末也。然由末可以及本，行遠自邇，登高自卑，亦顧其人之自待何如耳，況上之可盡心，於下者亦如是而已矣。至於身心之踐履，道德之成就，則前規具在，有志者興，非可以言求也。且義理之為正學，不待論矣；漢鄭康成則考訂也，朱子亦不廢考訂也；韓昌黎文起八代，道濟百王，則詞章者也，漢之董賈亦詞章也。竊謂義理之學，似德行之科；考訂、詞章之學，似文學，固皆可以聞道也。由是而求焉，學問盛而人才出，

殆必有名儒碩學如國初諸老者，是良有司造就之力，是後人之所嘖嘖不忘者也。〔註68〕

他以「韓昌黎文起八代，道濟百王，則詞章者也。……考訂、詞章之學，似文學，固皆可以聞道也。」與宋代理學家如朱熹之流偏重義理，以語錄論學之方式迥異。其〈論李穆堂書朱子讀唐志（甲午三月初三日瘧起作，六月十八夕改。）〉一文，認為：「子（韓愈）之行固直道在天壤，死生在度外，至大至剛之氣，不愧完人，事蹟之著，光於史策，置之聖門，當在子路之右。」從儒者不同的典型論韓愈，尤其稱頌韓愈提倡古文，文章教化之功偉矣，批評李紱（字巨來，號穆堂，清朝理學家，江西臨川縣城南上橋寺石芝園人，西元一六七三～一七五〇年）才量之不足：

……夫韓子未知於聖學何如，若〈原道〉一篇，雖以接孟子可也，朱子必以為疏，是道學之習也。言心言性，言天言命，道學之精，六經四子盡之矣，韓子何贅？韓子所欲闢者佛也，佛無人倫，故韓子為之言君臣、父子、兄弟、夫婦；佛尚虛無，故韓子為之言道德、仁義，且是時之佛，非真佛也；憲宗惑於怪誕僧徒之輩，士民所崇，不耕而食，不織而衣，富於王公，故韓子為之言農商工賈之職，而不論其旨省察之密、體會之細。又於痛斥佛氏之意無所用，必以《語錄》言道之例苛諸韓子，是欲韓子為隋之仲淹，又與韓子率真磊落之氣不相入，然王仲淹朱子既以為模倣假竊，復以為懇惻有條理在韓子上，是謂韓子之真不如王通之假，是則所未敢信也。

夫儒者責人，亦責其行焉可耳，奚為其言？韓子之行固直道在天壤，死生在度外，至大至剛之氣，不愧完人，事蹟之著，光於史策，置之聖門，當在子路之右，不可謂無服行之效也。必以宋代諸賢講學之類繩之，而謂其成就無足道，則舉一切大節為不足尚，而惟孜孜論道是求，夫豈足以服韓子乎？顏淵、曾晳、子路之學，各不相佯，朱子不能舉顏子以黜子路，夫豈能舉宋儒以黜韓子乎？謂其文與道二，必欲其一言一語，皆出於道，是未免談道窠臼，況韓子雖不恆談道，其言固未嘗悖道，夫豈可以廢韓子之文乎？三代之後，禮崩樂壞，而惟文章一道，養性情、儲識見，不失游藝之意，而其益在

〔註68〕洪棄生著，《寄鶴齋古文集》（南投市：台灣省文獻委員會，1993 年 5 月 30 日初版），頁 83～84。

學樂絃歌之上，不得謂文學文者盡浮華也，朱子議論之嚴，蓋由學問之高，然後來朱陸議起，至有大謗我朱子者，未必非議論之嚴之激之耳，然議朱子者，又豈足以比朱子之議韓子哉？有朱子之學，而後可以議韓子之細，乃國朝方望溪先生文宗韓子，亦僅以韓子為粗知道，是不知量矣。望溪理學誠有所明，顧其成就，不及韓子遠甚，其識大體不能過韓子也，其篤守宋人緒論，則已在韓子下矣也，其注經講學為韓子所無，而皆韓子所不屑，不能以此傲韓子也。然望溪先生亦國朝有數之人，後來江左俊秀，有薄望溪之文，並薄其人者，是不知量之甚者矣。

文中批評清初文人方苞「理學誠有所明，顧其成就，不及韓子遠甚，其識大體不能過韓子也，其篤守宋人緒論，則已在韓子下矣也，其注經講學為韓子所無，而皆韓子所不屑，不能以此傲韓子也。」所言中肯。論者龔鵬程論韓愈、柳宗元、通經致用的「文儒」型態，異於宋儒。〔註69〕宋儒言心言性，言天言命的道學，周敦頤主張「文以載道」，宋代理學家偏於探討理氣等形上學，重質而不重文辭，和韓愈〈原道〉等論說文，就人倫物理發揮聖人之道，兩者說經型態相異。棄生說：「若〈原道〉一篇，雖以接孟子可也，朱子必以為疏，是道學之習也。」宋代理學家囿於道學之習，以道學言心言性之習氣批評韓愈，貶抑其卓越識見，對韓愈的評論過於嚴苛，極不公允。一般人對韓愈於經學上的貢獻多限於〈原道〉、〈原性〉、〈進學解〉等數篇文章，若試論韓愈和其弟子李翺所著的《論語筆解》其中所表達出的思想特色，非但可與其所作詩文相呼應，亦正反應出中唐治經者急於求變、用世與傳道的時代精神。從唐代的注疏之學過渡到兩宋義理之學，藉由韓愈注經所表徵的經學新方向，正是突破傳統，邁向新局的橋樑。〔註70〕

棄生論詩家風格，強調詩人詩作的清老詩風。從詩人早期風格到晚期清老風格，乃變化出新，風格老到。棄生論韓愈：

杜公質處，乃返樸歸真之質，有「枝高出手寒」之致。韓公質處，乃枒枒犖确之質，多「老樹不生花」之態。〔註71〕

〔註69〕龔鵬程著，《六經皆文：經學史／文學史》（台北市：臺灣學生書局，2008年12月初版），頁27～64，〈唐代中葉的文人經說〉。

〔註70〕譚澎蘭著，〈韓愈《論語筆解》與中唐經學發展傾向〉（1996年筆者博士班經學專題研究課程討論報告）。

〔註71〕譚澎蘭著，〈韓愈《論語筆解》與中唐經學發展傾向〉，頁86。

韓公以師道自任，推薦孟郊，對盧仝的敬意，勉勵張籍立朝行道，規勸賈島還俗從政，以展才華，莫不可見豪傑熱腸與賢者的深峻雅度。因而詩語看似衝口而出，漫不經意，境界高妙處或不及李白、杜甫，卻是風格峻整、戞戞獨造。韓詩反思政治現實與人倫道德，詩「盤曲老健」，力道蒼勁。

詩人晚期清老風格，如梁實秋所言：「所謂節制的力量，就是以理性（Reason）駕馭感情，以理性節制想像。」「文學的力量，不在於開擴，而在於集中；不在於放縱，而在於節制。」〔註72〕棄生論此詩風云：

> 唐人稱王摩詰為詩天子，稱杜子美為詩宰相，蓋由王詩各體皆工，詞復極圓美，人人易愛，杜詩硬語盤空，措詞輒老手頹唐，不能人人皆愛也。然至於今，讀杜者多，則為知有詩王、詩聖，而不復知有詩天子矣。〔註73〕

杜詩硬語盤空峭健之作尤見七律。〈秋興八首〉之沈鬱精構，乃至如〈九日二首〉其一（重陽獨酌杯中酒）等詩筆峭健，聲情俱佳，紀昀等人早言之矣。〔註74〕然而杜甫〈留別公安大易沙門〉頷聯云：「數問舟航留制作，長開篋笥擬心神。」〔註75〕紀昀評：「此種似老而實頹唐。」〔註76〕張夢機評云：「如就詩的風格而論，老是一種語言質樸自然，而氣力勁健的詩風；頹唐則是一種語言粗率鬆散、氣力薄弱的詩風。」〔註77〕所論誠是。「老成」詩風不同於頹唐散漫。棄生評杜詩硬語盤空，措詞輒老手頹唐。則不馴中又兼收縛的力量。棄生稱作詩當「取力於韓」，氏論韓愈：

> 古今人之詩，惟韓文公有「直、方、大」三字之趣，其不及李杜在此，其可以繼李杜後而成家亦在此。後人多喜學其奇險處，至直、方、大處，惟有歐陽文忠神似，餘無學者。〔註78〕

韓詩有二種，一種寓雄肆於順適之中，一種出險怪於奇闢之外，學

〔註72〕梁實秋著，《梁實秋論文學》（台北：時報文化公司，1981年），頁117。
〔註73〕洪棄生，《寄鶴齋詩話》，頁36。
〔註74〕方回選評，李慶甲集評校點，《瀛奎律髓彙評》（上海：上海古籍出版社，2005年），頁1137。
〔註75〕杜甫著，楊倫箋注，《杜詩鏡銓》，頁947。
〔註76〕方回選評，李慶甲集評校點，《瀛奎律髓彙評》，頁1736。
〔註77〕張夢機著，《讀杜新箋——律髓批杜詮評》（台北：漢光文化公司，1987年），頁210。
〔註78〕《寄鶴齋詩話》，頁77。

其奇闖，當去其怪澀，學其順適，當去其直拙。〔註79〕

言唐、宋詩風格之嬗變者，每以韓愈為變盛唐而下開有宋詩風之大家，如蘇軾云：「詩之美者，莫如韓退之，然詩格之變，自退之始。」世人每推崇韓愈「以文為詩」，能捕捉語調中自然生動的情韻和節奏，詩語似「平」實「奇」。韓愈作詩，追求「姦窮怪變得，往往造平淡。」〔註80〕的境界。詩語「平淡」順適，內容則有「直、方、大」之趣，棄生以為「其不及李、杜在此，其可以繼李、杜後而成家亦在此。」方東樹亦云：「韓詩雖縱橫變化不逮李、杜，而規模堂廡，彌見闊大。」〔註81〕文理直而方，內容充實而大，乃韓愈詩「平而奇」者。

此外，韓詩雄肆而順適者，七古如〈石鼓歌〉之類，五古如〈此日足可惜〉之類。另一類險怪而奇闖者，七古如〈陸渾山火〉之類，五古如〈南山〉之類，此皆韓最得意之作，韓詩中最可學之作。〈南山〉比喻連翩，以人文意象喻景物。敘事精警，押韻因難見巧，以精準、冷靜、有距離的文字形塑「瘦硬」詩風而險怪而奇闖者，七古如〈陸渾山火〉之類，喜造奇字怪句，用韻亦怪，意欲吐奇驚俗，如〈陸渾山火和皇甫湜用其韻〉「鴉鴟雕鷹雉鵠鶤，焃炮煨燻孰飛奔」，論者曹道衡稱〈南山〉、〈陸渾山火〉的技巧受漢賦影響。〔註82〕此外如〈石鼓歌〉之蒼古，最能代表韓愈的詩才。〔註83〕

《易經》坤卦六二爻辭「直大方」。傅佩榮認為直代表「真誠」，方代表「方正」，大代表「包容」。對內真誠對外方正，互為表裡；而根本態度則是包容，坤卦象辭所謂：「君子以厚德載物」。〔註84〕韓愈〈進學解〉一文，自謂「口不絕吟於六藝之文，手不停披於百家之編。」又說「作為文章，其書滿家。」韓愈汲取古人智慧，挺發獨立而理性自由的精神。推崇友人，期能相進於道，改革政治的堅毅立場。韓氏「直」、「方」之詩風，因規矩經史，以文為詩，而詩能載道。其〈原毀〉云：

古之君子，其責己也重以周，其待人也輕以約。重以周，故不怠。

〔註79〕《寄鶴齋詩話》，頁77。
〔註80〕韓愈著，錢仲聯編，《韓昌黎詩繫年集釋》（台北：學海，1985年1月初版），頁820，〈送無本師歸范陽〉。
〔註81〕方東樹著，《昭昧詹言》（台北：漢京文化，1985年9月30日初版），頁269。
〔註82〕曹道衡著，《中古文學史論文集》（台北市：洪葉文化，1996年），頁13。
〔註83〕《寄鶴齋詩話》，頁78。
〔註84〕傅佩榮解讀，《傅佩榮解讀易經》（臺北：立緒文化出版社，2005年2月），頁31。

輕以周，故人樂為善。……雖然，為是者，有本有原，怠與忌之謂
也。怠者不能修，而忌者畏人修。……夫是之謂不以眾人待其身，
而以聖人望於人，吾未見其尊己也。

「為是者，有本有原，怠與忌之謂也。」批評世俗的毀謗譏訕，源於怠
惰而不勤於修德，忌恨而畏人修德。以修品立德來推尊君子，挺立為人者的
尊嚴。此源自儒家所揭櫫士弘毅任重的責任感。〈此日足可惜一首贈張籍〉勉
張籍以儒道自任，正是韓愈平生抱負。不以世路艱難為恤，勉友人立德行事，
全詩敘事明密而波瀾老成，直寫遭逢世難的艱辛，詩語質樸，情思真摯婉轉。
誠如棄生云：「雄肆而順適」。此詩可與作於貞元十六年（西元八〇〇年）的
〈與孟東野書〉參證。

　　韓〈桃源圖〉詩首二句云：「神仙有無何眇芒，桃源之說誠荒唐。」〔註
85〕又云：「當時萬事皆眼見，不知幾許猶流傳。」如果從秦末至唐，桃源裡竟
有如許長壽的耆老，何妨就當年所見印證流傳的記載。換言之，政治的理亂
才是韓氏的關懷。其理性的批判，獨立自由的精神，誠如〈伯夷頌〉所謂「特
立獨行，窮天地亙萬世而不顧者也。」〔註86〕洪棄生稱許「似名將」，〔註87〕
饒富氣力，足以解構神仙妄誕之說。評韓愈詩如名將，本自唐李漢〈昌黎
集序〉云：「先生於文，摧陷廓清之功比於武事，可為雄偉不常者矣。」棄生
稱許韓愈：

孟東野、張文昌、李習之、皇甫持正並附韓公以得名，並悍然欲與
韓公抗，不啻部婁之競泰山，非特不恭也。韓公詩文雖衝口而出，
或不經意，仍不失深峻雅度，不似諸人開口真見喉嚨。公於諸人極
為推譽，真豪傑風。〔註88〕

昌黎論詩，魏晉而下，指不多屈，而以孟郊位置其間，自是過譽，
蓋韓公自命接踵古人，故見人之善便以古人許之，不計其不及也，
所謂恕也。〔註89〕

　　韓詩文雖衝口而出，不失深峻雅度。韓愈立朝仕宦，每抗疏直言，文章

〔註85〕韓愈著，錢仲聯編，《韓昌黎詩繫年集釋》，頁78、84、912。
〔註86〕韓愈著，馬通伯校注，《韓昌黎文集校注》（台北：華正書局，1986年），頁
　　　37。
〔註87〕洪棄生，《寄鶴齋詩話》，頁77、78、81。
〔註88〕《寄鶴齋詩話》，頁92。
〔註89〕《寄鶴齋詩話》，頁47。

如〈諫迎佛骨表〉，詩如〈石鼓歌〉，內容憂深思遠，嶄然風骨，此與韓公仕宦行事作風密不可分。其〈石鼓歌〉云：「中朝大官老於事，詎肯感激徒媕婀。」〔註90〕其態度，頗似學者漢娜・鄂蘭筆下的德國思想家萊辛（西元一七二九～一七八一年）：

> 他對這個世界的態度既非肯定也非否定，而是出之以尖銳的批判，對他所處的公共領域來說，都是全然革命性的。但是，他的態度始終不脫離現實，總是以這個世界為依歸，絕不訴諸極端激情的烏托邦。〔註91〕

此外，漢娜・鄂蘭一再闡揚「公共領域」最能展現一個人的「人文素養和精神」。〔註92〕試觀韓公詩反思政治現實與人倫道德，可謂力道蒼勁，而洪棄生「杈枒犖确之質」及「老樹不生花之態」的評述，形象恰切。誠如棄生所云，有盤曲老健之態。所謂「老樹不生花之態」、「杈枒犖确之質」使人雖年老而精神不流於衰頹，行事不流於孤僻，與人群互動，涵養人文精神和素養，過著有尊嚴且充滿智慧的老年。

棄生稱許「韓公詩文雖衝口而出，或不經意，仍不失深峻雅度，不似諸人開口真見喉嚨。公於諸人極為推譽，真豪傑風。」韓詩相較李白及杜甫詩，確實獨有廊廟之大氣，如錢謙益〈顧麟士詩序〉論「儒者之詩」，稱唐之詩人，皆精於經學。如「韓之〈元和聖德〉，柳之〈平淮夷雅〉，雅之正也。」〔註93〕棄生云：

> 大雅周、商、魯頌之大手筆，韓昌黎之平淮西碑及元和聖德詩，柳柳州之平淮夷雅及武岡銘，亦能酷肖。〔註94〕

從韓愈〈平淮西碑〉風格，可見他變格求新，詞尚體要的詩文特質。棄生強調學習古人，要能「因性練才，取法乎上。」作詩是否能從「入格」到「變格」，考驗作者的天分與學力。韓愈〈爭臣論〉云：「修其辭以明其道」，文章須切合日用人倫，除了「純文學」所謂「為藝術而藝術」之外，尚有「經世濟物」的目的與功能。因此，作詩為文須「得體得要」。韓愈之〈平淮西碑〉，

〔註90〕《寄鶴齋詩話》，頁795。
〔註91〕漢娜・鄂蘭著，鄧伯宸譯，《黑暗時代群像》（台北：立緒文化公司，2006年版），頁5。
〔註92〕漢娜・鄂蘭著，鄧伯宸譯，《黑暗時代群像》，頁81。
〔註93〕錢謙益著，錢曾箋注，錢仲聯標校，《錢牧齋全集》（伍），卷19，頁823。
〔註94〕錢謙益著，錢曾箋注，錢仲聯標校，《錢牧齋全集》（伍），卷19，頁2。

一反當時習用之駢體，以古文寫就，乃刻意追攀雅、頌之大作。李商隱〈韓碑〉詩讚云：「點竄堯典舜典字，塗改清廟生民詩。文成破體書在紙，清晨再拜鋪丹墀。」言韓文莊嚴典重似《尚書》及雅頌，詩中直錄憲宗告誡臣下，乃至遣兵調將，命裴度往視師旅，及憲宗自課自勵語，語氣生動，可謂善學者。學者楊勇論韓愈文，引述《尚書》和清代古文家方苞的見解：

> 周書畢命曰：「辭尚體要」，方苞曰：「文尚體要。」二者之意，大體相似。蔡沈解釋畢命之意，為「趣完具而已之謂體，眾體所會之謂要。」集說引夏氏僎曰：「體則具於理而無不足，要則簡而亦不至於有餘，謂辭理足而簡約也。」

楊勇本方苞所舉韓愈〈柳子厚墓誌銘〉為例，認為韓為柳所作羅池碑乃是為柳州百姓而作，詳其政績，此碑文之正格。祭文以韓公私人交誼而發，情誼深切，更無比託子託死為要。墓誌銘猶同傳記，而金石文字以簡要奇奧為主，故詳言柳之文章必傳於後。又著墨柳之道德，個人雖遭貶，卻不忍摯友劉夢得有老親在堂，不忍其謫居窮鄉，願與劉夢得以柳易播，又言柳捨己救人之節義。楊勇引申云：

> 體是一種組織，一種結構；經營佈置，匠心獨運，使文章內容思想表達得徹底，表達得恰到好處。要是一種內容，一種思想，而此內容思想又有層次之不同。文章自有重心，而此重心，應以最重要最適切的意思語言去表達，除此意思語言之外，再無比此更重要更適切的意思語言。換言之，此一重要意思，要一句抵一萬句，一意可概括一切。文章應有枝葉，而千言萬語，盡是一種陪襯，一種顯現，一種調和而已。若找不到要處，雖滿紙琳瑯，終必曇花一現，無有生命，不能久後。至謂層次，又視學問見識人品而定。文格如人格，總無遁形之可能，更者，某一重要之言，只能在某體中說；某一文體，最宜表達某言。方苞之意，大抵如此。〔註95〕

楊勇以韓愈〈進撰平淮西碑文表〉曰：「使臣撰平淮西碑文，聞命震駭，心誠顛倒，非其所任，為愧為恐，經涉旬月，不敢措手。」又曰：「嚮使撰次不得其人，文字曖昧，雖有美實，其誰觀之？辭跡俱亡，善惡惟一，則茲事至大，不可輕以屬人。……然而淮西之功，尤為俊偉，碑石所刻，流動億年，必

〔註95〕楊勇著，〈再論韓愈文之體要〉，《楊勇學術論文集》（北京：中華書局，2006年9月第1刷），頁174～176。

得作者，然後可盡能事。」〈平淮西碑〉所記史事的始末，記載唐憲宗元和十二年七月，任命裴度為彰義軍節度使（即淮西節度使），淮西宣慰招討處置使。八月，裴度到前線撫慰將士，士氣大振，李光顏、烏重胤、韓公武合力攻打蔡州。十月十六日，李愬率領將士，雪夜進軍，半夜攻入蔡州，擒獲吳元濟，淮西平定。元和十三年正月十四日，憲宗命韓愈撰〈平淮西碑〉。三月二十五日，碑文寫成，韓愈〈進撰平淮西碑文表〉文中高度評價憲宗的英明決策和裴度在平叛戰爭中的功績。〔註96〕楊勇評論〈平淮西碑〉：

> 此亦韓公精意之作，誠惶誠恐，唯慮撰次失實，不足以法式將來。
> 韓公撰此碑文，期望亦高，不與常文等，此碑文格局殊嚴，旨趣深遠，非再三推求，難得其真。或曰金石之文，簡要為尚，而此碑文，則近二千言，開金石長篇體製。發端氣勢尤宏，讀之令人肅然起敬，文曰：「天以唐克肖其德，聖子神孫，繼繼承承，於千萬年。……」

楊勇評論〈平淮西碑〉真是嘔盡心血，全力投入之作；文首段之後繼敍唐之盛衰，及憲宗決心平淮；思路整然，段落分明。其間命帥遣將，調動部伍，殺敵至果之狀，一一條例於辭。特於裴度用墨最多，意氣勤勤，聖皇聖相，敬愛之情，斑斑可見。〔註97〕〈平淮西碑〉於衝鋒陷陣，先入蔡州擒得賊將之前敵指揮官李愬，反輕描淡寫，幾筆帶過。碑成後，一說李愬憤然，以為入蔡擒吳元濟功最多，而辭最少，頗不平，因妻唐安公主女入禁中訴碑辭不實，拔之，詔命段文昌改作。然而李商隱、蘇東坡的詩作，皆頌韓文之不朽。李有〈讀韓碑〉詩曰：

> 帝曰汝度功第一，汝從事愈宜為辭。……點竄堯典舜典字，塗改清廟生民詩。……句句語重喻者少，讒之天子言其私。……公之斯文若元氣，先時已入人肝脾。嗚呼聖皇及聖相，相與烜赫流淳熙。公之斯文不示後，曷與三五相攀追。

楊勇評論李商隱〈讀韓碑〉詩：「真是淋漓盡至，痛快之極。」李商隱所謂「塗改清廟生民詩」，應是推崇此詩「句句語重喻者少」，如書法純用中鋒，直錄君上宰輔治國訏謨讜論，運籌帷幄之慎重，終成就弔民伐罪，定國安邦

〔註96〕《新譯昌黎先生文集》，頁773。
〔註97〕韓愈著，周啟成、周維德注譯，《新譯昌黎先生文集》（台北：三民書局，1999年），頁780。

之業，而銘功金石。〈平淮西碑〉其布局筆法，接近《詩經・大雅・江漢》。朱熹《詩經集註》言〈江漢〉詩意：「宣王命召穆公平淮南之夷，詩人美之。」〔註98〕滕志賢分析《詩經・大雅・江漢》，詩人巧借王命，以天子重賞褒獎側面烘托召虎功績，意深筆曲。韓愈〈平淮西碑〉祖此。確是的論。〔註99〕蘇東坡亦有〈錄臨江驛小詩〉曰：「淮西功業冠吾唐，吏部文章日月光。千載斷碑人膾炙，不知世有段文昌。」楊勇評論：「可謂繼李商隱後真能切解韓公此文之意者，亦前古所未盡詳。作文難，讀文能明文章本心者尤難。」〔註100〕楊勇評論：「李、蘇不唯宣揚韓公文字之美，且亦點明用思之實，以為聖皇聖相，相互烜赫，為本文重心所在。」碑文繫之以辭曰：

> 始議伐蔡，卿士莫隨。既伐四年，小大並疑。不赦不疑，由天子明。
>
> 凡此蔡功，惟斷乃成。

《新唐書・裴度傳》贊曰：「憲宗討蔡，出入四年。元濟外連姦臣，刺宰相，反用事者，沮駭朝謀。唯天子赫然排羣議，任度政事，倚以討賊。身督戰，遂平淮西。非度破賊之難，任度之為難也。韓愈頌其功曰：『凡此蔡功，惟斷乃成。』其知言哉。」楊勇評論：

> 原公（韓愈）之意，以度能固帝意，故諸將不敢首竄，遂能平蔡；
>
> 意多歸功指縱者。……抑又有難明之者，著度之威，而使主威益隆，
>
> 此是在反面作文，旁敲側擊，乃使憲宗聲勢愈顯。

韓愈詩文健邁老致，宋人競學之。宋人學韓詩而能變化出新者，首推歐陽修。棄生云：

> 韓之高妙，固不若李、杜、高、岑，而獨具一種健邁老致，洵異才
> 也。精粹之作，少於李、杜，多於高、岑。學韓者，當於平正通達
> 處，學其盤曲老氣，未可於矜奇鬥巧處，得其骩骳怪徵，若歐之學
> 韓，斯善學矣。〔註101〕

歐陽脩的詩論見於《六一詩話》。論者郭紹虞以為詩話之稱以及詩話之體始於歐，歐陽脩論詩雖不廢雕琢，要以歸於自然為主，特別稱許梅聖俞「意

〔註98〕朱熹，《詩經集註》（台北市：萬卷樓圖書公司，2006年），頁170。

〔註99〕滕志賢注譯，《新譯詩經讀本》（台北：三民書局，2006年5月初版六刷），頁939。

〔註100〕楊勇著，〈論韓愈文之體要為錢賓四師九十壽〉，《楊勇學術論文集》，頁170～172。

〔註101〕《寄鶴齋詩話》，頁16。

新語工」之說。歐陽脩稱許韓愈詩工於用韻，郭紹虞以為「此意亦非人所能見及也。」《六一詩話》云：

> 退之筆力無施不可，而常以詩為文章末事。故其詩曰：「多情懷酒伴，餘事作詩人」也。然其資談笑，助諧謔，敘人情，狀物態，一寓於詩，而曲盡其妙。此其雄文大手固不足論，而余獨愛其工於用韻也。蓋其得韻寬，則波瀾橫溢，泛入旁韻，乍還乍離，出入回合，殆不可拘以常格，如〈此日足可惜〉之類是也。得韻窄，則不復旁出，而因難見巧，愈險愈奇，如〈病中贈張十八〉之類是也。余嘗與聖俞論此，以謂如善馭馬者，通衢廣陌，縱橫馳逐，惟意所之；至於水曲蟻封，疾徐中節，而不少蹉跌，乃天下之至工也。〔註102〕

「資談笑」七句，論者李建崑認為歐陽修稱許韓愈詩豐富多樣的內容。「余獨愛其工於用韻」大為讚賞韓愈不拘常格，因難見巧的用韻能力。〔註103〕程千帆評論歐陽修上述的說法，認為歐文學韓，詩也學韓。〔註104〕韓愈詩善押窄韻，因難見巧，愈險愈奇，如〈病中贈張十八〉之類。棄生則認為學韓者，當於平正通達處，學其盤曲老氣，未可於矜奇鬥巧處，得其骯髒怪徵。強調韓詩有二種，一種寓雄肆於順適之中。清代趙翼《甌北詩話》對此析論，辨明韓愈創長篇聯句詩之體、創七言上三下四之句法，還指出其「創格」從內容之鋪排到連用某字、某句、全用拗體，實乃有意出奇、另增一格。評論歐詩學韓，如清代劉熙載（字伯簡，號融齋，江蘇興化人，西元一八一三年二月二十五日～一八八一年）《藝概》卷二，《詩概》云：

> 東坡謂歐陽公「論大道似韓愈，詩賦似李白。」然試以歐詩觀之，雖曰似李，其刻意形容處，實於韓為逼近耳。〔註105〕

《歐陽文忠公文集》卷首，蘇軾《〈居士集〉序》謂歐陽公：「論大道似韓愈，詩賦似李白。」方東樹《昭昧詹言》卷九云：

〔註102〕郭紹虞著，《宋代詩話考》（四部刊要集部・詩文評類，台北：漢京文化，1983年元月20日），頁1～4。何文煥輯，《歷代詩話》（四部刊要集部・詩文評類，台北：漢京文化，1983年1月1日初版），頁272。

〔註103〕李建崑著，《韓孟詩論叢》（台北：秀威資訊出版社，2005年11月初版），頁213，〈歷代學者對韓愈詩之評價〉。

〔註104〕程千帆著，〈韓愈以文為詩說〉，收於程千帆著，《閑堂詩學》（瀋陽：遼海出版社，2002年12月第1版），頁326。

〔註105〕劉熙載著，《詩概》（台北：藝文印書館，1985年9月初版），頁2431。

六一學韓，才氣不能奔放，而獨得其情韻與文法，此亦詩家深趣。

程千帆認為方東樹《昭昧詹言》則更明白地指出了歐之學韓，也學其以文為詩。「要而言之，歐陽修詩、文皆學韓，所學包括以文為詩這一藝術手段，但兩人個性氣質不同，因而韓偏於排奡雄奇的陽剛之美，而歐卻偏於敷愉紆徐的陰柔之美，學而能變，因此各擅勝場，自具面目，卻是無可爭論的事實。」〔註106〕棄生也說：

> 歐詩雖似韓，然中自有真。蘇、黃雖美才，未能有過。後人欲坐以
> 摹擬，擯於宋外，豈知歐詩槃槃大篇，終當與歐文並垂天壤乎。
> 〔註107〕

程千帆認為到了北宋中葉，韓文在文壇上已建立了它確乎不可拔的地位。真是李漢所謂「終而翕然隨以定」。如陳師道《後山詩話》引蘇軾云：「子美之詩、退之之文、魯公之書，皆集大成者也。」〔註108〕歐陽修〈讀〈蟠桃詩〉寄子美〉云：

> 韓孟於文詞，兩雄力相當，篇章綴談笑，雷電擊幽荒。眾鳥誰敢賀，
> 鳴鳳呼其皇。孟窮苦累累，韓富浩穰穰。窮者啄其精，富者爛文章。
> 發生一為宮，揪斂一為商，二律雖不同，合奏乃鏘鏘。〔註109〕

歐陽修評韓文詞：「韓富浩穰穰」、「富者爛文章」、「發生一為宮」，韓愈文詞奧衍閎深，孟郊苦吟，精美而多商音，近於「微至」者。提到歐陽修學韓詩，洪棄生云：「歐詩雖似韓，然中自有真。歐詩槃槃大篇，雖似韓而自有專詣可傳。」論者程千帆認為「以文為詩」在北宋當時引起了爭論，與北宋詩人在歐陽修影響之下學習韓詩有直接的關係。關於韓「以文為詩」，程千帆〈韓愈以文為詩說〉一文認為：「以文為詩是北宋人所概括出來的韓愈詩歌的藝術手段之一。對於這一藝術手段，當時就有截然相反的評價，引起了爭論。」〔註110〕程千帆引用陳師道《後山詩話》云：「退之以文為詩，子瞻以

〔註106〕程千帆著，〈韓愈以文為詩說〉，收於程千帆著，《閑堂詩學》（瀋陽：遼海出版社，2002年12月第1版），頁328。

〔註107〕《寄鶴齋詩話》，頁19。

〔註108〕何文煥輯，《歷代詩話》（四部刊要集部・詩文評類，台北：漢京文化，1983年1月1日初版），頁304。

〔註109〕歐陽脩著，《文忠集》（文淵閣四庫全書集部・別集類，台北：商務，1983年），卷2。

〔註110〕程千帆著，〈韓愈以文為詩說〉，收於程千帆著，《閑堂詩學》（瀋陽：遼海出版社，2002年12月第1版），頁319。

詩為詞，如教坊雷大使之舞，雖極天下之工，要非本色。」〔註111〕又引黃庭
堅云：「詩文各有體，韓以文為詩，杜以詩為文，故不工爾。」〔註112〕論者李
建崑認為「以文為詩」正式提出者應是黃庭堅。陳師道則批評韓詩「要非本
色」。〔註113〕此處對韓詩評價，認為韓詩乃押韻之文，應是後來批評韓「以文
為詩」之開始。〔註114〕金趙秉文（字周臣，號閑閑老人，磁州滏陽（今河北
磁縣），西元一一五九～一二三二年）《閑閑老人滏水集》卷十九〈與李天英
書〉云：

> 杜陵知詩之為詩，而未知不詩之為詩。而韓愈又以古文之渾浩溢而
> 為詩，然後古今之變盡矣。〔註115〕

　　程千帆評論趙秉文的說法：「『以古文之渾浩溢而為詩』，與以『筆力無施
不可』的『雄文大手』來寫詩，『以詩為文章末事』，含意是一致的。」趙秉文
認為韓愈以古文之渾浩溢而為詩，推而論之，韓愈以文從字順的語法，變化
調劑其戛戛獨造的橫空硬語，以文為詩而開闢新局。論者李建崑認為此處對
韓詩評價，本自蘇軾。〔註116〕韓愈詩的特色，用他〈荊潭唱和詩序〉云：
「搜奇抉怪，雕鏤文字。」〔註117〕〈送權秀才序〉：「引物連類，窮情盡
變。」此特點趙翼《甌北詩話》卷三論韓愈詩即指出韓詩奇險之特色。趙翼指
出李杜詩典範在前，韓愈從「奇險」入手尚有可發揮拓展之空間，因新變自
得而自成一家。論者李宜樺認為趙翼由性靈角度點評韓詩奇險求變有所創
新，然其本色當在文從字順。趙翼批判韓詩刻意創造奇警語，《甌北詩話》卷
三云：「盤空硬語，須有精思結撰。若徒撦撅奇字，詰曲其詞，務不可讀以駭
人耳目，此非真警策也。」務奇太過而使得文字不順，並非詩歌語言應有之
特色。韓詩之妙者，如〈石鼓歌〉、〈喜雪獻裴尚書〉、〈叉魚〉、等詩，或無一
語奧澀且磊落豪橫、或措思極細且遣詞極工。五律〈詠月和崔舍人〉、〈詠

〔註111〕何文煥輯，《歷代詩話》（四部刊要集部・詩文評類，台北：漢京文化，1983
　　　　年1月1日初版），頁309。
〔註112〕何文煥輯，《歷代詩話》（四部刊要集部・詩文評類，台北：漢京文化，1983
　　　　年1月1日初版），頁303。
〔註113〕李建崑著，《韓孟詩論叢》，頁217，〈歷代學者對韓愈詩之評價〉。
〔註114〕李建崑著，《韓孟詩論叢》，頁216，〈歷代學者對韓愈詩之評價〉。
〔註115〕陶秋英編選，虞行校訂，《宋金元文論選》（北京：人民文學出版社，1999年
　　　　版），頁439。
〔註116〕李建崑著，《韓孟詩論叢》，頁221，〈歷代學者對韓愈詩之評價〉。
〔註117〕韓愈著，周啟成、周維德注譯，《新譯昌黎先生文集》，頁377。

雪〉體物之工，趙翼深為稱許。論者李建崑評七古〈石鼓歌〉一詩歌戈通押，長篇一韻到底，清人王鳴盛以此為韓詩創格。〔註118〕棄生評孟郊詩「爭奇鬥險。」評韓愈詩「以偏師追李、杜，遂得與之並傳。」〔註119〕都與前人所見略同。

韓愈〈答李翊書〉云：「氣，水也；言，浮物也。水大，而物之浮者大小畢浮。氣之與言猶是也。氣盛，則言之短長與聲之高下者皆宜。」論者楊勇稱韓愈「為文之時，必先練意，意既定，則以氣使文，潛氣內轉，章法變化，一由意氣而定。」〔註120〕又稱其文行乎所當行云云，此本蘇軾自述其文章特色。練意使氣，求文章高古簡潔。以韓愈贈序類文章為例，方東樹《昭昧詹言》云：「昌黎於作序原由，能簡潔，而文法硬札高古。」「尤錯綜變化不見迹，及尋其意緒，又莫不有歸宿。」〔註121〕高古簡潔而又錯綜變化，意緒有歸宿而文法硬札高古，汲取古道而義正詞嚴，又能創格而自然，方東樹《昭昧詹言》云：

> 魏、漢、阮公、陶公、杜、韓皆全是自道己意，而筆力強，文法妙，
> 言皆有本。尋其意緒，皆一線明白，有歸宿，令人了解。其餘名家，
> 多不免客氣假象，並非從自家胸臆性情流出。〔註122〕

從自家胸臆性情流出，端賴平日養氣知言之修為。論者楊勇所謂練意使氣，韓詩如方東樹《昭昧詹言》云：「韓公詩，文體多，而造境造言，精神兀傲，氣韻沉酣，筆勢馳驟，波瀾老成，意象曠達，句字奇警，獨步千古，與元氣侔。」論者黃永武以韓愈詩〈和歸工部送僧約〉：「早知皆是自拘因，不覺因循到白頭。汝既出家還擾擾，何人更得死前休。」〔註123〕以「不避別人難堪地振威直喝，真是振聲發聵，恣肆廉悍極了！」此直陳力道之強勁，朱彝尊評：「豪氣驅遣」。〔註124〕棄生雖稱許韓詩，但也訾評韓愈詩作云：

> 束皙補亡，韓公琴操，竭力以摹古詩，實則言中無物，乃土形木偶

〔註118〕李建崑著，《韓孟詩論叢》，頁160、164，〈歷代學者對韓愈詩之評價〉。

〔註119〕《寄鶴齋詩話》，頁19、36。

〔註120〕楊勇著，〈韓公以氣為文〉，《楊勇學術論文集》（北京：中華書局，2006年9月第1刷），頁176。

〔註121〕方東樹著，《昭昧詹言》（台北：漢京文化，1985年版），頁22。

〔註122〕方東樹著，《昭昧詹言》（台北：漢京文化，1985年版），頁11。

〔註123〕韓愈著，錢仲聯編，《韓昌黎詩繫年集釋》，頁78、84、912。

〔註124〕黃永武著，《字句鍛鍊法》（臺北市；洪範書局，2003年11月），頁134。韓愈著，錢仲聯編，《韓昌黎詩繫年集釋》，頁356。

耳。束詩雖入《文選》，後人無愛之者。韓詩則或訾或否，甚或以為
奇作。耳食耶？目眯耶？嗜好不同，我所不解，若羅池廟送迎神詞，
則真韓詩之可入楚騷者。〔註125〕

　　論者李建崑引朱熹的析論，朱子指出「操」和《詩經》一樣，是被之弦
歌的樂辭。朱熹認為「操」「取興幽渺，怨而不言」，但又不同於《騷》之宏
侈，而以簡約為尚。李建崑認為朱熹的《楚辭後語》收〈琴操〉中的〈將歸
操〉、〈龜山操〉、〈拘幽操〉、〈殘形操〉，視其形式類似《楚辭》。〔註126〕〈琴
操〉十首詩，後人多評其「以文為詩」。推崇韓愈〈琴操〉者，如朱彝尊評
語云：「〈琴操〉果非《詩》、《騷》，微近樂府，大抵稍涉散文氣。昌黎以文為
詩，是用獨絕。」〔註127〕又見民國學者夏敬觀《唐詩說・說韓愈》云：「〈琴
操〉、〈皇雅〉一類詩，皆非深於文者不能作。退之、子厚，皆文章之宗匠
也。」〔註128〕論者李建崑認為〈琴操十首〉最富於儒家色彩，以假設模擬的
形式，代孔子、周公、文王、古公亶父發抒心聲，對其嘉言彝行表示景仰認
同。〔註129〕

　　棄生訾評〈琴操〉竭力以摹古詩，實則言中無物，乃土形木偶耳。創格
之功不及韓詩之精詣者。例如〈柳州羅池廟碑〉的銘詞云：

荔子丹兮蕉黃，雜肴蔬兮進侯堂。侯之船兮兩旗，渡中流兮風泊之，
待侯來兮不知我悲。侯乘駒兮入廟，慰我民兮不嚬以笑。鵝之山兮，
柳之水；桂樹團團兮，白石齒齒。侯朝出遊兮暮來歸，春與猿吟兮
秋鶴與飛。北方之人兮為侯是非，千秋萬歲兮，侯無我違。福我兮
壽我，驅屬鬼兮山之左。下無苦濕兮高無乾。秔稌充羨兮，蛇蛟結
盤，我民報事兮無怠其始，自今兮欽於世世。

　　論者李建崑認為此與《楚辭》最為神似，「在告饗送神處，簡直就是屈原
的手筆，中間仿效〈九歌〉之格調、句法，以及〈招魂〉之篇意，朱子將此文
採入《楚辭後語》，視為《楚辭》之流裔，不無原因。」〔註130〕棄生則稱許

〔註125〕《寄鶴齋詩話》，頁4。
〔註126〕李建崑著，《韓孟詩論叢》，頁47～48。
〔註127〕韓愈著，錢仲聯編，《韓昌黎詩繫年集釋》，頁1172。
〔註128〕程千帆著，〈韓愈以文為詩說〉，收於程千帆著，《閑堂詩學》（瀋陽：遼海出
　　　　版社，2002年12月第1版），頁336。
〔註129〕李建崑著，《韓孟詩論叢》，頁150～151，〈歷代學者對韓愈詩之評價〉。
〔註130〕李建崑著，《韓孟詩論叢》，頁47。

「真韓詩之可入楚騷者」。棄生稱許詩人變化雅頌之作，例如周伯溫（元明間徽州歙縣人，字彥昭。元時，官至海北廉訪司副使。後寓居福州懷安，買田建義學，以教育後進。著有《樗庵類稿》。）〈天馬行〉中一段云：

> 「我朝幅員古無比，朔方鐵騎紛如蟻。山無氛祲海無波，有國百年今見此。崑崙八駿遊心侈，茂陵大宛黷兵紀。聖皇不卻亦不求，垂拱無為靜邊鄙。遠人慕化致壤奠，地角已如天尺咫。神州首蓿西風肥，收斂驕雄聽驅使。」云云，氣厚體重，與李獻吉林良角鷹歌（詳見卷二）並為變化雅頌之作，視班固明堂辟雍諸詩，徒襲外貌，不覺前賢畏後生矣。〔註131〕

翁方綱（字忠敘，一字正三，號覃谿，晚號蘇齋，順天府大興縣（今屬北京市）人，西元一七三三～一八一八年）的《石洲詩話》卷五稱此詩詠至正二年（西元一三四二年）壬午七月西域拂郎國獻馬，詩語頗得應制之體。棄生〈西苑行〉等詩追憶前清盛世，鋪張宮禁殿室之華崇，雍容宛如應制之體。李夢陽〈林良角鷹歌〉，筆者拙作曾分析以詩為奏疏諷諫體，本自杜甫〈諸將〉等詩，並為變化雅頌之作，所謂肖神而不肖形者。

五、從「風格即人格」論詩才家數

所謂風格，德國 Wackernagel 云：「在整個的藝術範疇裡，不論繪畫、雕刻、音樂等……，祇要當一種內在的特性，通過了特殊形式，表現於外時，我們就說那是一種風格。」〔註132〕風格貫穿於形式與內容之間——即文辭與文意之間。決定風格的因素，《文心雕龍·體性》云：「夫情動而言形，……陶染所凝。……故辭理庸儁……各師成心，其異如面。」風格成因有二：

一是屬於內在因素——風格決於才與氣。即作者內在特殊精神，性情、志氣、個人性格。「才分不同，思緒各異。」個性影響思想，而後決定風格。《文心雕龍·體性》云：「若夫八體屢遷，……才氣之大略哉？」二是外在因素——學與習，關乎形式與內容兩方面：體式與事義。

《文心雕龍·體性》云：「若夫鎔鑄經典之範，翔集子史之術，洞曉情變，曲昭文體，然後能孚甲新意，雕畫奇辭。昭體，故意新而不亂，曉變，故辭奇

〔註131〕洪棄生著，《寄鶴齋詩話》，頁 27。
〔註132〕德國 Wackernagel 著，易默譯，〈修辭學與風格論〉（刊載《國文月刊》第五十四期）。

而不黷。」這即是「文章由學」的本意，須培養才學。《文心雕龍・體性》云：「夫才有天資，學慎始習……文之司南，用此道也。」《文心雕龍・事類》云：「文章由學，能在天資。……雖美少功。」「體式雅鄭，鮮有反其習。」這是從文體形式上說。

風骨之力憑藉作者的才氣學習而致，因辭理之庸儁，風趣之剛柔，事義之淺深，體式之雅鄭，都與才氣學習有關，《文心雕龍・風骨》云：「是以綴慮裁篇……譬征鳥之使翼也。」「夫翬翟備色而翾翥百步，……文章才力，有似於此。」

另一方面，風格受社會環境的影響。《文心雕龍・時序》云：「歌謠文理，與世推移。」又如論建安詩人風格的成因，曰：「觀其詩文，雅好慷慨，良由世積亂離，風衰俗怨，並志深而筆長，故梗概而多氣也。」例如《文心雕龍・明詩》云：「逮楚臣諷怨，則離騷為刺」「正始明道，詩雜仙心」「江左篇製，溺乎玄風」「劉琨雅壯而多風，盧諶情發而理昭，亦遇之於時也。」

風格成因一是才與氣，即作者內在特殊精神，性情、志氣、個人性格。二是外在因素，即學與習，關乎形式與內容兩方面：體式與事義。不論是個性、學力與社會環境，它所影響風格的，乃在「實志」、「授思」、「述情」、「定言」的程序上。即是說，才、氣、學、習對於構成作品內容的思想、感情、想像方面，有著決定的力。安伯托・艾可（Umberto Eco，義大利學者、作家，西元一九三二～二〇一六年）界定風格，認為「風格」是抗拒成規的概念，浪漫主義對於「天賦」的概念，認為「風格」是一種被稱為「原創性」的特殊格調或者能力。〔註133〕強調原創性而流於怪異，其風尚見於十九世紀末，當文藝界籠罩著頹廢和紈袴的風氣。當時如愛爾蘭作家奧斯卡・王爾德（Oscar Wilde，一八五四年十月十六日～一九〇〇年十一月三十日）。王爾德提出「為藝術而藝術」的口號，並聲稱藝術與道德之間沒有關聯，他在服裝言行各方面的矯飾和標新，形成所謂的坎普（Camp）風氣。他的唯美主義，說詩歌和謊言都是藝術，僅僅依靠瞬間的靈感是不夠用的，「訓練也必然先於完美」。〔註134〕他批評法國小說家左拉《酒店》等作品乏味，只是「絕對誠實」，「確

〔註133〕安伯托・艾可著，翁德明譯，《艾可談文學》（臺北市：皇冠，2008 年 1 月），頁 196～197。

〔註134〕奧斯卡・王爾德著，蕭易譯，《謊言的衰落》（南京市：江蘇教育出版社，2004 年 3 月第一刷），頁 6。

切按照事物的本來面貌描述了他們。」

　　誠如安伯托・艾可所說，這種原創性根本瞧不起所有的既定模式；從這源頭就產生了歷史上前衛運動的美學觀。例如王爾德強調作品藝術手法的高低，而不是道德立場的正確與否。「小說人物的正當性應該由作者的創作力決定，而不是由外界形象決定，否則小說就不是藝術的產物。」人們有趣之處在於他們每個人所佩帶的面具，而不是面具背後的真相。〔註135〕

　　安伯托・艾可引用法國小說家福婁拜的「風格」界說，是讓作家作品顯得時髦的方式，而且肯定是無法被模仿的，不過透過它，一種思考和觀察世界的方式被呈現出來了。福婁拜的說法，另一位法國小說家普魯斯特的觀念中，「風格」變成一種才智，它被轉化或是融合到主題裡面，創新了我們對於事物的看法，強調藝術形式的創新。以致於普魯斯特認為，福婁拜對過去簡單式、完成式、現在分詞以及未完成過去式的革命性用法，創新了我們對於事物的看法，其成就和康德不相上下。強調藝術形式的創新，正如王爾德強調藝術的對象是複雜的美。「藝術本身就是一種誇張形式，作為藝術的真正精神所在，挑選無非就是一種過分強調的強化方式。」強調「藝術一旦放棄虛構手法就等於放棄了一切。」他引德國文豪歌德說：「大師首先體現在有所節制。」引申說：「大師在限制內體現自己，而限制是所有藝術的先決條件，它指的也就是風格。」〔註136〕在歌德的看法中，「風格」出現的時候便是作品獲得了自己獨特、完整，不可模仿的和諧狀態。也就是說，「風格」是在藝術形式的限制中體現創新。也因此表現出作品的殊異性和原創性，正如王爾德強調「在文學中，我們需要差別、魅力、美的虛構能力。」他說：「我們彼此間的不同，完全依靠如服裝、風格、嗓音、宗教觀點、人物外貌、小習慣等等此類的次要屬性來區分的。越是分析人物，就越會發現沒有分析的必要。遲早會歸結到那個叫做『人的本性』的令人討厭的普遍性上。」〔註137〕

　　王爾德強調殊異性和原創性而看輕人的本性的普遍性，值得商榷和論辯，如安伯托・艾可所說，「風格」是不斷推陳出新、挑戰並且戰勝自己的現象。因此，不只是怪異的矯飾。〔註138〕安伯托・艾可所說布豐（Buffon，法

〔註135〕奧斯卡・王爾德著，蕭易譯，《謊言的衰落》，頁9、10、12。
〔註136〕奧斯卡・王爾德著，蕭易譯，《謊言的衰落》，頁18、19。
〔註137〕奧斯卡・王爾德著，蕭易譯，《謊言的衰落》，頁10～12。
〔註138〕安伯托・艾可著，翁德明譯，《艾可談文學》（臺北市：皇冠，2008年1月），頁206。

國自然主義者、小說家，西元一七〇七～一七八八年）的名言：「風格即是人的本身」，安伯托・艾可闡述道：「亦絕不應該以個體的意義加以瞭解，而是要把『風格』視為人的一種美德。」〔註139〕

　　王爾德強調生活模仿藝術遠甚於藝術模仿生活。他舉例希臘劇作家歐李庇得斯的悲劇《特洛伊婦女》中的情節，與我們周遭環境毫不相關，「所以她的悲痛才是一個令人稱羨的主題。」〔註140〕希臘悲劇的動人不僅在人物性格或情節，更在疏離日常平凡生活的傳奇性。如何析論文本成分？安伯托・艾可說莎士比亞《哈姆雷特》簡化成「存在／不存在」、「不要存在／要不存在」的公式，在教誨的意義之下，這種過程可以是絕佳的，但卻無法說明莎士比亞如何以新的方式呈現一種永恆的困境。〔註141〕在每個不同文本當中尋覓不變的成分，從而看出文本是如何對那些成分表示異議。讓它們彼此互動，並且在這具骨骼上根據不同的情況覆上皮膚以及肌肉。研究論述的策略，比方延遲揭露真相，比方利害攸關、瀕臨危險的情節等等，更能欣賞風格殊異之處。中國傳統詩人強調「求意與人遠」，宋代黃庭堅對傳奇小說疏離日常平凡生活的傳奇性，其七絕〈和陳君儀讀太真外傳五首〉其二末二句云：「人到愁來無處會，不關情處總傷心。」也是創作「求意與人遠」的態度，如何以新的方式呈現一種永恆的人性真實。

　　要而言之，「風格」是不斷推陳出新、挑戰並且戰勝自己的現象。安伯托・艾可所說是一種「賦與形式的方法」，安伯托・艾可強調美學思想的核心，賦與形式的方法所牽涉的要遠超過字彙或是句法，而且包括每種符號策略，以及同時佈局在文體神經系統深處和表面的策略。風格的領域（做為賦與形式的方法來看待）不僅只適用於語言而已（也有可能根據被使用的符號系統或者領域而包含顏色或者聲音），它還包含鋪陳敘事結構、描繪角色以及呈現觀點的方法。

　　相較《文心雕龍・定勢》所謂「此循體而成勢，隨變而立功者也。」則風格的形成與文體不同的要求，與作者情性變化有關，所謂「若夫八體屢遷，功以學成，才力居中，肇自血氣，氣以實志，志以定言，吐納英華，莫非情

〔註139〕安伯托・艾可（Umberto Eco）著，《艾可談文學》（台北市：皇冠出版社，2008年1月），頁196。

〔註140〕奧斯卡・王爾德著，蕭易譯，《謊言的衰落》，頁16。

〔註141〕安伯托・艾可著，翁德明譯，《艾可談文學》（臺北市：皇冠，2008年1月），頁206。

性。」風格由人之情性、才氣、學問和志氣共同建立。

情性指人先天之氣質，有剛柔、清濁、強弱之分。情動則氣動、氣動則風行。曹丕《典論·論文》說過：「文以氣為主，氣之清濁有體，不可力強而致。」故其論孔融，則云「體氣高妙」，論徐幹則云：「時有齊氣」。若劉勰論賈生俊發，長卿傲誕等才氣。才氣由天資，「夫才由天資」，是情性之表現，故「才力居中，肇自血氣」。《文心雕龍·神思》：「人之稟才，遲速異分；文之制體，大小殊功。」例如相如含筆而腐毫，而仲宣舉筆如宿構。「若夫駿發之士，心總要術，敏在慮前，應機立斷，覃思之人，情饒歧路，疑在慮後，研鑒方定。」前引王爾德強調「風格」是在藝術形式的限制中體現創新，也因此表現出作品的殊異性和原創性，正如「在文學中，我們需要差別、魅力、美的虛構能力。」一方面是文體不同的要求，以及作者情性才氣。

風格形成的關鍵是志氣和學問，《文心雕龍·神思》：「神居胸臆，而志氣統其關鍵……是以陶鈞文思，貴在虛靜，疏瀹五臟，澡雪精神，積學以儲寶，酌理以富才，研閱以窮照，馴致以繹辭」。所謂「氣以實志，志以定言。」「方其搦翰，氣倍於前；暨乎篇成，半折心始。何則？意翻空而易奇，言徵實而難巧也。」故須養心秉術。前引安伯托·艾可強調「風格」是不斷推陳出新、挑戰並且戰勝自己的現象。

《文心雕龍·神思》又強調養心和學習，所以「故宜從容率情，優柔適會。」「是以吐納文藝，務在節宣，清和其心，調暢其氣，煩而即捨，勿使壅滯。」「率志委和，則理融而情暢」。至於學習的重要在「學有淺深，習有雅鄭。」故「學慎始習，……思轉自圓。」「八體雖殊，會通合數，得其環中，則輻輳相成。故宜摹體以定習，因性以練才，文之司南，用此道也。」前引布豐的名言：「風格即是人的本身」，風格可視為人的一種美德。以此觀點，討論洪棄生論天才、地才、人才的說法。此說本自徐增（字子能，江蘇長洲人，約生於西元一六一三年），徐增論李太白天才、杜子美地才、王摩詰人才：「太白以氣韻勝，子美以格律勝，摩詰以理趣勝。」〔註142〕

棄生卻批評以王維為人才：「摩詰不合人才之目，人才當以樂天為穩，否則昌黎、東坡。」以白居易、韓愈、蘇軾為「人才」。可見所重視的詩中理趣，不限於佛家，更強調儒、道二家。棄生稱韓愈詩有直、方、大之趣。

〔註142〕徐增著，《而菴詩話》，收於王夫之等撰《清詩話》（上海：上海古籍出版社，1999年），頁427。

〔註143〕「人才」應指詩人詩作使事平妥，切近賦物，規矩經史而能變化出奇，細味又有理趣。棄生論古今詩人之家數等第云：

> 詩文學前人有數等，一等偶學此而工，再學此即不能工。比如竇人子僦屋而住，一移徙即難返舊居。一等學之此而工，學之彼而不工，此如少有力者，典得一間古屋，不能多購。一等兼收並蓄，無施不宜，此如暴富家買屋成衢，出入裕如，然是因人舊跡，非己所創。一等步武前人，自成己調，此如大富家購古園林，別加修造，遂覺改觀，蓋元明以來諸名家多如此也。而未若蘇、李、曹、鮑、陶、謝、李、杜、高、岑、韓、白、蘇、陸之獨開門戶，隨地樓臺為大力量矣。〔註144〕

「偶學而工」與「少有力者」，即棄生所謂的粗才、小才，「在當時皆可名馳一時，久而論定，浮煙漲墨不足觀矣。」而「因人舊跡，非己所創」者，近於棄生所說之「軼才」，「軼才如侯方域、尤西堂，西堂詩文、樂府，無所不工，當時皆以高才推之，然諸體雖工，造詣不深。」〔註145〕至於步武前人，自成己調，如元明清以來諸名家。其中為棄生所推譽者如明之李東陽、李夢陽、何景明等人，又稱許清之袁枚可謂奇才，黃仲則可謂清才，王士禎可謂高才，吳梅村、朱彝尊可謂大才。〔註146〕至於漢代蘇、李乃至宋之蘇軾、陸游則可謂獨開門戶，隨地樓臺，乃「新變代雄」之大家。不過就後人考證，《昭明文選》所錄李陵與蘇武詩三首，及蘇武詩四首，未必為蘇、李二人所作，卻可視為漢魏五言詩之代表作。〔註147〕

清才與奇才之論，本自袁枚：「余常謂孫淵如云：『天下清才多，奇才少。君，天下之奇才也。』淵如聞之，竊喜自負。」〔註148〕二者分別，如張健所論，清才指「純正不誇，清新自然。」如袁枚稱許宋代詩人楊萬里「天才清妙」。〔註149〕至於奇才，亦如張健云，泛取才學之士，不僅以詩立論。尤指一、「博通高古」。二、「多采多姿」。三、「狡獪神通」、「詭譎變化，不易捉摸

〔註143〕洪棄生，《寄鶴齋詩話》，頁 64、24。

〔註144〕洪棄生，《寄鶴齋詩話》，頁 100。

〔註145〕《寄鶴齋詩話》，頁 68。

〔註146〕《寄鶴齋詩話》，頁 68。

〔註147〕見王師忠林等人編，《中國文學史初稿》（台北：福記文化，民國 74 年 5 月修訂三版），頁 255。

〔註148〕袁枚著，《隨園詩話》，頁 218。

〔註149〕袁枚原著，張健選，《隨園詩話精選》，頁 81。

者。」〔註150〕至於「清才」,棄生論清代乾隆、嘉慶、道光時,如黃景仁、洪
亮吉、吳蘭雪等人詩風云:「黃、吳一派不立宗主,詩格亦妙。然有流於圓熟
入時者矣。」指詩圓美清新。王士禛可謂高才,以其詩格古澹清遠。吳梅村
「詩所以邁過錢、龔者,在雄博偉厚,奄有多體,尤在情韻纏綿,能成一體。」
朱彝尊「奄有眾體,王詩獨造一格,惟王詩欠體切一種。」〔註151〕吳、朱奄
有多體,且情至工切,可謂大才。

余光中〈誰是大詩人〉提出標準,一是獨創性。一是「整體的飽滿感」即
指「那是渾然沛然不可分割的」「感情上的真(genuine)也是一種 originality
(獨有,原有,不假借,非剽竊之義)。」指詩情的「強烈性(intensity)」。
另一則是「博大與深邃」。〔註152〕依此說,李白詩渾然沛然,杜甫詩博大與
深邃。就主題和體裁上的創新,《昭明文選》所錄李陵與蘇武詩三首,及蘇武
詩四首,而唐以前的曹、鮑、陶、謝,唐代高、岑、韓、白,宋之蘇軾、陸游
都可謂獨開門戶,隨地樓臺,乃「新變代雄」之大家。

棄生論古今詩人之家數等第,服膺袁枚之說,分「大家」與「名家」。「大
家」與「名家」的區別,洪亮吉云:

> 詩各有所長,即唐宋大家,亦不能諸體並美。每見今之工律詩者,
> 必強為歌行古詩以掩其短,其工古體者亦然。是謂舍其所長,用其
> 所短。心未嘗不欲突過名家、大家,而卒至於不能成家者,此也。
> 〔註153〕

大家者諸體並美,名家則有一體之長。袁枚勉人以「名家自命,才大心
細。」棄生亦服膺之。棄生所說兼善古人所長,風格變化老成者,方稱到家。
而大家與名家之分,棄生服膺袁枚詩論云:「袁公論詩,雖多有強辨之處,然
亦多創解處,及精細不磨處,不可不鑄金事之。規蔣心餘云:『吾人作詩當自
命為名家,而使後世置我於大家之中,不可自命為大家,而使後人屏我於名
家之外。』。」〔註154〕名家作詩必選字酌句。袁枚規勸蔣士銓切莫「老手頹
唐,才人膽大。」勤進詩藝,不可貪求大家之名而淪為粗才。袁枚論詩「是健

〔註150〕張健著,《清代詩話研究》,頁 275。

〔註151〕洪棄生,《寄鶴齋詩話》,頁 35、56、127。

〔註152〕余光中著,《望鄉的牧神》,頁 72、75。

〔註153〕洪亮吉著,《北江詩話》(北京:人民文學出版社,1998 年),頁 77。

〔註154〕洪棄生,《寄鶴齋詩話》,頁 129,袁枚原著,張健編選,《隨園詩話精選》(台
北:文史哲出版社,1986 年),頁 21。

非麤」，析賞入微，為棄生稱譽，張健稱許：「批評家必須察人所不見，辨人所混淆，始為高手。」〔註155〕名家作詩必選字酌句，勤進詩藝，為文修辭的方法即前述「隱」和「秀」。

第三節　研究範圍、文獻探討、批評方法與論文架構

　　本書以洪棄生乙未年（西元一八九五年）以後的詩歌賞析為主。乙未年（西元一八九五年）清廷割讓臺灣給日本，洪棄生貞隱不仕，批評日人治臺苛政，如抱器之魯生，傳承漢學，可視為遺民和逸民。其詩作又可視為詩史，尤其是其風格和題材仰挹風騷，憑情以負氣，新變而代雄。親風騷而別裁偽體，神通千古，遵古通變，遺民而為詩史，風格清新而詩句隱秀。

　　文獻探討此類主題，研究臺灣遺民詩的著作有余美玲著，《日治時期臺灣遺民詩的多重視野》（臺北市：文津，2008 年）。但余美玲的著作對洪棄生的研究只限於全書一部份，欠缺研究的深入與全面性。尤其是研究洪棄生對《詩》《騷》的批評，就研究方法，從批評的角度，批評者的內涵及其功夫對作者而言，十分要緊。《文心雕龍·知音》提出對批評的問題，可以參鑑：

　　　　夫綴文者情動而辭發，觀文者披文以入情，沿波討源，雖幽必顯。
　　　　世遠莫見其面，覘文輒見其心，豈成篇之足深，患識照之自淺耳。
　　　〔註156〕

　　「披文以入情」之句，指出情意的投射就是作者心裡具體的反應，情壹動，辭即發，情辭之間，表現的是和諧自然，就如《文心雕龍·明詩》篇所說：「人秉七情，應物斯感。感物吟志，莫非自然。」既然感物吟志，就能為文造情，作者的情思就能源源不斷，神思自然超邁，作品方有深度。

　　然而，僅是披文入情，或只是為文造情，仍然無法展現作品的完整性，必待批評者的鑑賞，作品才更具可觀性，因此《文心雕龍·知音》六觀之說，便把批評的方法延伸開來：

　　　　是以將閱文情，先標六觀：一觀位體，二觀置辭，三觀通變，四觀
　　　　奇正，五觀事義，六觀宮商，斯術既形，則優劣見矣。
　　此問題，業師王忠林和張健提出幾個觀點，為之詮釋：

〔註155〕袁枚著，《隨園詩話》，頁 67，張健著，《清代詩話研究》〈袁枚論詩要義探究〉（台北：五南圖書公司，1993 年），頁 272、274、337。
〔註156〕王更生著，《文心雕龍》（台北：文史哲，1991 年）。

（一）位體：張健詮釋位就是安排、選擇，位體者，選擇一種適合於作品題材的文類或文學類型。業師王忠林詮釋《文心雕龍‧融裁》「設情以位體」，〈定勢〉講的「因情立體」，以及〈體性〉講的都與此有關。〔註157〕

（二）置辭：張健詮釋置辭即修辭，屬於修辭學的範圍，〈情采〉第三十一、〈鎔裁〉第三十二，〈章句〉第三十三的一部份，都討論這一問題；采是詞采、文采，剪截浮詞叫「裁」，句者「聯字以分疆」，都不外乎此。業師王忠林詮釋乃用詞造句的技巧，即文學語言的藝術。

（三）通變：張健詮釋主要討論範圍是「酌於新聲」的文辭氣力，也就是變化、創造。上述第二節論文體新變的批評理論與此有關。

（四）奇正：張健詮釋兼指題材與風格的奇正，如宗經載道為正，參騷酌緯為奇。

（五）事義：張健詮釋義即用典，用典以足義。用典的品評標準有四：一、不乖謬，二、避生僻，三、有新意，四、求自然。

（六）宮商：張健詮釋即詩的聲調，包括平仄、用韻。〔註158〕上述第二節論文體新變的批評理論，例如韓愈以文為詩，其平仄、用韻的奇險為特色。

根據《文心雕龍‧知音》六觀之法，批評洪棄生的遺民詩史，因此各章要旨如下：

第一章「憑情以負氣，遺民詩變論。」本六觀的觀位體，析論洪棄生的遺民詩新變理論，因《文心雕龍‧定勢》講的「因情立體」，「憑情以負氣」來分析宋明遺民詩的情志和正氣。以及洪棄生對當代晚清詩壇「同光體」詩人的批判與學習。

第二章「題材源《詩經》，比興標風格。」本六觀的觀置辭，析論洪棄生的題材源《詩經》理論，因用詞造句的技巧，即文學語言的藝術來分析《詩經》，以賦比興的寫作法來標舉風格。

第三章「《楚辭》繼《詩經》，通變為詩史。」本六觀的觀通變，析論洪棄生就「變風變雅以諷論」，論中國古代詩人杜甫與陸游的性情及詩作，以及身世背景，因杜、陸二公詩多得變風遺音，詩染變風遺音，性情亦近之。清末世變方殷，詩人作品多染變風，棄生〈讀變雅詩說〉、〈讀變雅書感〉等文感慨家

〔註157〕王忠林著，《文心雕龍析論》（台北：三民書局，1998年），頁589～590。
〔註158〕張健著，《中國文學批評》（台北：五南出版社，1984年），頁5。

國，有憂世憂身之感，引《詩經》變風變雅以諷世傷時。認為《楚辭》繼《詩經》，通變為詩史。

　　第四章「《騷》變《詩》神理，執正以馭奇。」本六觀的觀奇正，指題材與風格的奇正，如宗經載道為正，參騷酌緯為奇。析論洪棄生論《楚辭》，稱許屈原以曠古逸才，運三百篇神理，變三百篇體形，不獨古賦之祖，亦古詩之祖。棄生詩作仰挹〈離騷〉的儒道思想與華采。以《詩經》之正以馭《楚辭》之奇。

　　第五章「《九歌》置辭奇，香草美人興。」本六觀的觀置辭，析論洪棄生的《楚辭》理論，因修辭的技巧，分析《楚辭》以香草美人比興的寫作。

　　第六章「〈遠遊〉而遊仙，設情以位體。」本六觀的觀位體，設情以位體，洪棄生以析論《楚辭》為後代詩歌題材與風格淵源。洪棄生論李白之〈遠別離〉、〈春日行〉，杜甫之〈寄韓諫議注〉等詩善學騷。所謂善學騷在於肖神不肖形。

　　第七章「〈招魂〉〈天問〉典，奧衍詩事義。」本六觀的觀事義，析論《楚辭》〈招魂〉〈天問〉典故，風格奧衍，為棄生遺民詩史的淵源，品評洪棄生詩歌用典以足義的標準。

　　第八章結論，析論洪棄生親風騷而別裁偽體，因身為乙未臺灣遺民而為詩史，風格清新而詩句隱秀。總結其詩論與詩作的苦心孤詣與新變代雄。

第一章　憑情以負氣，遺民詩變論

　　「憑情以負氣，遺民詩變論。」本六觀的觀位體，析論洪棄生的遺民詩新變理論，因《文心雕龍・定勢》講的「因情立體」，「憑情以負氣」來分析宋明遺民詩的情志和正氣。以及洪棄生對當代晚清詩壇「同光體」詩人的批判與學習。棄生推崇杜甫詩集前代詩人大成，杜甫「詩史」又與詩人遭逢世變，感懷抒情，其詩與人格合一。關於詩史，明末清初的錢謙益（字受之，號牧齋，晚號絳雲樓主人、蒙叟、東澗老人，又因其住址而稱虞山、因其職位而稱宗伯，直隸常熟縣（今江蘇省蘇州市常熟市）人，西元一五八二～一六六四年），其〈胡致果詩序〉云：

> 三代以降，史自史，詩自詩，而詩之義不能不本於史。曹之〈贈白馬〉，阮之〈詠懷〉，劉之〈扶風〉，張之〈七哀〉，千古之興亡升降，感歎悲憤，皆于詩發之。馴至於少陵，而詩中之史大備，天下稱之曰詩史。唐之詩，入宋而衰。宋之亡也，其詩稱盛。皋羽之慟西臺，玉泉之悲竺國，水雲之苕歌，《谷音》之越吟，如窮冬沍寒，風高氣慄，悲噎怒號，萬籟雜作，古今之詩莫變於此時，亦莫盛於此時。至今新史盛行，空坑、厓山之故事，與遺民舊老，灰飛煙滅。考諸當日之詩，則其人猶存，其事猶在，殘編齧翰，與金匱石室之書，並懸日月。為詩之不足以續史，不亦誣乎？[註1]

　　錢謙益推崇杜甫「詩史」，又稱許宋遺民舊老之「詩史」，其中憂生憂世之情，所謂「古今之詩莫變於此時，亦莫盛於此時。」目擊世變而成詩，情真

〔註1〕錢謙益著，錢曾箋注，錢仲聯標校，《錢牧齋全集》（五）（上海市：上海古籍，2003 年），頁 800～801。

而悲噎怒號，別見風高氣慄之感人力道。

　　方豪著《宋史》中曾指出造成靖康之禍的主要原因有四：一為小人恣虐；二為軍隊腐敗；三為宦官擾民：四則為宮庭生活淫奢。杜維運在其《憂患與史學》一書提及：「兩宋是憂患的世紀，契丹、西夏、女真、蒙古諸外族，先後崛起，宋的安危，決於旦夕。」〔註2〕霍松林、鄧小軍著〈論中國傳統詩歌的文化精神〉一文云：「國史通一身之精神，實為傳統詩歌的一大動脈；首先是一個志士仁人，然後才是一個真正的詩人。詩人的身心性命，應與祖國、民族、文化共存亡，這就是此一精神的內涵……宋代，尤其是南宋，弘揚了國身通一詩歌精神的，是整整一代詩人。」〔註3〕指出宋代士大夫的強烈憂患意識，往往出於自覺。例如蘇軾〈田表聖奏議序〉云：

> 古之君子，必憂治世而危明主。明主有絕人之資，治世無可畏之防。
> 夫有絕人之資，必輕其臣；無可畏之防，必易其民，此君子之所甚
> 懼也。方漢文時，刑措不用，兵革不試，而賈誼之言曰：「天下有可
> 長太息者，有可流涕者，有可痛哭者。」後世不以是少漢文，亦不
> 以是甚賈誼。由此觀之，君子之遇治世而事明主，法當如是也。

　　論者季明華認為，在「遇治世而事明主」的時局裡，都必須懷有憂患的省思。此種自覺，無異是宋人憂患意識的來源。〔註4〕季明華認為在南宋詩人的詠史詩作中，有許多作品皆熱烈地表露了對英雄人物的傾慕之情。大抵說來，詩人所歌詠的理想典型有四個方面：一、以死保節之豪傑：二、中興王室之功臣；三、志在恢復之英雄；四、赤膽忠心之賢臣等等。如李清照這首〈夏日絕句〉云：

> 生當作人傑，死亦為鬼雄。至今思項羽，不肯過江東。〔註5〕

〔註2〕方豪著，《宋史》（臺北市：華岡，1979年），第九章〈北宋之亡〉，頁155～160。杜維運著，《憂患與史學》（臺北市：東大出版社，1993年），第一篇第一章〈憂患的世紀〉，頁5。

〔註3〕霍松林、鄧小軍著，〈論中國傳統詩歌的文化精神〉（《江海學刊（南京）》，1989年第一期）。

〔註4〕季明華著，《南宋詠史詩研究》（臺北市：文津，1997年），頁157、187。金諍著，〈文官政治與宋代文化高峰〉一文，載《國際宋代文化研討會論文集》，頁29。

〔註5〕見《李清照全集評注》詩集部份，頁169，詩題又另名為〈烏江〉。傅璇琮主編，《全宋詩》（北京市：北京大學古文獻研究會編，北京大學出版社出版，1999年），卷1602，頁18006。

據《史記・項羽本紀》記載，項羽垓下兵敗後，逃至烏江邊，烏江亭長欲助項羽渡江，項羽笑曰：

> 「天之亡我，我何渡為！且籍為江東子弟八千人渡江而西，今無一
> 人還，縱江東父兄憐而王我，我何面目見之？縱彼不言，籍獨不愧
> 於心乎！」爾後乃拔劍自剄而死。

季明華認為李清照的詩皆捨棄了「以成敗論英雄」的觀點，讚揚項羽的英雄氣節。南宋詩人汪元量〈烏江〉對項羽的評價亦同。〔註6〕

論者楊海明討論宋代詞人李清照關心國事，發為詩語，如諷刺當時士大夫怯懦的詩句「南渡衣冠欠王導，北來消息少劉琨。」「南遊尚覺吳江冷，北狩應悲易水安。」認為堪令此輩臉紅。而〈烏江〉五絕一詩，論者楊海明云：「若教苟安於江南的宋高宗君臣讀後，真不知該有何種感想。」〔註7〕北宋靖康之禍，南渡之際，士人的氣節值得表彰者。以及日後南宋亡於蒙元，遺民詩人懷抱國亡哀痛，尤為洪棄生所推崇：

> 吳孟舉、呂晚村錄許月卿、林德陽、何巖叟詩於宋末，元裕之錄滕
> 秀穎、何定遠、朱少章詩附金後，皆有功名教，不獨有功詩教，何
> 宏中事蹟，補宋傳之缺，尤有功史乘。〔註8〕

明末清初呂留良（別名光輪，字用晦，又字莊生，號晚村，別號有恥齋老人、恥翁、呂醫山人、南陽布衣等，浙江嘉興府崇德縣（今桐鄉市崇福鎮）人，西元一六二九～一六八三年）、吳孟舉編的《宋詩鈔》，收錄許月卿等南宋遺民詩作。據《全宋詩》作者小傳，許月卿（一二一六～一二八五年），字太空，學者稱山屋先生，婺源（今屬江西）人。從魏了翁學。早年入趙葵幕，理宗嘉熙四年（一二四〇年）以軍功補校尉，為江東轉運司屬官。淳祐四年（一二四四年）進士，授濠州司戶參軍，七年，兼本州教授。呂文德辟為淮西安撫司準備差遣。遷臨安府教授，以言事罷。寶祐三年（一二五五年）為江南西路轉運司幹辦，攝提舉常平。召試館職，以忤賈似道罷，歸隱，自號泉田子。宋亡，改字宋士，深居不言。元至元二十二年卒，年七十。有《先天集》十卷、《百官箴》六卷。許月卿的詩〈鵑滿城風雨近重陽〉頸聯云：「酒安能管

〔註6〕季明華著，《南宋詠史詩研究》（臺北市：文津，1997年），頁164～165。

〔註7〕楊海明著，〈詩、酒、茶、梅、菊及其他——談李清照詞中的「雅士」氣息〉。楊海明著，《唐宋詞主題探索》（高雄市：麗文化公司，1995年10月初版一刷），頁181。

〔註8〕洪棄生著，《寄鶴齋詩話》，頁26。

興亡事，菊亦頗復時世粧。」深有憂世之家國情。〔註9〕據《全宋詩》作者小傳，何夢桂（一二二九～？年）（生年據本集卷一〇《王石澗臨清詩稿跋》），字嚴叟，幼名應祈，字申甫，別號潛齋，嚴州淳安（今屬浙江）人。度宗咸淳元年（一二六五年）進士。授台州軍事判官，改太學錄，遷博士，通判吉州。召為太常博士，累遷大理寺卿，知時事不可為，引疾去。入元累徵不起。有《潛齋集》十一卷。事見本集附錄《何先生家傳》、明嘉靖《淳安縣志》卷一一。何夢桂的詩〈鵑啼曲〉末云：「哀號力盡飛不歸，老盡遺民城郭非。」詩深有遺民悲涼。元至元二十三年丙戌（西元一二八六年）的詩〈記夢〉云：「編書未了留侯事」，因宋亡而有復仇之心。〔註10〕一如呂留良曾於順治十八年（永曆十五年，西元一六六一年）為錢謙益賀壽。錢謙益將他改字為「留侯」，並且寫了一篇〈呂留侯字說〉，期盼他能像張良報韓刺秦那樣反清復明。棄生稱許呂留良與吳孟舉有功名教，不獨有功詩教，尤有功史乘，誠然。棄生云：

> 滕秀穎（茂實）、朱少章並皆以史金見羈。滕作〈臨終詩〉，可與文信國〈正氣歌〉並傳。即少章詩學亦深於信國，可以殿北宋而開南渡。同時何定遠（宏中）以力戰陷虜，宋史失傳，〈述懷〉詩雖二十八字，然馬革盛尸，西山餓踣，可抵一篇碑志矣。〔註11〕

據《全宋詩》作者小傳，滕茂實（？～一一二八年），字秀穎，臨安（今屬浙江）人，一說姑蘇（今江蘇蘇州）人（《中州集》卷十），徽宗政和八年（一一一八年）進士。欽宗靖康元年（一一二六年），茂實以工部員外郎假工部侍郎副路允迪使金，為金人所留，居代州。高宗建炎元年（一一二七年），聞被俘之欽宗將至金，即自作哀詞并篆「宋工部侍郎滕茂實墓」九字，裹以奉使黃旛，授友人董銑，囑以後事。欽宗至，具衣冠郊迎，金人迫命易服，力拒不從。請從欽宗行，金人不許。次年憂憤卒。高宗紹興二年（一一三二年）事聞，贈龍圖閣直學士。

金末元好問讚許滕茂實：「先生名節凜然，不愧古人。」並稱自己「兒時，先大夫教誦秀穎〈臨終詩〉」（《中州集》卷十）。可見其詩在金代流傳之廣，成

〔註 9〕傅璇琮主編，《全宋詩》（北京市：北京大學古文獻研究會編，北京大學出版社出版，1999 年），卷 3409，頁 40527、40548。
〔註10〕傅璇琮主編，《全宋詩》，卷 3526，頁 42136、42162、42200。
〔註11〕洪棄生著，《寄鶴齋詩話》，頁 26。

為士大夫傳授忠貞氣節的教材之一。元好問《中州集》卷二十錄滕茂實〈臨終詩〉：

> 某奉使亡狀，不復反父母之邦，猶當請從主行以全臣節。或怒而與之死，幸以所仗節幡裏其屍，及有篆字九為刊之石，埋於臺山之（《咸淳臨安志》卷六六作寺）下，不必封樹。蓋昔年大病，夢遊清涼境界，覺而失病所在，恐於此有緣。如死窮徼，則乞骸骨歸，悉如前禱。預作哀詞，幾於不達，方之淵明則不可，亦庶幾少遊之遺風也。

> 齷鹽老書生，謬列王都官。索米了無補，從事敢辭難。殊鄰復（《咸淳臨安志》作敗）盟好，仗節來榆關。城守久不下，川塗望漫漫。儉輩果不惜，一往何當還。牧羊困蘇武，假道拘張騫。流離念窘束，坐閱四序遷。同來悉言歸，我獨留塞垣。形影自相弔，國破家亦殘。呼天竟不聞，痛甚傷肺肝。相逢老（《咸淳臨安志》作有）兄弟，悼歎安得歡。金人自南歸，得志鞍馬間。（以上二句原缺，據《咸淳臨安志》補）波瀾卷大廈，一木難（《咸淳臨安志》作乃）求安。世事寧有此，聊發我所存。爵祿非所慕，金珠敢懷貪。（以上四句原缺，據《咸淳臨安志》補）就不違我心，渠不汙我顏。昔燕破齊王，群臣望風奔。王蠋猶守節，燕人有甘言。經首自絕脰，感嘆今昔聞。未嘗食齊祿，徒以世為民。況我祿數世，一死何足論。遠或死江海，近或死朝昏。斂我不須衣，裹屍以黃幡。題作宋臣墓，篆字當深刊。我室尚少艾，兒女皆童頑。四海無置錐，飄流倍悲酸。誰當給衣食，使不厄饑寒。歲時一酹我，猶足慰我魂。我魂亦（《咸淳臨安志》作自）悠悠，異鄉寄沉冤。他時風雨夜，草木號空山。〔註12〕

此前文所謂以死保節之豪傑。牧羊蘇武、守節王蠋，猶不及滕茂實衣冠盡臣禮於國破君俘之際，名節凜然，不愧古人。據《全宋詩》作者小傳，何宏中（一〇九七年～一一五九年）字定遠，自號通理先生。先世居雁門（今山西代縣），後移居忻州（今山西忻縣），遂為忻州人。家世從武，徽宗宣和元年（一一一九年）殿試策中第，調滑州韋城尉。金兵圍東京，附近州縣均失守，獨韋城不下，以功擢武節大夫、河東河北兩路統制接應使。後孤守銀冶，糧

〔註12〕傅璇琮主編，《全宋詩》，卷1315，頁14926～14928。

盡被俘，囚居金西京（今山西大同），始終不屈。晚年為道士，卒於高宗紹興
二十九年，年六十三。著有《成真集》、《通理集》，已佚。事見《中州集》卷
一〇。金元好問《中州集》卷十錄其〈述懷〉云：

> 馬革盛尸每恨遲，西山餓踣更何辭。姓名不到中興曆，付與皇天后
> 土知。〔註13〕

棄生稱許稱許此詩可抵一篇碑志。至於赤膽忠心之賢臣，據《全宋詩》
作者小傳，朱弁（一〇八五～一一四四年），字少章，號觀如居士，婺源（今
屬江西）人。移居新鄭（今屬河南），欽宗靖康末避亂江南。高宗建炎元年（一
一二七年），以修武郎、閣門宣贊舍人為通問副使，隨正使王倫赴金探問徽、
欽二宗，留金十七年，持節不屈。紹興十三年（一一四三年），宋金和議成，
才與洪皓、張劭同時遣返。遷宣教郎、直秘閣，主管佑神觀。十四年卒，年六
十。著有《聘遊集》、《輶軒唱和集》，已佚；《曲洧舊聞》、《風月堂詩話》等，
今存。〔註14〕《風月堂詩話》評論黃庭堅詩「乃獨用崑體工夫而造老杜渾成
之地。」詩格與詩學極為卓越。〔註15〕朱弁同僚使金見留者，據《全宋詩》
作者小傳，如洪皓（一〇八八～一一五五年），字光弼，饒州鄱陽（今江西波
陽）人。徽宗政和五年（一一一五年）進士，歷台州寧海縣主簿，秀州錄事參
軍。高宗建炎三年（一一二九年），以徽猷閣待制假禮部尚書使金被留，紹興
十三年（一一四三年）始歸。遷徽猷閣直學士，提舉萬壽觀，兼權直學士院。
尋因忤秦檜，出知饒州。十七年，責授濠州團練副使，英州安置。二十五年，
主管台州崇道觀，卒諡忠宣。有文集五十卷等，已佚。洪皓〈節至思親不覺淚
下因記杜子美詩云：「無家對寒食，有淚如金波。」又云：「佳辰強飲食猶寒，
隱几蕭條帶鶡冠。」清明詩云：「風水春來洞庭闊，白蘋愁殺白頭翁。」王元
之詩云：「無花無酒過清明，興味都來似野僧。」二公佳句正為我設也。將命
求成五年矣，去秋和議，王侍郎南去，（原按：王侍郎即王倫。《宋史》：倫與
朱弁同使金見留。紹興二年，因和議，倫先歸。皓奉使在建炎己酉，至是適五
年，以時考之正合。）我獨淹留，命也如何？感詩述懷，賦四韻呈都官兼簡監
軍（監軍，即陳王固新）〉云：

〔註13〕傅璇琮主編，《全宋詩》第三十三冊，頁20779～20780。
〔註14〕傅璇琮主編，《全宋詩》，卷1633，頁18313。
〔註15〕張鳴編著，《宋詩菁華：宋詩分體選讀》（臺北市：三民書局，2016年），頁
　　　483～484。

寒食無家淚滿巾，清明無酒更愁人。不聞東道開東閣，空歎白頭歌白蘋。日永蕭條徒隱几，雪埋蒼莽阻尋春。王郎歸去我留滯，始信儒冠解誤身。〔註16〕

寒食清明，思家情切。使節不辱君命，其高節如蘇武。同僚使金見留者，據《全宋詩》作者小傳，張邵（一〇九六～一一五六年），字茂宗，烏江（今安徽和縣東北）人。徽宗宣和三年（一一二一年）上舍登第。高宗建炎元年（一一二七年）為衢州司法參軍。三年，金人南侵，受命假禮部尚書充通問使，議論不屈，長期被囚羈。紹興十三年（一一四三年）宋金和議成，才和洪皓、朱弁同時南歸。遷秘閣修撰，後知池州。二十六年卒，年六十一。有文集十卷，已佚。《全宋詩》從宋徐夢莘《三朝北盟會編》卷二二二引《張公行實》錄其句云：「蘇氈久絕寢衣想，姜被忽分挾纊春。（原注：謝樞密王公倫惠綿衾）」〔註17〕以蘇武守節自擬。

第一節　宋遺民的詩史論

宋遺民的詩史和詩史論，見於洪棄生評論者如下。

一、文天祥

文天祥（字宋瑞，又字履善，小名雲孫，小字從龍，自號文山道人，又號浮丘道人。江西吉州廬陵（今江西吉安）人，生於南宋理宗端平三年（一二三六年），卒於元世祖至元十九年十二月九日（一二八三年一月九日））。文天祥七律〈過零丁洋〉末二句：「人生自古誰無死，留取丹心照汗青。」誠然有「知其不可而為之」氣概。五古〈正氣歌並序〉乃垂範千古的正氣詩篇，為歷代愛國詩篇的金石名山之作。又有《集杜詩》，成於壬午（元世祖至元十九年，西元一二八二年）正月。自序云：「……子美於吾隔數百年，而其言語為吾用，非情性同哉。昔人評杜詩為詩史，蓋其以詠歌之辭，寓紀載之實，而抑揚褒貶之意燦然於其中，雖謂之史可也。……。」文天祥此序可知其《集杜詩》作於元世祖至元十七年（西元一二八〇年），囚於燕京時。〔註18〕他認為「昔人評杜詩為詩史，蓋其以詠歌之辭，寓紀載之實，而抑揚褒貶之意燦然於其中，

〔註16〕傅璇琮主編，《全宋詩》，卷1701，頁19165、19171～19172。
〔註17〕傅璇琮主編，《全宋詩》，卷1846，頁20558。
〔註18〕傅璇琮主編，《全宋詩》，卷3687，頁43025、43055、43080。

雖謂之史可也。」推崇杜甫「文章千古事，得失寸心知。」仰瞻典型，寸心千古。「非千載心不足以語此」，因知「杜詩為詩史」，直以千古識力為之骨。洪棄生〈生壙詩歌第七〉云：「我作生祭王炎午，恨無生氣文天祥。」諷刺清廷當朝政要。宋末遺民王炎午（原名鼎翁，別號梅邊，學者稱梅邊先生）為太學上舍生時，與文天祥同遊。文被元兵執，王作〈生祭文〉。〔註19〕王〈生祭文〉所言的陳東（字少陽，鎮江丹陽人），因上書高宗，罷黃潛善、汪伯彥，又請親征以還二聖，治諸將不進兵之罪，激怒高宗而被斬。〔註20〕以忠義死節、成仁取義勗勉文天祥。而文天祥從容就義，殉道盡節，終究非人人可及。

二、汪元量

汪元量（字大有，號水雲，又號江南倦客，錢塘（今浙江杭州）人，一二四一～一三一七？年），汪元量所撰的《湖山類稿》卷四，有〈烏江〉一詩云：

平生英烈世無雙，漢騎飛來肯受降。早與虞姬帳下死，不教戰血到烏江。

論者季明華認為此詩「也熱烈地讚揚項羽寧死不屈的英雄氣節」，「這首謝絕渡江逃命、拔劍慷慨自刎的項羽，對於理想人格的追求，高於個體生命存在的英雄本色，贏得了詩人『英烈無雙』的讚譽。」季明華認為李清照和汪元量的詩皆捨棄了「以成敗論英雄」的觀點，「而以人性中可貴及不易達成之處，對項羽的以死保節的英雄行徑，給予了高度的肯定。見賢思齊，補償了現實不能的遺憾。」〔註21〕

三、林景熙

論者張鳴評論林景熙（字德陽，一作德暘，號霽山，溫州平陽（今屬浙江）人，一二四二～一三一〇年））的生平及詩作：

林景熙……咸淳七年（一二七一）進士。為泉州教授。後任從政郎。宋亡，隱居於鄉，教授生徒，從事著述，名重一時。他是著名的宋

〔註19〕陸心源輯撰，《宋史翼》（北京：中華書局，1991 年 12 月第 1 版），卷 34，頁 370。

〔註20〕同前註，《宋史‧忠義列傳第二百十四》（臺北：藝文印書館，出版年不詳）卷 455，頁 5499。

〔註21〕季明華著，《南宋詠史詩研究》（臺北市：文津，1997 年），頁 164～165。

遺民詩人，其詩多寫南宋遺老的故國之思。他讀文天祥詩集後作了
一首七古抒發感想，其中有「書生倚劍歌激烈，萬壑松聲助幽咽。
世間淚灑兒女別，大丈夫心一寸鐵」之句，頗能見其志節。《宋詩鈔》
小序評價其詩說：「大概悽愴故舊之作，與謝翱相表裡。翱詩奇
崛，熙詩幽宛。」〔註22〕

棄生稱許林景熙詩詣，次謝皋羽而勝謝疊山，誠然。

四、謝翱

宋遺民謝翱（字皋羽，號晞髮子，又號宋纍，長溪（今福建霞浦）人，徙
居浦城（今屬福建），西元一二四九～一二九五年）的生平，見陸心源輯《宋
史翼》卷三十五云：

> 謝翱字皋羽，後徙浦城，福建福安人。父鑰，性至孝，喪母，廬墓，
> 哀毀動人，絕意仕進。閉戶治春秋經傳，翱世其學。咸淳初試進士，
> 不第。棄舉子業，慨然以古文名家。……聞天祥在燕京殉節，悲不
> 自勝，每見山水、池榭、雲嵐草木，與天祥所別處偶似者，則徘徊
> 顧盼，恍若夢寐。……居逾年，與思齊等買舟浮七里瀨，謁嚴光祠，
> 祠後有東西二釣臺，翱登西臺上，設天祥主荒亭隅，再拜跪，伏號
> 而慟者三，乃以竹如意擊石，作楚歌招之曰：……。〔註23〕

文天祥在燕京殉節後，謝翱登西臺而慟哭，有〈西臺慟哭記〉。今浙江富
春山西臺留有「謝翱哭臺」。明末清初詩人吳偉業（字駿公，號梅村，又號大
雲居士，江蘇太倉人，西元一六○九～一六七二年）的〈毛子晉齋中讀吳匏
庵手抄宋謝翱西臺慟哭記〉，歌詠謝翱〈西臺慟哭記〉，發抒身為遺民異代同
調的哀傷。

洪棄生極為推許此詩：「吳梅村〈讀西臺慟哭記〉五古，每一筆照應四
面，感喟無盡，實闢前人未有之境。」〔註24〕筆者著作曾析賞，吳偉業作此
詩時，尚未仕清。其遺民心事，藉由典故的文本互涉，以古喻今，誠如洪棄生
所說，每一筆照應四面，感喟無盡，實闢前人未有之境。筆者著作的析賞，提

〔註22〕張鳴編著，《宋詩菁華：宋詩分體選讀》（臺北市：三民書局，2016 年），頁
510。

〔註23〕陸心源輯，《宋史翼·列傳第三十五·遺獻二》，卷35。脫脫等撰，楊家駱主
編，《新校本宋史并附編三種》（臺北：鼎文書局，1991 年），頁 399～400。

〔註24〕洪棄生著，《寄鶴齋詩話》，頁 90。

到順治五年，梅村至常熟訪毛晉汲古閣。〈汲古閣歌〉稱譽毛晉一介遺民卻能肩負典藏及出版書籍之大業。戰亂摧壞書冊之際，毛晉以十年心力恣力於收拾保存及出版流通書籍。為此帶索躬耕，儉以自奉。好收奇書，又注重摹印刊訛。其不求獻書得官，只求書籍得以保存及流傳。因此，梅村以明初倪瓚喻之，兩人於亂離之際，建閣藏書，以贍護典籍之志業，足堪後人稱譽。同時作品〈毛子晉齋中讀吳匏庵手抄宋謝翱西臺慟哭記〉云：

> 扁舟訪奇書，夜月南湖宿。主人開東軒，磊落三萬軸。別庋加收藏，
> 前賢矜手錄。北堂學士鈔，南宋遺民牘。言過富春渚，登望文山哭。
> 子陵留高臺，西面滄江綠。婦翁為神仙，天子共遊學，攜家就赤城，
> 高舉凌黃鵠。尚笑君房癡，寧甘子雲辱。七里溪光清，千仞松風謖。
> 廬陵赴急難，幕府從羈僕。運去須武侯，君存即文叔。臣心誓勿諼，
> 漢祚憂難復。昆陽大雨風，虎豹如蜎縮。詭譎滹沱冰，倉卒蕪亭粥。
> 所以恢黃圖，無乃資赤伏。即今錢塘潮，莫救厓山麓。空坑戰士盡，
> 柴市孤臣戮。一死之靡它，百身其奚贖！冀生天天年，瞿公湛家族。
> 會稽處士星，求死得亦足。安能期故人，共臥容加腹。巢許而蕭曹，
> 遭遇全高躅。文山竟以殉，趙社終為屋。海上悲田橫，國中痛王蠋。
> 門人萬里歌，故吏平陵曲。彼存君臣義，此製朋友服。相國誠知人，
> 舉事何顛覆。丈夫失時命，無以辭磽确。看君書一編，俾我愁千斛。
> 禹蹟荒煙霞，越臺走麋鹿。不圖疊山傳，再向嚴灘續。配食從方干，
> 豐碑繼梅福。主人更命酒，哀吟同擊筑。四坐皆涕零，霜風激群木。
> 嗟乎誠義士，已矣不忍讀！

此詩於毛晉齋中讀明代吳寬手抄宋謝翱〈西臺慟哭記〉後所作。吳寬，自號匏庵。《明史》卷一百八十四其傳云：吳寬，字原博，長洲人。以文行有聲諸生間。成化八年，會試、廷試皆第一，授修撰。侍孝宗東宮，秩滿進右諭德。孝宗即位，以舊學遷左庶子，預修《憲宗實錄》，進少詹事兼侍讀學士。弘治八年，擢吏部右侍郎。十六年，進禮部尚書，年七十卒於官。贈太子少保。諡文定。

梅村仕履和吳寬相似。梅村會試第一、廷試第二，亦曾侍太子東宮，弘光朝則任少詹府少詹事。至於謝翱生平，宋德祐二年，元兵入臨安，擄恭帝北去。丞相文天祥亡走閩中，開府南劍。謝翱傾家貲募鄉兵數百人赴軍門，署諮議參軍。明年，隨天祥引兵至漳州。已而天祥趨廣東，與翱別。後四年，

文天祥在燕京殉節，翱悲不自勝。每見山水池榭、雲嵐草木，與天祥所處偶似者，則徘徊顧盼，悲不敢泣。又後三年，翱過姑蘇。姑蘇乃天祥初開府之治，翱望夫差之臺而始哭之。又後四年而哭天祥於越臺，又後五年與其友吳思齊等買舟浮七里瀨，謁嚴光祠。祠後有東西二釣臺，翱登西臺上，設位祭天祥，再拜跪伏而號慟不已，歸後作〈西臺慟哭記〉，記其慟哭文天祥之殉節，兼懷思其先父，故深寓家國之悲。清朝的張丁註解道：

> 若其慟西臺，則慟乎丞相也；慟丞相則慟乎宋之三百年也。

此說精當。梅村同懷謝翱之悲，讀其文而慟哭殉節諸臣；慟哭諸臣則慟乎有明一代。因此，其詩兼敘光武與其故人嚴光事，則悲運窮物改，君臣相得之事不復見矣。

此詩首言毛子晉書齋。「別庋加收藏」四句言吳匏庵手抄之宋謝翱〈西臺慟哭記〉。「言過富春渚，登望文山哭」以下至詩末言讀後感。「言過富春渚」二句言慟哭。「子陵留高臺，西面滄江綠」二句言西臺，至此點明詩題之意。

「婦翁為神仙，天子共游學」八句言子陵事。子陵娶梅福季女，梅福於王莽專政時，棄妻子，去九江，人傳以為仙。嚴子陵則少與光武同游學。「尚笑君房癡，寧甘子雲辱」上句用後漢侯霸位至公侯典。下句用王莽篡位，使人收揚雄，雄自天祿閣上自投下，幾死。以詠嚴光隱居不仕之志節，寄託己不仕異朝之志。「廬陵赴急難」至「無乃資赤伏」，靳榮藩云：

> 前六句寫信國（文天祥）起兵，是所哭之人也。後六句因子陵而及
> 光武，又以光武之能復漢祚反襯信國之莫救宋社也。

此說是。「所以恢黃圖，無乃資赤伏」以《後漢書・光武紀》載彊華自關中奉赤伏，符應光武膺受天命之事，故自「即今錢塘潮」以下，悲文天祥之殉國，慨歎運窮物改。「空坑戰士盡，柴市孤臣戮」二句用文天祥事悲殉國之故臣。例如梅村〈讀史雜感十六首〉其十六云：

> 風雨章江路，山川感廢興。城荒孤鶩遠，潮怒老蛟憑。止水孤臣盡，
> 空坑故鬼增。淒涼餘汗簡，遺事續廬陵。

周法高〈吳梅村詩小箋〉一文云此詩詠姜曰廣在南昌死節之事。姜氏時任禮部尚書兼東閣大學士，相當輔相之位。順治六年，南昌城陷，姜氏投水死。此詩前四句即言此事。後四句以文天祥比擬姜氏。於身分頗適切，文天祥領兵，敗於空坑，被執，故云：「空坑故鬼增。」文、姜二人均兵敗江西，

後殉國死，故末云：「遺事續廬陵」，以頌揚姜氏之節義。

「龔生夭天年，翟公湛家族」二句。上句指漢龔勝，哀帝時為渤海太守。因病家居。王莽篡位，力拒徵聘，絕食死，年七十九。下句指漢翟義，為東郡太守。王莽居攝，義舉兵討莽。事敗，被夷滅三族。「會稽處士星」二句，吳翌鳳箋註引《晉書》〈隱逸〉傳云：

> 會稽謝敷隱居若邪山，名聞不及戴逵。時月犯少微。人云：「處士星也。」皆為逵憂。俄而敷卒。人嘲逵曰：「吳中高士，求死不得。」

此二句自喻求死殉節不成，以「求死得亦足」自嘲。求死不得的愧怍之情，時見於梅村詩。例如〈與友人談遺事〉云：「孤臣流涕青門外，徒使田橫客笑人。」以田橫客、翟義、龔勝等來比擬抗清殉國或國亡殉節者，自嘲徒然流涕，愧對英烈。

「安能期故人」二句，指光武、嚴光同榻而眠事，指君臣之相得，今不復見。「巢許而蕭曹」二句，慨歎運乖命蹇，欲如巢、許或蕭、曹，各遂其志，恐不易得。「文山竟以殉，趙社終為屋」二句，藉南宋之覆亡，發抒國亡之悲。

「海上悲田橫，國中痛王蠋」悲慟殉國者，故云：「門人蒿里歌，故吏平陵曲。」而「彼存君臣義」二句，指謝翱慟哭於西臺。翱以布衣從文丞相抗元，丞相殉國後，翱以朋友服設主祭哭其英節，何況梅村為勝國遺臣，能無愧無感嗎？故哀憐道：「丈夫失時命，無以辭碌碌。」將遭遇之乖蹇歸之時運，是運窮之際的牢騷語。

「看君書一編」以下記讀此文而慟哭。「禹蹟荒煙霞」數語，指謝翱哭於越臺，後又慟哭於西臺。「越臺走麋鹿」一句借以悲慟唐王隆武帝一朝之覆滅。〈讀史雜感十六首〉其十二云：

> 聽說無諸國，南陽佳氣來。三軍手詔痛，一相誓師哀。魯衛交難合，黥彭間早開。崆峒游不返，虛築越王臺。

周法高〈吳梅村詩小箋〉頁二一六云，此詩詠唐王朝內失和及閩浙不睦而致滅亡之事。首二句指唐王詔三軍書。「一相誓師哀」指黃道周募兵江西之事。「魯衛交難合」指閩、浙不睦。「彭黔間早開」指黃道周與鄭芝龍失和。末二句指順治三年，唐王被清人執死於福州。「虛築越王臺」即「越臺走麋鹿」之意，同悲故國之覆亡。

　　「不圖疊山傳，再向嚴灘續。」謝枋得（字君直，號疊山，信州弋陽（今屬江西）人，西元一二二六～一二八九年）的生平，宋理宗寶祐四年（西元一二五六年）進士，對策極攻宰相董槐與宦官董宋臣，抑為二甲，即棄去。景定五年（西元一二六四年）為江東漕試試官，發策十問擿賈似道誤國，謫興國軍安置，貶所知州、知縣皆及門執弟子禮。度宗咸淳三年（西元一二六七年）放歸。恭帝德祐元年（西元一二七五年）以江東提刑、江西招諭使知信州。二年，信州陷，遂變姓名入閩，隱於卜。元世祖至元二十六年（西元一二八九年），參政魏天祐強之而北，至燕不食死，年六十四，門人謚之為文節先生，有《疊山集》。〔註25〕謝翱則為宋遺民，而選擇如東漢嚴光一樣為逸民隱士，一生一死，兩人同樣懷有國仇家恨，矢志盡忠於故宋。謝翱慟哭於西臺，「配食從方干」指謝翱病革時，遺言葬於釣臺之南，原唐方干故居。「豐碑繼梅福」指謝翱繼踵梅福、嚴光等隱士之節。

　　「主人更命酒」二句言慟哭之情。「四坐皆涕零，霜風激群木，嗟乎誠義士，已矣不忍讀。」則四坐皆遺民，宜其涕零慟哭矣。此詩道盡身世之悲，遺民之慟，借前人酒杯澆心中壘塊，梅村難言之隱盡見於此。〔註26〕謝翱〈花卿冢行〉云：

　　詩序：「山谷云：『花卿冢在丹陵之東館鎮，至今猶有英氣，血食其鄉。』」淫雲模糊埋秋空，雨青沙白丹陵東。莓苔陰陰草茸茸（自注：上聲），云是花卿古來冢。花卿舊事人所知，花卿古冢知者誰？精靈未歸白日西，廟鴉啄肉枝上啼，綿州柘黃魂正飛。〔註27〕

洪棄生引此詩並評論：

　　按：丹陵當作丹稜，屬四川眉州，花卿事見《唐書》，肅宗上元二年，花驚定平段子璋，杜甫為作詩，所謂「子璋髑髏血模糊，手提擲還崔大夫。」相傳杜此詩能避瘧者也。〔註28〕

　　洪棄生引杜甫〈戲作花卿歌〉所謂「子璋髑髏血模糊，手提擲還崔大夫。」杜甫又作〈贈花卿〉詩云：「錦城絲管日紛紛，半入江風半入雲。此曲祇應天上有，人間能得幾回聞？」詩於肅宗上元二年（西元七六一年）作於

〔註25〕傅璇琮主編，《全宋詩》，卷3477，頁41400。

〔註26〕陳光瑩著，《吳梅村諷諭詩研究》（臺北：花木蘭文化出版社，2009年），頁67～71。

〔註27〕傅璇琮主編，《全宋詩》，卷3689，頁44297。

〔註28〕洪棄生著，《寄鶴齋詩話》，頁23～24。

成都。論者引《唐書》記載，花卿即花驚定，當時是成都尹崔光遠的部將，曾在平定梓州副使段子璋之亂中立功。楊倫評杜甫〈贈花卿〉詩云：「似諛似諷，所謂言之者無罪，聞之者足戒也。」〔註29〕洪棄生又引謝翱詩的奇句：「天雷斧柄塞鬼穴，巫山鐵鎖沉龍湫。」謝翱此詩〈雜言送鄭主簿炎之官昌化〉：

> 鄭嘗兩請福州文解，皆為詞賦第一

> 劉先生，名肩吾，閩中詞賦天下無。當年戰藝誇顏色，進士出身兩回得。盧公里人正在朝，相見相逢九官宅。余時猶弱起慨忼，謂此未足榮其鄉。丈夫事業在簡冊，要令姓字留耿光。繼聞鄭君年最少，人物氣象尤堂堂。白鹿山南介公後，禽蛟兩祭獅子王。夢魂欲見無由據，側荔芭蕉春復蕃。時移乃爾來雪閒，因作廣文求主簿。顧予多病澀語言，面垢毛焦著麻布。山中乞食城中歸，徵詩送贈非所宜。已聞之戍嚮昌化，此地人傳多畏怕。龍居嗜燕煙入巢，病甲垂櫥腥雨下。又聞山鬼吹燈夜，來向人家避官舍。君持何術徑往居此無百憂，便當天雷斧柄塞鬼穴，巫山鐵鑠沉龍湫，祇足自亂不得休。豈知從心致禱動幽隱，使龍無嗜鬼無愁，不知君能致此否？龍不須酹以酒（一作鍼以砭），鬼不須祭以肉。秋旗卷雨曉案烟，時向縣齋望天目。〔註30〕

據此詩所言，謝翱贈詩給劉肩吾，劉是福建福清人，為北宋鄭俠（字介夫，號一拂居士、大慶居士，福清（今屬福建）人。生於北宋慶曆元年（西元一〇四一年），住福清海口鎮），英宗治平四年（西元一〇六七年）進士）的子孫。因云：「白鹿山南介公後」。於宋神宗熙寧六年三月二十六日時，鄭俠〈上皇帝論新法進流民圖疏〉，神宗反覆觀圖，長嘆數四，因下詔停止變法。

翱此時當隱於浙東，因云：「時移乃爾來雪閒」。雪指浙江湖州。而劉肩吾戍所當在浙江昌化，因云：「已聞之戍嚮昌化」，「時向縣齋望天目」。謝翱期勉劉肩吾「從心致禱動幽隱」，虔誠致志，卻誇寫治鬼鎖龍的奇駭意象，其實象徵一幽暗擾動之心靈，老子所謂靜為躁君，當求心寧。若說杜甫〈戲作花卿歌〉能避瘧，則此詩能避邪。論者張鳴評論謝翱詩作：

〔註29〕杜甫著，張忠綱、趙睿才、綦維注譯，《新譯杜甫詩選》（臺北市：三民書局，2009 年），頁 252～253。

〔註30〕傅璇琮主編，《全宋詩》，卷 3690，頁 44309～44310。

謝翱……試進士不第。元兵南下，他率鄉兵數百人投文天祥軍，參加抗元，被文天祥任為諮議參軍。文天祥兵敗被俘，他脫身潛伏民間。宋亡後流亡浙東，與宋遺民往還。文天祥被害後，每逢文的祭日，他都要找個隱密地方哭祭。在宋末的遺民詩人中，他的風格比較特別，學習孟郊、李賀，琢句奇奧，頗能神似。但其感情的沉摯悲涼，又與孟郊、李賀不同，自是節概卓然的宋遺民的手筆。《宋詩鈔》小序評云：「古詩頡頏昌谷，近體則卓煉沉著，非長吉所及也。」〔註31〕

謝翱〈書文山卷後〉五律：「魂飛萬里程，天地隔幽明。死不從公死，生如無此生。丹心渾未化，碧血已先成。無處堪揮淚，吾今變姓名。」〔註32〕《宋詩鈔》所評近體卓煉沉著，〈書文山卷後〉可稱佳例。棄生云：

> 宋之終有謝臯羽，不獨氣節一振，即詩界亦一振，其七古學李長吉，形神畢肖，宛然長吉再生。而完美之章，輒欲過之，與李崆峒之學杜，同一脫胎吸髓者也。五古學孟，全無率筆。五律極似司空表聖佳作，詩雖不多，卓然大雅，可謂豪傑之士。〔註33〕

謝翱五古學孟郊者，如〈效孟郊體七首〉等詩。〔註34〕七古學李賀，詩琢句奇奧而感情沉摯悲涼者如〈虞美人草詞〉云：

> 髑髏起語鴟叫嘯，山精夜啼楚王廟。渡淮風雨八千人，叱咤向天成白道。身經百戰轉危亡，很籍悲歌出漢堡。夜帳天寒抱玉泣，血變草青煙曉涇。他年避仇春草生，吳中草死無妾名。自從為草生西楚，得到吳中猶楚舞。〔註35〕

詩以怪駭的夜景詠項王廟。誇寫當年楚漢爭王，項王兵敗垓下，楚帳虞姬悲泣的英雄美人死別。「血變草青煙曉涇」的奇詭意象學李賀而形神畢肖，「他年」以下數句寫懷有國仇家恨，生死不渝的志節，妙已有情之傳說點染眼前無情之春草，棄生所謂脫胎吸髓者也。謝翱詩學楚辭者，如〈廣惜往日〉云：

> 詩序：「〈崇真院絕粒示兒〉，宋禮部侍郎謝枋得所作也，粵人謝翱用

〔註31〕張鳴編著，《宋詩菁華：宋詩分體選讀》，頁510～511。
〔註32〕張鳴編著，《宋詩菁華：宋詩分體選讀》，頁288～289。
〔註33〕洪棄生著，《寄鶴齋詩話》，頁23～24。
〔註34〕傅璇琮主編，《全宋詩》，卷3691，頁44316。
〔註35〕傅璇琮主編，《全宋詩》，卷3687，頁44294～44295。

其語，為楚歌以節之，其詞曰。」

漢有臣兮龔勝卒，噤不食兮十四日。今忍饑兮我復渴，道間關兮踰
半月。幸求死兮得死，苟不得兮無術。鳳笙兮龍笛，燕群仙兮日將
夕。風吹衣兮珮蕭瑟，駿龍兮寥天，行成兮緣畢。〔註36〕

哀悼謝枋得絕食而死節，求仁得仁，因以楚騷升天之想，發抒精神恆存
之超脫，其中實有難言之沉痛。洪棄生云：

林德陽（景熙）詩詣（「詣」一作「品」），次謝皋羽而勝謝疊山、汪
水雲等（一作「遠出宋末諸公，雖謝疊山亦不及。汪水雲則絕句為
工。」）當宋陵（「陵」下一多「骨」字）被發（「發」下一多「時」
字），微德陽與唐珏之好義，則蘭亭之陵樹湮矣。〔註37〕

至元二十一年（西元一二八四年），楊璉真伽挖掘紹興宋故六陵，高宗、
孝宗、光宗、寧宗、理宗、度宗六代帝王的骨骸運回杭州，埋於「鎮南塔」，
謝翱與唐珏、林景熙等人偽裝成乞丐，暗中取回骸骨，葬於蘭亭附近的天童
寺北坡。

唐珏（字玉潛，號菊山，山陰（今浙江紹興）人，一二四七～？）端宗景
炎三年（一二七八年），元總管江南浮屠楊璉真珈發趙氏諸陵，毀屍竊物。珏
時年三十二歲，痛憤收貯遺骨埋葬，樹以冬青。事見元代陶宗儀所著《南村
輟耕錄》卷四。唐珏〈冬青行二首〉其一云：「馬箠問髐形，南面欲起語。野
麕尚屯束，何物敢盜取。餘花拾飄蕩，白日哀后土。六合忽怪事，蛻龍挂茅
宇。老天鑒區區，千載護風雨。」〈冬青行二首〉其二云：「冬青花，不可折。
南風吹涼積香雪。遙遙翠蓋萬年枝，上有鳳巢下龍穴。君不見犬之年羊之月，
霹靂一聲天地裂。」〔註38〕發抒遺民哀痛故國，憤恨帝陵遭毀，詩句「犬之
年羊之月」，詈罵首惡之元僧為夷狄。

第二節　明遺民與貳臣的詩史論

論者鄧樂群、孔恩揚稱許「宋明兩代遺民都具有強烈的民族意識和堅
貞的民族氣節，這是由於元、清兩代統治階級相似的侵略暴行和民族壓迫

〔註36〕傅璇琮主編，《全宋詩》，卷3690，頁44308。

〔註37〕洪棄生著，《寄鶴齋詩話》，頁26。

〔註38〕傅璇琮主編，《全宋詩》（北京市：北京大學古文獻研究會編，北京大學出版
社出版，1999年），卷3687，頁44264～44265。

政策所激發出來的。」〔註39〕論者據程克勤《宋遺民錄》和朱明德《廣宋遺民錄》記載，元初有事迹可考的南宋遺民就有四百多人，比較著名的除了前述的謝翱（皋羽）、林景熙（霽山）、汪元量（水雲）等人。還有鄭思肖（原名鄭之因，字憶翁，號所南，宋亡後改名思肖，祖籍連江，西元一二四一～一三一八年）、龔開（字聖予，號翠岩，人稱髯龔、老髯，江蘇淮陰人，西元一二二一～一三〇五年）、方鳳（名景山，字韶卿，浦江後鄭村人，西元一二四一～一三二二年）和吳思齊（字字善，號全歸子，浙江永康前吳村人。生卒年不詳，為陳亮外孫）。方鳳與吳渭、謝翱、吳思齊友好，倡月泉吟社。

清初的明末遺民更多，僅孫靜庵《明遺民錄》就收集了八百多人的事迹。其中著名者如黃宗羲（梨洲）、顧炎武（原名絳，字忠清，明亡後，改名炎武，字寧人。學者尊為亭林先生。西元一六一三～一六八二年）、王夫之（字而農，號薑齋，又號夕堂，或署一瓢道人，自數署船山病叟，南嶽遺民，晚年隱居於石船山麓，世人稱船山先生。西元一六一九～一六九二年）、方以智（字密之，號曼公，又號鹿起，別號龍眠愚者，出家後改名大智，字無可，別號弘智，人稱藥地和尚，安徽桐城人，西元一六一一～一六七一年）、顏元（字易直，又字渾然，號習齋，直隸博野人，西元一六三五～一七〇四年）、呂留良（別名光輪，字用晦，又字莊生，號晚村。出家後法名耐可，字不昧，號何求老人，浙江嘉興府崇德縣人，西元一六二九～一六八三年）、劉繼莊（名獻廷，字君賢，順天大興縣人，西元一六四八～一六九五年）。宋遺民的愛國精神影響到明遺民。明遺民黃宗炎《縮齋文集・序》云：「宋之亡也，謝皋羽、方韶卿、龔聖予之文，陽氣也。其時遁於黃鐘之管，微不能吹竅轉雞羽，未百年發而為迅雷。」

但宋，明遺民對待故國君王的觀點，差異明顯。宋遺民忠君詩句俯拾皆是。如趙宋諸皇陵被元人發掘棄骨後，唐珏等乘夜拾而葬之，前引唐珏〈冬青行二首〉沉痛黍離亡國之哀可稱佳例。明末遺民則反對君主專制，提倡接近民主的民本思想。論者比較異同，以宋明生產方式和經濟基礎，一是小農經濟，一是資產階級前身的新興市民經濟。如黃宗羲提出「政事堂」之議，反映後者對未來國家組織形式的設想。思想主流，宋代程朱理學提倡忠、孝、

〔註39〕鄧樂群、孔恩揚著，〈論宋明遺民的不同特點〉（青海師範大學學報（社會科學版），一九八七年第一期），頁75。

節、義的社會倫理準則,使宋遺民忠君思想濃厚。明代思想出現李贄等人的異類思想,明遺民因此批判和懷疑君主專制。

在處世態度上,宋遺民有濃厚的悲觀失望的情調,如謝翱〈西臺慟哭記〉等,謝自號「晞髮子」,儼然以屈原第二自命。明遺民顧炎武提出「亡國」與「亡天下」之辨,積極探尋民族復興的途徑。其抗清自明崇禎十七年甲申(西元一六四四年)清兵入關,到清聖祖康熙二年癸卯(西元一六六三年)南明永曆政權覆滅,前後近二十年。若加上鄭成功及其子孫的海外正朔,則長達近四十年之久。其間有多次戰役告捷,明似乎有望回天。所以,明遺民對復明始終存有「魯陽之望」。例如明永曆元年,魯監國二年丁亥(清世祖順治四年,西元一六四七年),明何騰蛟在湖南屢挫清軍,使南明桂王政權一度據有兩廣、雲南、貴州、江西、湖南、四川共七省廣大地區。明永曆六年,魯監國七年壬辰(清世祖順治十年,西元一六五三年),明李定國所部在桂林和衡陽抗清戰爭中,兩蹶名王,天下震動。永曆十三年,魯監國十四年己亥(清世祖順治十六年,西元一六五九年),鄭成功和張煌言聯合浙東義師北伐,旬月之間,連克四郡三州十四縣,東南大震,即「江上之役」。〔註40〕此外,明遺民在學術領域開創新局,如黃宗羲的《明儒學案》,為最早的有系統的學術史。顧祖禹的《讀史方輿紀要》也被譽為一代奇書。〔註41〕

明遺民詩賦本自《楚辭》者,例如〈招魂〉「亂曰」以下是全篇結語,末曰:「魂歸來兮哀江南」。「亂」是古代樂歌中的尾聲,自述當時的處境和心情。「哀江南」的騷怨,影響南朝庾信(字子山,南陽新野(今屬河南省)人,西元五一三~五八一年)的名作〈哀江南賦〉。尤其明朝鼎革之際,士大夫效騷命篇,擬騷以哀怨。論者鄭毓瑜考查明末士子文人在亡國之前的世亂,延至崇禎朝滅亡後,夏完淳〈大哀賦〉引用伍子胥、張良等典故,發抒揭竿報國的壯志悲心。以及嶺南詩人兼遺民屈大均在甲申、乙酉變後,與同里諸子為西園詩社,自稱「騷餘」、「為騷聖堂祀屈原」,自稱「為詩原本三閭」。以及尤侗(字展成,又字同人,江蘇長洲,西元一六一八~一七〇四年)的〈反招魂〉,反過來要魂魄「毋歸故家」後,繼而「招魂兮上明天」、

〔註40〕鄧樂群、孔恩陽著,〈論宋明遺民的不同特點〉(《青海師範大學學報(社會科學版)》,一九八七年第一期),頁79。柳無忌編,《南明史料·史綱》(上海:上海人民出版社,1994年6月第一刷),頁33、55、79。

〔註41〕同上文,鄧樂群、孔恩陽著,〈論宋明遺民的不同特點〉,頁75~82。

「下黃土」，指甲申國難後，「再無家國可以歸返的沉痛處境。」〔註42〕尤侗
又有《讀離騷》劇作，援用唐代沈亞之所編〈屈原外傳〉「精靈時降湘浦，楚
人思慕，謂為水仙。」的說法，以神女要宋玉為其師屈原招魂歸葬以為全劇
終。〔註43〕詩人的騷怨情懷，其後影響洪棄生在乙未年（西元一八九五年），
臺灣割讓日本後，其〈臺灣哀詞〉末二句：「余居此間兮忍終古，弔屈大夫兮
望瀟湘。」哀故鄉塗炭的騷怨。

　　明遺民研究《楚辭》者，王夫之（字而農，號薑齋、又號夕堂，或署一瓢
道人、雙髻外史，自署船山病叟、南嶽遺民，世稱船山先生，湖廣衡陽縣人，
西元一六一九～一六九二年）的《楚辭通釋》可稱一代著作。他稱許屈原可
謂「忠愛之性，植根深固，超然于生死之外」：

> 則尊生自愛，疏遠而忘寵辱，修黃老之術，從巫感之詔，所謂愛身
> 以全道也。〔註44〕

> 得修性養命之術，與天為徒，精光內徹，可以忘物忘己矣。乃倏而
> 一念，不忘君國之情，欲禁抑而不能，則生非可樂，和不可久，魂
> 離魄修，若僕悲馬懷，而遠游之念頓息，蓋其忠愛之性，植根深固，
> 超然于生死之外，雖復百計捐忘，而終不能遏。即以巫感之告。于
> 道無損抑，無以平其不已之情，而況比匪奸邪以求榮，背去宗邦而
> 外仕，曾足以動其孤貞哉。〔註45〕

> 志欲游仙，以蟬蛻污濁之世，而白日不留，春秋代謝，玩口愒歲，
> 恐終不能成而已衰老，故亟聞道於知者，而古人已邈，無從取法，
> 所取程者惟王喬之明訓。〔註46〕

　　王夫之稱許屈原可謂「千古獨絕之忠」，「忠臣之極致也。」反對朱熹批
評屈原之忠，「忠而過者也」。君昏國危，王夫之稱許屈原不自哀，為楚之社

〔註42〕鄭毓瑜著，《文本風景：自我與空間的相互定義》（臺北市：麥田，2005 年 12
　　月 15 日初版一刷），頁 135～191。

〔註43〕同前註，廖棟樑書，頁 138～142。

〔註44〕王夫之著，《楚辭通釋》（上海：上海人民出版社，1975 年版），頁 22。丁海
　　玲著，《王夫之《楚辭通釋》研究》（天津：南開大學出版社，2018 年 2 月版），
　　頁 70。

〔註45〕王夫之著，《楚辭通釋》，頁 24。丁海玲著，《王夫之《楚辭通釋》研究》，頁
　　70。

〔註46〕王夫之著，《楚辭通釋》，頁 23。丁海玲著，《王夫之《楚辭通釋》研究》，頁
　　70。

穰人民哀，所謂怨悱而不傷，非為一己之困窮。所謂「王喬之明訓」，指煉己鑄劍的內丹、行氣一派。以己身為爐灶，以己身納精氣三派之中。而內丹術只是一種手段、途徑，為了進德修業的事功能更好。〔註47〕明遺民與貳臣的詩史論要旨如下。

一、吳偉業

吳偉業（字駿公，號梅村，又號大雲居士，江蘇太倉人，生於明萬曆三十七年（西元一六〇九年），卒於康熙十年（康熙十年是西元一六七一年，然梅村卒於十二月二十四日，已是西元一六七二年），享年六十三歲。）梅村工詩，與錢牧齋、龔鼎孳，人稱「江左三大家」。梅村書寫明末清初世變的「梅村」體長篇敘事詩，其創作理念，論者陳美娟認為「由於氣化論的提出，因此不為名教所限，得以盡納情狀萬殊之事物。這樣的創作過程與創作題材之選擇，自有其目的性，亦即『可以為勸，可以為鑒』，是所謂『正得失』。」〔註48〕棄生稱許吳梅村麗而能「沈」，「沈」是「沈著」，指情感沈摯執著，例如〈圓圓曲〉。此詩創作時間，依錢仲聯之說，作於順治八年九年之間，似較合理。吳偉業的長篇敘事詩〈圓圓曲〉，也是政治諷刺詩。其中「慟哭六軍俱縞素，衝冠一怒為紅顏」兩句，更是廣為傳誦。詩中對吳三桂叛明投清，深致鄙薄之意。他在〈圓圓曲〉中如「嘗聞傾國與傾城，翻使周郎受重名。妻子豈應關大計，英雄無奈是多情。」強烈鞭撻吳三桂，並藉此抒發他的亡國遺恨和民族感情，而篇末議論感慨中，以春秋吳國興亡的典故暗諷吳三桂終將敗亡，尤寓警世的意義。

大衛‧洛吉論小說的文本互涉，引T.S.艾略特評論小說家喬伊斯的《尤里西斯》，以《奧德賽》史詩作為《尤里西斯》結構上的機關，「在當代與古代之間操作一種持續不斷的對比。」〔註49〕移此語來評賞吳梅村〈圓圓曲〉，此詩先用夢境縮合陳圓圓與西施為一，末尾鋪寫春秋吳王夫差宮闕零落景致，古今意象持續不斷的對比，暗寓吳三桂終將名敗身殞。以此文本互涉的技巧，

〔註47〕王夫之著，《楚辭通釋》，頁2、72、91、77。丁海玲著，《王夫之《楚辭通釋》研究》，頁181。

〔註48〕陳美娟著，《吳梅村詩世變書寫之研究》（臺灣大學碩士論文，2001年），頁12。

〔註49〕大衛‧洛吉（David Lodge）著，李維拉譯，《小說的五十堂課》（The Art of Fiction）（台北：木馬文化公司，2006年），頁140。

吳梅村書寫世變下一則可能發生的政治預言和寓言，並深切反省家國興亡為來者殷鑒。語言帶有作家的風格和思緒，作品中敘述者消失的結果並非作家的淡出，而是不斷提醒他的在場。〔註50〕吳偉業的敘事詩語言有初唐四傑詩的麗藻，正是「梅村體」語言特色。吳偉業作詩以典型人物，稱名借代，棄生云：

> 古來詩人雖胸羅萬卷，然罕驅遣入詩。其盡以供詩中使用者，惟李義山。然義山亦僅用之七律而止，未甚驅入古風。其驅入七古者，惟黃山谷。然山谷亦惟使作議論。未嘗句句使典比例。其句句使典比例者，惟吳梅村。梅村典麗為古今最，然多明用不能暗用也。惟王漁洋用典極多，純係暗用，使人但見其工，不知其博。〔註51〕

梅村用典多明用，以典型人物，稱名借代，乃古人為文作詩習用之法。范曄《後漢書·鄭孔荀列傳》云：

> 初，曹操攻屠鄴城，袁氏婦子多見侵略，而操子丕私納袁熙妻甄氏。融乃與操書，稱「武王伐紂，以妲己賜周公。」操不悟，後問出何經典。對曰：「以今度之，想當然耳。」〔註52〕

孔融好奇譎詭，假古人典型，稱代並婉諷曹操父子。所言未必出自經典，「想當然耳」可也。文人為文詠詩，類此者多，例如清初詩人吳梅村〈雜感二十一首〉其十八項聯云：「取兵遼海歌舒翰，得婦江南謝阿蠻。」〔註53〕以唐代歌舒翰借指吳三桂，因二者同屈膝投降之將領；以謝阿蠻比擬陳圓圓，兩人同為歌妓，身世相仿。

從敘事理論言，敘述者在分析性段落中，以對人物的觀照來細緻的升華道德或訓誡，以中國古典短篇文言小說《聊齋誌異》為例，作者蒲松齡在小說篇末的「異史氏曰」的議論。一方面是作者自稱，其體例取法《史記》「太史公曰」；一方面深化主題，抒發己見。以其名篇〈勞山道士〉為例，篇末的「異史氏曰」所評述者，除了細緻入微的道德昇華，也表達憤世之情而有自傳的特徵。中國古典詩歌在分析性段落中，以對人物的觀照來細緻的升華道德或訓誡，手法常以典型人物來稱名借代，人物意象本有象徵意義，再對照

〔註50〕《敘事的本質》，頁283。
〔註51〕《寄鶴齋詩話》，頁75。
〔註52〕范曄著，《後漢書》（台北：鼎文，1999年4月二版一刷），卷70〈鄭孔荀列傳〉，頁2271。
〔註53〕《吳梅村全集》，頁167。

詩歌中的人物，會產生反諷或稱譽等效果與評價。陳衍引用陳仁先對杜甫〈醉時歌〉一詩的析賞云：

> 仁先（陳仁先）論詩極有獨到處。嘗云：杜詩「但覺高歌有鬼神，焉知餓死填溝壑。」已極沈鬱頓挫之致矣，更足以「相如逸才親滌器，子雲識字終投閣」二語，此是古人拙處，即是古人不可及處。
> 漁洋不能解此，宜其小成就也。〔註54〕

杜甫從司馬相如、揚雄等古文人的不遇，既勸慰好友鄭虔，也自我寬解；對人物的具體觀照，表達憤世之情而有自傳的特徵。棄生詩語之特色，在好入人名。「典型人物，稱名借代」之手法，多用以褒貶人物，批評時事，使議論深微，猶如「詩史」。運用典故來比附興喻，除了使文義更為豐富，多義性的敘事使讀者與作者全部的學識與才智產生關聯而產生閱讀樂趣。以古人借指今人，用典隸事，要在自然工切。

清代自道、咸以降，內憂外患日益加劇，征戍從軍詩屢見篇章。詩人臧否時事，每以古代之典型人物來稱代時人，益覺寄諷深微。此借代手法，為棄生稱許者，如咸豐時殉於太平軍的張洵詩作。張洵（西元？～一八六一年），字肖眉，錢塘人。咸豐二年（西元一八五二年）進士，改庶吉士，任文淵閣校理。咸豐十一年（西元一八六一年），太平軍陷杭州，張洵與其子皆死之。諡文節，有《張文節公遺集》傳世。〔註55〕棄生《寄鶴齋詩話》錄其〈感事八首〉其一、其二、其四、其五、其六云：

> 「百粵山川莽萬重，狐鳴篝火久藏蹤。徒薪詎至憂焦額，遺患由來誤養癰。郭令天亡無上將，孝侯師出挫英鋒。後來授鉞成何用？桂嶺蒼涼自夕烽。」「已見欃槍指岳州，郡官宴客尚高樓。忽驚旂鼓天邊落，不信風帆檻外收。亡命且從張儉遁，守陴誰共杲卿留？洞庭自昔稱天險，目斷湘江日夜流。」「建業巍峨萬雉環，天開形勢壯鍾山。自聞單舸奔逃後，遂破堅城旦夕間。殷浩虛名動江左，哥舒一戰棄潼關。覆巢至意身安在？爭似沙場裹革還。」「袒肉牽羊競乞憐，豈知禍福總由天。金繒枉議求和款，玉石難分慘劫年。裹憤脅從張角教，破家搜掘鄧通錢。傷心一片隋堤柳，和雨和風總化煙。」

〔註54〕陳衍著，《石遺室詩話》（臺北市：臺灣商務，1976年），卷10。

〔註55〕國史館編，《清史稿校註》（台北：國史館，1986年6月出版），卷500本傳，頁11367。

「蔓延從此翦除難，極目中原付浩歎。纔報黃腰馳郊邴，又聞青犢
入邯鄲。雲屯上谷旌旗滿，火照甘泉日月寒。畿輔由來清肅地，休
令匹馬近長安。」郭令天亡，謂林公則徐。孝侯師出，謂李公星沅、
周公天爵。亡命張儉，謂徐廣縉、青麟等，徐為總督，於賊至岳州
而走，致武昌遽陷。青為湖北巡撫，以賊至岳州走，致武昌再陷。
杲卿，指當時死事諸臣，然如巡撫常大淳輩，亦未足以當之也，或
者其吳文鎔乎？吳公為總督，誓守武昌，而巡撫宗綸欲遁，為吳公
所遏，反密奏公不戰狀，公為此中斥而戰死。青麟接宗綸任者，適
承其咎。殷浩、哥舒，指陸建瀛，陸於道光二十一年春琦善主款敵
時，為天津道，建議再戰。初見文宗，文宗留意理學，請小試添「理
學論」受知。及授江督，遇賊敗守省垣，賊陷省垣，亦死。故曰：
「覆巢至竟身安在」也。金繒和款，謂揚州江壽民。前以英夷破鎮
江，斂金犒敵，敵不至揚。用故智，復斂賄賊，賊竟陷揚州，壽民
亦死。脅教、掘錢皆粵匪事。其郊邴邯鄲詩，謂賊騎自河南至大名，
將犯京甸也，可作當時故實讀，詩亦氣厚詞醇，不同淺近。後公於
十一年以翰林家居，杭州再陷，全家投井，亦烈士。由衷之言，讀
其詩可以興矣。〔註56〕

棄生稱許好的詩作有衝冠變徵之音，而無劍拔弩張之態，其評張泅上述
詩作：

閱近人感事詩無慮數百首，非俗調未除，即囂塵難耐。求其有衝冠
變徵之音，而無劍拔弩張之態者誠鮮。因見咸豐時張文節（泅）感
粵匪之變八首，殆於養到木難而仍覺可歌可泣。

壯氣滿懷，詩卻不流於叫囂，而有氣靜神逸之意態。詩雖有衝冠變徵之
悲憤，卻不流於劍拔弩張之囂塵態，端賴深厚的學養。考諸史實，洪秀全稔
亂廣西之際，清廷以林則徐為欽差大臣，督師進剿。「則徐威惠久著南服，賊
聞其出，皆震悚。中道遽歿，天下惜之。」〔註57〕以郭子儀比之，尚覺貼切。
李星沅與周天爵奉命剿太平軍，與向榮等不協，致貽誤軍機。將閫之權不
專，其敗轍猶如唐代將領李光弼邙山一役，擬之如孝侯，深寓諷意。甲午戰

〔註56〕《寄鶴齋詩話》，頁144。詩引自張泅著，《張文節遺集》（嚴一萍選輯《百部
　　　叢書集成》，台北：藝文，1967年版），卷2，頁15。
〔註57〕國史館編，《清史稿校註》，頁9748。

爭，清廷戰敗，遂有乙未年（西元一八九五年）割台之議。詩詠此事者，如棄
生云：

> 乙未之事，有宋芸子（育仁）〈感事五首〉，亦蘊藉。錄其一云：「繭
> 足返秦庭，臺灣未解兵。潛師謀鄭管，侵地劫齊盟。星火催和約，
> 樓船息戰聲。如何聞越甲，不恥何君鳴。」其時俄方逼退遼東，臺
> 民變計自主，以拒外人。倭恐和約中散，李鴻章承其意，與孫毓汶
> 內外朋奸，迫皇上鈐印依約，且通飭各省毋得濟臺，詩蓋痛其事
> 也。〔註58〕

宋育仁，字芸子，四川富順人，官郵傳部候補丞參，有《哀怨集》。宋氏
師承王闓運，其〈感事五首〉，連橫《臺灣詩乘》評云：「唐衢痛哭，杜牧罪
言，兼而有之。」宋氏詩中「如何聞越甲」一語，典用《說苑》齊人不恥越甲
鳴於君，暗諷李鴻章、孫毓汶等人一味求和，腆顏無恥。甲午戰後，棄生〈軍
師八首〉其七頸聯云：「已見王倫空往返，復聞思退自行成。」〔註59〕以宋代
使金名臣王倫比擬廣島談判的使臣張蔭桓，以唐人孫成比擬孫毓汶。棄生嘗
稱許易實甫（順鼎）為人慷慨激昂，非徒尚浮華者比。〔註60〕又云：

> 乙未割臺事起，託張香帥為奏事。既不報，則間關赴臺灣。時唐景
> 崧已遁，劉永福無固志，卒不得要領而歸。在津舟感懷云：「敷天左
> 袒切同仇，聞道炎荒戰未休。丹穴生靈薰越嶲，烏桓部落奉田疇。
> 遼東高節思龍尾，海上奇功望虎頭。但使子留人種在，珠崖還作漢
> 神州。」……

易順鼎（字實甫，湖南龍陽人，西元一八五八～一九二〇年，著有《四
魂集》等書。）此詩見其《魂南集》、〈津舟感懷四首〉其三，首句「左袒」作
「左衽」第七句「子留」作「天留」。以東漢末之田疇代指唐景崧，班超借指
劉永福，即易氏〈贈臺將（閏五月）〉頷聯上句「燕頷虎頭班定遠」意。〔註61〕
誰知劉氏因勢單力薄，終棄臺內渡，有負易氏「定遠侯」之稱譽。因此，用典
型人物比擬當代，須留意的技巧。

〔註58〕《寄鶴齋詩話》，頁144。連橫編著，《臺灣詩乘》（南投：台灣省文獻委員會，
　　　　1992年3月31日版），頁235。
〔註59〕《寄鶴齋詩話》，頁223。
〔註60〕《寄鶴齋詩話》，頁133。
〔註61〕易順鼎著，《魂南集》（台北：台灣銀行經濟研究室，1963年8月出版），頁
　　　　36。

（一）褒貶得當

前引吳梅村詩，以「歌舒翰」代指「吳三桂」。張洵詩則以「歌舒翰」代指「陸建瀛」，均寓有貶意。褒貶得當，方不至擬於不倫。如棄生引用清末詩人萬斐然（慎）作〈感事留別十章詩〉：

> ……又有句云：「冢中枯骨袁公路，天下英雄劉使君」。枯骨，如當國諸巨公皆是；或謂袁世凱，世凱猶未足以當之。其劉使君，自注「謂劉銘傳」。銘傳，以剿捻起家，時多將才，所謂「蓬生麻中，不扶自直」也。及防法來臺，殊滅裂，不足觀。……

棄生批評劉銘傳於法國軍隊迫侵基隆時，忽下令撤營退師，後於滬尾一役擊退法軍，謬稱己功。因不滿兵備道劉璈，乃列其敗跡，申詳於上，營謀璈罪，劾罷璈戍邊。又清丈臺田，加賦臺民，以致激生民變。〔註62〕棄生之論，失之求全責備，然於褒貶之際，不苟隨時人。棄生以為袁世凱促成清政權轉移民國，功不可沒。萬斐然（慎）詩有句云：「冢中枯骨袁公路，天下英雄劉使君。」棄生認為將袁世凱擬之如「冢中枯骨」之袁術，並不恰當。民國十一年（西元一九二二年），棄生遊歷北京故宮，追憶民初袁氏之禍國，〈遊大內宮殿感賦長歌〉云：「娥臺遜讓誠美事，公路凱覦非人情。」〔註63〕蓋棺論定，方悟袁氏本「冢中枯骨」之流。觀棄生詩借古人擬時人，褒貶雖未必盡當，抑揚之際也有失深察。然前非今是，不憚勇改，要在求褒貶得當。詩欲以古人借代稱今人時，當引以為則。

（二）用典真切

用典故最高明處，誠如顏之推《顏氏家訓·文章》所說：「用事不使人覺，若胸臆語。」〔註64〕詩以古人稱代今人，若只求切題，不求變化出奇，則落於窠臼，斯為下矣。正如胡適批評清末詩壇云：

> 明明是客子思家，他們須說「王粲登樓」，「仲宣作賦」；明明是送別，他們卻須說「陽關三疊」，「一曲渭城」；明明是賀陳寶琛七十歲生日，他們卻須說是賀伊尹、周公、傅說。

以上引自胡適〈建設的文學革命論〉，批評清末詩人借用古人以擬今人之

〔註62〕《寄鶴齋詩話》，頁 145。

〔註63〕《八州詩草》，頁 77。

〔註64〕顏之推著，王利器集解，《顏氏家訓集解》（台北：明文書局，1990 年 3 月版），頁 253。

弊。胡適認為用典之拙者有數端，其中之一是比例泛而不切，也就是典故可作幾種解釋，無確定之根據。棄生詩善於用典，真切妥貼，如〈口號代酬日儒白井氏韻六首〉其四首云：「同室干戈起，紛紜在亞洲。」運用成語，直言清、日兩國同處亞洲，不該同室互操干戈。呼應頸聯首句「脣齒忘鄰誼」，真切妥貼。但也有用典泛而不切者，如〈代人弔日本海軍將與俄羅斯戰死旅順二首〉「白馬」一詞，有此毛病。〔註65〕陳陳相因，詩句不生動、不真切，真是應酬文章。「王粲登樓」、「仲宣作賦」之陳套，棄生批評道：

> 詩人詠屈、賈，每好涉及王粲。不知王粲力勸劉琮降曹，以博自己名爵，勢利中人，並非清流。以此為況，不啻蜣螂之與蘇合，乃明人李繼本至合〈讀賈誼、王粲傳〉為詩，歸愚先生登之選本，如云：「萬言辭慷慨，一賦氣崢嶸。」句意極平常，采之已屬可怪，至鄺湛若詠屈賈一章，末亦云：「此去樊城望京國，定從王粲賦歸與。」是以狗尾續貂矣。張南山復登之詩話，何王粲之多幸也。〔註66〕

王粲一介文士，汲汲求為世用，性情勢利，固非清流。不可與屈原、賈誼相比，棄生之論的當。清人沈德潛（西元一六七三～一七六九年）選明人李延興（字繼本，東安人，元代進士。元末辭官設教，士友咸稱廣文先生。洪武初屬典邑校。）〈讀賈誼、王粲傳〉一詩，〔註67〕張維屏（字南山，西元一七八○～一八五九年）選明人鄺露（原名瑞露，字湛若，廣東南海人。明諸生，永曆時以薦入翰林。清兵下廣州，抱琴赴水死。）〈浮湘禮三閭墓田尋賈生故宅〉一詩，〔註68〕前者句意平常，後者如狗尾續貂，陳套相因，棄生之批評中肯。然棄生〈軍師八首〉其七頸聯云：「已見王倫空往返，復聞思退自行成。」以唐人孫成比擬孫毓汶，實不倫不類，直欲借「思退」之義，諷孫毓汶之一味求和。詩人窠臼習染之難改，由此可見。

〔註65〕洪棄生著，《寄鶴齋詩集》，頁 210、349。胡適著，《文學改良芻議》（台北市：遠流出版社，1986 年 2 月 5 日一版），頁 59。

〔註66〕《寄鶴齋詩話》，頁 115。

〔註67〕見沈德潛編選，《明詩別裁集》（西安：中華書局，1981 年 5 月第二刷），頁 21。李延興，見錢謙益著，《列傳詩集小傳》（台北：廣文，1991 年元月初版），頁 104。

〔註68〕錢仲聯編，《清詩紀事（一）》〈明遺民卷〉（江蘇：江蘇古籍出版社，1987 年 2 月第一版第一刷），頁 151。

二、嶺南三家：屈大均、陳恭尹、梁佩蘭

　　清初嶺南三家屈大均（字介子，號翁山、萊圃，廣東番禺人，西元一六三〇～一六九六年），陳恭尹（字元孝，初號半峰，晚號獨漉子，又號羅浮布衣，廣東順德縣龍山鄉人，西元一六三一～一七〇〇年）、梁佩蘭（字芝五，號藥亭，晚號郁州，廣東南海人三人，西元一六二九～一七〇五年），洪棄生評論云：

> 董浦詠獨漉云：「淒涼懷古意，豈是屈梁能。」梁出於本朝，思古之意，固為所無，至屈翁山棄儒避世，感愴身世之言，哀慟故國之抱，尤為流露，故有身後之禍。杭公一語抹煞，非知屈者。當時若王漁洋雖甚推挹陳詩，然於屈之詩才、詩格，亦極歎賞，有奇才之目，謂非流輩所及。〔註69〕

　　洪棄生的評論本自清初詩人王士禛，王極為稱許清初嶺南三家詩，曾經對程湟榛說：「君鄉東粵，人才最盛，正以僻在嶺海，不為中原江左習氣熏染，故尚存古風耳。」〔註70〕清代學者王隼選輯清初嶺南三家詩，隱以抗江左三家（即吳梅村、錢謙益、龔鼎孳）。鄧文成論梁佩蘭云：

> 王隼嘗選佩蘭及屈大均，陳恭尹之詩為嶺南三大家詩選，隱以抗江左三家。後來洪亮吉遂有句云：「尚得古賢雄直氣，嶺南猶似勝江南。」大均與東南畸人逸士游，未改故步。佩蘭與中原士大夫游，俊逸勝而雄直減矣。平心論之，終遜屈、陳，出處亦不倫。〔註71〕

　　此評與棄生《詩話》見解相似。〔註72〕棄生稱許梁佩蘭之七古「奇傑」，並引錄梁佩蘭〈送程湟榛職方出守桂林〉一詩為例。認為「嶺南三大家」勝「江左三大家」處在古，而「嶺南之不及江左三大家處在摹古。」〔註73〕所謂「古」，洪亮吉（字君直，一字稚存，號北江，晚號更生，安徽歙縣人，生於江蘇陽湖（今常州），西元一七四六～一八〇九年）則認為嶺南三家詩的特色在雄直氣，洪亮吉〈道中無事偶句論詩截句二十首〉之五云：「藥亭獨漉許

〔註69〕《寄鶴齋詩話》，頁128。杭世駿詩題為〈題陳元孝遺象〉。
〔註70〕王士禛著，《池北偶談》（台北：漢京文化，1984年5月15日初版），頁251。
〔註71〕鄧文成著，《清詩紀事初編》（臺北市：明文，1985年），卷8，頁985。
〔註72〕鄧文成著，《清詩紀事初編》，卷8，頁989。《寄鶴齋詩話》，頁28。
〔註73〕《寄鶴齋詩話》，頁56。

相參，吟苦時同佛一龕。尚得昔賢雄直氣，嶺南猶似勝江南。」〔註74〕嶺南三大家之長處在猶存古樸真摯之雄直氣。考察屈大均生平，順治十五年春，屈大均北上出塞，名為尋訪函可，實為刺殺滿州要人。康熙五年（西元一六六五年）他與李因篤自富平同至代州，結識顧炎武（初名絳，入清改名炎武，又做炎午，字寧人，號亭林，西元一六一三～一六八二年），康熙八年（西元一六六八年）自塞上返抵番禺故里。論者卓爾堪稱許其詩：「（大均）為屈原後，少丁喪亂，長而遠遊。其所跋涉者秦、趙、燕、代之區，其所目擊者宮闕陵寢邊塞營壘廢興之跡，故其詞多悲傷感慨。」陳恭尹稱許其詩：「縱橫闔闢，樸茂奇古。」〔註75〕屈大均〈猛虎行〉可稱佳例云：

> 邊地不生人，所生盡奇畜。野馬與駱駝，駒騄及駝鹿。羱羊千萬頭，
> 人立相抵觸。上天仁眾獸，與以膏粱腹。變化成猛虎，食盡中土肉。
> 哮吼一作咸，士女皆骸骸。廣南人最甘，肥者如黃犢。猛虎縱橫行，
> 饜飫亦逐逐。朝飲惟貪泉，暮依惟惡木。人皮作裀褥，入骨為箭鏃。
> 人血充乳茶，脂膏雜紅麴。子狗有爪牙，攫搏苦不速。惡性得自天，
> 牝牡日孳育。在天為貪狼，在地為蕈粥。人類日已盡，野無寡婦哭。
> 隆冬不患饑，髑髏亦旨蓄。多謝上帝仁，猛虎享天祿。為獸莫為人，
> 牛哀得所欲。〔註76〕

「人類日已盡，野無寡婦哭。」以寓言詩痛斥清人屠戮之兇殘。棄生與其友嶺南詩人梁成柟都極推崇屈大均〈猛虎行〉。棄生〈猛虎行二章〉云：

> 林際腥風來，茫茫天地黑。路人皆走藏，喑嗚群動息。不知何妖魅，
> 有牙兼有翼；或疑為天狗，化作狼與蜮。攫人靡孑遺，充作饞腸食。
> 食人亦何求，聊為造化賊。朝出吮人皮，夕作齤人臘。路旁蠅蟻盈，
> 紛橫肩與骼。邱山何纍纍，云是死者骴。一見猛獸蹄，行人喪精魄。
>
> 城邑人所居，於菟聚其處。髑髏紛滿前，攫人逐人去。士女骸骸行，
> 纖纖倍憂慮。咆烋入市廛，磨牙為刀鋸。搏噬無瘦肥，跳踉無饜飫。

〔註74〕洪亮吉，《更生齋詩》卷2。洪亮吉著，《洪北江詩文集》（台北：世界書局，1983年12月再版）。

〔註75〕王富鵬著，《嶺南三大家研究》（北京市：人民文學出版社，2008年7月第1刷），頁62～65、82、391。引用卓爾堪《遺民詩》目錄頁，卷七，康熙刻本，陳恭尹《獨漉堂集》〈梁藥亭詩序〉。

〔註76〕屈大均著，歐初、王貴忱主編，《屈大均全集》（北京：人民文學出版社，1996年12月第一刷），頁50。

室有死人頭，途有殷血淤。不聞啼哭聲，有聲將來覷。豈真天地昏，欲將人類除。且儲弓與刀，禽生勿猶豫。〔註77〕

屈大均與棄生的〈猛虎行〉都屬於寓言詩，以猛虎噬人的情節，描寫外族殘殺我族的亂世，對外族貶如野獸夷狄。棄生的忘年交梁成枏（字子嘉，號鈍庵，廣東三水人，西元一八五○～一八九九年），據其弟子林資修〈梁鈍庵先生傳〉，子嘉少負氣，以事忤文宗，將繩以法，遂出走。歷遊吳楚戎幕，落落無所合，憤而渡臺，為林朝棟書記。朝棟昔日私牘公務之主文者，每辭不達意，至是氣象一新。時臺灣巡撫劉銘傳方倚重朝棟軍，擢為撫墾局局長，以招撫各處原住民。因奇子嘉文才，乃於光緒十二年（西元一八八六年）檄辦東勢角撫墾。此地為漢人和原住民交界，原住民怒則殺人。子嘉乃建利誘勢禁之議，原住民漸就撫。又拊循其疾苦，納其族女為妾，習其語言，諸族人皆暱呼為「阿公」，頗見經濟才。〔註78〕乙未年（西元一八九五年）日人據臺前，曾署彰化縣令。乙未割臺，與吳湯興、徐驤等轉戰新竹、苗栗之間。兵敗後，十月從劉永福西渡，結束首度宦遊來臺生涯。越年（西元一八九六年）復來臺，其間曾遊日本，見林癡仙當時有〈懷梁子嘉〉詩，註云：「時遊日本」。此為子嘉第二度來臺。〔註79〕

子嘉與棄生素不相識，光緒二十三年（西元一八九七年），子嘉偶到鹿港，聞名見訪，相逢之際，即曰：「子詩某篇佳，某篇不佳。」直言不諱。棄生敬其老輩，喜而留飲。子嘉遂出示其〈釣龍臺歌〉，棄生讀之，以為筆氣不減清初嶺南三大詩家（屈大均、陳恭尹、梁佩蘭）。〔註80〕子嘉此詩據《漢書・西南夷兩粵朝鮮傳》閩粵王無諸事興詠〈釣龍臺歌〉云：

閩越王安在哉，我來訪古釣龍臺。王與夫人寢殿開，寂寥常對古時梅。南臺萬屋瓦鱗鱗，當時海水未揚塵，王欲釣龍垂巨綸，誰緝之繩王夫人。釣龍囚在釣臺井，井水千年碧逾冷。鐵索鎖龍波瀾靜，虎骨投龍雷雨猛，南越趙佗自椎髻，漢賢我賢爭較計，翻然高築朝

〔註77〕洪棄生著，《寄鶴齋詩集》，頁 144。
〔註78〕連橫主編，《台灣詩薈》（南投：台灣省文獻委員會，1992 年），頁 657～658。又見林資修撰，《南強詩集》（台北市：龍文出版社，1992 年重印初版），《南強文錄》，頁 1～2。
〔註79〕洪棄生著，《寄鶴齋詩集》，頁 101。又見同上註，〈梁鈍嘉先生傳〉。
〔註80〕洪棄生著，《寄鶴齋詩話》，頁 101。程玉凰著，《洪棄生及其作品考述》（台北縣：國史館，1997 年），頁 227。

漢臺，臺成左纛猶稱帝。此臺無事且百年，歌舞歡娛漢六世。嗚呼！
楚漢鬥智鬥力時，王為功狗出偏師，高天鳥盡兔走死，王有材力將
何施？釣龍一事蓋兒戲，馴獅伏象王能為。方今瀛海長蛟螭，奪我
南溟作飲池。奮鬐欲入王階墀，王能磔死剚其皮，如王真是奇男兒，
王與夫人知不知？〔註81〕

關於閩越王無諸：「閩縣南關外有釣龍臺，相傳為閩越王無諸釣龍處，上
有無諸廟，立春將出土牛，太守必往致祭，取廟前土塊和別土為牛即成，否
則必散。閩縣張玉書迎春詩云：「馬從太守分驂去，牛向前王乞土來。」蓋紀
實也。〔註82〕「方今」二句痛閩粵及臺灣深受外人侵侮。聞鼛鼓而思英雄，
詩句雄直有骨，有嶺南詩風格。棄生則據東粵王餘善事，作〈釣龍臺歌和梁
先生子嘉〉云：

……爭道當時禹跡遙，會稽禹穴今岧嶢。越國猶餘防風骨，閩山不
到神禹軺。往事遷流思帝子，騎龍搴龍龍可使。禹王胼胝不到斯，
禹王苗裔王於此。糞除足補神禹功，披荊拔棘東海東。南臺山下釣
磯石，釣起禹時挾舟龍。於今海水復揚塵，海中疑有蛟鱗鱗。安得
釣臺沈一餌，釣斷蟓螭安八閩。閩越王是屠龍手，惜哉事漢心不久。
夜郎自大輕辟胡，終被漢擒作龍屠。後有負漢王心驪，請視王臺血
模糊。〔註83〕

此臺在福州市，相傳漢高祖五年（西元前二〇二年），閩越王騶無諸冊定
在此受封。〔註84〕相傳東越王餘善於此釣得白龍，以為己瑞，因築壇曰：「釣
龍臺。」〔註85〕又名南臺山。閩越王其先皆粵王句踐之後，乃大禹之苗裔也。
〔註86〕詩讚禹功，兼及閩粵王披荊拔棘的開拓功勳。復歎今日滄海揚塵，以

〔註81〕連橫主編，《臺灣詩薈》第九號（南投：台灣省文獻委員會，1992 年），頁
559。

〔註82〕杭世駿著，《榕城詩話》（台北：廣文書局，1971 年 9 月初版），頁 101～103、
133。

〔註83〕《寄鶴齋詩集》，頁 179。

〔註84〕鄭拯人等編撰，《福州風物精華》（台北：羅星塔月刊社，民國 68 年 6 月 20
日初版），頁 77。

〔註85〕清和坤等撰，《欽定大清一統志》（《景印文淵閣四庫全書》第 481 冊，〈史
部‧地理類〉。台北：商務，民國 72 年 10 月初版），卷 325，〈福州府〉，頁
503。

〔註86〕班固著，《漢書》（台北：鼎文，民國 86 年 10 月 9 版），卷 95〈西南夷兩粵
朝鮮傳〉，頁 3859。

「海蛟」比喻侵侮中國的列強。援引李白「海上釣巨鰲」之逸事，欲清宇內以安閩。〔註87〕末歎餘善事漢不久即因叛漢被屠，言下有儆列強之意。

兩人披懷吐真，相契如舊，棄生因向子嘉求墨寶，乞為書清初嶺南詩人屈大均之〈猛虎行〉。詩喻清人苛政猛如虎，讀後「直欲同聲一哭」。〔註88〕幾時清朝國勢凌夷，落的任外人抒鬚。子嘉對棄生慰勉有加，贈五律詩三首云：

> 二百年文獻，伊誰擬杜韓。淵源師友絕，著作古今難。可歎洪興祖，徒為管幼安。蔚然章甫服，未許裸人看。

> 裸壤原無論，衣冠識者誰，高歌驚下里，長欲謗群兒。懷抱民生痛，文章樂府奇。長官虛問俗，死罪敢言之。

> 如生為棄朕，朕豈棄生為。無路陳三策，思京賦五噫。愁懷形比塊，慟哭血成詩。苦語聲酸鼻，長吟猛虎詞。〔註89〕

其一勉其為杜甫、韓愈，以詩為史，以文明道。其下歎臺地割日，衣冠滅裂。擬如洪興祖，以棄生胸懷別有騷憂，只因師友斬絕、文化不絕如縷。棄生不能效管寧避地，只能避日人如避裸人，其心境甚苦。其二讚其衣冠偉盛，卻有被髮左衽之痛苦。高歌驚俗，徒惹謗譏；棄生懷抱民生痛，故詩文英奇。不恤刑戮，以之諷上，適見風骨凜然。其三言其滄桑痛楚，聞之心酸。「思京賦五噫」，〈五噫歌〉歌名，後漢梁鴻作，每句後用一噫字，故名五噫歌。《後漢書‧梁鴻傳》記載，梁鴻因東出過京師，作〈五噫之歌〉曰：「陟彼北芒兮、噫，顧覽帝京兮、噫，宮室崔嵬兮、噫，人之劬勞兮、噫，遼遼未央兮、噫。」蕭宗聞而悲之，求鴻不得。〔註90〕典用〈五噫歌〉寄託遺民的故國情懷。

棄生崇仰子嘉人品，以為「賦性骨鯁，不肯偕時，逢同調人，傾筐倒篋，生平雖久於幕府，全無宦氣。」〔註91〕更馨詠其詩，以為有清初嶺南詩風，

〔註87〕瞿蛻園校注，《李白集校注》（台北：里仁，民國70年3月24日版），頁1898引〈侯鯖錄〉語。

〔註88〕洪棄生，《寄鶴齋古文集》，頁325。

〔註89〕洪棄生，《寄鶴齋詩集》，頁216。

〔註90〕洪棄生著，《寄鶴齋詩集》，頁216。連雅堂編著，《臺灣詩薈》上（《連雅堂先生全集附錄三》。南投：台灣省文獻委員會，1992年3月31日）。錢仲聯編，《清詩紀事》〈同治朝卷〉，頁12280。

〔註91〕洪棄生，《寄鶴齋詩話》，頁133。

其論子嘉詩宗法:「蓋由昌黎入手而上溯杜公,旁及蘇、黃也,故健而峭,宗派甚正。」〔註92〕子嘉談詩論藝,固重宗派,主學古而變化。可惜子嘉不幸,年甫五十而卒。割台之役,其部分詩文亦散落,〔註93〕令人深深惋惜。

此外,明末清初嶺南詩人三大家之一的陳恭尹。恭尹父陳邦彥(字會斌,號巖野,諡忠愍,清改諡忠烈)為明末永曆帝部將,清順治四年丁亥(西元一六四七年),陳邦彥為牽制清軍快速追擊永曆帝,起兵高明山中,約大學士陳子壯等人起兵,互為犄角,會攻廣州,不克。後力戰被縛,兵敗為清將李成棟所執,腰斬於廣州。〔註94〕梁佩蘭〈秋日宿陳元孝獨漉堂讀其先大司馬遺集感賦〉末云:「一片崖山月,空來照白頭。」〔註95〕緬懷恭尹先人忠烈,自嘆遺民白頭無所成。棄生稱許好的詩作有衝冠變徵之音,而無劍拔弩張之態,如其評清末張洵的詩。這類詩作可以棄生詠懷詩為例,臺灣割日,被日本殖民後,洪棄生詩中便可見相似的意象與心期,如〈無聊自敘五首〉其四云:「……聞之心悽惻,大海當門橫。出門無高會,日月長西傾。託身棲遠島,室有巨鯨鳴。愧無伐蛟手,寶劍空鏗鏗。摧頹惟長臥,白日過前楹。」〔註96〕「寶劍」句刻劃壯士心懷,憂世亂欲持劍伐蛟,翦除外患強敵,心繫故國(中國)安危的憂愁,只能空望臺灣海峽,茫然失落又心悽惻不已。就生命情調論棄生,如其〈無憀〉云:

> 閱世無憀意氣殘,此生塵夢一齊刊。騷人感憤畸人癖,韻士襟懷壯
> 士肝。谷口空空逃鄭朴,雪中日日臥袁安。杜門荒徑疏來往,成就
> 詩篇後代看。〔註97〕

詩自述貞隱絕游,息交不仕,唯以成就詩篇,著述為志。頷、頸二聯為其人格性情最佳寫照。也因他負氣貞隱的性情,他特別稱許阮籍〈詠懷詩〉:「哀感無端,蒼茫無盡。」〔註98〕李善評阮籍〈詠懷詩〉有「憂生之嗟」,但「文多隱蔽,百代之下,難以情測。」〔註99〕學者李玲珠舉《世說新語·任

〔註92〕《寄鶴齋詩話》,頁102。

〔註93〕同前註,〈梁鈍庵先生傳〉。

〔註94〕王富鵬著,《嶺南三大家研究》(北京市:人民文學出版社,2008年7月第1刷),頁151。

〔註95〕錢仲聯主編,《清詩紀事》(南京:鳳凰出版社,2004年4月),頁753。

〔註96〕洪棄生,《寄鶴齋詩集》,頁254。

〔註97〕洪棄生,《寄鶴齋詩集》,頁360。

〔註98〕洪棄生,《寄鶴齋詩話》,頁8。

〔註99〕蕭統編,《增補六臣註文選》(台北:漢京文化,1983年),卷23。

誕》所言，認為阮籍「在悒鬱中慷慨堅持，在佯狂中任誕悲歌，在任情中完成自我。」乃其生死超克的路徑。〔註100〕棄生個性多情、多愁，詩每有憂生憂世之情，與阮籍詩有相近處。

　　就棄生「壯士」情性言，其如杜甫〈義鶻行〉云：「物情有報復，快意貴目前。」「人生計有分，只在顧盼間。聊為義鶻行，用激壯士肝。」〔註101〕報仇以伸張正義，乃是壯士當為之本分。杜詩詠物寓意旨趣頗近俠義。棄生因此意論陳恭尹〈日本刀歌〉，陳詩云：

> 白日所出金鐵流，鐵之性剛金性柔。鑄為寶刀能屈伸，屈以防身伸
> 殺人。星流雷激光離合，日華四射瞳瞳溼。陰風夜半刮面來，百萬
> 啼魂鞘中泣。中原歲歲飛白羽，世人見刀皆不願。為恩為怨知是
> 誰？寶刀何罪逢君怒？為君畫盛威與儀，為君夜伏魖與魃。水中有
> 蛟貫其頤，山中有虎抉其皮。以殺止殺天下仁，寶刀所願從聖人。
> 〔註102〕

　　《老子》認為兵者乃不祥之器，聖人不得已而用之。陳詩卻以寶劍為壯士增色，激昂義憤，以殺止殺，乃借此以彰禦敵抗侮之大義，其俠義之氣，又遠紹李白〈俠客行〉等詩所言的俠義與勇略。棄生譽此詩「音節氣骨尤蒼老，在歐公上。」〔註103〕音節明快，意氣豪邁。「陰風」二句摧剛為柔，情婉而曲。陳〈日本刀歌〉一詩，棄生譽其「音節氣骨尤蒼老，在歐公上。」〔註104〕所謂「蒼老」的詩風，即如曾珍珍評論美國詩人伊莉莎白・碧許（Elizabeth Bishop）〈詩〉（Poem）一詩：「充分發揮文字特有的時間流動感」與「歷史縱深」。〔註105〕

　　此外，棄生論作詩當「取氣於李」，〔註106〕龔鵬程論李白〈金陵歌別范宣〉詩云：「遊俠要到這種人物出現，才能開始成為人間正義的象徵；劍術也

〔註100〕李玲珠著，〈阮籍、嵇康生死意識的底蘊與轉折〉，《哲學與文化》（月刊）革新號第 433 期（台北：哲學與文化月刊編輯委員會，2010 年 6 月），頁 48。

〔註101〕杜甫著，錢謙益箋注，《錢注杜詩》（上海：上海古籍出版社，2009 年 10 月），頁 73。

〔註102〕陳恭尹著，《獨漉堂集》（廣東：中山大學出版社，1988 年 8 月），頁 77。

〔註103〕洪棄生，《寄鶴齋詩話》，頁 56。

〔註104〕洪棄生，《寄鶴齋詩話》，頁 56。

〔註105〕伊莉莎白・碧許（Elizabeth Bishop）著，曾珍珍譯，《寫給雨季的歌──伊莉莎白・碧許詩選》（台北：木馬文化，2004 年），頁 357。

〔註106〕洪棄生，《寄鶴齋詩話》，頁 103。

要到這個時候，才開始在游俠的生命中重要了起來。」〔註107〕李白仗劍以拯濟蒼生的形象，以及陳恭尹游於聖人之門，以刀止殺的憂世情懷，啟發棄生以詩代劍，批判日人統治台民，殖民台灣的種種不公不義。

第三節　奧衍微至，發揚高華：評論晚清詩家

洪棄生以「奧衍微至」及「發揚高華」來評論晚清詩家，溯源此風格，則本自《詩經》《楚辭》。又稱許唐代杜甫、韓愈，宋代蘇軾、黃庭堅等詩人。而唐代韓愈文章亦有近於「奧衍微至」者。《新唐書・韓愈傳》：「其〈原道〉、〈原性〉、〈師說〉等數十篇，皆奧衍閎深，與孟軻、揚雄相表裡而左右六經云。」宋秦觀〈李狀元墓志銘〉：「其詞奧衍，有漢唐遺風。」「奧衍」除了指博大精深，也有深奧不易了解的意思。論者程千帆認為韓愈詩在宋詩的新面貌形成以前，它並不受重視，它在詩壇上所受到的待遇是冷淡的。宋詩的兩個中堅人物蘇軾和黃庭堅對韓詩是「頗有微詞」的，如《後山詩話》載蘇軾云：「退之於詩，本無解處，以才高而好爾。」〔註108〕胡仔《苕溪漁隱叢話》前集卷十八引《王直方詩話》載洪龜父云：「山谷於退之詩，少所許可。」〔註109〕前集卷十六〈韓吏部・中〉引蘇軾云：「詩之美者莫如韓退之，然詩格之變，自退之始。」對韓詩有認同又有批判。韓愈「以文為詩」，風格特徵「奧衍微至」，如司空圖《司空表聖文集》卷二，〈題柳柳州集後〉云：「韓吏部歌詩數百篇，其驅駕氣勢，若掀雷抉電，撐扶於天地之間。物狀奇怪不得不鼓舞而徇其呼吸也。」〔註110〕論者李建崑認為此文強調韓愈筆力高強，以文人而善為詩者。其驅駕聲勢之筆力，令人歎為觀止。〔註111〕例如〈南山詩〉用五十一個「或」字形容岩石的奇異：「或連若相從、或瘦若相鬥……」形同散文，瑰奇雄麗，語言卻瘦硬精準。不過韓愈詩的句型和語言也有淺白如話者，

〔註107〕 龔鵬程著，《俠的精神文化史論》（濟南市：山東畫報出版社，2008 年 5 月），頁 119。

〔註108〕 何文煥輯，《歷代詩話》（四部刊要集部・詩文評類，台北：漢京文化，1983年 1 月 1 日初版），頁 304。

〔註109〕 程千帆著，〈韓愈以文為詩說〉，收於程千帆著，《閑堂詩學》（瀋陽：遼海出版社，2002 年 12 月第 1 版），頁 329。

〔註110〕 司空圖著，《司空表聖文集》（文淵閣四庫全書集部・別集類，台北：商務，1983 年），卷 2。

〔註111〕 李建崑著，《韓孟詩論叢》（台北：秀威資訊出版社，2005 年 11 月初版），頁211，〈歷代學者對韓愈詩之評價〉。

如〈符讀書城南〉寫詩給兒子韓符：「兩家各生子，提孩巧相如。……三十骨骼成，乃一龍一豬。」〔註112〕「乃一龍一豬」用上一下四的散文句法，完全不符合詩句常見的「二、三」句法。

洪棄生對當代晚清詩人的作品評論，批評當時被視為「同光體」派之袁昶（字爽秋，號漸西村人，西元一八四六～一九〇〇年）、陳三立（字伯嚴，號散原，西元一八五三～一九三七年）等人。〔註113〕又批評當時被稱為詩老的王闓運（字壬秋，號湘綺，西元一八三三～一九一六年），以及後起之秀樊增祥（字嘉父，號樊山，西元一八四六～一九三一年）、易順鼎（字實甫，別號哭菴，西元一八五八～一九二〇年）等人。關於王闓運詩作，陳衍稱王闓運作詩，學習〈騷〉、《選》、盛唐。〔註114〕棄生嘗評王闓運之名作〈圓明園詩〉詞藻豐蔚，然不及王國維（字靜安，號觀堂，西元一八七七～一九二七年）〈頤和園詩〉之工，可媲美吳梅村詩史。〔註115〕

至於黃、丘、袁、陳、樊、易諸人之詩風，棄生云：「近日詩格，有主奧衍微至者，袁爽秋（昶）、陳伯嚴（三立）其著也。有主發揚高華者，黃公度（遵憲）、樊雲門（增祥）、易實甫（順鼎）其著也。尚有四川榮縣趙堯生（熙），詩格在高華微至之間，惜乎余不多見。若吾臺邱仙根（逢甲）詩格，則早年多高華，中年近微至，惜余多見其詩，而未遑多錄。」〔註116〕

棄生認為有清一代之詩學譜系，為唐詩及宋詩二派相為興衰。宋詩多風趣，切近賦物；唐詩用心於風格，每高視闊步，不屑於瑣屑之景。又以為詩家恒為唐音者，久之多兼宋意。〔註117〕他以「奧衍微至」及「發揚高華」來評論晚清詩家，自然是以宋詩及唐詩之詩風立論。然不論宗宋宗唐，晚清詩人之詩作大多感事憂時，比興深微，每有哀國憐民的變風變雅之音。

〔註112〕韓愈著，錢仲聯編，《韓昌黎詩繫年集釋》，頁432、1011。
〔註113〕「同光體」一語，引自陳衍《石遺室詩話》。收於陳衍著，《陳衍詩論合集》（上冊）（福建：福建人民出版社，1999年9月第一刷），卷一，頁6、16、18。卷31，頁450。金天羽著，《天放樓文言》（台北：文海，1969年1月初版），〈再答蘇戡先生書〉，頁358。張之洞著，《張文襄公全集》，卷227，頁16300，〈過蕪湖弔袁漚簃等四首〉其四。梁啟超著，《飲冰室詩話》（北京：人民文學出版社，1998年5月第一刷），頁10。
〔註114〕張寅彭主編，《民國詩話叢編》（上海：上海書店出版社，2010年），頁18。
〔註115〕洪棄生著，《寄鶴齋詩話》（南投：台灣省文獻委員會，1993年5月31日版），頁149。
〔註116〕《寄鶴齋詩話》，頁147。
〔註117〕《寄鶴齋詩話》，頁34、52。

〔註118〕再溯源此風格,則本自《詩經》《楚辭》。學者龔鵬程以「諷寓」來狀顯此一時期詩作之精神特色,詩大抵屬於「含藏本事」及「譏諷時局」二大內容。〔註119〕棄生論清末詩壇的流派和詩論,要旨如下。

一、論詩重清新,風格兼唐宋,異於陳衍專主宋詩的「同光體」

棄生認為有清一代之詩學譜系,為唐詩及宋詩二派相為興衰。宋詩多風趣,切近賦物;唐詩用心於風格,每高視闊步,不屑於瑣屑之景。又以為詩家恒為唐音者,久之多兼宋意。對於晚清詩的風格,洪棄生上溯詩騷,取法古詩十九首以下的詩家,五七言近體大盛後,又推尊唐宋以來的詩人,作為評詩和寫詩的典範。極為推崇魏晉六朝詩歌的清致,其〈話詩體裁示及門〉論魏晉以後詩歌的體裁,以時代言,為漢魏體、魏晉體、晉宋體、六朝體,漢末有建安體,魏初有黃初體。魏末,正始體。晉,太康體。宋,元嘉體。齊,永明體。分言之,為齊梁體、陳隋體,統言為南北朝體。洪棄生評論晉代詩歌,推崇其「清的詩境」,所謂的「晉人清致」,棄生云:「晉人用心大概在清致中,每詞約意深。」〔註120〕關於「晉人清致」,論者于民先生整理《世說新語》中有關人物品藻的審美詞彙後,發現「清暢」、「清便」、「清真」等詞彙為數眾多,並強調:「清,它是魏晉風韻的一個突出特徵,也是魏晉文藝特色的一個顯著表現。」〔註121〕

宋人的生活趣味調和野、雅,詩文所重視的「清」與「晉人清致」不同,宋代蘇軾的主張,論者謝佩芬認為,一者「清」非僅為蘇軾評賞詩文之重要用詞,更可說是其人美學思想之核心觀念。再者蘇軾由「水性故自清」體悟「清」之特質及其作用,並以之為聯想中介,發展出「清心」理念,成為處

〔註118〕陳衍著,錢仲聯編校,《陳衍詩論合集》。樊增祥著,《樊山續集》(台北:文海,1978 年版),卷 11,頁 1479。卷 24,頁 2118。趙熙著,《香宋詩詞鈔》(台北:正中。1966 年 6 月臺初版),頁 33。

〔註119〕見龔鵬程著,〈晚清詩人諷寓的傳統〉一文。收於龔鵬程著,《讀詩隅記》(台北:華正,1987 年 8 月再版)。分析又見陳光瑩著,《臺灣古典詩家洪棄生》(台中:晨星出版社,2009 年),頁 12。

〔註120〕洪棄生著,《寄鶴齋詩話》(南投:臺灣省文獻委員會,1993 年 5 月 31 日版),頁 51。

〔註121〕于民著,《氣化諧和——中國古典審美意識的獨特發展》(長春:東北師範大學出版社,1999 年 6 月),頁 241~245。謝佩芬著,〈蘇軾「清」論研究〉(彰化:彰師大第五屆中國詩學會議——宋代詩學研討會,2000 年 5 月 20 日)。

世原則。三者蘇軾之生活趣味及審美情趣均已轉易前此風尚，改趨向「清」，此與其出身背景、仕隱觀念有關。就創作美學言，「無窮出清新」、「天工與清新」之「清新」來自於審美對象之特質及創作主體之人品胸次。蘇軾以「清」為詩、畫極境，清詩必經艱苦鍛煉而來。所謂「鍛煉」涵括寫作技巧及詩人人生歷練。〔註122〕

清末民國初年的陳衍（小名尹昌，字叔伊，號石遺，福建侯官（今福州市）人，西元一八五六～一九三七年）等人推重宋詩，人視為「同光體」。陳衍對晚清道光以下詩人的體派，與洪棄生的分判大同小異，卻更加細膩。陳衍《石遺室詩話》卷三云：

> 前清詩學，道光以來一大關捩。略別兩派：一派為清蒼幽峭。自古詩十九首、蘇、李、陶、謝、王、孟、韋、柳以下，逮賈島、姚合，……洗鍊而鎔鑄之，體會淵微，出以精思健筆。……字皆人人能識之字，句皆人人能造之句，及積字成句，積句成韻，積韻成章，遂無前人已言之意、已寫之景，又皆後人欲言之意、欲寫之景，當時嗣響，頗乏其人。魏默深源之《清夜齋稿》稍足羽翼，而才氣所溢，時出入於他派。此一派近日以鄭海藏為魁壘，其源合也；……其一派生澀奧衍。自急就章、鼓吹詞、鐃歌十八曲以下，逮韓愈、孟郊、樊宗師、盧仝、李賀、黃庭堅、薛季宣、謝翱、楊維楨、倪元璐、黃道周之倫，皆所取法，語必驚人，字忌習見。……近日沈乙菴、陳散原實其流派。而散原奇字，乙菴益以僻典，又少異焉，其全詩亦不盡然也。其樊榭、定盦兩派，樊榭幽秀，本在太初之前；定盦瑰奇，不落子尹之後。然一則喜用冷僻故實，而出筆不廣，近人惟寫經齋、漸西村舍近焉；一則麗而不質，諧而不澀，才多意廣者，人境盧、樊山、琴志諸君，時樂為之。〔註123〕

文中鄭海藏、散原、乙菴謂鄭孝胥、陳三立、沈曾植。陳衍《石遺室詩話》卷一載其與沈曾植（字子培，號巽齋，別號乙盦，晚號寐叟，浙江省嘉興府嘉興縣人，西元一八五○～一九二二年）論詩云：「余謂詩莫盛於三元，上

〔註122〕謝佩芬著，〈蘇軾「清」論研究〉。收於《第五屆中國詩學會議——宋代詩學研討會》（彰化市：彰化師範大學，2000 年 5 月 20 日星期六），頁 1～45。

〔註123〕陳衍著，錢仲聯編校，《陳衍詩論合集》（福州：福建人民出版社，1999 年 9 月第一刷），頁 37～38。

元開元，中元元和，下元元祐也。君謂三元皆外國探險家覓新世界，殖民政策開埠頭本領。」〔註124〕陳衍以唐玄宗開元時代、憲宗元和時代和宋哲宗元祐時代，稱為三元，認為是五、七言詩的三個極盛時代。此文中陳衍與沈曾植論詩，主張「若墨守成規，唐以後之書不讀，有日蹙百里而已。」陳衍的文友沈曾植則創「三關」說，去掉陳衍「三元」說中的開元，換上「元嘉」。由唐、宋上溯六朝，融謝靈運、韓愈、孟郊、黃庭堅於一爐。論者黃坤、楊曉波引錢仲聯的說法，視陳衍與鄭孝胥（字蘇龕，號海藏，中國福建省閩縣（今福州）人，西元一八六○～一九三八年）的「同光體」承襲鄭珍、何紹基等人宗尚宋詩的風尚，不滿墨守唐詩，泥古不化的詩風，期能一新詩歌境界。陳衍與沈曾植、鄭孝胥等詩人，稱許「同光體」，指同治光緒以來，詩人不專宗盛唐者。〔註125〕其特色為學人兼為詩人之詩。其時詩壇兼容並蓄，詩人特重學養之風，可見一端。陳衍評沈曾植詩「雅尚險奧，聱牙鉤棘中時復清言見骨，訴真宰，盡精靈。昔昌黎稱東野『劌目鉥心』，以其皆古體也。自作近體，則無不文從字順，所謂言各有當也。」〔註126〕因此「奧衍微至」詩風上法韓愈、孟郊，又以蘇軾強調清詩，兼綜唐宋詩家風格而變化己格。陳衍強調「清蒼幽峭」、「生澀奧衍」和「麗而不質，諧而不澀，才多意廣」者的詩風，一如洪棄生所說的「奧衍微至」及「發揚高華」，特色之一在重視「清」的審美觀。由雲龍批評陳衍詩論，稱其「所著詩話及所選之《近代詩鈔》出，海內之為同光體者，益復靡然向風。蓋欲避俗、避熟、避膚淺，而力求沉厚清新，固非倡導宋詩不可。」誠然。〔註127〕

　　然而棄生認為有清一代之詩學譜系，為唐詩及宋詩二派相為興衰。宋詩多風趣，切近賦物；唐詩用心於風格，每高視闊步，不屑於瑣屑之景。又以為詩家恒為唐音者，久之多兼宋意。論詩重清新，風格兼唐宋，此又異於陳衍專主宋詩的的「同光體」。

〔註124〕張寅彭主編，《民國詩話叢編》（上海：上海書店出版社，2010 年），頁 21。
〔註125〕張寅彭主編，《民國詩話叢編》（上海：上海書店出版社，2010 年），頁 18。
〔註126〕舒蕪編選，《近代文論選（上）》（北京市：人民文學出版社，1999 年），頁 392。
〔註127〕由雲龍撰，沈薇仲、王淑均校點，《定庵詩話》，卷下。收於張寅彭主編，《民國詩話叢編》第三冊（上海：上海書店，2002 年 12 月第一版第一刷），頁 606～607。

二、論詩重體裁，批評晚清詩人龔自珍詩

　　棄生又批評晚清詩人龔自珍（字璱人，號定盦，浙江仁和人，乾隆五十七年（西元一七九二年）七月初五生於杭州東城馬坡巷。道光二十一年（西元一八四一年）卒於丹陽，享年五十）的詩體不合格律，引用張之洞批評龔自珍思想來印證：

> 晚近龔定盦詩文，如危素有詭氣，時出新思想，頗聳動一時，故張
> 文襄早引為衰世之憂，然文襄所怖，蓋其思想。余所惋者其體裁。
> 〔註128〕

　　清末張之洞（字孝達，號香濤、香岩，又別號壺公、無競居士，晚號抱冰。清代直隸南皮人（今河北省滄州市南皮），督兩廣時創廣雅書院、廣雅書局，又稱廣雅，直隸（今屬河北省）南皮人，生於道光十七年（西元一八三七年）～卒於宣統元年（西元一九〇九年）））倡「中體西用」說，學者李細珠稱張之洞一生歷經道、咸、同、光、宣五朝，生命幾乎與一部晚清史相始終。光緒二十四年（西元一八九八年），張之洞的《勸學篇》問世，《申報》即評論「偉哉此篇！殆綜中西之學，通新舊之由，今日所未有，今日所不可無之書。」〔註129〕把此書看作了「中國新政」的護符。張之洞〈學術〉一詩批評學術風氣云：「理亂尋源學術乖，父讐子劫有由來。劉郎不歎多葵麥，祇恨荊棘滿路栽。（原注：二十年來，都下經學講《公羊》，文章講龔定庵，經濟講王安石，皆余出都以後風氣也。遂有今日，傷哉！）。」〔註130〕張之洞批評龔自珍的學術文章，正說明龔自珍對晚清影響之大。論者高陽引用黃秋岳《花隨人聖庵摭憶》云：

> 吾讀廣雅詩，亦覺其時有口是心非處。南皮詩最佳者。絕句純學王
> 荊公，其弔袁爽秋詩：「江西魔派不堪吟，北宋清奇是雅音。雙井半
> 山今一手，傷哉斜日廣陵琴。」其尊荊公甚至。然其集乃再三標言
> 非難臨川，既有〈學術〉一詩，自注云：「二十年來，都下經學講公
> 羊，文章講龔定庵，議論講王安石，皆余出都以後風氣也。遂有今
> 日，傷哉！」又金陵雜詩，老備瞿聃一首，又有非荊公詩一首，皆

〔註128〕《寄鶴齋詩話》，頁30。

〔註129〕李細珠著，《張之洞與清末新政研究》（上海：上海書店，2003年10月第一版），頁3。

〔註130〕張之洞著，龐堅校點，《張之洞詩文集》（上海：上海古籍出版社，2008年8月），頁153～154。

顯然不肯認此法乳者。

張之洞批評北宋王安石的經濟思想，清末龔自珍的文章，以及《公羊》經學，論者高陽析論此詩的深意云：

> 細求其故，殆由於先曾保康梁，為之延譽甚力，及戊戌變起，乃亟亟印「勸學篇」以自明。任公時著《大政治家王安石》一書，南皮則亟詆之，吟詠之不足，及躬自注釋，以明其宗尚正大。此中矯揉，皆為逢迎西后，正為自全之一念驅使之。……袁昶與許景澄、徐用儀死庚子義和團之難，合稱「浙江三忠」。光緒三十年，張之洞赴江寧議事，過蕪湖，袁昶有專祠在，張之洞弔之以詩，即「江西魔派」一絕，「雙井半山今一手」之「今」、或作「君」；雙井謂黃庭堅，半山則王安石。稱江西詩派為「魔派」，則張之洞之不喜黃庭堅可知；而尊王安石之意，即含在不喜黃庭堅中。但張之洞此詩，不自承其詩學王安石，此由末句可知；「傷哉斜日廣陵琴」，謂當今之世，學黃庭堅、王安石得其真髓者，只袁昶一人；袁既被禍，雙井、半山即成廣陵散。

清末詩人鄭孝胥曾居張之洞幕府，而張之洞論詩務以清切為主，提出「能將宋意入唐格」的主張，卻不滿宋代江西詩派，視為魔派。鄭孝胥卻認為詩之為道，「殆有未能以清切限之者」。論者稱鄭孝胥一生詩體屢變，從他論詩涵容較廣不無關係。〔註131〕陳衍《石遺室詩話》引張之洞論詩云：

> 廣雅相國，見詩體稍近僻澀者，則歸諸江西派，實不十分當意也。蘇戡序伯嚴詩，言「往有鉅公與余談詩，務以清切為主，於當世詩流，每有張茂先我所不解之喻。鉅公、廣雅也，其於伯嚴、子培及門人袁爽秋，皆在不解之列。」……廣雅少工應試之作，長治官文書，最長於奏疏，旁皇周匝，無一罅隙，而時參活著，故一切文字，務求典雅，而不尚高古奇崛，其詩有云：「黃詩多槎桠，吐語無平直，三反信難曉，談之梗胸臆。」

高陽析論陳衍詩話此處的評述，文中蘇戡、伯嚴、子培謂鄭孝胥、陳三立、沈曾植。廣雅即張之洞。論者高陽云：「張之洞惡黃庭堅而併惡江西詩派，此即張之洞性情之一端；而陳石遺（即陳衍）謂其長於奏疏，真為篤論；

〔註131〕鄭孝胥著，黃坤、楊曉波校點，《海藏樓詩集》（上海：上海古籍出版社，2003年8月第1刷），導言。

王湘綺（即王闓運）謂張之洞口舌為官，在江寧時，即是如此。」〔註132〕清末中國遭遇的憂患與世變，張之洞既官居要津，運籌帷幄且觀臨為政，身為洋務派的代表人物，自云：「今日世變，豈特春秋所未有，抑秦漢以至元明所未有也。語其禍，則共工之狂，辛有之痛，不足喻也。」〔註133〕對於當時英國洋文報譏中國不肯變法自強，以為專信孔教之弊，張之洞認為此說大誤。他說：「孔門之學，博文而約禮，溫故而知新，參天而盡物。……今日之學者，必先通經以明我中國先聖先師之立教之旨，考史以識我中國歷代之治亂、九州之風土。涉獵子集以通我中國之學術文章。然後擇西學之可以補吾闕者用之，西政之可以起吾疾者取之，斯有其益而無其害。」〔註134〕張之洞批評《公羊傳》云：

> 群經簡古，其中每多奧旨異說。或以篇簡磨滅，或出後師誤解。漢興之初，曲學阿世以冀立學。哀、平之際，造讖益緯以媚巨奸。於是非常可怪之論益多，如文王受命，孔子稱王之類。此非七十子之說，乃秦漢經生之說也。而說公羊春秋為尤甚（原注：新周、王魯，以春秋當新王）。乾、嘉諸儒，嗜古好難，力為闡揚，其風日肆。演其餘波，實有不宜於今之世道者。如禁方奇藥，可以殺人假，如近儒公羊之說，是孔子作春秋而亂臣賊子喜也。竊惟諸經之義，其有迂曲難通，紛歧莫定者，當以《論語》、《孟子》折衷之。《論》、《孟》文約意顯。又群經之權衡矣（原注：伊川程子曰：「窮得《語》、《孟》，自有要約處。以此觀他經，甚省力。《語》、《孟》如丈尺權衡相似。」）道光以來，學人喜以緯書、佛家講經學，光緒以來，學人尤喜治周秦諸子。其流弊恐有非好學諸君子所及料者，故為此說以規之。〔註135〕

張之洞說：「哀、平之際，造讖益緯以媚巨奸。」〔註136〕其實，龔自珍〈與陳博士箋〉批評「京房之《易》，劉向之〈洪範〉。」反對把陰陽五行災異

〔註132〕高陽著，《清朝的皇帝（三）》（台北：風雲時代，1990年1月初版），頁1292～1295。

〔註133〕張之洞著，《勸學篇序》。收於張之洞著，王樹枬編，《張文襄公（之洞）全集》（臺北：文海出版社，1970年4月初版），頁15260。

〔註134〕張之洞著，《勸學篇‧循序第七》。《張文襄公（之洞）全集》，頁14494。

〔註135〕張之洞著，《勸學篇‧宗經第五》。《張文襄公（之洞）全集》，頁14481～14483。

〔註136〕呂凱著，《鄭玄之讖緯學》（台北：商務印書館，1982年），第一章第四節。鍾肇鵬著，《讖緯論略》（台北：洪葉，1984年），第一章第一節。

混在一起進行推測。龔自珍〈非五行傳〉主張「《易》言陰陽,〈洪範〉言五行,《春秋》言災異。以《易》還《易》,〈範〉還〈範〉,《春秋》還《春秋》,姑正其名,而《易》、《書》、《春秋》,可徐徐理矣。」龔自珍〈五經大義終始論〉認為五經以民之衣食溫飽為出發點,所謂「聖人之道,本天人之際,臚幽明之序,始乎飲食,中乎制作,終乎聞性與天道。」在人性論上,反對性善性惡說,贊成告子「無善無不善」的主張。龔自珍的思想遠承清初顧炎武等儒者經世致用的精神。〔註 137〕以張壽安的論點,公羊思想對龔自珍的譏評時事而言,是一方「積極」劑:三世觀的活用,使議政有了經學的根據,而經學也在三世觀的配合下,有了活潑的意義。雖然定菴誠有些非常異議可怪之論,然而他對於公羊確是獨具心裁,尤其在異族壓制的衰世,更使他的公羊學含有極深厚的時代意義。張之洞對定菴的批評,顯見其為一衛道和衛國的清廷大吏。張之洞說:「夫不可變者,倫紀也,非法制也;聖道也,非器械也;心術也。非工藝也。」這是他的「中體西用」論的基本內容。〔註 138〕

三、推許王國維的詩史

王國維(初名國禎,字靜安,又字伯隅,號禮堂,晚年又號觀堂、永觀,浙江省海寧縣人,西元一八七七～一九二七年)為近代偉大學者。其《人間詞話》標舉「境界」說以論詩文。王國維論「境界」云:

> 古今之成大事業、大學問者,必經過三種之境界。「昨夜西風凋碧樹。獨上高樓,望盡天涯路」,此第一境也。「衣帶漸寬終不悔,為伊消得人憔悴」,此第二境也。「眾裡尋他千百度,回頭驀見,那人正在,燈火闌珊處」,此第三境也。此等語皆非大詞人不能道。然遽以此意解釋諸詞,恐為晏、歐諸公所不許也。

王國維所謂的第一境,引北宋詞人晏殊(字同叔,諡元獻。撫州臨川人。七歲能文。以神童薦試,賜同進士出身。西元九九一或九九三～一○五五年)的詞〈蝶戀花〉為喻。〔註 139〕第二境引柳永(原名三變,字景莊,後改名永,改字耆卿,福建崇安人,西元九八七～一○五三年)的詞〈蝶戀花〉為喻。第

〔註 137〕易新鼎著,〈論龔自珍的散文〉《北京師範學院學報(社會科學版)》(1992 年第五期),頁 79～85。

〔註 138〕李細珠著,《張之洞與清末新政研究》(上海:上海書店,2003 年 10 月第一版),頁 71。

〔註 139〕王國維著,馬自毅注譯,《新譯人間詞話》(台北:三民,1994 年)。

三境引南宋詞人辛棄疾（原字坦夫，改字幼安，別號稼軒，山東濟南人，西元一一四〇～一二〇七年）的詞〈青玉案（原注：元夕）〉為喻。葉嘉瑩賞析王國維的境界說，認為第一境的「獨」乃「孤獨寂寞之感」，「上高樓」指對崇高理想之嚮往，「望盡天涯路」指對更廣遠的境界的追求尋覓和期待。〔註140〕王國維說：

> 《詩蒹葭》一篇，最得風人深致。晏同叔之「昨夜西風凋碧樹。獨
> 上高樓，望盡天涯路。」意頗近之。但一灑落，一悲壯耳。

　　兩篇作品都可喻示對廣遠的境界的追求尋覓和期待。但〈蒹葭〉有可望不可及的灑落，晏殊〈蝶戀花〉則「山長水闊知何處」，有悲壯之感。〔註141〕第二境乃「擇一固執殉身無悔」。引王國維「可愛者多不可信，可信者多不可愛。」理性思辨覺其「可善」，才有殉身之價值；感情直覺其「可愛」，才有固執之感情。又有「殉身」之熱情，無悔地追求。至於第三境，葉嘉瑩認為：

> 「眾裡尋他千百度」者，緊承第二種境界而言，具見對此理想追尋
> 所經歷的種種艱苦；「驀然回首」者，正寫久經艱苦一旦成功時之驚
> 喜；「那人」雖寥寥二字，然而絕不作第二人想，可見理想之不可移
> 易，更使人彌感獲致之可貴；「卻在燈火闌珊處」乃冷落寂寞之
> 意。……

　　葉嘉瑩所說那人雖踽踽獨行，所獲致的境界卻至為完整、美善和真實。〔註142〕王國維〈頤和園詞〉：

> 漢家七葉鍾陽九，澒洞風埃昏九有。南國潢池正弄兵，北沽門戶仍
> 飛牡。倉皇萬乘向金微，一去宮車不復歸。提挈嗣皇綏舊服，萬幾
> 從此出宮闈。東朝淵塞曾無四，西宮才略稱殊絕。內殿頻聞久論思，
> 外家頗惜閒恩澤。六王輔政最稱賢，諸將專征捷奏先。迅掃欃槍回
> 日月，八荒重睹中興年。聯翩方召升朝右，北門獨付元臣手。因治
> 樓船鑿漢池，別營臺沼追文囿。西直門西柳色青，玉泉山下水流清。
> 新錫山名呼萬壽，舊疏湖水號昆明。昆明萬壽佳山水，中間宮殿排
> 雲起。拂水回廊千步深，冠山傑閣三重峙。磴道盤紆凌紫烟，上方

〔註140〕葉嘉瑩著，《王國維及其文學批評》（台北：桂冠，1992年4月），頁486。

〔註141〕王國維著，馬自毅注譯，《新譯人間詞話》（台北：三民，1994年）。

〔註142〕葉嘉瑩著，《王國維及其文學批評》（台北：桂冠，1992年4月），頁487～489。

寶殿放祈年。更栽火樹千花發，不數明珠徹夜懸。是時朝野多豐豫，
年年三月迎鸞馭。長樂深嚴苦祝神，甘泉爽塏宜清暑。高秋風日過
重陽，佳節坤成啟未央。丹陛大陳三部伎，玉卮親舉萬年觴。嗣皇
上壽稱臣子，本朝家法嚴無比。問膳曾無賜座時，同懷罕講家人禮。
六王小女最承恩，遠嫁歸來奉紫宸。臥起每偕寧壽主，笑談差喜繆
夫人。尊號珠連十六字，大官加豆依前制。別啟瓊林貯羨餘，更營
玉府蒐珍異。月地雲堦敞上方，宮中習靜夜焚香。但祝時平邊塞靜，
千秋萬歲未渠央。五十年間天下母，後來無繼前無偶。却因清暇話
平生，萬事何堪重回首，憶昔先皇北狩年，屬車常是受恩偏。因看
批答親教寫，為製金章特與鈐。一朝鑄鼎降龍馭，後宮髩絕不能去。
北渚方深帝子愁，南衙復遣丞卿怒。手夷端肅反京師，永念沖人未
有知。為簡儒臣嚴諭教，別求名族正宮闈。無端白日西南駛，一紀
恩勤付流水。甲觀曾無世嫡孫，後宮并乏家人子。提攜猶子付黃圖，
劬苦還如同治初。又見法宮憑玉几，更勞武帳坐珠襦，國事中間幾
翻覆，近年最憶懷來辱。草地間關下澤車，郵亭倉卒蕪蔞粥。上相
留都擁大牙，東南諸將翊王家。坐令佳氣騰金闕，復道都人望翠華。
自古忠良能活國，于今母子仍玉食。宗廟重聞鐘鼓聲，離宮不改池
臺色。一自官家靜攝頻，含飴無異弄諸孫。但看腰脚今猶健，莫道
傷心跡已陳。兩宮一旦同綿惙，天柱偏先地維折。高武子孫復幾人，
哀平國統仍三絕。是時長樂正彌留，茹痛還為社稷謀。已遣伯禽承
大統，更扳公旦覲諸侯。別有重臣升御榻，紫樞元老兼黃閣。安世
忠勤自始終，本初才氣尤騰踔。復數同時奉語言，諸王劉澤號親賢。
獨總百官稱家宰，共扶孺子濟艱難。社稷有靈邦有主，今朝地下告
文祖。坐見彌天戢玉棺，獨留末命書盟府。原廟丹青儼若神，鏡匳
遺物尚如新。那知今日新朝主，便是當年顧命臣。離宮一閉經三載，
綠水青山不曾改。雨洗蒼苔石獸閒，風搖朱戶銅蠡在。雲韶散樂久
無聲，甲帳珠簾即漸傾。豈謂先朝營楚殿，翻教今日作堯城。宣室
遺言猶在耳，山河盟誓期終始。寡婦孤兒要易欺，謳歌獄訟終何是？
深宮母子獨淒然，却似灤陽游幸年。昔去曾逢天下養，今來翻受屬
人憐。虎鼠龍魚無定態，唐侯已在虞賓位。且語王孫慎勿疏，相期
黃髮終無艾。定陵松柏鬱青青，應為興亡一拊膺。却憶年年寒食節，

朱侯親上十三陵。

王國維〈頤和園詞〉，蕭艾〈王國維詩詞箋校箋〉云：

頤和園，北京西郊名園也。光緒年間，清王朝動用大量海軍經費，
特修建為慈禧太后娛老。占地約三百公頃，有萬壽山、昆明池、長
廊及排雲殿、佛香閣等建築物。以林石佳麗久為中外人士所艷稱。
靜安此詩作于旅居日本初期，蓋用頤和園為題，借述有清一代興亡
史也。……。

蕭艾評論此詩宗法白居易、元稹長慶體的敘事長詩，詩語典麗又追步吳
偉業的梅村體。詩敘有清一代興亡史。〔註143〕「寡婦孤兒要易欺」數句，哀
憐隆裕太后（西元一八六八～一九一三年，光緒皇后）代末帝溥儀宣詔退位，
政體一新為中華民國。「深宮母子獨淒然」、「今來翻受厲人憐」。「那知今日新
朝主，便是當年顧命臣。」指袁世凱。袁不同於曹操，雖同有稱帝之野心，但
曹操終究只是文王或周公。《三國志・魏志》〈武帝紀〉於建安二十四年（西元
二一九年）下，書引裴注所引《魏略》：「孫權上書稱臣，稱說天命。王以權書
示外曰：『是兒欲踞吾著爐火上邪！』」《魏氏春秋》曰：「夏侯惇謂王曰：『天
下咸知漢祚已盡，異代方起。自古已來，能除民害為百姓所歸者，即民主
也。……。』王曰：『『施于有政，是亦為政』。若天命在吾，吾為周文王矣。』」
〔註144〕袁世凱卻稱帝而國號洪憲。「唐侯已在虞賓位」。虞賓即堯子丹朱。虞
舜待以賓禮，故稱虞賓。引以喻亡國之主。〔註145〕唐侯即唐叔虞，周武王子、
成王弟、名虞。周公滅唐，成王削桐葉為圭以戲之曰：「以此封若，史佚請擇
日，成王曰：『吾與之戲耳。』史佚曰：『天子無戲言，言則史書之，禮成之，
樂歌之。』於是封叔虞於唐。」見《左傳・昭公元年》，又見《史記》。王國維
詩云：「安世忠勤自始終，本初才氣猶騰踏。」〔註146〕直以袁紹比擬袁世凱，
乃先獲棄生之心。棄生批評袁世凱云：其評論袁世凱云：

今人有革命家金燕者，不知何許人。辛亥上海壁間詩有句云：「神奸
重際風雲會，志士虛傳黨籍名。」下句殆謂梁任甫一流，上句則自
注謂「時方起用袁世凱」云云。余謂袁氏亦未可盡非，當此東西風

〔註143〕錢仲聯編，《清詩紀事（肆）》（江蘇省：鳳凰出版，2004年），頁3741。
〔註144〕陳壽著，楊家駱編，《三國志》（台北：鼎文，1983年9月二版），卷1。
〔註145〕《寄鶴齋詩話》，頁151。
〔註146〕王國維著，《靜庵詩詞稿》（台北：藝文，1974年7月初版），頁17。

潮混合之際，事變非常，非袁氏不能收拾，亦必不肯收拾，謂以曾
文正、左文襄、彭剛直處此，肯為袁氏所為乎？所謂繫馬千駟，弗
視也；祿之以天下，弗顧者也。惟世所言袁氏有「三賣」之事，始
賣友，中賣君，終於賣國，誠壞良心。然亦惟賣友、賣君為最忍耳。
若其賣國，則賣之於自己，不賣之於他人；賣之於漢人，不賣之於
外人，誠桓宣武所謂「可兒」者也。〔註147〕

棄生以為袁世凱促成清政權轉移民國，功不可沒。因此，引用甲午戰爭
時，萬斐然（慎）所作〈感事留別十章詩〉，其中有句云：「冢中枯骨袁公路，
天下英雄劉使君。」棄生以為：「枯骨，如當國諸巨公皆是；或謂袁世凱，世
凱猶未足以當之。」〔註148〕棄生認為將袁世凱擬之如「冢中枯骨」之袁術，
並不恰當。其時袁世凱竊國稱帝之野心未露，棄生因讚王國維於民國元年（西
元一九一二年）所作之〈頤和園詞〉：「於袁總統處既無曲詞、無怨詞，亦無過
詞，具見詩人雅度，可媲梅村詩史矣。」王國維〈文學小言〉云：

屈子感自己之感，言自己之言者也。宋玉、景差感屈子之所感，而
言其所言；然親見屈子之境遇，與屈子之人格，故其所言亦殆與自
己之言無異。賈誼、劉向其遇略與屈子同，而才則遜矣。王叔師以
下，但襲其貌而無其情以濟之。此後人所以不復為楚人之詞者也。
〔註149〕

日本作家遠藤周作評論文章境界時，認為傑出的文章帶有「芯」、帶有
韻味，某種緊繃感與生命力。相反地，贗品有時甚至覺得在技巧上更熟練，
卻空洞而缺少魄力。〔註150〕洪棄生批評後世作家模仿《詩經》雅頌的槃槃大
篇，往往不能得其洋洋自然。如王國維所說，屈原感自己之感，言自己之言，
即前文所謂意圖創造文本的文本性的開端，將楚國語言、風俗、音樂等轉化
為一個特定作家所寫的特殊文本。王國維〈屈子文學之精神〉以屈原自贊曰
「廉貞」，認為屈原之性格，此二字盡之矣。又說屈原南人而學北方之學者
也。他認為北方之人，不為離世絕俗之學，而日周旋於君臣父子夫婦之間。

〔註147〕《寄鶴齋詩話》，頁148。
〔註148〕《寄鶴齋詩話》，頁145。
〔註149〕舒蕪編選，《近代文論選（下）》（北京市：人民文學出版社，1999年），頁
　　　　769。
〔註150〕遠藤周作著，陳柏瑤譯，《狐狸庵食道樂》（臺北市：麥田，城邦文化，2009
　　　　年4月），頁66～67。

而南人想像力之偉大豐富，勝於北人遠甚，並舉莊子寓言為例。屈原有北方人深邃之情感，與南人想像力合而為一。舉例屈原文中所稱之聖王如高辛、堯、舜，賢人皋陶、彭、咸，暴君羿、桀等，皆北方學者之所常稱道，而於南方學者所常稱道黃帝、廣成等不一及焉。〔註151〕論者薩伊德提到風格取代了言說，就像文本取代了任何一個起源一樣。由此，一個意圖創造文本的文本性的開端，通常可以把語言轉化為一個特定作家所寫的特殊文本。以此來考察《詩經》、《楚辭》，宋朱熹在〈楚辭後語目錄‧序〉云：「蓋屈子者，窮而呼天、疾痛而呼父母之詞也。」〔註152〕是情感的自然流露，批評〈七諫〉、〈九懷〉、〈九嘆〉、〈九思〉「雖為騷體，然其詞氣平緩，意不深切，如無疾病而強為呻吟者。」〔註153〕

〔註151〕舒蕪編選，《近代文論選（下）》（北京市：人民文學出版社，1999年），頁775。

〔註152〕朱熹著，〈楚辭後語目錄‧序〉，蔣立甫校點，《楚辭集注》。見《朱子全書》（上海：上海古籍出版社；合肥：安徽教育出版社，2002年）第拾玖冊，頁220～221。

〔註153〕朱熹著，〈楚辭辯證〉，蔣立甫校點，《楚辭集注》。見《朱子全書》（上海：上海古籍出版社；合肥：安徽教育出版社，2002年），第拾玖冊，頁183。

第二章　題材源《詩經》，比興標風格

　　「題材源《詩經》，比興標風格。」本六觀的觀置辭，析論洪棄生的題材源《詩經》理論，因用詞造句的技巧，即文學語言的藝術來分析《詩經》以賦比興的寫作法來標舉風格。棄生論《詩經》，本諸風、雅、頌、賦、比、興六義，為後世詩作題材與風格之源。要而言之，《詩經》情足理足，渾然大雅，此因詩教得性情之正，足為風雅法式。《詩經》為我國最早的詩歌總集，網羅西周初年至春秋中葉以前（西元前十二世紀至前六世紀）五、六百年間的歌謠，凡三百十一篇。其中六篇有目無辭，故今本實三百零五篇。各篇作者已不可考。

　　儒家論《詩經》強調詩教，詩教本自《禮記・經解》「其為人也，溫柔敦厚，《詩》教也。」「其為人也，溫柔敦厚而不愚，則深於《詩》者也。」洪棄生論《詩經》本自詩教，論《騷》則強調屈原為千古逸才。棄生論詩因主張興象微妙，意境含蓄紓餘。而賦、比、興運用得法，詩才能「含蓄紓餘」。氏強調：「詩至杜公，發洩極矣，然其發洩之中，仍具唱歎不盡之致。」「古人使才皆有含蓄不露、紓餘不盡之處，……予謂韓、蘇亦自有韓、蘇之含蓄紓餘處，所以可傳，所以可貴。」〔註1〕論詩主「含蓄」，如張戒《歲寒堂詩話》論《詩經》「愛而不見，搔首踟躕。」「其詞婉，其意微，不迫不露，所以可貴也。」又論唐代詩人孟郊詩「格致高古，詞意精確。」張健闡述此「含蓄」詩論，認為「『格致高古』大致可與『意微』相表裏，『詞意精確』與『詞婉』不同，但亦不相犯，含蓄者仍可以暗示精確之意趣境象，精確亦不等於直陳坦露。」〔註2〕

〔註1〕洪棄生，《寄鶴齋詩話》，頁12、34。
〔註2〕張健著，《文學批評論集》（台北：臺灣學生書局，1985年），頁33。

第一節　棄生論詩歌題材與風格淵源《詩經》

棄生論《詩經》，從文學體製的觀點，視之為韻語：

> 讀《左傳》，人知其為史，為古文；讀《詩經》，人知其為經，鮮知
> 其為韻語也。……《詩經》之忘為韻語，蓋由於自幼熟讀，奉為聖
> 經賢傳之過，老師宿儒，不解作詩者，自然只圖鑽研義理，考據名
> 物。其解作詩之俊彥，又僅顧追逐唐以下之名家，其於建安以上，
> 至於西漢且不遑觀，何況三百篇？〔註3〕

棄生視《詩經》為韻語，批評不解作詩者，只圖鑽研義理，考據名物。他以古典詩名家，工於創作，又博觀取約，溯流探源，歷覽歷代詩人詩作，循循善養以為創作之資源，不僅僅如解作詩之俊彥，僅顧追逐唐以下之名家。棄生論《詩經》本諸風、雅、頌、賦、比、興六義，為後世詩作題材與風格之源云：

> 「桃之夭夭，灼灼其華；之子于歸，宜其室家。」後世閨房之詞，
> 有能雅則似此否？
>
> 「摽有梅，其實七分。」、「死生契闊，與子成說。」、「習習谷風，
> 以陰以雨。」各篇亦後世閨怨、從軍詞、棄婦篇之祖。
>
> 「穀則異室，死則同穴。謂予不信，有如皦日。」後世盟誄之辭，
> 有能過此否？
>
> 「角枕粲兮，錦衾爛兮；予美亡此，誰與獨旦。」此潘岳悼亡詩之
> 所祖也，而微之悼亡又從潘詩脫出。
>
> 「有女懷春，吉士誘之。」「我心傷悲，迨及公子同歸。」等語，後
> 世衍之，即成《玉臺》、《香奩》數集。
>
> 鄭風如「有女同車」「出其東門」「秉蘭贈芍」各篇亦玉溪生無題詩
> 之祖，若《疑雨集》以下之褻，又不得藉口也。〔註4〕

以《詩經》為後世詩作題材與風格之源，如《詩經·邶風·燕燕》，王士禛評：云「宜為萬古送別詩之祖」。〔註5〕棄生云：「賦、比、興為三百篇成法，亦為樂府古詩成法，學者當於此會心。」〔註6〕以《詩經》為後代詩歌題材與

〔註3〕洪棄生，《寄鶴齋詩話》，頁1。
〔註4〕洪棄生，《寄鶴齋詩話》，頁2、3、6。
〔註5〕王士禛著，《帶經堂詩話》（北京：人民文學出版社，1998年），頁19。
〔註6〕洪棄生，《寄鶴齋詩話》，頁2。

風格淵源。略舉題材如下。

一、送別詩

棄生論《詩經》云：

> 三百篇之為化工，昔人蓋多言之，此口頭禪耳，恐於葩經仍無所得。葩經雖如無縫天衣，然能析解之，究竟寸寸皆絕妙天然繭絲也。「昔我往矣，楊柳依依。今我來思，雨雪霏霏。」「燕燕于飛，差池其羽。之子于歸，遠送于野。」各妙句，王漁洋曾揭出矣。〔註7〕

《詩經・邶風・燕燕》，王士禎評：云「宜為萬古送別詩之祖」。和本事觀之，有家國興亡之感，傷逝懷舊之情。〔註8〕《國風・邶風・燕燕》云：

> 燕燕于飛，差池其羽。之子于歸，遠送于野。瞻望弗及，泣涕如雨。
> 燕燕于飛，頡之頏之。之子于歸，遠于將之。瞻望弗及，佇立以泣。
> 燕燕于飛，下上其音。之子于歸，遠送于南。瞻望弗及，實勞我心。
> 仲氏任只，其心塞淵。終溫且惠，淑慎其身，「先君之思，以勗寡人。」

《邶風・燕燕》，《詩序》以為「莊姜送歸妾也」。以燕燕之差池其羽，下上其音，興喻歸人漸行漸遠，傷逝而懷舊，描寫生動而綿密入情。滕志賢研析云：

> ……此詩寫離別之情最為傳神。一章云「瞻望弗及，泣涕如雨」，二章云「瞻望弗及，佇立以泣」，三章云「瞻望弗及，實勞我心」，三複「瞻望弗及」，極其生動地描繪了兄妹骨肉分離時難分難捨之情狀。朱熹讚嘆曰：「譬如畫工一般，直是寫得他精神。」（《朱子語類》）李白〈黃鶴樓送孟浩然之廣陵〉詩：「孤帆遠影碧空盡，惟見長江天際流。」王維〈觀別者〉詩：「車徒望不見，時見起行塵。」等皆遠紹其意，辭雖有異，意象則相同。故清人王士禎稱本詩「宜為萬古送別之祖。」（《分甘餘話》）〔註9〕

李白〈黃鶴樓送孟浩然之廣陵〉詩與王維〈觀別者〉詩與《邶風・燕燕》

〔註7〕洪棄生，《寄鶴齋詩話》，頁1。

〔註8〕吳宏一著，《詩經新繹・國風編・國風一：周南・召南・邶風・鄘風》（臺北市：遠流出版社，2018年5月），頁176。

〔註9〕滕志賢注譯，葉國良校閱，《新譯詩經讀本》（台北：三民書局，2000年），頁69～70。

相較，以「燕燕于飛」起興，意蘊更加深化。

二、閨房、棄婦閨怨、香奩豔體、盟誄、悼亡詩

　　棄生說：「『桃之夭夭，灼灼其華；之子于歸，宜其室家。』後世閨房之詞，有能雅則似此否？」由賦、比、興之技法言，〈周南‧桃夭〉以桃花之艷色，興喻出嫁女子之耀目。《國風‧周南‧桃夭》云：

　　　　桃之夭夭，灼灼其華。之子于歸。宜其室家。　桃之夭夭，有蕡其實。之子于歸，宜其家室。　桃之夭夭，其葉蓁蓁。之子于歸，宜其家人。

　　屈萬里云：「此賀嫁女之詩。」〔註10〕「之子于歸，宜其室家。」以稱許其德，可謂兼德備貌，為人倫之典式。後世詩篇雅則似此者，如曹植〈美女篇〉，既寫女子之「妖且閑」，又能「慕高義」。《國風‧召南‧摽有梅》云：

　　　　摽有梅，其實七兮。求我庶士，迨其吉兮。　摽有梅，其實三兮。求我庶士，迨其今兮。　摽有梅。頃筐墍之。求我庶士，迨其謂之。

　　屈萬里云：「此詩疑諷女子之遲婚者。」〔註11〕〈召南‧摽有梅〉「梅」與「媒」同音，王靜芝以為「興起男女宜及時嫁娶之義。」〔註12〕裴普賢云：「此詩刻劃逾齡待嫁女子心情，入木三分。古詩十九首：『傷彼蕙蘭花，含英揚光輝；過時而不採，將隨秋草萎。』則是象徵手法了。」〔註13〕而「梅」「媒」音同雙關之手法，後世吳歌西曲〈西洲曲〉「憶梅下西洲」「置蓮懷袖中」，「蓮」音同「憐」，均由〈摽有梅〉化出。吳宏一舉南北朝民歌〈地驅樂歌〉，〈折楊柳枝歌〉都有待嫁心理的描寫。〔註14〕《國風‧邶風‧谷風》云：

　　　　習習谷風，以陰以雨。黽勉同心，不宜有怒。采葑采菲，無以下體？德音莫違，及爾同死。　行道遲遲，中心有違。不遠伊邇，薄送我畿。誰謂荼苦？其甘如薺。宴爾新昏，如兄如弟。　涇以渭濁，湜湜其沚。宴爾新昏，不我屑以。毋逝我梁，毋發我笱；我躬不閱，

〔註10〕屈萬里著，《詩經詮釋》（臺北：聯經出版社，1996年7月），頁12。

〔註11〕屈萬里著，《詩經詮釋》（臺北：聯經出版社，1996年7月），頁33。

〔註12〕王靜芝著，《詩經通釋》（台北：輔仁大學文學院，1991年），頁69。

〔註13〕裴普賢著，《詩經評註讀本》（台北：三民書局，1986年），頁72。

〔註14〕吳宏一著，《詩經新繹‧國風編‧國風一：周南‧召南‧邶風‧鄘風》，頁139。

　　遑恤我後！　就其深矣，方之舟之；就其淺矣，泳之游之。何有何
亡？黽勉求之。凡民有喪，匍匐救之。　不我能慉，反以我為讎。
既阻我德，賈用不售。昔育恐育鞫，及爾顛覆。既生既育，比予于
毒。　我有旨蓄，亦以御冬。宴爾新昏，以我御窮。有洸有潰，既
詒我肄。不念昔者，伊余來墍。

　　朱熹《詩集傳》云：「婦人為夫所棄，故作是詩。」棄婦的哀怨語如「我
躬不閱，遑恤我後！」屈萬里云：「我身已不見容，何暇憂慮我去後之家事
乎？」〔註15〕激問中多少恨意與無助。〈邶風・谷風〉「習習谷風」乃棄婦詩
篇，後世如曹植〈棄婦詩〉之題材本此。吳宏一推舉以今昔之異、新舊之
別、苦樂之對，來寫心中的悲怨之情。多用雙聲疊韻，情溢乎辭。〔註16〕《國
風・召南・野有死麕》云：

　　野有死麕，白茅包之。有女懷春，吉士誘之。　林有樸樕，野有死
鹿，白茅純束。有女如玉。　舒而脫脫兮，無感我帨兮，無使尨也
吠。

　　屈萬里云：「此男女相悅之詩。」〔註17〕〈召南・野有死麕〉「有女懷
春」，〈豳風・七月〉「迨及公子同歸。」則為《玉臺新詠》《香奩集》等艷體
詩之肇始，如《玉臺新詠》王訓〈奉和率爾有詠〉「君恩若可恃，願作雙鴛
鴦。」詞情相似。棄生又舉〈鄭風〉〈有女同車〉〈出其東門〉〈溱洧〉詩，
以為乃李商隱〈無題〉詩之祖，卻仍存雅音，不似明代王彥泓（字次回，西
元一五九三～一六四二年）《疑雨集》之近於褻矣。《國風・鄭風・出其東
門》云：

　　出其東門，有女如雲。雖則如雲，匪我思存。縞衣綦巾，聊樂我員。
　　出其闉闍，有女如荼。雖則如荼，匪我思且。縞衣茹藘，聊可與娛。

　　「如雲」用烘雲托月法。〔註18〕屈萬里云：「此咏男子能專愛之詩。」
〔註19〕《楚辭・九歌・少司命》篇中云：「滿堂兮美人，忽獨與予兮目成。」
則更為靈動深情。《國風・鄭風・有女同車》云：

　　有女同車，顏如舜華。將翱將翔，佩玉瓊琚。彼美孟姜，洵美且都。

〔註15〕屈萬里著，《詩經詮釋》（臺北：聯經出版社，1996 年 7 月），頁 62～65。
〔註16〕吳宏一著，《詩經新繹・國風編・國風一：周南・召南・邶風・鄘風》，頁 208。
〔註17〕屈萬里著，《詩經詮釋》（臺北：聯經出版社，1996 年 7 月），頁 36～37。
〔註18〕余培林著，《詩經正詁》（臺北市：三民書局，2007 年），頁 172。
〔註19〕屈萬里著，《詩經詮釋》，頁 157～158。

有女同行，顏如舜英。將翱將翔，佩玉將將。彼美孟姜，德音不忘。

屈萬里云：「此蓋婚者美其新婦之詩。」又注「有女同車」一句：「由此語證之，知當為夫婦而非淫奔者，蓋淫奔之男女，不得公然同車也。」〔註20〕漢代樂府詩歌如〈日出東南隅〉寫美女羅敷婉拒與太守同車，與此詩相映成趣。《國風・鄭風・溱洧》云：

溱洧，方渙渙兮。士與女，方秉蘭兮。女曰：「觀乎」？士曰：「既且」。「且往觀乎洧之外；洵訏且樂」。維士與女，伊其相謔。贈之以勺藥。溱與洧，瀏其清矣。士與女，殷其盈矣。女曰：「觀乎」？士曰：「既且」。「且往觀乎洧之外；洵訏且樂」。維士與女，伊其將謔。贈之以勺藥。

屈萬里云：「此賦情侶遊樂之詩。御覽八百八十六引韓詩內傳云：『鄭國之俗，三月上巳之日，於兩水上，招魂續魄，拂除不祥，故詩人願與所說者俱往觀也。』。」〔註21〕兒女爾汝之語，對話增添生動與臨場感。

〈王風・大車〉「穀則異室」之盟諜，後世若〈上邪〉一詩，雖意趣邁往，然不及〈大車〉之簡切。《國風・王風・大車》云：

大車檻檻，毳衣如菼。豈不爾思？畏子不敢。　大車啍啍，毳衣如璊。豈不爾思？畏子不奔。　穀則異室，死則同穴。謂予不信，有如皦日。

屈萬里云：「此蓋女子有所愛慕而不得遂其志之詩。」〔註22〕末申以盟誓，漢代詩歌如〈上邪〉即以盟誓之言感人。《國風・唐風・葛生》云：

葛生蒙楚，蘞蔓于野。予美亡此，誰與？獨處！　葛生蒙棘，蘞蔓于域。予美亡此，誰與？獨息！　角枕粲兮，錦衾爛兮。予美亡此，誰與獨旦！　夏之日，冬之夜。百歲之後，歸于其居。　冬之夜，夏之日。百歲之後，歸於其室。

屈萬里云：「此蓋悼亡之詩。」〔註23〕〈唐風・葛生〉「角枕粲兮」之悼亡，誠如裴普賢云：「後代潘岳、元禎的悼亡詩傑作，也無非觸景生情，哀思難忘，不出此詩窠臼。」〔註24〕

〔註20〕屈萬里著，《詩經詮釋》，頁147。
〔註21〕屈萬里著，《詩經詮釋》，頁160～161。
〔註22〕屈萬里著，《詩經詮釋》（臺北：聯經出版社，1996年7月），頁131。
〔註23〕屈萬里著，《詩經詮釋》（臺北：聯經出版社，1996年7月），頁208～209。
〔註24〕裴普賢編著，《詩經評註讀本》，頁438。

三、田家風俗詩

　　論者卞良君分析《詩經》的題材，提出孔子論「詩可以觀」，觀風俗之得失以風俗詩為主。後世如《楚辭・九歌》和唐代劉禹錫的竹枝詞都屬於風俗詩。又提出田家詩，如《詩經・豳風・七月》。〔註25〕〈七月〉語言質樸，情致溫厚，為敘事詩，寫豳地農民一年中的勞動與生活。是十五國風中篇幅最長的一首。豳，古國名，也作邠。在今陝西省邠縣一帶。〈七月〉蟋蟀一段，姚際恆以為用閒筆點染。明朱善《詩解頤》評「女心傷悲，殆及公子同歸。」云：「……而其許嫁之女，豫以將及公子同歸而遠其父母為悲，此見其秉心之厚也。……。」〔註26〕評「九月築場圃」云：「稼之既同，可以稍少休也而即念夫邑居之當修；屋之方秉者，可以少緩也，而復念夫農功之當始。其于築而納之也，有以見歡欣鼓舞之意；于其竛而乘之也，有以見勸勉戒飭之意。事有終始，而其憂勤艱難，則無間于始終，此所以為厚也歟！」情致溫厚，後世之詩人如蘇軾〈和陶西田穫早稻并引〉云：「人間無正味，美好出艱難。早知農圃樂，豈有非意干。」王文誥引紀昀曰：「常語，卻極深至。」〔註27〕日常質樸語言，卻有極深至的道理，此所謂「意平而格高」、「淺處見深」。

　　棄生於光緒十九年癸巳（西元一八九三年）所作〈問民間疾苦對〉一文主張「蠶桑宜興也」引用此詩以觀自古民風：

> 緣海外農人以田為生，此外無復所事也。夫天地大利，蠶桑與稼穡並重。故〈豳風〉為稼穡之詩，而〈七月〉之篇，其二章曰：「遵彼微行，爰求柔桑」；其三章曰：「取彼斧斨，以伐遠揚」，詠采桑也。又曰：「八月載績，載玄載黃；我朱孔陽，為公子裳。」詠組織也。〈葛覃〉之詩亦曰：「為絺為綌，服之無斁」；言后妃雖為君夫人，亦不廢織也。……〔註28〕

　　文中引《詩經・豳風・七月》及《詩經・葛覃》。一方面就文體言，〈問民間疾苦對〉乃針對民間疾苦，應長官垂詢而設對，文體風格應符合曹丕《典

〔註25〕卞良君著，〈《詩經》：中國古代詩歌題材類型的濫觴〉，收於《延邊大學學報：哲社版》（1995 年 4 月），頁 80〜84。

〔註26〕朱善著，《詩解頤》《文淵閣四庫全書・經部三・詩類》（台北：商務印書館，1983 年），卷 1。

〔註27〕蘇軾著，《蘇軾詩集》（北京：中華書局，1996 年），卷 42，頁 2315。

〔註28〕洪棄生，《寄鶴齋古文集》，頁 173〜174。

論・論文》所言「奏議宜雅」，因此引用古詩典故；另一方面，此文主張設蠶局，「設立器局，有師、有工、有機、有柚曲植篷筐箔，有蠶鍋、有絲牆、有桑山、有橡槲，久而推廣，將為臺灣開一樂土」，以當時器械生產製造，振興農產，發展產業，設立專局，革新紡織以興利。其援引《詩經・豳風・七月》詩意，以觀自古民風，興發事有終始，憂勤艱難之治理，證實經典「意平而格高」、「淺處見深」，卻影響流遠。

四、征戍從軍和天子田獵詩

棄生稱《國風・邶風・擊鼓》為從軍詞，此詩詩語「死生契闊」描寫夫妻纏綿悱惻之情，《國風・邶風・擊鼓》云：

> 擊鼓其鏜，踊躍用兵。土國城漕，我獨南行。　從孫子仲，平陳與宋。不我以歸，憂心有忡。　爰居爰處，爰喪其馬。于以求之，於林之下。　死生契闊，與子成說：執子之手，與子偕老。　于嗟闊兮！不我活兮！于嗟洵兮！不我信兮！

詩序：「擊鼓，怨州吁也。衛州吁用兵暴亂，使公孫文仲將，而平陳與宋。國人怨其勇而無禮也。」屈萬里按：「州吁以諸侯之兵伐鄭事，見魯隱公四年左傳。【姚際恒詩經通論謂州吁時尚未城漕，與詩中城漕之說不合，因謂此乃衛穆公背清丘之盟，救陳（陳為宋所伐）平陳宋之難，數興軍旅，其下怨之而作此詩也（事在魯宣公十二年），是。】」〔註29〕

方玉潤評云：「有此一章追溯前盟，文筆始曲，與陳琳〈飲馬長城窟行〉機局相似。」〔註30〕此外，杜甫〈垂老別〉寫臨別時夫妻纏綣之情，心曲還同於〈擊鼓〉。〔註31〕論者卞良君分析《詩經》的題材，提出征戍詩，如《詩經・小雅・車攻》等詩，影響盛唐詩人的邊塞詩，而高適、岑參等人的作品對此題材拓展得更全面。〔註32〕《詩經・小雅・采薇》「昔我往矣」，王夫之說「以樂景寫哀，以哀景寫樂，一倍增其哀樂。」〔註33〕

> 采薇采薇，薇亦作止。曰歸曰歸，歲亦莫止。靡室靡家，玁狁之

〔註29〕屈萬里著，《詩經詮釋》（臺北：聯經出版社，1996年7月），頁54～55。

〔註30〕方玉潤著，《詩經原始》（台北：藝文出版社，1960年），卷一。

〔註31〕杜甫著，楊倫編輯，《杜詩鏡銓》（台北：華正書局，1986年），頁224。

〔註32〕卞良君著，〈《詩經》：中國古代詩歌題材類型的濫觴〉。

〔註33〕王夫之著，《薑齋詩話》卷一，第四則（北京：人民文學出版社，1998年），頁140。

故；不遑啟居，玁狁之故。　采薇采薇，薇亦柔止。曰歸曰歸，心
亦憂止。憂心烈烈，載飢載渴。我戍未定，靡使歸聘。　采薇采
薇，薇亦剛止。曰歸曰歸，歲亦陽止。王事靡盬，不遑啟處。憂心
孔疚，我行不來。　彼爾維何？維常之華。彼路斯何？君子之車。
戎車既駕，四牡業業。豈敢定居？一月三捷。　駕彼四牡，四牡騤
騤。君子所依，小人所腓。四牡翼翼，象弭魚服。豈不日戒？玁狁
孔棘。　昔我往矣，楊柳依依；今我來思，雨雪霏霏。行道遲遲，
載渴載飢。我心傷悲，莫知我哀！

　　《詩序》云：「采薇，遣戍役也。」屈萬里云：「按：此當是戍役者所自
作。又按：玁狁一名，西周中葉以後始有之，殷末及周初稱鬼方（王國維有
說。見所著鬼方昆夷玁狁考）。詩中屢言玁狁，知此乃西周中葉以後之詩；舊
謂作於文王時者，非也。以出車及六月諸詩證之，此詩蓋作於宣王之世。」
〔註34〕論者余培林引《漢書·匈奴傳》，認為作於懿王時，當是玁狁初起，兵
力日盛之時。〔註35〕此詩的筆法章法，滕志賢云：

全詩共六章，前三章形式複疊。詩人採用倒敘筆法，前五章皆追述
之辭。首章追述出戍之原因以及久戍思歸之憂苦。三章章首皆以采
薇起興，首章曰「作止」，二章曰「柔止」，三章則曰「剛止」，節節
遞進，以薇之生長變化暗示出戍日久。四、五章追述戍邊禦敵情景。
「豈敢定居？一月三捷」，書寫士氣高昂，戰績輝煌；「四牡翼翼，
象弭魚服」，形容將士威武風采；「豈不日戒？玁狁孔棘」，寫既勝而
戒備，軍中整肅可見。六章轉寫歸途情景，往來風光迥異，不禁黯
然神傷。〔註36〕

　　此詩楊柳等句，寫景寓情，狀物傳神，千古傳誦之佳作。又如《詩經·小
雅·六月》云：

六月棲棲，戎車既飭。四牡騤騤，載是常服。玁狁孔熾。我是用
急。王于出征，以匡王國。　比物四驪，閑之維則，維此六月，既
成我服。我服既成，于三十里。王于出征，以佐天子。　四牡脩

〔註34〕屈萬里著，《詩經詮釋》，頁295～297。
〔註35〕余培林著，《詩經正詁》（臺北市：三民書局，2007年），頁328。
〔註36〕滕志賢注譯，葉國良校閱，《新譯詩經讀本》（台北：三民書局，2000年），頁
　　　　463。

廣，其大有顒。薄伐玁狁，以奏膚公。有嚴有翼，共武
之服。共武之服，以定王國。　玁狁匪茹，整居焦穫。侵鎬及方，至于涇陽。
織文鳥章，白旆央央。元戎十乘，以先啟行。　戎車既安，如輊如
軒。四牡既佶，既佶且閑。薄伐玁狁，至于大原。文武吉甫，萬邦
為憲。　吉甫燕喜，既多受祉。來歸自鎬，我行永久。飲御諸友，
炰鼈膾鯉。侯誰在矣？張仲孝友。

《詩經·小雅·六月》《詩序》云：「六月，宣王北伐也。」〔註37〕滕志賢云：

此讚尹吉甫之詩。成康既沒，周室寖衰，厲王暴虐，玁狁內侵，及
宣王即位，命尹吉甫帥師討伐，有功而歸，詩人作歌敘之。《詩
序》曰：「〈六月〉，宣王北伐也。」稍嫌簡略。詩共六章。……此
雖征伐之詩，然詩中卻大寫軍容之整，將帥之能，車馬旂服之盛。
至敘戰事，則僅「元戎十乘，以先啟行」，「薄伐玁狁，至于大原」
數語而已，而敵我臨陣交戰，流血漂杵場面無一及焉。三百篇征
伐詩作法大抵如此，或即以見天子之師，有征無戰也。詩人善用
襯托手法刻劃人物。詩中寫玁狁「孔熾」、「匪茹」，極言其氣焰囂
張，正凸現出主帥尹吉甫大智大勇克敵制勝之非凡才幹。吳闓生
《詩義會通》引舊評曰：「通篇俱摹寫文武二字，至末始行點出。
吉甫燕喜以下，餘霞成綺，變卓犖為紆徐。末讚張仲，正為吉甫添
豪。」〔註38〕

吳宏一依據《竹書記年》認為此詩記事在宣王五年（西元前八二三年），
引用清人鄧翔《詩經繹參》以「文武吉甫」「張仲孝友」二句，對舉而錯綜，
體用互著。〔註39〕至於《詩經·小雅·車攻》善用側筆，詩意之妙，每於無
字句處見之。詩人若能善用側筆，避實擊虛，方有含蓄之情致。詩云：

我車既攻，我馬既同。四牡龐龐，駕言徂東。　田車既好，四牡孔
阜。東有甫草，駕言行狩。　之子于苗，選徒囂囂；建旐設旄，搏
獸于敖。　駕彼四牡，四牡奕奕。赤芾金舄，會同有繹。　決拾既

〔註37〕屈萬里著，《詩經詮釋》（臺北：聯經出版社，1996 年 7 月），頁 316。
〔註38〕滕志賢注譯，《新譯詩經讀本》，頁 502。
〔註39〕吳宏一著，《詩經新繹雅頌篇：小雅》（臺北市：遠流，2018 年 3 月），頁 118
～119。

伙，弓矢既調，射夫既同，助我舉柴。　　四黃既駕，兩驂不猗。不
失其馳，舍矢如破。　　蕭蕭馬鳴，悠悠旆旌。徒御不驚，大庖不
盈。　　之子于征，有聞無聲，允矣君子，展也大成。

　　《詩經‧小雅‧車攻》《詩序》云：「車攻，宣王復古也。宣王能內脩政
事，外攘夷狄，復文武之竟土；脩車馬，備器械，復會諸侯於東都，因田獵而
選車徒焉。」屈萬里按：「墨子明鬼篇：『周宣王合諸侯而田於圃田，車數百
乘。』詩序蓋本此為說。」〔註40〕滕志賢分析云：

　　此是美宣王出獵之詩，《石鼓文》文辭與此詩及下篇〈吉日〉頗相
　　似，可為佐證。……詩共八章。一、二兩章言備車馬，數徒御，東
　　行狩獵。三章點明會獵之地。四章言諸侯會同有繹。五、六兩章皆
　　言獵事，極力描寫裝備之精，射御之良，其所獲之豐自在言外。
　　七、八兩章言獵畢而歸，軍容整肅。全詩以嘆美作結。詩人極善敍
　　事描摹，寫出王者出獵恢宏氣象，為班孟堅〈東都賦〉所師法。七
　　章「蕭蕭馬鳴，悠悠旆旌」二句，採用側面反襯手法，描摹軍容之
　　整肅，真神來之筆，王籍詩「蟬噪林愈靜，鳥鳴山更幽」，蓋脫胎於
　　此。〔註41〕

　　「蕭蕭馬鳴，悠悠旆旌」二句，顏之推（單字介，北朝臨沂（今山東臨沂
縣）人，西元五一三～？）舉南朝梁王籍（字文海，琅邪臨沂（今山東沂縣）
人）〈入若耶溪〉詩云：「蟬噪林逾靜，鳥鳴山更幽。」認為出自「蕭蕭馬鳴」
二句，《毛傳》曰：「言不諠譁也。」「吾（顏之推）每歎此解有情致，藉詩生
於此耳。」〔註42〕評以「文外獨絕」。採用側面反襯手法，描摹軍容之整肅，
真神來之筆，吳宏一認為此詩全用賦筆，「蕭蕭馬鳴」二句，寫天子諸侯田獵
之樂，令人神往。秦刻石《石鼓文》文辭與此詩頗相似，可見此詩傳世之廣。
〔註43〕深為棄生推重。

　　至於清代自道、咸以降，內憂外患日益加劇，征戍從軍詩屢見篇章，已
見前述。舉例棄生詩〈紅山崎〉云：

　　危雲樹末生，急客雲中行。峻峻千石磴，俯瞰深溪清。萬翠攢眼入，

〔註40〕屈萬里著，《詩經詮釋》（臺北：聯經出版社，1996年7月），頁322。
〔註41〕滕志賢注譯，《新譯詩經讀本》，頁513。
〔註42〕顏之推著，李振興、黃沛榮、賴明德注譯，《新譯顏氏家訓》（台北市：三民，
　　　　2001年2月初版2刷），頁205。
〔註43〕吳宏一著，《詩經新繹雅頌篇：小雅》（臺北市：遠流，2018年3月），頁128。

一紅拍崖平。疏林夾流水，十里一鏡泓。言是夏秋際，遠山露列城。
萬井積邱垤，百峰互陰晴。登高望遙阜，想見官軍營。憶昔甲申初，
此地防夷兵。烽煙倏忽滅，耳有胡笳聲。今來開道路，遍誌輪蹄程。
不久鐵車過，平地殷雷鳴。岩谷忽破碎，山海一揪枰。我自催鞭去，
秋風馬首輕。〔註44〕

　　紅山崎應作鳳山崎，在今新豐鄉與竹北市交接處，「鳳崎晚霞」在淡水廳
志中列為淡水八景之一。光緒十二年（西元一八八六年），臺灣巡撫劉銘傳築
鐵路，自大稻埕起工。翌年，由台北而南，架橋以渡。其中由大湖口而至新
竹，計長四十二英里，中有巨橋三，其中之一即鳳山崎溪之六百八十英尺。
清光緒十九年（西元一八九三年）十月三十日開業，原名鳳山崎火車碼頭
（清朝末年車站均稱為碼頭）。依清朝末年臺灣鐵路舊線的位置，此車站應該
是在現在新豐車站東南方約一至二公里處。〔註45〕此詩應作於光緒十二年，
臺灣巡撫劉銘傳正修築鐵路，然尚未竣工。詩人回憶光緒十年（西元一八八
四年）甲申，中法戰爭時，清朝於此處駐兵防守法人入侵。首先寫景，一二句
和五六句用對偶句鋪寫。「急客」句寫他鄉行役之苦。三四句和七八句寫景，
前用俯瞰，後寫平視遠望，極具景深效果。「言是夏秋際」以下數句，以遠山、
列城、遙阜、官軍營寫此地形式險要，追述年前發生的戰事。「烽煙倏忽滅，
耳有胡笳聲。」運用視覺和聽覺摹寫。「今來開道路，遍誌輪蹄程。不久鐵車
過，平地殷雷鳴。」寫鐵路和道路開通，關乎國防民安，卻批評「岩谷忽破
碎，山海一揪枰。」乃當時人誤解開鐵道破壞山水地貌。「我自催鞭去，秋風
馬首輕。」末點出行役征行的淒情景況。

　　此詩「平地殷雷鳴」暗用《詩經・召南・殷其雷》的意象。《詩經・召南・
殷其雷》一詩旨趣，毛詩《序》指召南大夫遠行從政。《詩經・召南・殷其雷》
《十三經注疏》《詩經》毛詩《序》云：

　　〈殷其雷〉，勸以義也。召南大夫遠行從政，不遑寧處，其室家能閔
　　其勤勞，勸以義也。

　　孔穎達《正義》本《序》之意，言此詩乃召南大夫之妻，勸夫以為臣之

〔註44〕洪棄生著，《寄鶴齋詩集》（南投：臺灣省文獻委員會，1993 年 5 月 31 日版），
　　　　頁 5～6。

〔註45〕連橫著，《臺灣通史》（南投：臺灣省文獻委員會，1994 年 6 月再版），〈郵傳
　　　　志〉、〈劉銘傳列傳〉，頁 408～410、699～703。陳正祥著，《臺灣地名辭典》
　　　　（臺北：南天書局，1993 年版），頁 298。痞客邦網站。愛詩網網站。

義。〔註46〕《正義》言每章章首二句指「召南之大夫遠行從政」，次二句指「不遑寧處，其室家閔其勤勞」。末二句「振振」一詞，毛《傳》訓為「信厚」之義，鄭玄《箋》云：

> 大夫信厚之君子，為君使，功未成。「歸哉歸哉」勸以為臣之義，未得歸也。

　　因此，由毛《傳》至鄭玄《箋》，到孔穎達《正義》，以「大夫之妻，勸夫以為臣之義」的觀點來解詩，強調其政教思想。屈萬里《詩經》詮釋》言此詩乃感念行役之作，不牽扯政教思想，和毛《傳》等異趣，卻切中詩義。〔註47〕

五、人物詩

　　《詩經》起源神話如《詩經‧大雅‧生民》云：「厥初生民、時維姜嫄。生民如何、克禋克祀、以弗無子。履帝武敏歆、攸介攸止、載震載夙、載生載育、時維后稷。」論者岑仲勉稱商祖玄鳥而周祖姜嫄，就生物學言之，周族知識高於商族。〔註48〕《詩經‧大雅‧生民》述姜嫄生后稷，為周朝的始祖。述后稷有功於農業，歲受封於邰邑。〔註49〕〈天問〉言：「稷維元子，帝何竺之？投之於冰上，鳥何燠之？何馮弓挾矢，殊能將之？既驚帝切激，何逢長之？」又奉為天神，初生即能拉弓射箭，長大後又有統帥軍隊的特殊才能。《詩經‧魯頌‧閟宮》云：「閟宮有侐、實實枚枚。赫赫姜嫄、其德不回。上帝是依、無災無害。彌月不遲、是生后稷、降之百福。」《詩序》言詩意：「〈閟宮〉，頌僖公能復周公之宇也。」滕志賢分析云：「此是借新廟落成讚頌魯僖公能繼承烈祖、光復疆土、安邦興業之詩。」推本溯源姜嫄、后稷等之功德。〔註50〕《詩經‧魯頌‧閟宮》云：「泰山巖巖、魯邦所詹。奄有龜蒙、遂荒大東。至于海邦、淮夷來同。莫不率從、魯侯之功。」神話形塑國家、群體和少數種族的認同。基於起源神話，假定群體的優越性勝過另一個民族，

〔註46〕孔穎達撰，《《毛詩》正義》（臺北：中華書局，1966年3月臺一版），卷2。
〔註47〕屈萬里撰，《《詩經》詮釋》（臺北：聯經出版社，1996年7月初版第十刷），頁32。
〔註48〕岑仲勉著，〈周初生民之神話解釋〉。收於林慶彰編著，《詩經研究論集》（台北市：臺灣學生書局，1983年），頁277～294。
〔註49〕滕志賢注譯，《新譯詩經讀本》，頁825。
〔註50〕滕志賢注譯，《新譯詩經讀本》（台北市：三民書局，2006年），頁1041～1054。

以神話其明顯的種族含義來暗示。國家的疆界是由神話來定義，由此而形成心理結構。棄生的人物詩取法《詩經》，如《詩經·大雅·生民》，此詩屈萬里云：「《詩序》：『生民，尊祖也。后稷生於姜嫄，文武之功起於后稷，故推以配天焉。』【世本、大載禮、史記謂姜原為帝嚳之元妃，而詩中不言帝嚳。】」〔註51〕滕志賢分析云：「此是敘周之始祖后稷事跡之詩。《詩序》曰：『〈生民〉，尊祖也。后稷生于姜嫄，文武之功起于后稷，故推以配天焉。』與詩文尚切合。」〔註52〕又云：

……本詩通篇層次井然，奇致疊出。孫鑛《批評詩經》曰：「次第鋪敘，不惟記其事，兼貌其狀，描摹入纖，絕有境有態。」

王靜芝云：「然此詩所敘之事，近於神話，非僅尊祖，蓋欲神化其祖，以見周之當受天命也。」〔註53〕棄生〈國姓濤歌〉以神話描寫鄭成功，蓋欲神化其英勇忠藎之正氣，藉無理以生妙意。棄生取法《詩經》，如《詩經·大雅·皇矣》云：

皇矣上帝，臨下有赫；監觀四方，求民之莫。維此二國，其政不獲；維彼四國，爰究爰度。上帝耆之，憎其式廓。乃眷西顧，此維與宅。　作之屏之，其菑其翳；脩之平之，其灌其栵；啟之辟之，其檉其椐。攘之剔之，其檿其柘。帝遷明德，串夷載路。天立厥配，受命既固。　帝省其山，柞棫斯拔，松柏斯兌。帝作邦作對，自大伯王季。維此王季，因心則友。則友其兄，則篤其慶，載錫之光。受祿無喪，奄有四方。　維此王季，帝度其心，貊其德音。其德克明，克明克類，克長克君。王此大邦，克順克比。比于文王，其德靡悔。既受帝祉，施于孫子。　帝謂文王：「無然畔援，無然歆羨，誕先登于岸。」密人不恭，敢距大邦，侵阮徂共。王赫斯怒，爰整其旅，以按徂旅，以篤周祜，以對于天下。　依其在京，侵自阮疆，陟我高岡。「無矢我陵，我陵我阿；無飲我泉，我泉我池！」度其鮮原，居岐之陽，在渭之將。萬邦之方，下民之王。　帝謂文王：「予懷明德，不大聲以色，不長夏以革。不識不知，順帝之則。」

〔註51〕屈萬里著，《詩經詮釋》，頁483。

〔註52〕滕志賢注譯，《新譯詩經讀本》，頁825。

〔註53〕王靜芝著，《詩經通釋》（臺北：輔仁大學文學院，1991年10月12版），頁534。

帝謂文王：「詢爾仇方，同爾兄弟。以爾鉤援，與爾臨衝，以伐崇墉。」 臨衝閑閑，崇墉言言，執訊連連，攸馘安安。是類是禡，是致是附，四方以無侮。臨衝茀茀，崇墉仡仡，是伐是肆，是絕是忽，四方以無拂。

《詩序》曰：「〈皇矣〉，美周也。天監代殷莫周，周世世修德莫若文王。」朱熹《詩經集註》言詩意：「此詩敘太王、太伯、王季之德，以及文王伐密伐崇之事也。」〔註54〕滕志賢分析云：「二說皆是，唯《詩序》偏重文王而已，可互相參補。」〔註55〕又云：

> ……孫鑛《批評詩經》曰：「長篇繁敘，規模閎闊，筆力甚馳騁縱放；然卻有精語為之骨，有濃語為之色，可謂兼終始條理。此便是後世歌行所祖。以二體論之，此尤近行。」頗能概括本篇藝術特色。

詩敘文王驅敵，討伐崇國滅崇，天下大服。修德安民，順天應人，有精語為之骨；敘太王遷岐闢土立國之艱辛，有濃語為之色，終始條理，為棄生所取法。第六章「依其在京」以下數句連用七個「我」字，如論者所言：「有理直氣壯，氣焰逼人之感。」此詩代表文王，與〈生民〉、〈公劉〉、〈緜〉、〈大明〉合為五篇，追敘周朝開國史蹟，為《詩經》五史詩。牛運震《詩志》評〈皇矣〉：「一篇周本紀。鋪敘周家世德，明劃詳密，處處提掇天命帝鑒作主，奧闢警動。長篇結構，不蔓不複，此為大手筆。」〔註56〕棄生寫人物的詩，取法《詩經》，如《詩經・大雅・公劉》云：

> 篤公劉，匪居匪康，迺場迺疆，迺積迺倉。迺裹餱糧，于橐于囊，思輯用光。弓矢斯張，干戈戚揚，爰方啟行。 篤公劉，于胥斯原。既庶既繁。既順迺宣，而無永歎。陟則在巘，復降在原。何以舟之？維玉及瑤，鞞琫容刀。 篤公劉，逝彼百泉，瞻彼溥原。迺陟南岡，乃覯于京。京師之野，于時處處，于時廬旅。于時言言，于時語語。 篤公劉，于京斯依。蹌蹌濟濟，俾筵俾几。既登乃依，乃造其曹，執豕于牢。酌之用匏。食之飲之，君之宗之。 篤公劉，既溥既長。既景迺岡，相其陰陽，觀其流泉。其軍三單。度其隰原，

〔註54〕朱熹，《詩經集註》（台北市：萬卷樓圖書公司，2006年），頁144。

〔註55〕滕志賢注譯，《新譯詩經讀本》，頁803。

〔註56〕糜文開、裴普賢著，《詩經欣賞與研究（三）》（台北市：三民書局，1986年11月三版），頁269～271。

徹田為糧。度其夕陽，豳居允荒。　篤公劉，于豳斯館。涉渭為亂，
取厲取鍛。止基廼理，爰眾爰有。夾其皇澗，溯其過澗，止旅乃密，
芮鞫之即。

屈萬里云：「此咏公劉遷豳之詩。《詩序》以為召康公所作以戒成王者，
未詳所據。」〔註57〕滕志賢分析云：「此是敘公劉由邰遷豳之詩，詩義自明。
《詩序》曰：『〈公劉〉，召康公戒成王也。成王將涖政，戒以民事，美公劉之
厚于民，而獻是詩也。』謂召康公戒成王，於詩無證，聊備一說耳。」〔註58〕
又云：

> ……本篇敘事層層推進，有始有終，細密嚴謹。詩人描摹人物、場
> 景極有致態。如第二章敘公劉勘察豳地地形，章末忽轉寫其玉飾容
> 刀，看似閑筆，卻點染出人物高貴不凡。末章敘說豳地移民壯闊景
> 象，人聲鼎沸，刻劃如畫；章末又以「芮鞫之即」一句戛然止，留
> 出一片想像空間，詩雖止而意未盡。吳闓生《詩義會通》引舊評曰：
> 「此篇見大手筆。」

《詩經‧大雅‧公劉》寫其玉飾容刀，看似閑筆，卻點染出人物高貴不
凡。以實體對應物（physicl correlatives）來象徵人物的身分。末章敘說豳地移
民壯闊景象，人聲鼎沸，刻劃如畫，轉到第一人稱複數，以眾人的視角來進
行細緻入微的道德昇華。棄生刻劃人物最為成功者，當屬〈塔將軍歌（塔齊
布諡忠誠）〉，歌頌塔齊布詩氣骨開張、遒練勁實，以動詞與名詞相接的句法
最多。以動詞、名詞為主，儘量避免過多的形容詞，則文詞修潔。實字既多，
則語句雅健有力。〔註59〕「鎗一矛一刀二柄」用三疊句式，下句有兩個名詞，
文句疊實，音節拗奇，使語句雅健，即所謂「硬語」。〔註60〕此與《詩經》「于
時處處，于時廬旅。于時言言，于時語語。」排比句法，以及「維玉及瑤，鞞
琫容刀。」閑筆傳神，機杼相似。

第二節　棄生詩歌練意、筆法與風格淵源《詩經》

洪棄生的詩論主張意境要高，須斂才就範，取法經典，因此棄生論詩取

〔註57〕屈萬里著，《詩經詮釋》，頁496。
〔註58〕滕志賢注譯，《新譯詩經讀本》，頁848。
〔註59〕張夢機著，《近體詩發凡》（台北：中華，1984年5月四版），頁92。
〔註60〕張夢機著，《近體詩發凡》，頁93。

法《詩》《騷》，強調以古為則，但下筆時呢？氏云：「然文字之高下，則繫下
筆時之天機，不係乎風雅。」推源溯本，自然以《詩經》為典範云：

> 小雅之六月、采芑、車攻、吉日、楚茨、信南山、賓筵，大雅之皇
> 矣、生民、篤公劉、崧高、韓奕、江漢、常武，變小雅之正月、十
> 月、雨無正，變大雅之板板、蕩蕩諸篇以及周、魯、商三頌，俱有
> 泰山巖巖之氣象，而兼河水洋洋之自然，後世班張馬揚韓柳所作賦
> 頌，極終身之才學以規撫，祇能似其辭之巖巖處，不能得其氣之洋
> 洋處也，蓋後學之雋，雖能得其辭，亦不能得其辭之自然，至於真
> 性情則無從而得，此所以為經。

真性情之詩如自然天籟洋洋有餘味。辭之巖巖與其氣之洋洋，稱許《詩
經》雅頌詩篇風格峻潔平淡而近自然。棄生的詩練意、筆法和風格仰挹《詩
經》雅頌，別裁出新。

一、練意

棄生云：「作詩必骨氣、意味、神韻三者兼備，乃為高格，乃足名家。」
〔註61〕詩善練意方有文骨和意味。茲以「明時空以取變化」一法論之。〔註62〕

（一）明時空以取變化

時空變化在敘事時，常以時序、時距和頻率來強調。關於故事的事件和
呈現這些事件的話語方式之間的關係，熱奈特針對這關係劃分為二個層次。
時序（order）、時距（duration）和頻率（frequency）。

羅伯特・斯科爾斯等人進一步分析，時序指的是事件的實際時間序列與
它們話語序列之間的關係。敘事通常會確立一種基本時態性「現在」。當話語
敘述的某件事先於時態性「現在」而發生，我們就稱其為倒敘（或閃回）。當
話語敘述的某件事會在時態性「現在」之後發生，我們便稱其為預敘（或閃
前）。〔註63〕

試以明末清初詩人吳梅村〈圓圓曲〉為例。首句「鼎湖當日棄人間」是
倒敘，寫崇禎十七年甲申事變。末二句「為君別唱吳宮曲，漢水東南日夜

〔註61〕《寄鶴齋詩話》，頁33。
〔註62〕張夢機著，《近體詩發凡》（台北：中華，1984年5月四版），第一章〈論錬
意〉。
〔註63〕羅伯特・斯科爾斯、詹姆斯・費倫、羅伯特・凱洛格著，于雷譯，《敘事的本
質》（南京市：南京大學出版社，2015年1月1版），頁331。

流。」是預敘，預示吳三桂的敗亡。妙在用春秋吳國夫差的典故，古今對照，以古諷今。

羅伯特・斯科爾斯等人進一步分析，時距在某個意義上是時間與空間之間的關係。二者分別代表事件的時間範圍與事件在敘事文本中所獲得的篇幅。〔註64〕例如蒲松齡的文言短篇小說〈勞山道士〉，道士施幻術，即剪紙為月、壺酒不盡、箸化嫦娥、月中對飲。時距都不過是夜宴頃刻之間，卻占了全文篇幅頗多。

羅伯特・斯科爾斯等人進一步分析，頻率指的是一則事件出現的次數與它被敘述次數之間的關係。默認的頻率關係乃是一對一的，此敘述稱單一性（singulative）敘述。但所謂概括性（iterative）敘述，有些事件可能會發生多次而僅被講述一次。而重複性（repeated）敘述中，有些事件可能僅發生一次，卻被講述多次。〔註65〕

概括性敘述如李白詩作〈長干行〉：「常存抱柱信，豈上望夫臺？」若解為「豈」存抱柱信，「常」上望夫臺。則此處僅講述一次。重複性敘述，如《戰國策》中，馮諼為孟嘗君「市義」，燒券贏來民心。薛地人民的反應，馮諼又複述給孟嘗君聽，可見此事件的重要。明時空以取變化如《詩經・大雅・緜》云：

> 緜緜瓜瓞，民之初生，自土沮漆。古公亶父，陶復陶穴，未有家室。　古公亶父，來朝走馬，率西水滸，至於岐下。爰及姜女，聿來胥宇。　周原膴膴，堇荼如飴。爰始爰謀，爰契我龜。曰止曰時，築室于茲。　迺慰迺止，迺左迺右，迺疆迺理，迺宣迺畝，自西徂東，周爰執事。　乃召司空，乃召司徒，俾立家室。其繩則直，縮版以載，作廟翼翼。　捄之陾陾，度之薨薨，築之登登，削屢馮馮。百堵皆興，鼛鼓弗勝。　迺立皋門，皋門有伉；迺立應門，應門將將；迺立冢土，戎醜攸行。　肆不殄厥慍，亦不隕厥問。柞棫拔矣，行道兌矣，混夷駾矣，維其喙矣。　虞芮質厥成，文王蹶厥生。予曰有疏附，予曰有先後，予曰有奔奏，予曰有禦侮。

〔註64〕羅伯特・斯科爾斯、詹姆斯・費倫、羅伯特・凱洛格著，于雷譯，《敘事的本質》，頁332。

〔註65〕羅伯特・斯科爾斯、詹姆斯・費倫、羅伯特・凱洛格著，于雷譯，《敘事的本質》，頁332。

屈萬里云：「此美太公及文王之詩，蓋亦周初作品。」〔註66〕滕志賢分析云：「此詩追述太王古公亶父始遷岐周，以開王業之功。《詩序》曰：『〈綿〉，文王之興，本由大王也。』甚是。」又云：

> ……本詩章法奇巧多變，開闔自如。前七章述太王遷岐事，「歷歷詳備，舒徐有度」，至第八章「則如駿馬下阪，將近數百年事數語收盡，筆力絕雄勁、絕有態，顧盼快意」（孫鑛《批評詩經》）。八章起首之「肆」字，為全詩轉捩，然上下銜接了無痕跡。末章以四「予曰」句排比收結，氣勢不凡。方玉潤曰：「收筆奇肆，亦饒姿態。」（《詩經原始》）〔註67〕

此詩時序是順敘法。時距在某個意義上是時間與空間之間的關係，前七章述太王遷岐事，歷歷詳備。末強調文王德高望重，以「予曰」開頭的排比句是重複性敘述。此詩中，漆是水名，在陝西省漆縣西。古公亶父指周文王之祖父，初居豳，因不堪戎狄侵擾，率部卒遷至岐山下，定國號曰周，後周人追尊為太王。岐下言岐山之下。岐山，在今陝西省岐山縣。混夷亦作昆夷。即西戎、鬼方，古代西部少數民族名。虞、芮皆古國名。虞在今山西平陸東北。芮在今山西芮城西。「質厥成」句言請求公斷二國之爭端。質，評斷。成，平也。指爭端之平息。虞、芮二君爭田，久而不平，乃往求文王評斷。入周之境，見耕者讓畔，行者讓路，仕者讓位，於是慚而自息其爭。棄生《八州遊記》記其乘火車從隴海線西去陝西途中，見河南境內「陶復陶穴」，印證此景。此詩中「築之登登」等句，由視覺、聽覺之摹寫入手。「民之初生」、「未有家室」等句，如棄生遊此地所作詩以「初開」表時刻之詞，使空間景物即目生色。棄生行旅遊覽詩每以時間副詞，加深動態的感受。

二、筆法

《詩經》詩歌筆法多變，此處就洪棄生所推崇的篇章，舉例犖犖大者。

（一）鋪張映襯

以鋪張映襯筆法來讚頌人物的詩篇，例如《詩經・大雅・韓奕》云：

> 奕奕梁山，維禹甸之，有倬其道。韓侯受命，王親命之：「纘戎祖

〔註66〕屈萬里著，《詩經詮釋》，頁 459。
〔註67〕滕志賢注譯，葉國良校閱，《新譯詩經讀本》（台北：三民書局，2000 年），頁 765～772。

考。無廢朕命，夙夜匪解，虔共爾位。朕命不易，榦不庭方，以佐戎辟。」四牡奕奕，孔脩且張。韓侯入覲，以其介圭，入覲於王。王錫韓侯，淑旂綏章，簟茀錯衡，玄袞赤舃，鉤膺鏤錫，鞹鞃淺幭，鞗革金厄。韓侯出祖，出宿于屠。顯父餞之，清酒百壺。其殽維何？炰鱉鮮魚。其蔌維何？維筍及蒲。其贈為何？乘馬路車。籩豆有且，侯氏燕胥。韓侯取妻，汾王之甥，蹶父之子。韓侯迎止，于蹶之里。百兩彭彭，八鸞鏘鏘，不顯其光。諸娣從之，祁祁如雲。韓侯顧之，爛其盈門。蹶父孔武，靡國不到。為韓姞相攸，莫如韓樂。孔樂韓土，川澤訏訏，魴鱮甫甫，麀鹿噳噳，有熊有羆，有貓有虎。慶既令居，韓姞燕譽。溥彼韓城，燕師所完。以先祖受命，因時百蠻。王錫韓侯，其追其貊，奄受北國，因以其伯。實墉實壑，實畝實籍。獻其貔皮，赤豹黃羆。

朱熹《詩經集註》言詩意：「韓侯初立來朝，始受王命而歸，詩人作此詩以送之。」〔註68〕滕志賢分析云：「此是美韓侯入覲受命之詩。《詩序》曰：『〈韓奕〉，尹吉甫美宣王也。能錫命諸侯。』詩人固有美宣王之意，然謂尹吉甫所作，詩中未見明據。」〔註69〕又云：

……本詩既結構嚴整，又跌宕多姿。詩人善用鋪張映襯之法。如二章將天子賞賜件件羅列，「奇光異彩，炫晴奪目」（方玉潤語）。四五兩章又借韓侯娶妻蹶父擇婿，以見韓土美沃，有映帶之妙趣。「其聯絡脫卸處幾于無跡可尋」（姚際恆語）。吳闓生《詩義會通》讚其「雄俊奇偉，高華典麗兼而有之。在三百篇中亦為傑出之作。」

此詩善用鋪張映襯，寫人寫物，皆有奇彩。敘事堂皇高華，反常合道，奇正成體，深為棄生推重。

（二）善用側筆

詩意之妙，每於無字句處見之。詩人若能善用側筆，避實擊虛，方有含蓄之情致。棄生取法《詩經》，如《詩經・小雅・采芑》云：

薄言采芑，于彼新田，于此菑畝。方叔涖止，其車三千，師干之試。方叔率止，乘其四騏，四騏翼翼。路車有奭，簟茀魚服，鉤膺鞗革。

〔註68〕朱熹，《詩經集註》（台北市：萬卷樓圖書公司，2006 年），頁 169。
〔註69〕滕志賢注譯，《新譯詩經讀本》，頁 923。

薄言采芑，于彼新田，于此中鄉。方叔涖止，其車三千，旂旐央央。
方叔率止，約軝錯衡，八鸞瑲瑲。服其命服，朱芾斯皇，有瑲蔥珩。
鴥彼飛隼，其飛戾天，亦集爰止。方叔涖止，其車三千，師干之試。
方叔率止，鉦人伐鼓。陳師鞠旅。顯允方叔，伐鼓淵淵，振旅闐闐。
蠢爾蠻荊，大邦為讎！方叔元老，克壯其猶。方叔率止，執訊獲醜。
戎車嘽嘽，嘽嘽焞焞，如霆如雷。顯允方叔，征伐玁狁，蠻荊來威。

《詩經‧小雅‧采芑》《詩序》云：「采芑，宣王南征也。」〔註70〕滕志賢云：

> 此是讚方叔奉命南征蠻荊之詩。《詩序》曰：「〈采芑〉，宣王南征也。」
> 大旨不誤。詩共四章。前三章形式複疊，皆述方叔出征時車馬、旂
> 幟、佩服之盛及治軍之嚴；至末章方入征伐蠻荊正題，但也僅以車
> 聲如雷渲染泰山壓卵之勢，至出戰之事亦略而不言。此與〈六月〉
> 異曲而同工。論辭氣，本詩「全篇前路閒閒，後乃警策動人」（《詩
> 經原始》），與〈六月〉先緊迫後舒緩截然相反。〔註71〕

此詩以車聲如雷渲染泰山壓卵之勢，至出戰之事亦略而不言。善用側筆，後世如漢樂府〈日出東南隅〉描寫羅敷美貌，或脫胎自此。

（三）描摹細微

詩描摹細微，而有「實感性的意境」，使人如臨其境。論者黃永武提到「實感性的意境」：

> 所謂實感性的意境，就是努力以示現的技巧去刻畫形容，達到「狀
> 溢目前」的境地。大凡體察景物的風神，能入細入微，利用感官的
> 感受，能如聞如見，寫抽象成具體，變靜態為動態，使讀者一若身
> 歷其境，便產生實感性的意境。〔註72〕

論者楊錦富以上述說法賞析〈正月〉：

> 「憂心愈愈，是以有悔」。「赫赫宗周，褒姒烕之。」就很有狀溢目
> 前的刻畫之意，亦表達示現的形容語詞。而對天的呼告，如「視天
> 夢夢」，「天之扤我」之類，把天的人格神化，其由抽象而具體，便

〔註70〕屈萬里著，《詩經詮釋》（臺北：聯經出版社，1996年7月），頁316。

〔註71〕滕志賢注譯，《新譯詩經讀本》，頁508。

〔註72〕黃永武著，《中國詩學（鑑賞篇）》（臺北：巨流出版社，1977年三版），頁212。

拉進天人的距離。此外,以「比」方式為之之句,如「載輸爾載」、
「魚在于沼」之例,都能使讀者感其動狀之態,其鮮明意象每隨文
句而有不同,就詩篇說,可讀性是頗高的。總之,正月之詩,透露
亂離臣民的呼告,亦抒露子民對荒唐人君的不滿,在詩篇的陳述上,
這詩是感念是深刻的,若取與同時期之詩作,如:節南山、十月之
交、小宛、小旻詩相觀,得其美刺諷教之意,則神遊古人,想見詩
人憔悴行吟之貌,胸中思古的幽情當溢蕩而不能自己了。〔註73〕

　　除了〈正月〉,以描摹細微筆法來讚頌周王的詩篇,例如《詩經・小雅・
吉日》云:

　　吉日維戊,既伯既禱。田車既好。四牡孔阜,升彼大阜,從其羣醜。

　　吉日庚午,既差我馬。獸之所同,麀鹿麌麌。漆沮之從,天子之所。

　　瞻彼中原,其祁孔有。儦儦俟俟,或羣或友。悉率左右,以燕天子。

　　既張我弓,既挾我矢;發彼小豝,殪此大兕。以御賓客,且以酌醴。

《詩序》云:「吉日,美宣王田也。能慎微、接下,無不自盡以奉其上
焉。」屈萬里按云:「此自是美天子田獵之詩,惟天子是否為宣王,未能遽
定。」〔註74〕滕志賢分析云:「此亦讚美周宣王出獵之詩。」:

　　……全詩結構嚴整,有條不紊。此與上篇〈車攻〉雖皆為宣王田獵
　　之詩,但旨趣、手法不盡相同。〈車攻〉寫宣王行狩東都,實為假狩
　　獵之名而懾服列邦,故詩人大寫車服之盛、徒御之眾、軍紀之嚴,
　　重在渲染聲勢。此寫宣王獵於西都,僅為畿內歲時舉行之典,故詩
　　人詳寫狩獵過程之細節,其氣象自不及〈車攻〉宏大。〔註75〕

　　此詩〈吉日〉氣象雖不及〈車攻〉宏大,但寫宣王獵於西都,且君臣
同樂。描摹細微,棄生詩〈打鹿行〉獵人以鹿鮮血鮮肉以饗家人,筆法本於
此。〔註76〕又如《詩經・小雅・賓之初筵》:

　　賓之初筵,左右秩秩,籩豆有楚,殽核維旅。酒既和旨,飲酒孔偕。

　　鐘鼓既設,舉醻逸逸。大侯既抗,弓矢斯張。射夫既同,獻爾發功。

　　發彼有的,以祈爾爵。　籥舞笙鼓,樂既和奏。烝衎烈祖,以洽百

〔註73〕楊錦富著,〈釋小雅「正月」〉(國雄師範大學博士班詩經學專題研究報告,
　　　　1997 年 11 月,指導教授江聰平先生)。

〔註74〕屈萬里著,《詩經詮釋》,頁 325。

〔註75〕滕志賢注譯,《新譯詩經讀本》,頁 516。

〔註76〕洪棄生,《寄鶴齋詩集》,頁 67。

禮。百禮既至，有壬有林。錫爾純嘏，子孫其湛。其湛曰樂，各奏
爾能。賓載手仇，室人入又，酌彼康爵，以奏爾時。 賓之初筵，
溫溫其恭。其未醉止，威儀反反。曰既醉止，威儀幡幡。舍其坐遷，
屢舞僊僊。其未醉止，威儀抑抑；曰既醉止，威儀怭怭。是曰既醉，
不知其秩。賓既醉止，載號載呶，亂我籩豆，屢舞傝傝。是曰既醉，
不如其郵。側弁之俄，屢舞傞傞，既醉而出，並受其福。醉而不出，
是謂伐德。飲酒孔嘉，維其令儀。凡此飲酒，或醉或否。既立之監，
或佐之史。彼醉不臧，不醉反恥。式勿從謂，無俾大怠。匪言勿言，
匪由勿語。由醉之言，俾出童羖。三爵不識，矧敢多又！

屈萬里云：「《詩序》謂此為衛武公刺幽王之詩，朱傳謂衛武公飲酒悔過
而作此詩，皆無確據。按：此當是咏大射之詩（將祭而射，謂之大射）。馬瑞
辰有說詳之。」〔註77〕滕志賢分析云：

此是刺縱酒失度之詩。《詩序》曰：「〈賓初初筵〉，衛武公刺時也。
幽王荒廢，媟近小人，飲酒無度，天下化之。君臣上下，沈湎淫
液。武公既入，而作是詩也。」謂衛武公刺幽王，未見於詩，不知
何據。……末章總前作收，點出全詩正旨，章法極為嚴整。詩人描
摹醉態細微活脫，窮形極相。尤其是通過三寫「屢舞」，由淺入深、
栩栩如生地畫出由微醉至爛醉之態，妙不可言。姚際恆嘆曰：「昔人
謂唐人詩中有畫，豈知亦原本于《三百篇》乎！《三百篇》中有畫
處甚多，此醉客圖也。（《詩經通論》）」〔註78〕

此詩描摹細微，棄生詩〈洋兵行〉刻劃日軍喝醉酒裸行狂叫的醜態，又
別有諷刺的醉客圖也。

三、風格

《詩經》詩歌風格多變，此處就洪棄生所推崇的篇章，舉例舉犖犖大者。

（一）峭深緊遒

峭深緊遒的詩風，例如《詩經・小雅・雨無正》云：

浩浩昊天，不駿其德。降喪饑饉，斬伐四國。昊天疾威，弗慮弗圖。
舍彼有罪，既伏其辜；若此無罪，淪胥以鋪。 周宗既滅，靡所止

〔註77〕屈萬里著，《詩經詮釋》，頁425。
〔註78〕滕志賢注譯，《新譯詩經讀本》，頁713。

戾。正大夫離居。莫知我勚。三事大夫，莫肯夙夜；邦君諸侯，莫肯朝夕。庶曰式臧，覆出為惡。　如何昊天，辟言不信？如彼行邁，則靡所臻。凡百君子，各敬爾身。胡不相畏？不畏于天！　戎成不退，飢成不遂。曾我暬御，憯憯日瘁。凡百君子，莫肯用訊；聽言則答，譖言則退。　哀哉不能言！匪舌是出，維躬是瘁。哿矣能言，巧言如流，俾躬處休。　維曰于仕，孔棘且殆。云不可使，得罪於天子；亦云可使，怨及朋友。　謂爾遷于王都，曰：「予未有室家」。鼠思泣血，無言不疾。昔爾出居，誰從作爾室！

王靜芝稱「此篇名與詩毫無關係，究竟何故，已不可考。」〔註79〕屈萬里考證〈雨無正〉此篇篇旨云：「此當是東遷之際，詩人傷時之作。」〔註80〕詩人傷時之作。滕志賢分析〈雨無正〉云：

……詩共七章。首章言天命無常，今降災滅國，而天子仍刑罰不平，一意孤行。孫鑛《批評詩經》曰：「起得甚閎壯。不駿其德，語甚陗。」二章言國難當頭，正大夫大臣避亂逃亡；雖眾叛親離，天子猶不思悔改。三章斥群臣不信法度之言，恣意妄為，無所警懼。四章言內憂外患，唯己獨憂成疾，而群臣皆明哲保身，不肯進言。五章緊承四章。「哀哉不能言」三句，承「譖言則退」；「哿矣能言」三句，承「聽言則答」。皆言天子昏庸也。六章嘆亂世為官之艱難。「不可使」、「可使」，與上章「不能言」、「能言」亦成相應之勢。七章責眾大臣不肯遷居王都，不顧國家大局。此章為全詩重心。收語陡峭，特有機鋒。〔註81〕

此詩刺周朝諸大臣只圖避亂全身、不顧國家大局之詩。末章曰：「予未有室家」，明哲保身而不恤國難，峭深緊迫的詩風，棄生所稱許如泰山巖巖。

（二）快直平簡

快直平簡的詩風，例如《詩經・小雅・巷伯》云：

萋兮斐兮，成是貝錦。彼譖人者，亦已大甚！　哆兮侈兮，成是南

〔註79〕王靜芝著，《詩經通釋》（台北：輔仁大學文學院，1991 年 10 月 12 版），頁 412。

〔註80〕屈萬里著，《詩經詮釋》，頁 362。

〔註81〕滕志賢注譯，《新譯詩經讀本》（台北：三民書局，2006 年 5 月初版六刷），頁 587。

箕。彼譖人者，誰適與謀。　緝緝翩翩，謀欲譖人。慎爾言也，謂
爾不信。　捷捷幡幡，謀欲譖言。豈不爾受？既其女遷。　驕人好
好，勞人草草。蒼天蒼天，視彼驕人，矜此勞人。　彼譖人者，誰
適與謀？取彼譖人，投畀豺虎。豺虎不食，投畀有北。有北不受，
投畀有昊！　楊園之道，猗于畝丘。寺人孟子，作為此詩。凡百君
子，敬而聽之。

　　此詩〈巷伯〉意旨，〈毛詩序〉云：「〈巷伯〉，刺幽王也，寺人傷於讒，故
作是詩也。巷伯，奄官也。」寺人、奄官即後世所說的閹人、宦官。《毛傳》
云：「寺人而曰孟子者，罪已定矣，而將踐刑，作此詩也。」吳宏一析賞云：
「意思是說寺人孟子因遭讒而被宮刑，故作此詩以儆後來。所讒何事，詩中
並未交待，……。」吳宏一認為此篇與〈巧言〉、〈何人斯〉一樣，「都是寫讒
言之災禍與讒人之災禍，其中以此詩寫得最直接痛快。」又說此詩善於運用
想像，比興少而情味切，足以感人。「第一、二章以貝錦、南箕為喻，寫盡小
人伎倆。前者言其羅致罪狀，後者言其信口開河。」第三、四兩章以「謀欲
譖人」直斥其非。「寫讒言連用疊字，曲盡形容之妙。」第五章承上啟下，為
全篇關鍵，將進讒之驕人與受譖之勞人作對照。「取彼譖人」以下六句，吳宏
一認為「說盡古今受譖勞人的心聲。」「第七章交待作者名字身分，自述作詩
之用意。」〔註82〕

　　棄生以快直平簡，直斥其非，評論易順鼎（字實甫，亦作碩甫、實父、石
甫。中年後號哭盦，湖南龍陽（今漢壽）人，西元一八五八～一九二〇年）的
〈剪髮詩〉：

　　全臺風氣，競尚剪髮，惟余一家，迄今未薙，偶讀易實甫剪髮詩，
　　深喜人有同心，特為錄之云：「三戶滅秦非項梁，五世相韓非子房。
　　禦寇嫁衛本貧士，相如仕漢由貲郎。分非與國同休戚，義非與土俱
　　存亡。眾人遇我眾人报，雖事二姓誰雌黃。何為區區數莖髮，欲剪
　　勿剪心旁皇。薄言剪之勿猶豫，賦詩聊使知其詳。嗟我先君忤權貴，
　　大籓三蒞慳封疆。我生遭逢更坎坷，出入虎口行羊腸。五上春官悉
　　報罷，六乘夏幔皆投荒。豈惟封疆不能到，三司且似強臺強。自從
　　皇綱一解紐，新政舊政紛蜩螗。西園賣鬻競煊赫，東樓賄賂尤昭彰。

禮義廉恥喪四維，君父大婦墮三綱。文官愛錢武怕死，賢士無名讒高張。不賢者皆父盜蹠，賢者亦復兄孔方。土崩瓦解固其所，冠裂冕毀知非常。爛羊沐猴徧天下，乳臭銅臭爭騰驤。侯王畫變為盜賊，盜賊盡變為侯王。彼所操術至巧妙，金錢主義爭毫芒。不操戈矛取人國，不折弓矢傾人邡。取利祿復取名譽，肮人之篋如探囊。爭誇革命比湯武，爭誇揖讓高虞唐。犧牲億兆人性命，為汝數輩供醯漿。犧牲千萬世利益，為汝數輩修囷倉。所稱志士尤可矣，改制易服懸徽章。其狀非驢而非馬，其人如狼又如羊。為奴滿朝則不屑，為奴袁府抑何忙。國家無事則富貴，國家有事則叛降。叛降富貴固自在，反稱黨魁據中央。此世界是何世界，狗彘盜賊兼優倡。無廉恥兼無君父，無是非又無天良。嗟我不富不貴者，為廉所累居首陽。嗟我不叛不降者，為節所累成黳桑。人不負我我負人，宜多操懿與禹光。我不負人人負我，撫衷差幸無慚惶。我今欲為萬世殉，鮑焦徐衍同悲涼。恐人疑我死一姓，我死一姓何芬芳。昔非堯舜薄周孔，今侶禽獸依犬羊。聖人大盜老所歎，英雄豎子阮所傷。臣之形生而質死，臣之髮短而心長。我髮本為個人惜，微時故劍同難忘。二百餘年祖宗物，勿剪勿伐同甘棠。五十餘年我身物，如妻如友無參商。甘違禁令逾半載，時時護惜深掩藏。有時欲作道士服，有時欲改頭陀裝。恐人疑我忠一姓，我忠一姓亦駭狂。微子簡言泣不可，嫌疑瓜李宜先防。夏王解衣入裸國，泰伯斷髮居蠻鄉。今朝決計便剪去，地下本不見高皇。下告朋友上祖禰，余髮種種天蒼蒼。」易君詩每好傾囷倒廩，傷於快直，若此作語語出肺腑，言人之所不敢言，而又言余之所欲言，則正以快直為信，不知者以為灌夫罵座，其知者以為禰衡執枊也。

〈剪髮詩〉又題作〈告翦髮詩〉，「眾人遇我眾人扱」應作「眾人待我眾人報」。「金錢」一句下，應補入「或用鼓吹或運動，利器遠勝砲與槍。」二句。「其人如狼又如羊」應修正補入「其人如羊而如狼。為東胡奴則不屑，為西夷奴抑何忙？又有受恩深重者，高官大爵爭輝煌。」又「撫衷」句下應補入「嗟我如金早躍冶，志擬天地直不祥。昔但哭母不哭國，唐衢賈誼誤比量。今將死忠笑非分，昔不死孝當罹殃。」又「道士服」、「頭陀裝」應作「頭陀服」、「道士裝」。「微子簡言」應作「微子尚言」。「瓜李宜先防」末二字應作

「深防」。〔註83〕此詩作於民國元年（西元一九一二年），實甫時年五十五歲，特意聲明自己不剪髮並非表示忠於清室。易氏詩指斥快直，批評民國初年革命黨人理想喪盡，一旦掌權便醜態畢露。棄生評云：「易君詩每好傾囷倒廩，傷於快直。若此作語語出肺腑，言人之所不敢言，而又言余之所欲言，則正以快直為信。不知者以為灌夫罵座，其知者以為禰衡執梲也。」詩能痛快淋漓中有深摯之情，不致流於謾罵矣。〔註84〕此《詩經・小雅・巷伯》已有此風。棄生所稱許如河水洋洋般自然。

〔註83〕易順鼎著，《琴志樓詩集》（上海：上海古籍出版社，2004 年 4 月第一刷），頁 1204。
〔註84〕《寄鶴齋詩話》，頁 151～152。

第三章 《楚辭》繼《詩經》，通變為詩史

　　筆者的著作《洪棄生的旅遊詩歌──《八州詩草》研究》的「餘論：變風變雅以諷諭，變格破體以求新」〔註1〕從「新變」的觀點分析，此因「變格」說強調儒家詩教的「詩言志」，以及「變風」發乎情，止乎禮義。詩的獨特性和歷史背景、文化環境和語言特色有關。如何曲昭詩體？如何洞曉情變？此中要素，一在情性，一在陶染。棄生一向重視詩的體製和氣格，也就是詩的體格。認為《楚辭》繼《詩經》，通變為詩史。就「變風變雅以諷諭」，洪棄生的「詩史」從「古雅」中追求「新變」。棄生論詩人杜甫與陸游的性情及詩作，以及身世背景云：「杜公詩，多得變風遺音，此外惟陸公詩亦然。杜、陸二公所遭略同，不獨詩近古作者，即性情亦近古作者。」〔註2〕杜甫、陸游詩染變風遺音，性情亦近之。〔註3〕學者陳昭瑛討論洪棄生《寄鶴齋詩話》中所表述的儒家詩學有兩大特色：「一是對『變風變雅』的高度重視，一是以『情理俱足』為《詩經》之所以為經的依據。」「變風變雅」之說始於〈詩大序〉云：

　　　　至於王道衰，禮義廢，政教失，國異政，家殊俗，而變風變雅作矣。
　　可見變風變雅屬亂世之作，如〈詩大序〉云：「傷人倫之廢，哀刑政之

〔註1〕陳光瑩著，《洪棄生的旅遊詩歌──《八州詩草》研究》（新北市：花木蘭文化出版社，2015年），頁41～350。

〔註2〕《寄鶴齋詩話》，頁3。

〔註3〕陳光瑩著，《臺灣古典詩家洪棄生》，頁10～13。

苟,吟詠情性,以風其上,達於事變而懷其舊俗者也。」〈詩大序〉認為亂世之人倫廢棄,刑政苛刻,故詩歌多表現哀傷之情。〔註4〕

鄭玄在《詩譜・序》則將「正經」與「變風變雅」對舉。前者為周文王、武王、成王時的作品,後者為周代政教漸衰以後的作品。認為「孔子錄懿王、夷王時詩,迄於陳靈公淫亂之事,謂之變風變雅。」鄭玄從政教興衰的觀點論「變風變雅」,考諸《詩經》內容,顯得鑿枘不合。至於朱熹《詩集傳・序》指出「變風」乃出於心之所感「有邪正是非之不齊」,雖有邪非者,但也有「得性情之正者」。要而言之,鄭玄、朱熹皆重視詩的教化功能,鄭玄從政教人倫,朱熹則從詩感物而形於言,以聖人立言為教,出之以正的觀點。先不論其與《詩經》中詩的意涵是否相應,其文本詮釋在乎《詩經》的興、觀、群、怨,也就是本自孔子說《詩經》,強調事父事君的觀點。

洪氏稱「三百篇、離騷,一片天機,似不可句摘。」〔註5〕又稱《詩經・小雅・六月》〈采芑〉等詩,俱有「泰山巖巖之氣象,而兼河水洋洋之自然。(中略)蓋後學之雋,雖能得其辭之巖巖,亦不能得其辭之自然,至於真性情則無從而得,此所以為經。」〔註6〕磅礡嚴峻,情理溢乎詞,渾雅自然,真性情畢見,此即所謂「語淺而意深」、「意平而格高」。舉例者皆屬變雅之詩,相較鄭玄、朱熹,棄生更肯定變風變雅詩作的價值。

棄生論詩主張變風變雅,認為詩風深染時世變亂之音,〈讀變雅書感〉所謂:「蓋詩人哀於下,志士憤於上,一戰殺敵兆於風謠之間矣。」〔註7〕因應世變,詩作有憂生憂世之情,棄生論詩強調《詩經》風雅正變之說。

第一節　論風雅正變

《詩經》風雅正變之說,首見《詩大序》。《大序》云:

> 至於王道衰,禮義廢,政教失,國異政,家殊俗,而變風變雅作矣。
> 國史明乎得失之迹,傷人倫之廢,哀刑政之苛,吟詠情性以風其上,
> 達於事變而懷其舊俗者也。故變風發乎情,止乎禮義。發乎情,民

〔註4〕陳昭瑛著,《臺灣儒學:起源、發展與轉化》(台北:正中書局,2000年3月),頁267～269。

〔註5〕《寄鶴齋詩話》,頁6。

〔註6〕《寄鶴齋詩話》,頁3。

〔註7〕《寄鶴齋古文集》,頁245。

之性也；止乎禮義，先王之澤也。

孔穎達《疏》云：

> 變風變雅之作，皆王道始衰，政教初失，尚可匡而革之，追而復之；
> 故執彼舊章，覘望自悔其心，更遵正道，所以變詩作也。以其變改
> 正法，故謂之變焉。

論者龔鵬程認為風雅正變之說關切文學與時代的關係，周懿王以前，政
盛俗美，之後則淫亂失禮，《詩經》的詩篇反映此變遷，又強調以先王之禮義
來匡革時政，因此詩篇也就諷刺時政。〔註8〕鄭玄推闡《詩大序》的正變之說，
鄭玄《詩譜序》云：

> 迺及商王，不風不雅。何者？論功頌德，所以將順其美；刺過譏失，
> 所以匡救其惡。各於其黨，則為法者彰顯，為戒者著明。

> 周自后稷播種百穀，黎民阻飢，茲時乃粒，自傳以此名也。陶唐之
> 末，中葉公劉亦世脩其業以明民共財。至於大王、王季，克堪顧天。
> 文、武之德光熙前緒，以集大命於厥身。遂為天下父母，使民有政
> 有居。其時詩，風有《周南》、《召南》，雅有《鹿鳴》、《文王》之屬。
> 及成王、周公致太平，制禮作樂，而有頌聲興焉，盛之至也。本之
> 由此風雅而來。故皆錄之，謂之詩之正經。

> 後王稍更陵遲。懿王始受譖亨（烹）齊哀公。夷身失禮之後，邶不
> 尊賢。自是而下，厲也，幽也，政教尤衰。周室大壞。《十月之交》、
> 《民勞》、《板》、《蕩》，勃爾俱作；眾國紛然，刺怨相尋。五霸之末，
> 上無天子，下無方伯，善者誰賞？惡者誰罰？紀綱絕矣。故孔子錄
> 懿王、夷王時詩，訖於陳靈公淫亂之事，謂之變風變雅。——以為
> 勤民恤功，昭事上帝，則受頌聲，弘福如彼；若違而弗用，則被劫
> 殺，大禍如此。吉凶之所由，憂娛之萌漸，昭昭在斯，足作後王之
> 鑒，於是止矣。

論者朱自清分析「變風變雅」原意：

> 這一番議論有許多來歷。第一是審樂知政，本於《左傳》季札觀樂
> 的記載（襄公二十九年）和《禮記・樂記》。第二是知人論世，本於
> 《孟子》。第三是美刺，本於《春秋》家和《詩序》。這些都只承用

〔註8〕龔鵬程著，《文學批評的視野》（臺北市：大安出版社，1990年元月初版），頁
455。

舊說，加以發揮和變化。最後是「變風變雅」，本於《詩大序》。……
「達於事變而懷其舊俗」，「變風變雅」原義只是如此；「變風變雅」
的「變」就是「達於事變」的「變」，只是常識的看法，並無微言大
義在內。孔《疏》以「變改正法」為「變」，「正」、「變」對舉，卻
已是鄭氏的影響。鄭氏將「風雅正經」和「變風變雅」對立起來，
劃期論世，分國作譜，顯明禍福，「作後王之鑒」，所謂風雅正變說，
是他的創見。他這樣綜合舊來四義組成他自己的系統的詩論。這詩
論的系統可以說是靠正變說而完成。〔註9〕

朱自清分析《繫辭傳》、《莊子》、《白虎通》都說的「在天為變」。漢儒以
為天變由於失政，是對於人君的一種警告。引用《漢書》二十六《天文志》等
資料論「變」對「正行」而言，天變示警，可以讓「明君覩之而寤」，正是一
條出路。這種學說，是為了作為人君施政的指針。

朱自清認為鄭玄《詩譜序》的風雅正變說顯然受了六氣正變的分別和天
象正變，乃至陰陽五行的理論的影響。更進一步引用《穀梁傳》僖公五年：
「是則變之正也」，范甯《集解》云：「雖非禮之正，而合當時之宜。」又引
《穀梁傳》襄公二十有九年：「夏……仲孫羯會晉荀盈、齊高止、宋華定、衛
世叔儀、鄭公孫段、曹人、莒人、邾人、滕人、薛人、小邾人城杞。古者天子
封諸侯，其地足以容其民，其民足以滿城，以自守也。」范甯《集解》云：「諸
侯危弱，政由大夫。大夫能同恤災危，故曰變之正。」〔註10〕

朱自清又引用《禮記‧曾子問》孔子自述昔日從老聃助葬於巷黨，遇日
食，老聃要孔子「止柩，就道右，止哭以聽變。」鄭玄注《禮記‧曾子問》「則
有變乎」一句道：「變謂異禮」，是「變」的別義，也對「正」而言。變而失正
就是「亂」。朱自清分析，《太史公自序》引《公羊》家董仲舒說「撥亂世，反
之正，莫近於《春秋》」，就將「亂」與「正」對舉。鄭氏曾作「起〔《穀梁》〕
廢疾」，注《三禮》，並作「發〔《公羊》〕墨守」，他那風雅正變對立的見解，
也該多少受到這一義的影響。〔註11〕因此，論者龔鵬程認為鄭玄的《詩經》
風雅正變說與《春秋》之正變同義，變指非禮之正，詩風為變風變雅。〔註12〕

〔註9〕朱自清著，《朱自清古典文學論文集》（上海：上海古籍出版社，2009年4月
　　　　第2版），頁320。
〔註10〕朱自清著，《朱自清古典文學論文集》，頁322～326。
〔註11〕朱自清著，《朱自清古典文學論文集》，頁326。
〔註12〕龔鵬程著，《文學批評的視野》，頁455。

不過朱自清批評正變說本身並沒有能夠圓滿的完成。鄭玄所謂「風雅正經」和「變風變雅」，有些並無確切的分別：

> 如《鄭譜》云：「武公又作卿士。國人宜之，鄭之變風又作。」《秦譜》云：「至〔非子〕曾孫秦仲，宣王又命作大夫，始有車馬禮樂侍御之好。國人美之，嬴（秦）之變風始作（嬴，伯翳也，秦是伯翳的後人）。」「宜之」「美之」自然是美詩了，怎麼也會是「變風」呢？《雅》詩裡也有同樣的情形，《小大雅譜》曾解釋道：「《大雅·民勞》、《小雅·六月》之後，皆謂之變雅。美惡各以其時，亦顯善懲過，正之次也。」這個解釋不能自圓其說是顯然的。而《豳譜》敘《七月》詩曲折更多：「周公……思公劉、大王居豳之職，憂念民事至苦之功，以比序己志。……大師大述其志，主意於豳公之事，故別其詩以為豳國變風焉。」更曲折的，鄭氏將《七月》詩分為風雅頌三段；一詩備三體，這是唯一的例子。風雅正變說本身既不完密，後世修正的很多，但到底不能通而無礙。〔註13〕

論者龔鵬程也批評如果《詩經》的〈周南〉、〈召南〉是文武時詩，則〈甘棠〉、〈何彼襛矣〉的時代不是文武時詩，〈漢廣〉、〈野有死麕〉抨擊無禮，也與「風雅正經」說不合。〔註14〕後世贊成反對的意見都有，如清代汪琬以風雅正變說論唐詩，以詩反映時代，和鄭玄不同者，汪琬不援引陰陽五行說。反對和修改的意見如宋代戴埴以樂音的差異說風雅正變。論者龔鵬程分析從風格體製和文學發展流變，前有宋代陳師道、元代楊士弘。陳師道說：「記必以記事為正體，雜議論為變體，然亦有變而不失其正者也。」後者如明代高棅《唐詩品彙》，自謂選詩時「校其體裁，分體從類，隨類定其品目，因目分其上下，始終正變，各立序論」。〔註15〕

棄生所謂「變風變雅」，與「達於事變而懷其舊俗」原意相同，關切文學與時代的關係，又強調以先王之禮義來匡革時政，因此詩篇也就諷刺時政。棄生所謂「氣格」的「格」，又近於「風雅正變」說的風格體製。一為體格格樣之格，其二為格力骨格之格，格力骨格本自性情，鍛鍊而創格成家。棄生云：

〔註13〕朱自清著，《朱自清古典文學論文集》，頁321。
〔註14〕龔鵬程著，《文學批評的視野》，頁455。
〔註15〕龔鵬程著，《文學批評的視野》，頁456。

杜公詩，多得變風遺音，此外惟陸公詩亦然。杜、陸二公所遭略
同，不獨詩近古作者，即性情亦近古作者。至於陳仲璋之〈飲馬長
城窟〉，王仲宣之〈七哀〉詩，亦均有變風遺音，然境遇與詞章近古
人，而性情則不可同日語。仲璋歸操，猶出於不得已。若仲宣之一
心竭力，以諂操而取爵錄，則真下流者矣。〔註16〕

從境遇與詞章，以及性情品德論「風雅正變」說。推崇杜甫和陸游詩，
批評建安七子中的陳琳、王粲的性情品德，此棄生正變說的要旨。

一、《詩》變雅憂世，《騷》好色怨誹

《詩經》變雅，憂生憂世；《離騷》怨誹，好色情真。詩經時代詩、樂、
舞往往合一，人之感情往往受環境影響，故有亂世之音，治世之音。變風變
雅說從環境影響作者情志，作者情志影響作品風格，以「文變乎時」的觀念
認為因時代、環境不同而影響作品風格。一個時代有大歷史、小歷史，小至
個人的貧富窮通，大至時代的治亂興衰。詩言情志，情志具有普遍性，由詩
歌可以看出整個大環境。此因環境會影響情志，形之於作品風格。詩的作用
既然能教化安民，則理想的詩歌有助於理想環境之促成。從環境影響詩歌說
變風、變雅為亂世之音，怨以怒，其政乖。孔子說：「詩三百，一言以蔽之，
曰：思無邪。」《禮記・經解》「溫柔敦厚，詩教也。」強調詩情的無偽真實，
無論寫自己或別人之情志，都要如實，得其真。就作者和讀者而言都思無邪，
蓋作者之情志是如實而得其真，即無偽，則無邪。

變風、變雅為亂世之音，《詩經》中怨刺的作品不少。怨，就是苦悶。文
學，是苦悶的象徵。而孔子曰：「詩可以怨。」南朝鍾嶸《詩品》強調詩的怨
刺諷諭。諷諭詩的理論源自《詩經・毛詩大序》，影響所及，《隋書・經籍志》
詩類之小序云：

詩者，所以導達心靈，歌詠情志者也。故曰：「在心為志，發言為
詩。」上古人淳俗樸，情志未惑。其後君尊於上，臣卑於下，面稱
為諂，目諫為謗，故誦美譏惡，以諷刺之，初但歌詠而已。後之君
子，因被管弦，以存勸戒。

鍾嶸《詩品》卷上評價晉朝左思的詩云：「文典以怨，頗為精切，得諷諭
之致。」認為以典雅的文字表現怨刺之情，又能用意精切，方得諷諭之致。所

〔註16〕洪棄生著，《寄鶴齋詩話》，頁3。

以《詩品》卷中評價嵇康的詩云：「頗似魏文。過於峻切，訐直露才，傷淵雅之致。」

元代范梈（字亨父，一名德機，清江（今江西樟樹）人，西元一二七二～一三三〇年）為其弟子傅若金（初字汝礪，後改字與礪，新喻宦塘人（今江西新余市），西元一三〇三～一三四二年）《傅與礪詩文集》所作〈傅與礪詩集原序〉云：

> 孔子曰：「詩可以興、可以觀、可以群、可以怨。」……感人之道，莫尚乎聲音入焉。寂然泯然，忽而歊起。震奮動蕩、淪淡入之，深而化之。敏者斯其效，曷從而至哉。古人云：「聲音之道，與政通。」夫聲者，合天地之大氣，軋乎物而生焉。人聲之為言，又其妙者。則其因於一時盛衰之運，發乎性情之正，而形見乎辭者，可覘已。故曰：「治世之音安以樂，其政和。亂世之音怨以怒，其政乖。亡國之音哀以思，其民困。正得失、動天地、感鬼神，莫近於詩。」夫詩道豈不博大哉！要其歸，主于詠歌感動而已。斯義也，司馬太史嘗聞之矣。其言曰：「三百篇，孔子皆弦歌之，以合韶武雅頌之音。」既合之，則當時存什一而去千百，必去其不合者也，深矣哉，聲音之於政也，聖人蓋取之矣。〔註17〕

范梈揭舉孔子「興於詩。」之詩教。詩者，志之所之。以其志感人之志者。因於一時盛衰之運，發乎性情之正，而形見乎辭者，所以說「亂世之音怨以怒，其政乖。」其論孔子刪詩之說，本自《史記》，恐不正確。然指出古人云：「聲音之道，與政通。」要其歸，主于詠歌感動而已，則為至論要旨。

孟子曰：「王者之迹息而《詩》亡，《詩》亡而後《春秋》作。」章太炎引《詩序》云：

> 迹息者謂小雅廢，《詩》亡者謂正雅、正風不作（見《說大疋小疋》）。《詩序》云：「文、武以〈天保〉以上治內，〈采薇〉以下治外，〈六月〉者宣王北伐，〈小雅〉之變自此始也。」其序通言〈正雅〉二十二篇廢而王道缺，終之曰〈小雅〉盡廢則四夷交侵，中國

〔註17〕臧勵龢主編，《中國人名大辭典》（臺北：商務印書館，1979 年二月增補臺二版），頁 1131。傅與礪著，《傅與礪詩文集》《四庫全書珍本三集》，（臺北：商務印書館），頁 282～283。紀昀等編，《四庫全書總目提要》（《文淵閣四庫全書·集部·別集類》第一二一三冊，臺北：商務印書館，1983 年 10 月初版），《傅與礪詩文集》，頁 412、240～247。

微矣。國史之有編年宜自此始。故太史公錄〈十二諸侯年表〉始于共和，明前此無編年書。〔註18〕

〈正雅〉二十二篇廢而王道缺，終之曰〈小雅〉盡廢則四夷交侵，中國微矣。因此《詩》亡而後《春秋》作。從另一角度，讀詩既然能興、觀、群、怨，有益教化，以得性情之正，則變風、變雅雖為亂世之音，卻有針砭時世的功用和價值。因此棄生身遭世變，遂高倡「變風變雅」說。洪棄生「古雅」詩論重點，強調詩人性情及詩作，強調杜甫、陸游詩染變風遺音，性情亦近之。〔註19〕〈讀變雅書感〉云：

> 變雅之詩，詩人之哀也甚矣。繁霜之秋，板蕩之時，民之危苦，何可言哉。周室未衰，禮樂衣冠德刑政教，雍然在於民間，迨乎獫狁一亂，犬戎再亂，而先王之遺風流澤蕩無存矣，其維繫於各國者，一線之延，非復廣大清明之象也，而亂之方生，宗廟邱墟，京畿禾黍，民之室家復奚問乎！善乎詩人之言曰：「周宗既滅，靡所止戾」也，痛哉詩人之言曰：「周餘黎民，靡有孑遺」也。

> 夫是時周宗猶未滅也，黎民尚有遺也，而詩人之言如此，此其想慕承平之盛，而悲傷禍亂之慘，哀痛之深淪於骨髓矣。其哀也，乃其所以興乎，故宣王奮起，削平外患，撫循內治，一造中興之業，殆詩人有以感之乎！今日之世，其為獫狁、犬戎也大矣，而士大夫鮮知所以哀之者，「鞠哉庶正，疚哉冢宰」之言，誰得而誦之乎？故今日有宣王之功，必不為宣王之詩，無宣王之功，亦不為宣王之詩也，日蹙國百里，士大夫安之若素耳。唐之中世，遭祿山之亂，杜工部之詩多哀痛之音，故其時亦有中興之日；宋之季詩降矣，而愁痛之情見於詞，有辛幼安之樂府、陸放翁之詩章三再歎焉，故猶有偏安之局；蓋詩人哀於下，志士奮於上，一戰殺敵兆於風謠之間矣。晉之世淪陷五胡，士大夫猶尚清談，其與今日噂沓背憎，千古一轍，其不遽亡者倖也；其在詩曰：「亂是用餤」，其是之謂乎？

洪棄生認為「變雅之詩，詩人之哀也甚矣。」此段比較周室未衰與外患

〔註18〕章太炎著，傅杰編校，《章太炎學術史論集》（北京：中國社會科學出版社，1997年6月第一刷）〈原經〉，頁31。

〔註19〕見拙著析論，陳光瑩著，《臺灣古典詩家洪棄生》（臺中：晨星出版社，2009年），頁10～13。陳光瑩著，《洪棄生的旅遊詩歌——八州詩草研究》（新北市：花木蘭文化出版社，2015年），頁58～59。

侵擾時國家局勢的不同，一為「禮樂衣冠德刑政教，雍然在於民間」，一為「宗廟邱墟，京畿禾黍，民之室家復奚問乎」，並引變雅兩篇詩句為證。繁霜之秋，詩人之哀也甚矣，如《詩經・小雅・正月》云：

> 正月繁霜，我心憂傷。民之訛言，亦孔之將。念我獨兮，憂心京京。哀我小心，瘋憂以痒。　父母生我，胡俾我瘉？不自我先，不自我後。好言自口，莠言自口，憂心愈愈，是以有侮。　憂心惸惸，念我無祿。民之無辜，并其臣僕。哀我人斯，于何從祿？瞻烏爰止，于誰之屋？　瞻彼中林，侯薪侯蒸。民今方殆，視天夢夢。既克有定，靡人弗勝。有皇上帝，伊誰云憎！　謂山蓋卑，為岡為陵。民之訛言，寧莫之懲！召彼故老，訊之占夢，具曰「予聖。」誰知烏之雌雄。　謂天蓋高，不敢不局；謂地蓋厚，不敢不蹐。維號斯言，有倫有脊。哀今之人，胡為虺蜴！　瞻彼阪田，有菀其特。天之扤我，如不我克。彼求我則，如不我得；執我仇仇，亦不我力。　心之憂矣，如或結之。今茲之正，胡然厲矣！燎之方揚，寧或滅之。赫赫宗周，褒姒滅之。　終其永懷，又窘陰雨。其車既載，乃棄爾輔。載輸爾載，將伯助予。　無棄爾輔，員于爾輻，屢顧爾僕，不輸爾載。終踰絕險，曾是不意！　魚在于沼，亦匪克樂；潛雖伏矣，亦孔之炤。憂心慘慘，念國之為虐。　彼有旨酒，又有嘉殽；洽比其鄰，昏姻孔云。念我獨兮，憂心慇慇。　佌佌彼有屋，蔌蔌方有穀。民今之無祿，天夭是椓。哿矣富人，哀此惸獨！

屈萬里云：「此傷時之詩。由詩中『赫赫宗周，褒姒滅之』二語證之，蓋亦東周初年詩也。【朱傳引或說云：「此東遷後詩也。時宗周已滅矣。」】」[註20] 吳宏一推斷此詩之成，在周幽王六年至八年（西元前七七六～七七四年）之間。[註21] 滕志賢分析云：「此是憂西周將亡之詩。《詩序》曰：『〈正月〉，大夫刺幽王也。』得之。」滕志賢云：

> ……本詩採用賦、比、興交替手法，以「憂」字為一篇之骨，貫穿始終，抒發了國難臨頭時詩人之憂傷、沉痛、悲憤、孤獨與無奈。由於詩人將個人命運與人民、國家之命運緊緊聯繫在一起，所以他

〔註20〕屈萬里著，《詩經詮釋》，頁352。

〔註21〕吳宏一著，《詩經新繹，雅頌篇：小雅》（台北：遠流出版社，2018年3月初版），頁185。

所表達的已不僅是個人之不幸，同時也是人民及國家之不幸，從而使詩歌之思想內涵獲得昇華。吳闓生《詩義會通》引舊評曰：「纏綿繚亮，觸緒感傷。正喻錯雜，已開〈離騷〉門徑。」〔註22〕

本詩以「憂」字為一篇之骨，寫憂生憂世真摯之情。即棄生所說真性情之詩如自然天籟洋洋有餘味。詩人將個人命運與人民、國家之命運緊緊聯繫在一起，棄生因身處清末變局，慘遭日人殖民之痛，詩文每有憂生憂世之情，首重詩文佳境真意。其推許《詩‧小雅‧正月》為傷時之詩篇。〈蕩〉是《詩經‧大雅》中譏刺周厲王無道的詩篇，後用來指政局混亂或社會動蕩。〈板〉是周朝元老憂國之將傾，勸諫年輕同僚輔弼周王、挽救危亡之詩。「噂沓背憎」出自《詩‧小雅‧十月之交》：「噂沓背憎，職競由人。」屈萬里云：「此當是東遷之際，詩人傷時之作。」屬變雅。至於「周餘黎民，靡有孑遺。」此二句出自《大雅‧蕩之什‧雲漢》，屬變雅，本為周宣王禳旱祈雨之詩。又如《詩經‧小雅‧十月之交》：

> 十月之交，朔月辛卯，日有食之，亦孔之醜。彼月而微，此日而微。今此下民，亦孔之哀。　日月告凶，不用其行。四國無政，不用其良。彼月而食，則維其常；此日而食，于何不臧！　爆爆震電，不寧不令。百川沸騰，山冢崒崩。高岸為谷，深谷為陵。哀今之人，胡憯莫懲！　皇父卿士，番維司徒，家伯維宰，仲允膳夫，棸子內史，蹶維趣馬，楀維師氏，豔妻煽方處。　抑此皇父，豈曰不時？胡為我作，不即我謀？徹我牆屋。田卒汙萊。曰：「予不戕，禮則然矣」。　皇父孔聖，作都于向，擇三有事，亶侯多藏。不憖遺一老，俾守我王。擇有車馬，以居徂向。黽勉從事，不敢告勞。無罪無辜，讒口囂囂。下民之孽，匪降自天；噂沓背憎，職競由人。　悠悠我里，亦孔之痗。四方有羨，我獨居憂。民莫不逸，我獨不敢休。天命不徹，我不敢傚，我友自逸。

屈萬里云：「毛傳以此詩為刺幽王，鄭箋以為刺厲王。以曆法推之，厲王二十五年十月朔辛卯，及幽王六年十月朔辛卯，皆有日食。而幽王二年，西周三川皆震，與此詩所咏者合。以此證之，則此詩當作於幽王之世。阮元揅經室集，有「詩十月之交四篇屬幽王說」一文，論證甚詳。按：此詩乃刺皇父等當政之人也。【厲王二十五年十月朔辛卯日蝕之說，見金文曆朔疏證，及

吳氏殷周之際年歷推證（國學論叢二卷一期）。】〔註23〕滕志賢認為〈十月之交〉：

> 此是周大夫刺幽王寵艷妻、用小人，致天災人禍之詩。《詩序》曰：
> 「〈十月之交〉，大夫刺幽王也。」稍嫌簡略，然大旨不誤。今人古
> 天文學家陳遵媯撰〈從十二月十四日日環食談起〉一文，證實周幽
> 王六年十月辛卯朔（即西元前七七六年九月六日）曾發生日食，故
> 此詩作於幽王時當無可疑。……此詩通篇鋪寫，詩人筆法老到。描
> 摹災異，僅用「百川沸騰，山冢崒崩。高岸為谷，深谷為陵」四句，
> 將大地震山崩地裂景象「寫得直是怕人」（姚際恆語）。刻劃人物，
> 先點出皇父為群奸之魁，然後鋪陳其都向一事，勾出一副結黨營私、
> 貪婪奸詐嘴臉。全詩以《春秋》筆法開局，以安命盡職作結，末章
> 以人我相較，突顯詩人憂國憂民之心，且「說得頓挫有逸態。」（孫
> 鑛《批評詩經》）〔註24〕

〈十月之交〉描摹災異以喻人事，棄生〈地震行〉等詩布局手法與此詩
類似。誠如棄生〈讀變雅詩說〉云：「〈節南山〉之詩云：『昊天不傭，降此鞠。
昊天不惠，降此大戾。』亦危難悲天之辭，如人之疾痛而呼父母也。鄭氏必以
昊天為喻王，何以解於『昊天不平，我王不寧』乎？黃鳥之詩曰：『此邦之
人，不我肯穀。』亦越在草莽之辭，疑如今之陷於夷狄之人也！哀哉，當時之
詩也。」讀《詩經·小雅·節南山》一詩而哀憐當時為西方列強宰制之中
國人。蒿目時艱之悲情，又如〈讀變雅書感〉云：「蓋詩人哀於下，志士奮
於上，一戰殺敵兆於風謠之間矣。晉之世淪陷五湖，士大夫猶尚清談，其與
今日之噂沓背憎，千古一轍，其不遽亡者倖也。其在詩曰：『亂是用餤』，其是
之謂乎？」〔註25〕滿懷國亡之憂，其詩自然多是變風變雅之哀音，可覘見晚
清詩壇諷諭詩風之來由。

　　明末清初錢謙益（字受之，號牧齋，江南常熟人（今江蘇省常熟市），西
元一五八二～一六六四年）〈季滄葦詩序〉引淮南王劉安和司馬遷《史記·屈
原賈生列傳》評論「國風好色而不淫，小雅怨誹而不亂，若離騷可謂兼之

〔註23〕屈萬里著，《詩經詮釋》，頁358。
〔註24〕滕志賢注譯，《新譯詩經讀本》（台北：三民書局，2006年5月初版六刷），
　　　　頁580。
〔註25〕前引書《寄鶴齋古文集》，頁245。

矣。」以為數語乃「千古論詩之祖」云：

> 好色者，情之橐籥也。怨誹者，情之淵府也。好色不比於淫，怨誹
> 不比於亂，所謂發乎情，止乎禮義者。人之情真，人交斯偽。有真
> 好色，有真怨誹，而天下始有真詩。一字染神，萬劫不朽。鍾記室
> 論〈十九首〉，謂「驚心動魄，一字千金。」太白歎吾衰不作，子美
> 矜得失寸心，皆是物也。〔註26〕

評論屈原等詩人的作品，認為好色怨誹，詩兼美善，一歸真情。錢謙益
以為數語乃「千古論詩之祖」云。好色關係美感經驗甚大，怨誹則牽涉人世
之良善，孔子所謂詩可以「興」、「觀」、「群」、「怨」。然而詩篇美的形式，良
善的立意，必須一歸於真，有真性情始有真詩。

第二節　《詩經》、《楚辭》「詩史」論

論者韓經太分析「詩史」的歷史框架：「詩人感事而吟，對應於史家實
錄；詩人比興藝術，對應於史家書法；詩人興諷之旨，對應於史家褒貶之
義；詩人忠愛之忱，對應於史家殷鑑之用。」〔註27〕滕志賢析賞〈十月之交〉
以《春秋》筆法開局，以安命盡職作結。

一、詩人興諷之旨，對應於史家褒貶之義

詩人興諷之旨，對應於史家褒貶之義。例如《詩經‧大雅‧板》云：

> 上帝板板，下民卒癉。出話不然，為猶不遠。靡聖管管，不實於亶。
> 猶之未遠，是用大諫。　天之方難，無然憲憲；天之方蹶，無然泄
> 泄。辭之輯矣，民之洽矣；辭之懌矣，民之莫矣。　我雖異事，乃
> 爾同寮。我即爾謀，聽我囂囂。我言維服，勿以為笑。先民有言：
> 「詢于芻蕘。」　天之方虐，無然謔謔。老夫灌灌，小子蹻蹻。匪
> 我言耄，爾用憂謔。多將熇熇，不可救藥。　天之方懠，無為夸毗，
> 威儀卒迷，善人載尸。民之方殿屎，則莫我敢葵。喪亂蔑資，曾莫
> 惠我師。　天之牖民，如壎如篪，如璋如圭，如取如攜。攜無日益，
> 牖民孔易。民之多辟，無自立辟。　价人維藩，大師維垣，大邦維

〔註26〕錢謙益，《錢牧齋全集》（伍）（上海：上海古籍出版社，2003 年），頁 759。
〔註27〕韓經太著，《詩學美論與詩詞美境》（北京：北京語言文化大學出版社，2000
　　　年），頁 136。

屏，大宗維翰。懷德維寧，宗子維城。無俾城壞，無獨斯畏。　敬
天之怒，無敢戲豫；敬天之渝，無敢馳驅。昊天曰明，及爾出王；
昊天曰旦，及爾游衍。

屈萬里引朱熹《詩經集註》言《詩經・大雅・民勞》為同列相戒之詩。
〔註28〕滕志賢認為此詩與〈民勞〉相類：「是周朝元老憂國之將傾，勸諫年輕
同僚輔弼周王、挽救危亡之詩。」滕志賢云：

> ……本篇詩人重在陳獻救國方略，其辭雖嚴，其心忠懇。詩中正言、
> 反言間雜，「若無倫次，然正見意志迫切」（姚際恆語）。比喻貼切精
> 妙，語言鏗鏘有力。方玉潤《詩經原始》曰：「較之上篇（〈民勞〉），
> 意尤深切，而詞愈警策，足以動人。」〔註29〕

滕志賢析賞此詩比喻貼切精妙，語言鏗鏘有力。

二、詩人比興藝術，對應於史家書法

詩人比興藝術，對應於史家書法。又如《詩經・大雅・蕩》云：

> 蕩蕩上帝，下民之辟。疾威上帝，其命多辟。天生烝民，其命匪
> 諶。靡不有初，鮮克有終。　文王曰：「咨！咨汝殷商。曾是彊禦，
> 曾是掊克；曾是在位，曾是在服。天降滔德，女興是力。」　文王
> 曰：「咨！咨女殷商。而秉義類，彊禦多懟。流言以對，寇攘式內。
> 侯作侯祝，靡屆靡究。」　文王曰「咨！咨女殷商。女炰烋于中
> 國，斂怨以為德。不明爾德，時無背無側；爾德不明，以無陪無
> 卿。」　文王曰：「咨！咨女殷商。天不湎爾以酒，不義從式。既愆
> 爾止，靡明靡晦。式號式呼，俾晝作夜。」　文王曰：「咨！咨女殷
> 商。如蜩如螗，如沸如羹。小大近喪，人尚乎由行。內奰于中國，
> 覃及鬼方。」　文王曰：「咨！咨女殷商。匪上帝不時，殷不用舊。
> 雖無老成人，尚有典刑。曾是莫聽，大命以傾。」　文王曰：「咨！
> 咨女殷商。人亦有言：『顛沛之揭，枝葉未有害，本實先撥。』殷鑒
> 不遠，在夏后之世！」

屈萬里云：「《詩序》以此詩為召穆公所作。按：此疑周初之詩，假文王

〔註28〕屈萬里著，《詩經詮釋》，頁506。朱熹集註，《詩經集註》（臺北市：萬卷樓圖
　　　書公司，1996年），頁157。
〔註29〕滕志賢注譯，葉國良校閱，《新譯詩經讀本》（台北：三民書局，2000年），頁
　　　871。

語氣，以章殷人之惡，而明周人得國之正也。」〔註30〕滕志賢認為此詩：「此詩假託文王責商紂，刺厲王敗政亂國。《詩序》曰：『〈蕩〉，召穆公傷周室大壞也。厲王無道，天下蕩蕩，無綱紀文章，故作是詩也。』雖於詩未見明證，然綜觀詩文，大體可信。」：

> 詩共八章。……本詩全篇託古諷今，命意特高。詩人雖然含沙射影，因其在首章先凌空發議，末章又以「殷鑒不遠」二句作結，前後照應，暗示中間文字全在指桑罵槐。此有帷燈匣劍之妙，令人叫絕。吳闓生《詩義會通》引陸奎勳曰：「文王以下七章，初無一語顯斥厲王，結撰之奇，在雅詩亦不多覯。」〔註31〕

滕志賢認為此詩以「殷鑒不遠，在夏后之世」作結，暗示詩人作詩本意在於警告厲王，當以殷商為鑒。託古諷今，命意特高。詩人比興藝術，對應於史家書法。〈讀變雅書感〉第二段所說，發抒遺民的哀痛深沉。但是正因為有詩人的哀痛，才有周宣王的中興，洪棄生感慨當時的外患比周代的外患更嚴重，而士大夫卻很少感到憂心哀痛，凸顯其非，此正是《詩經》所說的「鞫哉庶正，疚哉冢宰」。

〈讀變雅書感〉第三段說明古代國家所以興的道理，強調唐時杜甫因遭到安祿山之亂，所寫的詩流露哀痛之音，才有勤王之師中興；南宋的詞中充滿愁痛之情，如辛棄疾和陸游的愛國詩詞，宋朝才能偏安，有詩人對國家政局的憂心哀痛，才有志士為國效命。相較晉淪陷於五胡時，士大夫仍不關心國事，只顧清談為例，與今日的士大夫只知作無謂的議論相比較，認為千古以來都是一樣，在這種情況下能不亡國實在是僥倖，並以《詩經》的「亂是用餤」為證。例如《詩經·大雅·常武》云：

> 赫赫明明，王命卿士，南仲大祖，大師皇父。整我六師，以脩我戎，既敬既戒，惠此南國。　王謂尹氏，命程伯休父，左右陳行，戒我師旅：「率彼淮浦，省此徐土，不留不處，三事就緒。」　赫赫業業，有嚴天子，王舒保作，匪紹匪遊。徐方繹騷，震驚徐方，如雷如霆，徐方震驚。　王奮厥武，如震如怒，進厥虎臣，闞如虓虎。鋪敦淮濆，仍執醜虜，截彼淮浦，王師之所。　王旅嘽嘽，如飛如翰，如

〔註30〕屈萬里著，《詩經詮釋》，頁 511。
〔註31〕滕志賢注譯，葉國良校閱，《新譯詩經讀本》（台北：三民書局，2000 年），頁880。

江如漢。如山之苞，如川之流。緜緜翼翼，不測不克，濯征徐國。
王猶允塞，徐方既來，徐方既同，天子之功。四方既平，徐方來庭，
徐方不回，王曰：「還歸」。

屈萬里云：「宣王親征徐方，詩人作此詩以美之。」〔註32〕滕志賢分析
云：

> 此是美周宣王親征徐方之詩。……本詩雖以戰爭為主題，但與《楚
> 辭·國殤》不同，詩人並未渲染腥風血雨之戰爭場面，而是採用烘
> 托反襯等手法刻意抒寫王師聲勢之盛以及徐方之震驚，以虛筆代替
> 實寫。吳闓生《詩義會通》曰：「首章曰：既敬既戒，惠此南國。次
> 章曰：不留不處，三事就緒。三章曰：王舒保作，匪紹匪遊。末章
> 曰：徐方不回，王曰還歸。何其舂容而大雅也！四、五兩章，正敘
> 兵事。如飛四句形容軍陳，措語之精，振古無倫。綿綿三句，承上
> 文而下，氣勢浩穰，有天地褰開、風雲變色之象。噫嘻！嘆觀止
> 矣！」〔註33〕

滕志賢分析〈常武〉是美周宣王親征徐方之詩。用烘托反襯等手法刻意
抒寫王師聲勢之盛以及徐方之震驚，以虛筆代替實寫。如飛四句形容軍陳，
措語之精，振古無倫。

三、詩人感事而吟，對應於史家實錄

詩人感事而吟，對應於史家實錄。棄生讀〈變雅詩說〉發抒闡釋云：

> 〈桑柔〉、〈召旻〉，皆哀國之詩也，「倬彼昊天，寧不我矜。」哀黎
> 民之失所而天不矜也。「亂生不夷，靡國不泯。」哀戎狄之為亂，而
> 無國不破也。「自西徂東，靡所定處。」哀人民之流離，而無所託足
> 也。讀「念我土宇」之言，詩人之思周也深矣，而鄭氏以為士卒從
> 軍勞苦自傷之辭，陋哉！豈不睹禍亂之慘，而未之知也。漢之末，
> 民之離散亦甚矣，何解詩如是之固也。
>
> 夫獫狁為亂，蕩覆周京，征伐之事可得已乎？此士卒報國之秋，何
> 憚勞之有耶？故其下曰：「天降喪亂，滅我立王」，則詩人愛君之心

〔註32〕屈萬里著，《詩經詮釋》，頁543。
〔註33〕滕志賢注譯，《新譯詩經讀本》（台北：三民書局，2006年5月初版六刷），
　　　　頁952。

如見矣；又曰：「哀恫中國，具贅卒荒。」則哀國之深情見乎辭矣。其曰：「靡有旅力」，恨無力以除蟊賊也。蟊賊者，戎狄也，此厲王之時，疾玁狁之詩也。其後章則刺厲王之不道，以有此亂也。〈召旻〉之詩曰：「蟊賊內訌」，喻申侯也，夫申侯以臣犯君，至召犬戎以覆周邦，文武之道遂墜於地，申侯之肉，不足食矣，論世者獨苛於褒姒，而略申侯，夫無申侯，褒姒何能滅周乎？此詩人疾申侯之辭也。

「昏椓靡共」，疾申侯之不共，召戎為亂，昏椓之甚也。椓，攻擊也，謂其昏瞀而攻擊周，為不共之人也；即《左傳》「公子椓之」之意也。鄭氏必以椓為閹人，夫周之時尚未有閹人干政者也，蟊賊謂指閹人亦小哉！賊也豈如申侯之大也，故其下曰：「實靖夷我邦」則非申侯孰周邦哉？

《詩經‧大雅‧桑柔》的意旨，裴普賢云：「這是傷歎君昏臣邪，是非顛倒，民風敗壞的詩。」〔註34〕洪棄生則強調，此詩指玁狁為亂，蕩覆周京，征伐之事可得已乎？此士卒報國之秋，何憚勞之有耶？故曰：「天降喪亂，滅我立王」，則詩人愛君之心如見。《左傳‧魯文公元年》記載秦穆公反省崤之敗，罪在他個人的「貪」，秦穆公引用《詩經‧大雅‧桑柔》：「大風有隧，貪人敗類。聽言則對，誦言如醉。匪用其良，覆俾我悖。」以自責。此詩人感事而吟，對應於史家實錄。

四、詩人忠愛之忱，對應於史家殷鑑之用

詩人忠愛之忱，對應於史家殷鑑之用。例如《詩經‧小雅‧節南山》的意旨，裴普賢云：「這是賢臣家父刺執政者任用姻小而敗政的詩。」〔註35〕洪棄生引用〈節南山〉之詩曰：「昊天不傭，降此鞠訩。昊天不惠，降此大戾。」強調此詩亦危難悲天之辭，如人之疾痛而呼父母也。而《詩經‧小雅‧節南山》詩一開始云：「節彼南山，維石巖巖。赫赫師尹，民具爾瞻。憂心如惔，不敢戲談。國既卒斬，何用不監！」詩人忠愛之忱，乃史家殷鑑之用。《詩經‧

〔註34〕裴普賢編著，《詩經評註讀本》（臺北：三民書局，1987年4月三版），頁513～526。

〔註35〕裴普賢編著，《詩經評註讀本》（臺北：三民書局，1987年4月三版），頁144～154。

小雅・黃鳥》的意旨，裴普賢云：「這是流域異國者思歸的詩。」〔註36〕洪棄生引用此詩曰：「此邦之人，不我肯穀。」強調此詩：「亦越在草莽之辭，疑如今之陷於夷狄之人也，哀哉！當時之詩也。」詩人忠愛之忱，藉此發抒身為棄地遺民，被日本人殖民統治的哀痛。《詩經・大雅・召旻》的意旨，裴普賢云：「這是刺幽王任用小人以致危亡的詩。」〔註37〕洪棄生引用此詩曰：「孟賊內訌」，強調此詩：「喻申侯也，夫申侯以臣犯君，至召犬戎以覆周邦，文武之道遂墜於地，申侯之肉，不足食矣，論世者獨苛於褒姒，而略申侯，夫無申侯，褒姒何能滅周乎？此詩人疾申侯之辭也。」藉此詩諷刺清末的李鴻章等人顢頇誤國，詩人忠愛之忱，乃史家殷鑑之用。

五、〈離騷〉固《檮杌》之精華也，亦猶《三百》之於《春秋》

論者廖棟樑分析明末清初以《楚辭》為「詩史」說。「詩史」說自孟棨《本事詩》評杜甫詩以來，如前引明末清初錢謙益〈胡致果詩序〉認為「三代以降，史自史，詩自詩，詩之義不能不本於史」，因為詩表現「千古之興亡升降，感嘆悲憤。」廖棟樑分析劉知幾、白居易等人的說法，提出「詩史」即「以詩作傳」說，劉知幾《史通・載文》認為屈原紀錄楚懷王、頃襄王的「不道」行為，與《詩經》同有「不虛美，不隱惡。」的史學價值。宋代晁補之〈離騷新序上〉云：「《詩》亡而後〈離騷〉之辭作。」明末陸時雍（生卒年不詳，明崇禎六年貢生）《楚辭疏》云：「余觀於《離騷》，而知《詩》之所以變也。」「《詩》亡而〈騷〉興，〈騷〉興世知有人倫之教。」視《楚辭》為《詩經》的變風。陸時雍摯友周拱辰（生卒年不詳，清順治三年歲貢）替《楚辭疏》作〈敘〉提出「夫〈離騷〉固《檮杌》之精華也，亦猶《三百》之於《春秋》也。」「〈離騷〉者，楚補亡之詩也。」論者廖棟樑稱「以騷作傳」、「以騷續史」，到「〈離騷〉固《檮杌》之精華」及「〈離騷〉楚補亡之詩」，所有說法都深化「詩史」學說。〔註38〕

洪棄生論杜甫〈北征〉、〈出塞〉諸詩，其情近於小雅變雅，李白〈古風五十九首〉多近國風。李之〈遠別離〉、〈春日行〉，杜之〈寄韓諫議注〉等

〔註36〕裴普賢編著，《詩經評註讀本》（臺北：三民書局，1987年4月三版），頁124～130。
〔註37〕裴普賢編著，《詩經評註讀本》（臺北：三民書局，1987年4月三版），頁578～583。
〔註38〕同前註，廖棟樑書，頁109～175。

詩善學騷。他更認為《楚辭》〈九歌〉源於風,〈九章〉源於變雅。明李維楨《楚辭集註序》認為屈原本自《詩經》變風變雅,雅頌之義為〈離騷〉等作品云:

> 此語若張楚而設,考之朱子,以三閭志行或過中庸,不可為法,而皆出於忠君愛國誠心,以詞旨雖跌宕怪神、怨懟激發,不可為訓,而皆生于繾綣惻怛不能已之至意。又曰楚詞之寄意男女、寓情草木,以極游觀之,適為變風;敘事陳情,感今懷古,不忘君臣之義為變雅;語冥昏而越禮,攄怨憤而失中,為風雅再變;述祀神歌舞之盛,則幾於頌而其變為甚。……騷出於詩而衍於詩,以一人之手,創千古之業,若總雜無倫,而脈絡經緯自具,若蟬連不已,而醞藉囊括自遠。微婉儁永,使人吟咀餘味,殆不忍置。悽欷緊縈,使人情事欲絕,涕泣橫集。富麗廣博,使人望洋自嘆,無測邊際。環琦卓詭,使人驚心動魄,未可直視。嚴整高華,使人肅然起敬,正襟拱立。兩漢、六代、三唐諸人,得其章法、句法、字法,遂臻妙境、奪勝場,如詩三百篇後有作者,卒莫出其範圍,劉勰所謂氣往轢古、辭來切今,驚采絕艷、難與並能,豈不信哉![註39]

所謂「述祀神歌舞之盛,則幾於頌而其變為甚。」見《楚辭·九歌》。屈原出於忠君愛國誠心,繾綣惻怛不能已之至意。寄意男女、寓情草木,以極游觀之,適為變風;敘事陳情,感今懷古,不忘君臣之義為變雅。至於「越禮」、「失中」,指其不符合漢人溫柔敦厚的詩教,但如孟子論《詩經·小弁》怨大而當怨,縈心家國興衰,生死以之,此怨而公。明陳基夏《楚辭八卷四冊》敘:

> 莊生游世之外,故清濁一流,醉醒同狀,寄幻於寰中、標旨於象先,而屈子以其獨醒獨清之意,沈世之內,殷憂君上,憤懣涸濁,六合之大、萬類之廣,耳目之所覽觀,上極蒼蒼、下極林林,催心裂腸,無之非是,辟之深秋永夜、淒風苦雨,鬱結於氣、宣愲於聲,皆化工暨,豈文人雕刻之末技、詞家模擬之豔辭哉?馬遷讀莊生書而歸之寓言,此可與言騷也已矣。……學者探易之幽而參於莊,諷詩之

〔註39〕朱熹撰,《楚辭集註八卷後語六卷辯證二卷五冊》。收於《國立中央圖書館善本序跋集錄·別集(一)》(明萬曆間楊鶴南京刊本。台北:1994 年 4 月),頁 13。

深而參於騷，參於莊可以群，參於騷可以怨，其庶矣乎！〔註40〕

陳基夏說：「學者探易之幽而參於莊」，劉勰《文心雕龍》稱「易惟談天，入神致用」，「旨遠辭文，言中事隱。」其文體「遠奧」，所謂：「複采奧文，經理玄宗。」莊周書善以寓言談玄理，而《易傳》哲理多出於道家老、莊，如學者陳鼓應所論。〔註41〕屈原之近於莊周者，如司馬遷所說：「濯淖汙泥之中，蟬蛻於濁穢，以浮游塵埃之外，不獲世之滋垢，皭然泥而不滓者也。」但屈原不是以引退的態度出世，誠如陳世驤所說，他的選擇「是對存在於世界中的堅持，世界底罪惡愈大，人間性的成就愈荒蕪，他則愈堅強。」「詩中的英雄主義是它底在短暫的人間裡對個體底存在的、真實的、勇敢的追尋，以及其相伴隨足以為模範的面對失望的勇氣，……因此，詩中底呼號是最深的、最廣的對時間底尖銳的主觀意識投射於人間、自然界、超自然界以作為宇宙性的感傷的基調。」〔註42〕陳基夏以富有色彩和韻律的詩歌意象來貼近屈原的怨思說：「學者諷詩之深而參於騷」又說：「參於騷可以怨」，誠為的論。

〔註40〕漢劉向編，清陳兆崙手批，陳元祿、鮑毓東手跋，包根弟審查、張曉生標點，《楚辭八卷四冊》。收於《國立中央圖書館善本序跋集錄・集部・楚辭類》（明萬曆丁酉（二十五年）武林郁氏尚友軒刊袖珍本，台北：1994 年 4 月），第 09284 號。

〔註41〕陳鼓應著，《易傳與道家思想》（臺北市：臺灣商務，1994 年）。

〔註42〕陳世驤著，〈論時：屈賦發微〉。收於柯慶明、蕭馳主編，《中國抒情傳統的再發現（下冊）》（台北市：臺大出版中心，2009 年 12 月），頁 385～435。

第四章 《騷》變《詩》神理，執正以馭奇

「《騷》變《詩》神理，執正以馭奇。」本六觀的觀奇正，指題材與風格的奇正，如宗經載道為正，參騷酌緯為奇。析論洪棄生論《楚辭》奇思奇情，稱許屈原以曠古逸才，運三百篇神理，變三百篇體形，不獨古賦之祖，亦古詩之祖。棄生詩作仰挹〈離騷〉的儒道思想與華采。以《詩經》之正以馭《楚辭》之奇。孔子強調《詩經》之正即「思無邪」。《論語・為政》：「子曰：詩三百，一言以蔽之，曰：『思無邪。』。」「思無邪」一語出自《詩經・魯頌・駉》。朱熹《詩集傳》卷二十的闡釋云：

> 蓋《詩》之言美惡不同，或勸或懲，皆有以使人得其性情之正。然其明白簡切，通於上下，未有若此言者，故特稱之，以為可當三百篇之義，以其要為不過乎此也。學者誠能深味其言，而審於念慮之間，必使無所思而不出於正，則日用云為，莫非天理之流行矣。

《詩經》的詩篇內容言美惡不同，或勸或懲，皆有以使人得其性情之正。孔子《論語・陽貨》詩可以興、觀、群、怨之說，又關乎倫理，具博物之功效，為詩學津梁，乃詩理要旨。朱熹又引程顥之言：

> 明道先生曰：「思無邪」，「毋不敬」，只此二句，循而行之，安得有差？有差者皆由不敬不正也。

「毋不敬」一語，出自《禮記・曲禮上》：「毋不敬，儼若思，安定辭，安民哉。」言辭安定，儼思持敬，行為才不會有差錯。〔註1〕《詩經》使人得其

〔註 1〕張京華注釋，《新譯近思錄》（臺北市：三民書局，2005 年），頁 228。

性情之正，以正馭奇而不流於邪思。

屈原（約西元前三五三～前二七八年，採學者常森說法）名平，字原。屈原與楚王同姓羋，屈為氏，其遠祖為貴族。其從政，以「美政」為理想。方法如「修明法度」、「選賢授能」，見《九章·惜往日》。〈離騷〉舉湯、禹、堯、舜等歷史人物，可見屈原的美政與儒家政教倫理主張相近。屈原先任三閭大夫，後任左徒，在楚懷王（西元前三二八～前二九九年在位）時。三閭大夫職在管理王朝的宗教事務，王逸則說此職有「序其譜屬」之責，指編次王族族譜之屬。〈橘頌〉或作於任此職位時，以橘自比，既有才華，又有內美，可負重任，出類拔萃。王逸解云：「行比伯夷，置以為像兮。」伯夷是守義殞身的代表典型，此句以人物楷模，蘊含以死自誓之意。而三閭大夫職責在培育國士，可導君先路。屈原後任左徒，深得懷王信任，為政治決策的核心成員。〈惜往日〉「受命詔以昭時」，指起草詔令。後因上官大夫誣告屈原洩密，懷王信讒而罷屈原左徒之職，進而疏遠之。〈離騷〉「余以蘭為可恃兮」，王逸指子蘭、子椒等佞臣，可信。屈原先被懷王流放漢北，《九章》〈惜誦〉、〈抽思〉、〈思美人〉、〈惜往日〉或作於此時。楚懷王十七年（西元前三一二年）春，楚與秦戰於丹陽，結果慘敗。之前懷王誤信張儀之言，被秦國口頭上應允給予的商於六百里土地蠱惑，與齊絕交而親秦。此時困於秦攻，懷王悔不聽屈原之策，乃復起用以與齊修好。此後楚依違於秦、齊之間，而秦屢伐楚，楚敗而懷王困於孤立，於三十年（西元前二九九年）與秦會盟於秦地。盟會前屈原諫阻，然懷王不聽，終往秦而在武關被秦扣留。楚頃襄王即位，屈原再次遭到長期流放。論者常森認為〈哀郢〉作於頃襄王十一年（西元前二八八年），此篇是屈原被頃襄王放逐第九個年頭的抒懷之作，被放逐在頃襄王三年的仲春。《九章》諸章作於此次流放者，情感深怨且多死生纏綿悽惻之語，如〈悲回風〉以伍子胥、介山等人自此。終賦〈懷沙〉而絕命自沉汨羅江。漢代劉向集屈原、宋玉等人作，名《楚辭》，定名始於此。「楚詞」之名，宋黃伯思曰：「蓋屈、宋諸騷，皆書楚語，作楚聲，記楚地，名楚物，故可謂之《楚辭》。」梁啟超認為《詩經》多含蓄語，《楚辭》將感情盡情發洩，是富於想像力的純文學，表情極迴蕩之致，體物盡描寫之妙，屈原個性如鶴鳴九皋，聲聞於天，感憤陳情，不斷地詠唱死亡，其人楚，其情楚，音復楚，陸時雍的闡釋，稱「楚辭」為雅稱。文章至此可謂奇麗盡神矣。〔註2〕

〔註 2〕常森著，《屈原及楚辭學論考》，頁 8～137。

　　論者柯慶明以司馬遷《史記》〈屈賈列傳〉為例，文中涵蓋內容與形式來作風格的考量，此為「作品的批評」；或是就時代狀況，個人處境、人格特質、寫作歷程等「文學傳記」。以及文體風格如楚辭影響漢賦，更強調賈誼對屈原精神心志的回應。其生平見司馬遷《史記·屈賈列傳》。太史公「以議論行敘事體。」（明茅坤語）就評論方面，論者易重廉《中國楚辭學史》稱此傳言屈原熱愛楚國，欲實現「美政」理想，個人與國家命運緊密相連。此外，屈原作品的個性特點集中在「怨」，源自現實生活的「窮」。又太史公此傳認為〈離騷〉體兼〈國風〉、〈小雅〉，有「以刺世事」的社會效應。怨刺、諷諫是〈離騷〉靈魂。不過，「好色不淫」、「怨誹不亂」的評論，是儒家「中和」美學觀，與屈原「怨」、「憤」大異其趣。〔註3〕論者柯慶明的闡述言之：

> 他（司馬遷）在〈屈賈列傳〉的贊中說：「余讀〈離騷〉、〈天問〉、〈招魂〉、〈哀郢〉悲其志」，顯然他所熟知與屈原有關的作品，不僅只〈漁父〉、〈懷沙〉，但他選擇了〈漁父〉的問答，成為屈原的軼事；而著錄了〈懷沙〉當作他的作品，以及他最終心志的代表。並且最重要的，他指出了〈離騷〉創作的背景：「王怒而疏屈平。屈平疾王聽之不聰也，讒諂之蔽明也，邪曲之害公也，方正之不容也，故憂愁幽思而作〈離騷〉」；解釋了它的題旨：「『離騷』者猶離憂也」；強調了它的心理性質：「屈平之作〈離騷〉，蓋自怨生也」；說明了它的風格：「國風好色而不淫，小雅怨誹而不亂，若離騷可謂兼之矣」；並且提要了它的重要內容：「上稱帝嚳，下道齊桓，中述湯武，以刺世事，明道德之廣崇。治亂之條貫，靡不畢見」。

　　柯慶明提到《史記》對於這部作品，與由此顯現的作者的精神，作了綜合的評述。《史記》明白的指出〈離騷〉的比喻象徵的寫作風格與其中所反映的濁世潔行的道德精神：

> 其文約，其辭微；其志潔，其行廉。其稱文小而其指極大，舉類邇而見義遠。其志潔，故其稱物芳；其行廉，故死而不容自疏。濯淖污泥之中，蟬蛻於濁穢，以浮游塵埃之外；不獲世之滋垢，皭然泥而不滓者也。推此志雖與日月爭光可也。〔註4〕

〔註3〕吳福助註譯，《楚辭註繹》，頁815～820。
〔註4〕柯慶明著，《柯慶明論文學》，頁51～52。

　　〈離騷〉以香草美人象徵一純粹潔美之群我關係；以遠遊避世，從彭咸之所居，象喻一高邁理想之境界。其窺探人性至深至高，而引用歷史典故、花鳥意象，委婉針砭現實政治、世態人心，又展現世情之複雜與弔詭，所見廣大精微。倘若以〈離騷〉觸及之高深與廣度為一縱橫座標，衡量後代遊仙詩、詠史詩、諷諭詩之成就高低，實可懸為一高古的美學典範。若僅就其中神話意象的用法，援引羅伯特・斯科爾斯的觀點，則是「對於神話的運用則往往突出現實，在那樣的情形中，它們既可作為象徵，以代表某種更高層面的現實（經文闡釋及現代文學的「象徵主義」），當然也可以作為現實本身。」〔註5〕例如《楚辭》〈離騷〉中屈原以飛升彼界的神話運用，代表上下求索、九死未悔的理想追求。

　　中國文學作品對死之恐懼與生之焦慮刻劃至深者，莫如屈原《楚辭・離騷》「老冉冉其將至兮，恐修名之不立。」將存在的焦慮恐懼，化作上下求索，九死其猶為未悔的人格實踐。誠如齊克果說：「越是偉大的天才，陷溺在疚責中越深。」〔註6〕則〈離騷〉以香草美人象徵一純粹潔美之群我關係；以遠遊避世，從彭咸之所居，象喻一高邁理想之境界。筆者的著作引羅洛・梅（Rollo May）闡釋，認為有機體無法配合環境的要求時，便會拋入災難的狀態，自己的存在或對存在至關緊要的價值，也會因此覺得備受威脅。而「災難情境」指涉的未必是高強度的情緒，而是一種質性的經驗。〔註7〕而齊克果所謂「真正的慈悲是要以疚責（也就是責任）之心來面對問題。」〔註8〕屈原成仁取義之忠烈，又可印證作品，極具儒家孟子所謂「立命」、「踐形」之意義。巴徹爾（S. H. Butcher）云：

> 真正悲劇的恐懼，變成一種幾乎是非個人的情緒，不祇是使它自己附著於這一或那一特殊的事件上，而是動作的一般原因——給予吾人一種人類命運的景象，對於如此展現出來的偉大以及道義上的不可避免的結果，吾人為之戰慄與畏敬。〔註9〕

〔註5〕《敘事的本質》，頁144。
〔註6〕羅洛・梅（Rollo May）著，朱侃如譯，《焦慮的意義》，頁45。
〔註7〕羅洛・梅（Rollo May）著，朱侃如譯《焦慮的意義》（臺北：立緒文化出版社，2004年），頁58～63。
〔註8〕羅洛・梅（Rollo May）著，朱侃如譯，《焦慮的意義》，頁47。
〔註9〕巴徹爾（S. H. Butcher）著，《亞里斯多德論詩的藝術》（Dorer Publication. Inc. 1951年），頁262。

　　巴徹爾論點，源自亞里斯多德《詩學》論著，言及悲劇愴意，是動作的一般原因，也就是幸福本身即包含自己的目的，通過表現行動，才能揭示生活的目的，即對幸福的追求。人的幸福與否取決於自己的行動，因此，悲劇模仿的不是人，而是行動和生活。〔註10〕可以看出亞里斯多德的悲劇理論基礎，如論者泰瑞·伊格頓的分析，傾向人的內在生命安放在行動、親族、歷史與公共世界的脈絡下觀察。不像後世西方浪漫主義與現代主義者，凡事從內心世界著眼。〔註11〕巴徹爾所謂「給予吾人一種人類命運的景象，對於如此展現出來的偉大以及道義上的不可避免的結果」云云，視屈原視死若歸之語，其間關鍵，如宋朱熹在〈楚辭後語目錄·序〉云：

> 蓋屈子者，窮而呼天、疾痛而呼父母之詞也，故今所欲取而使繼之者，必其出於幽憂窮蹙、怨慕淒涼之意，乃為得其餘韻，而宏衍鉅麗之觀、懽愉快適之語，宜不得而與焉。至論其等則，又必以無心而冥會者為貴，其或有是，則雖遠且賤，猶將汲而進之，一有意於求似，則雖迫真如楊柳，亦不得已而取之耳。〔註12〕

　　朱熹所謂「又必以無心而冥會者為貴」，即棄生所謂「肖神不肖形」。指後代詩人無心求似屈原的作品，而其性情、志趣與遭際卻與屈原有相合相似之處，都有幽憂窮蹙、怨慕淒涼之意，則杜甫所謂「蕭條異代不同時」，發為詩作，而無心竟然合轍。屈原窮極呼天，身殉宗國，實為偉大以及道義上的政治人物典範。

　　屈原作品收於王逸《楚辭章句》，其中還包括宋玉以及漢人的作品集。傅錫壬評《楚辭》，形成迥異於《詩經》之詩律美。〔註13〕《楚辭》對漢代民歌的影響，見於《樂府詩集》「相和三調——清、平、瑟三調」及所附楚調之三言、七言或三七言句式上。漢高祖〈大風歌〉、武帝〈秋風辭〉等，都是有兮

〔註10〕亞里斯多德著，陳中梅譯注，《詩學》（臺北市：臺灣商務，2001年），頁64～70。

〔註11〕泰瑞·伊格頓（Terry Eagleton）著，黃煜文譯，《如何閱讀文學》（台北市：商周出版社，2014年），頁110。

〔註12〕朱熹著〈楚辭後語目錄·序〉，蔣立甫校點，《楚辭集注》。見《朱子全書》（上海：上海古籍出版社；合肥：安徽教育出版社，2002年）第拾玖冊，頁220～221。王逸撰，《楚辭章句十七卷四冊》。收於《國立中央圖書館善本序跋集錄·別集（一）》（明陳深批點明萬曆天啟閒吳興凌氏刊朱墨套印本。台北：1994年4月），頁8。

〔註13〕傅錫壬註譯，《新譯楚辭讀本》（台北市：三民出版社，1995年），頁13。

字的七言句，亦由此生出。〔註14〕可謂古詩之祖。《楚辭》〈卜居〉、〈漁父〉近於散體賦（文賦），已見後代漢賦貫用的規諷之旨，鋪張手法以及聯綿詞的使用，設問對答的形式等等特色。《楚辭》的藝術技巧，傅錫壬歸納四點：

　　一、詩律的自由。二、詩風的轉變，劉勰《文心雕龍・辨騷》則從詭異之辭、譎怪之談、狷狹之志、荒淫之意，摘此四事，異乎經典者也。三、神話的活用，關於香草美人的論述都是佳例。四、比興的運用，引王逸《離騷章句序》云：「離騷之文，依詩取興，引類譬喻。故善鳥、香草以配忠貞，惡禽臭物以比讒佞，靈脩美人以媲於君，虙妃、佚女以譬賢臣。虯龍鸞鳳，以託君子，飄風、雲霓以為小人。其辭溫而雅，其義皎而朗，凡百君子，莫不慕其清高，嘉其文采，哀其不遇，而愍其志焉。」〔註15〕

第一節　仰挹〈離騷〉的儒道思想與華采

　　棄生詩作仰挹〈離騷〉的儒道思想與華采。論者許瑞哲認為屈原吸收的諸家思想中，最明確與最精粹的，莫過於儒、道兩家思想。陳怡良的序文舉例屈賦〈橘頌〉、〈離騷〉強調內外兼美的涵養，與儒家「君子」修德而人格完成的思想相符合。而「修身」以成德的工夫，〈離騷〉中出現「修」就有十八處。道家影響，見於〈遠遊〉、〈天問〉、〈離騷〉等，其中道氣、出世等觀念，以飲食、行氣來改變體質，以延年益壽，輕舉遠遊。因而，梁啟超認為〈遠遊〉是屈原「宇宙觀、人生觀的全部表現，是當時南方哲學思想之現於文學者。」〈天問〉以提問式的長詩形式，針砭夏、商、周三代興亡成敗，其歷史觀印證屈原「好修為常」、「法夫前修」的思想。〔註16〕

　　《史記》認為屈原罹憂而作〈離騷〉，因被於讒邪、忠信見疑，以此諷諫楚懷王。王逸〈九辯題辭〉云：「屈原懷忠貞之性，而被讒邪，傷君闇蔽，國將危亡，乃列天地之數，列人形之要，而作《九歌》、《九章》之頌，以諷諫懷王。」王逸認為《九歌》、《九章》也都在諷諫懷王。論者魯瑞菁分析〈離騷〉向國君陳辭，並分析王逸注：

　　　　漢人以建立在《詩經》學中的政教理論、美刺觀念為基礎，擴大到

〔註14〕廖蔚卿著，《漢魏六朝文學論集》（台北：大安出版社，1997年），頁249。
〔註15〕傅錫壬註譯，《新譯楚辭讀本》（台北：三民出版社，1995年），頁12～15。
〔註16〕許瑞哲著，《屈原儒道思想探微》（臺北：元華文創，2019年4月），頁3～14。

對《楚辭》（及漢大賦）的詮解方式之中，從此具有改良政治、引導王政願望的諷諫說，就在依經立義的闡釋方法學上，形成一種對文本的闡釋傳統。〔註17〕

　　〈離騷〉向國君陳辭，而《國語・周語上》「瞍賦、矇誦、百工諫。」《漢書・藝文志》「誦其言謂之詩，詠其聲謂之歌。」《周禮・春官・大司樂》「以樂語教國子：興、道、諷、誦、言、語。」鄭玄注：「倍文曰諷，以聲節之曰誦。」論者魯瑞菁認為「誦」即《漢書・王褒傳》宣帝徵九江被公「誦讀」《楚辭》之「誦」。而「言」是《漢書・朱買臣傳》武帝召見嚴助、朱買臣「言」《楚辭》之「言」。又《國語・楚語》云：「靈王拒諫，近臣諫，遠臣謗，輿人誦，以自誥也。」因此，誦、賦二者相同，皆有諷義。「綜而言之，誦與辭，賦皆是主體人物心中的哀樂情感，通過有節奏的聲調傳達出來，以諷諫國君。」王逸《楚辭章句・離騷經後序》說屈原作〈離騷〉「上以諷諫，下以自慰。」論者以〈離騷〉為屈原「政治諷諫詩」，也是「心靈獨白詩」。〈離騷〉云：「就重華而陳辭」、「跪敷衽以陳辭兮」，全篇為陳辭祖神的儀式。首八句中自序其生曰降，以神明口氣自命，自以非凡天賦，而一生任重道遠。「帝高陽」二句以己得到祖先神明認證，而有濃重的返祖情結。此外，論者稱全篇對話女嬃，共十句。陳辭重華，共三十二句，靈氛占卜，共十八句。巫咸神降，共二十句。可見與巫祝辭令關連甚多，更不論巫祝祭神神曲的〈九歌〉，劉勰《文心雕龍・祝盟》稱「祝辭之組纚」的〈招魂〉。〈天問〉也與上古卜筮文體有關，論者湯炳正論〈離騷〉卜筮程序，以屈原禱於天地上下，陳辭神祇，乃楚國貴族特別喜好的禮樂宗教儀式。而無論政治陳辭或宗教陳辭，論者魯瑞菁認為這兩方面的陳辭「可以統一在司法裁判及盟誓約信的儀式基礎上。」〈離騷〉裡的正則、正、節中、中正。《九章・惜誦》裡的正、析中、嚮服、備御、聽直，都是先秦、兩漢法律審判的專用語詞。借用《詩》言志，進而說《騷》言志，司馬遷說〈離騷〉蓋自怨生矣，屈原長期的愁苦怨憤，在創作中得到深刻的超越、昇華、淨化、完整與解脫。「漢代以降，具有不遇情結的士大夫階層，不斷地擬《騷》辭」，其思緒和創作典範，來自〈離騷〉「陳辭」，「對於屈原肢解、殘破的靈魂而言，就有自我治療、安撫、淨化的功能。」〔註18〕

〔註17〕魯瑞菁著，《楚辭騷心論：諷諫抒情與神話儀式》，頁9。
〔註18〕魯瑞菁著，《楚辭騷心論：諷諫抒情與神話儀式》，頁3～32。

　　〈離騷〉全篇是向祖神高陽、伯庸聲辯。論者魯瑞菁視〈惜誦〉為小〈離騷〉或〈離騷〉前傳。因〈惜誦〉開首請蒼天、五帝、六神、山川、咎繇諸神列坐法庭，如法官細聽己之聲辯。論者魯瑞菁分析〈離騷〉對人生出路，「以上下求女、靈氛占卜、巫咸神降等巫術儀式和神話情節，深化了〈惜誦〉中對留與走兩條路線的多層次思考與衝突。」〈惜誦〉對自己人生出路的四種思考。「欲儃佪以干傺兮」，即留以求合。或「欲橫奔而失路兮」，即改易節操。首先，留於楚則「恐重患而離尤」。如果去國求仕，則「君罔謂汝何之」。若改易節操，則「堅志而不忍」。最後選擇退隱，即「矯茲媚」二句，申明己志永不改變。其說精當。〔註 19〕〈惜誦〉大約寫於楚懷王十六、七年左右，時讒人交構、楚王造怨，詩多危懼詞，然屈原尚未被放逐。〔註 20〕

　　論者吳福助稱屈原〈離騷〉應作於楚懷王末年，一說是楚懷王二十四年，屈原將放未放之時。楚懷王十六年，懷王疏遠屈原，到楚懷王二十四年，秦昭王厚賂於楚，懷王聽信讒言，背齊合秦，屈原屢諫而攖王怒，被逐出朝外，放於漢北。〔註 21〕論者魯瑞菁認為作於楚懷王十六、七年左右。棄生論《楚辭》開首〈離騷〉一大篇，學者輒有望洋之歎。傅錫壬以為乃中國抒情詩第一長篇。〈離騷〉其成就與價值包括：

　　一、自敘世系開端，〈離騷〉篇首就自敘世系說：「帝高陽之苗裔兮，朕皇考曰伯庸。」影響所及，如韋孟的〈諷諫詩〉，揚雄的〈反離騷〉，班固的〈幽通賦〉，庾信的〈哀江南賦〉，均以自敘世系發端，就此體裁而言，〈離騷〉實為創例。學者吳福助闡述〈離騷〉：

　　　　屈原歷數自己的生平際遇、悲歡離合，受到史家的高度評價之後，
　　　　歷代賦家群起仿效，從而使賦成了反映歷史事變和人物生平的一種
　　　　重要形式。例如北周庾信的〈哀江南賦〉，明末夏完淳〈大哀賦〉，
　　　　便是帶有自傳性質的，有史詩般畫面的巨作。〔註 22〕

　　棄生〈臺灣哀辭〉描寫甲午戰爭，清廷戰敗而割讓台灣，台灣人不甘日人統治而堅決抗日。卻終究淪為日人殖民的的哀傷也是延續此一傳統。

　　二、運用比興典故。使用比興藝術技巧，含蓄、婉轉的表達深切的感受。

〔註 19〕魯瑞菁著，《楚辭騷心論：諷諫抒情與神話儀式》，頁 17。
〔註 20〕吳福助註譯，《楚辭註繹》，引明代汪瑗《楚辭集解》，頁 408。
〔註 21〕魯瑞菁著，《楚辭騷心論：諷諫抒情與神話儀式》，頁 10、128。
〔註 22〕吳福助註譯，《楚辭註繹》（台北市：里仁書局，2007 年），頁 13。

例如〈離騷〉云：

> 欲從靈氛之吉占兮，心猶豫而狐疑；巫咸將夕降兮，懷椒糈而要之。百神翳而備降兮，九疑繽其並迎；皇剡剡其揚靈兮，告余以吉故。曰：「勉陞降以上下兮，求榘矱之所同；湯禹嚴而求合兮，摯咎繇而能調。」「苟中情其好脩兮，又何必用夫行媒……。」「苟中情」二句，學者馬茂元認為「是借男女間的關係來比擬君臣的遇合。」用比興手法。傳說等人用歷史典故，因這些君臣的遇合都是無媒自合的。〔註 23〕

　　學者吳福助闡述〈離騷〉的偉詞自鑄，已非單純的比興象徵手法，已發展成結構龐大而嚴密的形象思維系統。可分三類，一是自然意象群，如善鳥、香草；一是社會意象群，如古今人事；一是神話意象群，如第三點所引。意象互相照應，取用不竭。敘事時能避開笨重的現實，而象以幻境。至於抒情議論，詩人又直露本相，現身說法。詩人的形象在這三類意象群自由出入，恍惚杳渺，變化無端，筆端自由，隨心所欲，又結合其形象思維的縝密、雄渾，高度統一。〔註 24〕神話意象群如屈原〈離騷〉云：「羿淫遊以佚田兮，又好射夫封狐。國亂流其鮮終兮，浞又貪夫厥家。澆身被於強圉兮，縱慾殺而不忍。日康娛以自忘兮，厥首用夫顛隕。」以羿、寒浞、澆等人為戒。棄生〈臺灣哀辭〉云：「有力兮羿、奡，不武兮仲康。」即援引此典。論者坎伯闡述「早期文化有一個典型的殺怪獸英雄，那是史前時期的一種冒險形式，那時人類正從危險、不安的荒野中塑造他們的世界。」〔註 25〕進而引申，這類擅長用武的英雄日後成了政治領袖，「以力不以德」，放縱慾望的結果是難得善終。神話的活用，例如〈離騷〉云：「女嬃之嬋媛兮」以下十二句。鯀是神話中人名，是夏禹之父。此處以其剛直而遭國君堯放逐至死，女嬃責備屈原不能隨聲附和，反因高潔忠貞而獨行其是。〔註 26〕借人以顯己，活用神話人物以自喻。

　　社會意象群所謂靈脩美人以媲於君，例如〈離騷〉云：「余固知謇謇之為患兮」以下十句。靈脩是借妻子對丈夫的美稱，來作臣對君的美稱。學者金

〔註 23〕吳福助註譯，《楚辭註繹》（台北市：里仁書局，2007 年），頁 96。

〔註 24〕吳福助註譯，《楚辭註繹》（台北市：里仁書局，2007 年），頁 9。

〔註 25〕喬瑟夫‧坎伯、莫比爾（Joseph Campbell、Bill Moyers）著，朱侃如譯，《神話》（臺北縣：立緒文化，1995 年），頁 229～230。

〔註 26〕吳福助註譯，《楚辭註繹》（台北市：里仁書局，2007 年），頁 49。

開誠以此處用夫妻關係來比君臣關係，婉諷楚懷王的反覆無常。〔註27〕至於屈原〈離騷〉以香草美人象徵理想，引發浪漫執著的追求。所謂「恐美人之遲暮兮」「路漫漫其脩遠兮，吾將上下而求索」「何昔日之芳草兮，今直為此蕭艾也。豈有他故兮，莫好脩之害也。」

三、對話體裁的運用，如文中女嬃、重華、靈氛、巫咸諸段談話，已實具問答的體裁，開後來漢代子虛、上林諸賦中「亡是公」、「烏有先生」問答的先例。例如〈離騷〉云：「索藭茅以筳篿兮」以下二十句。屈原所問，欲求志同道合之人。以開合寫法，言身在楚國難必有其女，而天下不必無其女。靈氛則指出當時「楚國黨人的不辨賢愚，勸屈原去國遠逝。」〔註28〕

四、疊韻、雙聲、聯綿詞的使用，學者王力分析，詩中如「光芒」是疊韻，因為「光」guang 和「芒」mang 的韻都是 ang（韻頭不同也算疊韻）。疊韻詞還有：偃蹇（元部）等。雙聲：零落（來母）、捷徑（牙音，見母）、耿介（牙音，見母）、繽紛〔滂（中古滂、溥兩母）母〕（脣音）、逍遙等。〔註29〕聯綿詞則有歔欷等。

論者湯炳正從〈包山楚簡〉卜瘳命辭的卜筮程序，推斷為楚大夫占卜「事君」的風尚，其程序有六。一是記卜筮的年月。二是記卜筮人及為誰而筮。三是記所占何事。四記占卜的答案。五是記為趨吉避凶進行祈禱。六是卜筮人再占吉凶。此六個程序和〈離騷〉卜筮程序基本相同。從第二大段結尾到「索藭茅」以下第三大段。第一點〈離騷〉「閨中」四句，寫被疏遠後的困惑。第二是〈離騷〉「命靈氛為余占兮」。第三問所占何事，即「曰：『兩美必合兮』」四句，即卜者靈氛貞辭的開始。第四是占卜的答案，即「曰：『勉遠逝而無狐疑兮』」四句。《九章·惜誦》借占夢以問事君之事，前後連用兩「曰」字，結構與〈離騷〉同。第五點即〈離騷〉「欲從靈氛之吉占兮」以下到「使夫百草為之不芳」。詩人寫群芳變節，直抒胸臆。第六點即「靈氛告余以吉占兮」兩句，是祭神所占的新結論，開啟下段「駕飛龍」的神遊。但〈離騷〉的卜筮情節，不過是藝術手段，而非宗教信仰。〔註30〕

以下再就〈離騷〉，依學者吳福助著作分三大段，並依前說言三大段文

〔註27〕吳福助註譯，《楚辭註繹》（台北市：里仁書局，2007 年），頁 27～28。

〔註28〕吳福助註譯，《楚辭註繹》（台北市：里仁書局，2007 年），頁 89～92。

〔註29〕王力主編，《古代漢語》第二冊（北京：中華，2003 年 8 月），頁 686、694、691、699。傅錫壬註譯，《新譯楚辭讀本》，頁 49～50。

〔註30〕湯炳正著，《與日月爭光可也：湯炳正論《楚辭》》，頁 221～235。

旨。從開頭到「豈余心之可懲」為第一大段。「忽反顧以遊目兮，將往觀乎四荒。」至「雖體解吾猶未變兮，豈余心之可懲。」為第一大段小結，設想隱退，欲仍堅持理想，好脩品德。啟下段女嬃之告誡，此用問答，一如〈漁父〉一篇，只是〈漁父〉敘事簡而抒情潔。此辯解則「啟〈九辯〉」一段，引前哲聖君對比肆力縱慾之君臣。上規君王，下憐民生。

「擥木根以結茝兮，貫薜荔之落蕊。」一段，王逸《楚辭章句》：「彭咸，殷賢大夫，諫其君不聽，自投水而死。」洪興祖《楚辭補注》：「按屈原死於頃襄世，當懷王時作〈離騷〉，已云：『願從彭咸之遺則』，又曰：『吾將從彭咸之所居』，蓋其志先定，非一時忿懟而自沈也。」吳福助認為「屈原作品中屢次提到彭咸，把他作為理想的標準人物看待。」〔註31〕

「怨靈脩之浩蕩兮，終不察夫民心。」一段，怨懷王對事物茫然不加思慮，糊里糊塗。「規矩」句，吳福助云「措」通「錯」，「指屈原當時頒行的法令制度等。施行法治是屈原對楚國內政的積極主張。」〔註32〕詩中稱道堯舜聖王，否定桀紂暴君，以史為鑑，立下「美政」之標準。

論者魯瑞菁認為屈原〈離騷〉「退將復脩吾初服」十六句，以香草服飾象徵天真純潔的少年。「高余冠」四句所寫的奇服，寄寓與楚族同宗情感，呼應〈涉江〉開頭。「紛吾既有此內美兮」八句的修能之飾，象徵成年後的好脩美德，佩蘭芷和江離。此外，盛裝出場的繁飾是實寫的儀式性服飾，不同於前三者虛寫服飾，同時〈離騷〉飛天遠遊求女，〈涉江〉開頭的描寫近於此。至於則法前脩的信姱之飾，寄寓一無懼誓死的悲劇英雄，呼應〈涉江〉「世溷濁而莫余知兮，吾方高馳而不顧。駕青虬兮驂白螭，吾與重華遊兮瑤之圃。登崑崙兮食玉英，與天地兮同壽，與日月兮同光。」透過香草的比興義與巫儀義結合而展現。〔註33〕

「就重華而陳詞啟」一段，提到「舉賢而授能兮，循繩墨而不頗。」「皇天無私阿兮」四句，吳福助云與《荀子・天論》「應之以治則吉，應之以亂則凶。」以「『美政』是『皇天』觀察『民德』的客觀標準，是『聖哲』的『茂行』在政治方面的具體表現。」與《史記・屈原列傳》提到「造為憲令」相印證。

〔註31〕吳福助著，《楚辭註繹》上冊，頁35。
〔註32〕吳福助著，《楚辭註繹》上冊，頁38，頁5～6。
〔註33〕魯瑞菁著，《楚辭騷心論：諷諫抒情與神話儀式》，頁127～140。

　　第二大段從「女嬃之嬋媛兮，申申其詈予。」到「懷朕情而不發兮，余焉能忍而與此終古？」吳福助云：「由女嬃的話引入叩天閽、求下女，極寫己之不見容於君，不獲知於世。」〔註34〕「阽余身而危死兮，覽余初其猶未悔。」一段以危行危言而引大臣忠諫殉節之故事自警，與女嬃的勸誡針鋒相對。「曾歔欷余鬱邑兮，哀朕時之不當。攬茹蕙以掩涕兮，霑余襟之浪浪。」四句中的「哀朕時之不當」，則以明君之「不在場」，見證時世混濁，己心鬱邑而歔欷。「攬茹蕙」和「陳辭」則物我相感，人神冥契，耿吾中正，卻人間蹭蹬，因而神遊天地，上下求索。「朝發軔於蒼梧兮，夕余至乎縣圃。」以下，神話象徵的時空觀迥異於歷史現實的時空觀，周流天地，曠觀滄桑，一種永恆回歸宇宙本源的時空觀。其中綜合摹寫，先是日御羲和，繼而月御望舒；先飲馬咸池，再騰鳳鳥、御雲霓；雷師未具，帝閽不開，陸離紛總，繼之以夜，實已從遊仙而入夢境。惟「結幽蘭」欲延佇而實不能，因而醒悟「世溷濁」云云。幽蘭也另解為心靈成長動力的意象，其芬芳悱惻如此。

　　「朝吾將濟於白水兮，登閬風而緤馬。」一段，白水一詞，王逸《楚辭章句》云：「《淮南子》言，白水出崑崙之山，飲之不死。」此承上「時曖曖而將罷」，屈子不急於飲水求壽，急急求反乎故都，圖謀補救，欲求君側之知己者以通情款，因而有「求女」之舉。游國恩《離騷纂義》言此誠孤臣之忠心，抑亦文章之幻境，下乃分述求女之事，所謂求女正面在後，而以「哀高丘」句為上下轉捩也。〔註35〕

　　「世溷濁而嫉賢兮」到「余焉能忍與此終古？」六句，為第二大段結語。游國恩《離騷纂義》：「二語總結求女，與上見帝章結語略同、蓋求女以喻求通君側之人，求女不得乃無由見君，前後結局相同，故用以作結之嘆語亦略同，均致慨於世之溷濁，嫉賢蔽美者之多也。」〔註36〕

　　「索藑茅」以下為第三大段。吳福助云：「寫通過靈氛、巫咸的譬喻勸導，欲去國遠行，而到底不忍離開故國，終乃以『吾將從彭咸之所居』一語，明己必死之志。」〔註37〕「思九州之博大兮，豈惟是其有女？」呼應前文上下求

〔註34〕吳福助著，《楚辭註繹》上冊，頁86。
〔註35〕吳福助著，《楚辭註繹》上冊，頁75。
〔註36〕吳福助著，《楚辭註繹》上冊，頁85。
〔註37〕吳福助著，《楚辭註繹》上冊，頁120。

索，欲去楚而求志同道合的人。論者賀寬《飲騷》以靈氛出於獨見，巫咸且合眾神，吉卜可信，而不能無疑，因以正言告之，引湯、禹等人，即前之「舉賢與能」，此固因與屈原已陳之辭相合者也。賀寬云：

> 前憂「理弱媒拙」，此云不用行媒；前云「上下求索」，此云以夢、以卜、以歌；前云「日已暮」、「時將罷」，此云「歲未晏」、「時未央」，屈原以為難者，巫咸舉以為易，又若相反矣。巫言「百草不芳」，惟乘時則芳。原言「幽蘭不可佩」、「申椒其不芳」，雖乘時亦不芳。巫咸決其吉，而終不自決，又有下文自念、自歎一節，譬之黃河東注，千里一折，其間渟洄宛轉，不可以數計，而後波瀾無盡也。〔註38〕

此段下接「何瓊佩之偃蹇兮，眾薆然而蔽之」一段，文勢推波助瀾。「日已暮」數句為神話時間，更象徵屈原急於求道的心理感受。巫咸以為易者，安慰屈原行乎正道，及時勉勵，反使屈原激於濁世而憤世嫉俗。「余以蘭為可恃兮，羌無實而容長。」以下數句又切合當時楚國政治鬥爭，子蘭、子椒和上官大夫靳尚等黑暗勢力。昔日屈子同黨之人，如今隨波逐流，俯仰取合，以取容悅。游國恩《離騷纂義》云：「此屈子痛心於已往扶持善類之空勞，而又自悔無知人之藻鑑也。」〔註39〕屈原至剛的心志托於蘭，不與俗俱遷而獨立，正是「蘭芷變而不芳兮」一段，屈原慨歎小人之隨流而化。

「遭吾道夫崑崙兮，路脩遠以周流。」一段，對比其後「陟升皇之赫戲兮，忽臨睨夫舊鄉。」一段之繫心宗國，不忘故君。清朱冀《離騷辯》：「凡糗糧之精，車馬之盛，旌旗導從之雍容，名山大川恣我遊覽，蛟龍鸞鳳惟吾指麾，奏〈九歌〉，舞〈韶舞〉，以怡性情而悅耳目，一切皆行文之渲染，猶畫家之著色也。極淒涼中偏寫得極熱鬧，極窮愁中偏寫得極富麗，筆舌之妙，千古難兩。」〔註40〕

「亂曰」以下，誠如陳世驤所說，有平和的莊嚴，他引德國詩人梅特林論及悲劇時說：「生命底真正的悲劇要素乃始於所謂的浪遊、悲傷、危險一切都失去的時刻。」而「其興趣乃唯一完全集中於個體與宇宙面面相對上。」明白展露「孤獨的個體，在其完全的荒蕪中面對著廣漠的宇宙。」

〔註38〕吳福助著，《楚辭註繹》上冊，頁99。
〔註39〕吳福助著，《楚辭註繹》上冊，頁103。
〔註40〕吳福助著，《楚辭註繹》上冊，頁114。

〔註41〕論者魯瑞菁分析〈離騷〉飛天求女儀式,解決楚國日益傾覆、敗滅的危機,又以巫術化、儀式化的重新改造,界定自我行為,突破自身生命所遭遇的困局。至於〈離騷〉求女,一者喻義求君,引用大母神原型,以解決楚國困境,一者喻義求潔,引用美女原型,以解決個人困境。第一次第一度飛天遠昇天門求女不遂,「結幽蘭而延佇」貽彼諸美,以致欽慕之忱。第一次第二度四回飛天求女。第一回「哀高丘之無女」,失敗了。之後三回因飛行下降,「相下女之可詒」,三回求女:「求宓妃之所在」、「見有娀之佚女」、「留有虞之二姚」,皆比興求君,宓妃比興現實生活的懷王,諸多批評。此外,喻義求潔,引用美女原型,以解決個人困境,崑崙象徵一潔淨純美的樂園。〔註42〕洪棄生〈三題謝君生壙詩後〉云:「天上覓方域,願近白玉壇。雲幢夾左右,願賜白玉棺。玉女導我馭,前鶴後青鸞。」云云,布局用典仿此,但已參雜道家和道教思想。

第二節 《九章》憂世情,執正以馭奇

劉勰《文心雕龍・辨騷》認為屈原的作品「同乎風雅」者「四事」,即「典誥之體」、「規諷之旨」、「比興之義」、「忠怨之辭」;「異乎經典」者「四事」,即「詭異之辭」、「譎怪之談」、「狷狹之志」、「荒淫之意」。以通變的觀點強調「酌奇而不失其貞,翫華而不墜其實。」可謂識見卓犖。劉勰《文心雕龍・辨騷》推崇楚騷「驚采絕豔」。又說:「騷經九章,朗麗以哀志。九歌九辨,綺靡以傷情。」《九章》是屈原一生行事的壯采詩篇,不僅僅如《九歌》源自楚俗民間祭祀,神巫深情對唱,綺靡以傷情的風格。宋代嚴羽論《九章》與《九歌》云:「《九歌》不如《九章》,《九章・哀郢》尤妙。」又云:「前輩謂〈大招〉勝〈招魂〉,不然。」又云:「讀騷之久,方識真味,須歌之抑揚,涕洟滿襟,然後為識〈離騷〉,否則如戛釜撞甕。」〔註43〕棄生意見略有不同:「《九章》中,嚴滄浪愛〈哀郢〉,余則愛〈涉江〉及〈悲回風〉。」又云:「《九章》

〔註41〕陳世驤著,〈論時:屈賦發微〉。收於柯慶明、蕭馳主編,《中國抒情傳統的再發現(下冊)》(台北市:臺大出版中心,2009 年 12 月),頁 433。

〔註42〕魯瑞菁著,《楚辭騷心論:諷諫抒情與神話儀式》(上海:上海書店,2016 年 11 月第 1 版),頁 83~105。

〔註43〕嚴羽原作,黃景進撰述,《滄浪詩話》(台北:金楓出版社,1986 年 12 月),頁 92~94。

嘽緩，自然不及《九歌》儵潔，嚴滄浪曾發其端。馮鈍吟曉曉強辯，味同嚼蠟，予已駁之，詳見《詩話》卷八。」〔註44〕

　　論者魯瑞菁認為屈原抒發的怨情，成為後世爭相學習的典範，獨特處有五點。一是大量表達悲哀之情詞彙的使用。其次，屈原的悲哀之情表現在哭的行為上，屈原的哭是無可奈何的性靈之哭，哭的聲調配合語氣詞「兮」字的多種運用，更增哀怨、傷戚的詠嘆色調。第三點是苦中作樂的娛憂情懷。第四點是以比興手法來寄託情感。最後是介於種種喜悲兩極情感的激情怨情的抒發，形成一抒情典範。〔註45〕第一點例如〈悲回風〉。論者王夫之《楚辭通釋》同情屈原：「惟極於死以為態，故可以任性孤行。」〈悲回風〉是屈原晚年的作品，創作時間離沉湘不遠。論者吳福助稱許心理活動描寫細膩，寫精神不泯神遊天地時空，以及面對死亡抉擇的複雜心理剖白，不重時空安排，根據思想情感而迴環往復的抒寫。雙聲詞「髣髴」、「踴躍」、「轇轕」，疊韻詞「相羊」、「歔欷」、「從容」、「周流」、「逍遙」，和疊詞「嗟嗟」、「淒淒」、「曼曼」、「眇眇」、「默默」、「綿綿」，節奏悠揚。〔註46〕〈悲回風〉云：「悲」、「心冤結」、「萬變其情」、「曾歔欷之嗟嗟兮」、「涕泣交而淒淒兮」、「掩此哀而不去」、「傷太息之愍憐兮」、「糾思心以為纕兮，編愁苦以為膺。」「心踴躍其若湯」、「憐思心之不可懲兮」、「不忍為此之常愁」、「愁鬱鬱之無快兮，居戚戚而不可解。心轇轕而不形兮」、「愁悄悄之常悲兮」等語，怨憤反覆凌亂，愁結難解。其中「借光景以往來兮，施黃棘之枉策。求介子之所存兮，見伯夷之放迹。心調度而弗去兮，刻著志之無適。曰吾怨往昔之所冀兮，悼來者之惖惖。」朱熹《楚辭集注》云：「言心乎二子之調度，而不忍去。刻為二子之明志，而無他適。往者所冀，調度欲有為於時。來者惖惖，謂將赴水而死也。」末云：「浮江淮而入海兮，從子胥而自適。望大河之洲渚兮，悲申徒之抗迹。驟諫君而不聽兮，重任石之何益。心絓結而不解兮，思蹇產而不釋。」死諫無益，生又蹇產不能自釋。愛君憂國之心，不以生死而忘，如王夫之所說。〔註47〕第二點例如〈哀郢〉：「去故鄉而就遠兮，遵江夏以流亡。出國門而軫懷兮，甲之朝吾以行。發郢都而去閭兮，怊荒忽之焉極。」湯炳正認為：「三個單數句，

〔註44〕洪棄生，《寄鶴齋詩話》，頁6。
〔註45〕魯瑞菁著，《楚辭騷心論：諷諫抒情與神話儀式》（上海：上海書店，2016年11月第1版），頁249～251。
〔註46〕吳福助著，《楚辭註繹》下冊，頁575～578。
〔註47〕王家歆著，《楚辭九章集釋》，頁290～293。

都是以同樣的語言結構出現的,節奏基本上是一致的。但是,三個雙數句,則在語言結構上極變化之能事,展現了節奏的靈活多樣。」又如〈湘君〉:「石瀨兮淺淺,飛龍兮翩翩。交不忠兮怨長,期不信兮告余以不閒。」湯炳正認為:後兩句可以如前兩句,寫成嚴格的偶句,取匀稱美,但末句卻化偶為散,增加字數以延伸句讀,使節奏產生極大的變化,給人以意味更為深長的藝術感受。關於韻律美,韻在詩句中的位置變化多樣,如〈涉江〉:「山(寒部)峻高以蔽日兮,下幽晦以多雨(魚部)。霰(寒部)雪紛其無垠兮,雲霏霏而承宇(魚部)。」又有中、尾韻,交叉韻,轉韻、換韻等。〔註48〕而以內心自白作意旨,屈賦香草美人的意象「內化」以及「象徵」之複雜深刻,值得深究。表達情感的字句如「怊」、「哀」、「涕淫淫」、「憂心」、「悲」、「心不怡」、「憂與愁其相接」、「慘郁郁」、「含戚」、「嫉妒」、「憎」等。〈哀郢〉亂曰:「曼余目以流觀兮,冀壹反之何時。鳥飛反故鄉兮,狐死必首丘。信非吾罪而棄逐兮,何日夜而忘之。」此文情如范仲淹〈岳陽樓記〉:「去國懷鄉,憂讒畏譏。」的逐臣哀怨。論者王家歆分析此六句的三層意涵:

    一、「引目縱觀,所見非故土,於是起思鄉之情,不知何時得返。」

    二、「鳥思故巢,狐念舊居,不忘其本,己亦思歸故土。」

    三、「己之放逐,實因小人之讒言,非吾有罪也,……故西歸之心,旦夕不能忘也。」〔註49〕而「望長楸而太息兮,涕淫淫其若霰。」屈原的哭是無可奈何的性靈之哭。

      第三點、第四點娛憂情懷和比興手法,例如〈涉江〉、〈思美人〉。論者吳福助稱〈涉江〉在〈哀郢〉之後,寫於頃襄王二十七年。〈哀郢〉所示的路線,屈原由郢都向東流放,經武漢地區,又向東至陵陽。陵陽待了九年後,屈原大致循原路西還,經武漢地區,又向洞庭,入沅江,而至於辰陽、溆浦,即〈涉江〉所示的路線。〈涉江〉從鄂渚入溆浦,乃自東北往西南,當在既放陵陽之後。〔註50〕「哀南夷」二句,王夫之《楚辭通釋》云:「南夷,武陵西南蠻夷,今辰沅苗種也。既被遷江南,將絕江水溯湘而西,與苗夷雜處,誰復有

〔註48〕湯炳正著,《與日月爭光可也:湯炳正論《楚辭》》(北京:生活‧讀書‧新知三聯書店,2018年5月第1版),頁190~205。

〔註49〕王家歆著,《楚辭九章集釋》(臺灣:商務印書館,2007年10月二版一刷),頁106。

〔註50〕吳福助著,《楚辭註繹》下冊,頁436~437。

知我者乎？」論者稱「乘舲船余上沅兮」，急流迴旋中，一葉扁舟艱難緩慢，遷客逐臣千回百折的去國之情益顯。「入溆浦余僝佪兮」一段，刻劃寫深山深林密嶔崟幽邃的景象，為後世山水文學的鼻祖。〔註51〕〈涉江〉將哀情憂思融化在奔突又反撥的抒情節奏，因悲哀而求快樂，論者魯瑞菁認為屈原〈離騷〉「退將復修吾初服」十六句，以香草服飾象徵天真純潔的少年。「高余冠」四句所寫的奇服，寄寓與楚族同宗情感，呼應〈涉江〉開頭。「紛吾既有此內美兮」八句的修能之飾，象徵成年後的好修美德，佩蘭芷和江離。此外，盛裝出場的繁飾是實寫的儀式性服飾，不同於前三者虛寫服飾，同時〈離騷〉飛天遠遊求女，〈涉江〉開頭的描寫近於此。至於則法前修的信姱之飾，寄寓一無懼誓死的悲劇英雄，呼應〈涉江〉「世溷濁而莫余知兮，吾方高馳而不顧。駕青虬兮驂白螭，吾與重華遊兮瑤之圃。登崑崙兮食玉英，與天地兮同壽，與日月兮同光。」透過香草的比興義與巫儀義結合而展現。〔註52〕論者吳福助稱末節的鸞鳥、香草象徵正直、高潔；燕雀、腥臊象徵邪惡勢力。其句法、音節最為錯綜。如「兮」字的位置，同時出現在兩個句子中間（如「與天地兮同壽，與日月兮同光。」）或第一句句末（如「乘舲船余上沅兮，齊吳榜以擊汰。」），或第二句句末（如「燕雀烏鵲，巢堂壇兮。」）等。用韻抑揚頓挫，變化不拘，有 ABCB（如「余幼好此奇服兮」四句），有 ABACA（如「被明月兮珮寶璐」五句），有 ABCDED（如「接輿髡首兮」六句）。〔註53〕又如雙聲詞「陸離」，疊韻詞「崔嵬」，和疊詞「冥冥」、「霏霏」，節奏更悠揚動人。〈涉江〉「桑扈臝行」句，桑扈是狂怪的隱士，《論語》所說的子桑伯子。王逸注：「去衣臝裎，效夷狄也。」《史記·趙世家》肥義對趙武靈王說：「舜舞有苗，禹袒裸國。」《呂氏春秋·貴因》說：「禹之裸國，裸入，衣出。」《淮南子·齊俗訓》說：「是故入其國者從其俗，入其家者避其諱，不犯禁而入，不忤逆而進，雖之夷狄徒倮之國，結軌乎遠方之外，而無所困矣。」此言與苗族接觸而化入其俗。

至於〈思美人〉，論者吳福助稱屈原寫於楚懷王二十七年（二十六年）的歲初，從郢都到漢北的道路行旅之間，先沿著江、夏向東南，到了堅利才轉向東北，到漢北是在秋天。〔註54〕「吾將盪志而愉樂兮，遵江、夏以娛憂。」

〔註51〕吳福助著，《楚辭註繹》下冊，頁 438～439。
〔註52〕魯瑞菁著，《楚辭騷心論：諷諫抒情與神話儀式》（上海：上海書店，2016 年 11 月第 1 版），頁 127～140。
〔註53〕吳福助註譯，《楚辭註繹》（台北市：里仁書局，2007 年），頁 436～439。
〔註54〕吳福助著，《楚辭註繹》下冊，頁 520～521。

「吾且僵佪以娛憂兮，觀南人之變態。竊快在其中心兮，颺厥憑而不俟。」論者稱一舒胸中鬱悶，因脫離險惡的政治漩渦而產生輕快之感。〔註55〕「令薜荔以為理兮」四句，用 ABAB 交叉韻。〔註56〕

第三節　棄生詩以夢遊或求仙針砭清廷而自嗟窮愁

洪棄生詩作以夢遊或求仙天闈針砭清廷腐敗而自嗟窮愁貞隱。詩作扣問蒼天而發天問，猶如屈原窮而呼天。如〈口號代酬日儒白井氏韻六首〉其一所云：

> 苦戰山河血，長留劫火悲。千兵橫擄掠，萬戶嘆流移。赤野蓬頭滿，
> 青蕪淚眼窺。九闈天問遠，默默恨為誰？〔註57〕

詩首二句悲憐山河苦戰，中幅敘述乙未抗日事，以及日軍的殘暴和臺民的顛沛流離。此詩末欲扣問九闈，窮而呼天。「默默恨為誰？」自嗟窮愁貞隱。〈即事代酬白井氏韻二首〉其一云：「秦火周京日，殷遺毫社民。」自許為遺民。末云：「何為屠殺慘，醉尉逞狂瞋。」其二云：「祖龍秦火暴」〔註58〕指斥日人屠殺的慘酷。其〈帝京篇〉有「哀郢」之思云：

> ……帝京崔巍不可名，海若山靈為拱護。控制寰中朝四夷，隆隆王
> 氣曾幾時。校獵猶存驃騎部，宿衛猶用陰山兒。猶憶將軍踰雪嶺，
> 猶聞戈艦下昆池。豈道盛衰爭一瞬，周遊無復穆王駿。穆王一去崑
> 崙邱，昭王不復漢水舟。九鼎重輕得輕問，觀兵直望周京留。伊昔
> 太平稱全盛，胡越天驕奉吾令。絕域殊方文教敷，遠海重洋玉帛聘。
> 吾王有道九譯通，重熙累洽閭閻慶。舊事去今未百年，誰知強弱等
> 天淵。萬里神州一線延，東西烽燧生狼煙。無復銘功上祁連，無復
> 揚威上樓船。泥馬銅駝足痛心，令人悲想雲臺賢。可憐肉食無遠圖，
> 欲施西學為典模。不擊祖生渡江楫，惟畫王郎召鬼符。……老成不
> 去運奇謀，割地求和稱存郢。吁嗟燕雲壯士多，大風起兮今奈何。
> 長安落日無望處，京城如漆高峨峨。〔註59〕

〔註55〕吳福助著，《楚辭註繹》下冊，頁522，引用金開誠的分析。
〔註56〕湯炳正著，《與日月爭光可也：湯炳正論《楚辭》》，頁199。
〔註57〕洪棄生著，《寄鶴齋詩集》（南投：臺灣省文獻委員會，1993年），頁209。
〔註58〕洪棄生著，《寄鶴齋詩集》（南投：臺灣省文獻委員會，1993年），頁210。
〔註59〕洪棄生著，《寄鶴齋詩集》（南投：臺灣省文獻委員會，1993年），頁183。

〈帝京篇〉「猶憶將軍踰雪嶺，猶聞戈艦下昆池。」以大漢天威來喻大清盛世，對照當時國步艱危，心情既悲且憤。「令人悲想雲臺賢」「海若」數句，追憶舊朝盛事，「猶存」、「猶用」、「猶憶」、「猶聞」四語，彷彿去今未遠，如今國勢劇衰，英主不復策駿巡狩。中國見輕於列強，時有鼎革之憂。不禁懷想太平全盛之時，文教遠敷，四夷賓服入貢。「舊事」以下，痛心國勢衰微，頻遭列強侵侮。「無復」二句，慨歎國無開疆拓土之英雄。以泥馬銅駝喻國頹將亡，真足痛心。又悲思開國雲臺群英，指斥肉食者鄙，徒學西人皮毛，不知繼紹祖生渡楫之英風。諸公「不學有術」，乃召來洋鬼侵壓之術數。甲午戰敗，老成無謀，「割地求和稱存邨」，李鴻章之徒居然博得保衛京師，撐守大局之美名！大風起兮，「安得猛士守四方！」唯見長安日落，京師暗如漆城，不知光明何時重現！此外，〈叩閽辭〉「中央一土獨倒顛」的「中國為中心」文化本位思想。此棄生用夏變夷的思想。〈叩閽辭〉云：

> 海外之民同戴天，覆盆在頂天懸懸。天所覆載無頗偏，何為此地民顛連。乙丙之際烽遂然，丁戊之交民孔瘝。天魔對人舞跰躔，魚羊食人血濟濟。殺人如蒡如草菅，民居此間如拘攣。足如繭縛手如捲，如肉如醢在刀邊。如獐如麇狼虎前，虎則咆哮狼流涎。耳雷鼻火涎如泉，磨牙抉爪為戈鋌。羅剎鬼國黑風旋，人肉為糧膏為餐。一餐未飽萬骨攢，肩髀高於火焰山。渾沌無竅亦鐫鐫，況為血氣何能全。不角不爪堪一歎，天驕肆虐群生屠。人類盡為異類殘，何有飛走及蠕蠕。殺機所逞毒氳氳，蒸為疫癘及黃癉。紛紛跕跕墮烏鳶，死或僵企病迍邅。病者死者郊遂邊，不然須遭撻與鞭。重則繫縲年復年，或鴆而死即方便。諱死諱病淚漣漣，人間萬戶如禁煙。疫所不及亦苦痏，防病駢將無病牽。瓜蔓之抄果蔓延，我且翹首一問天。天縱彼暴何為焉，豈為氣數天無權。古有大劫經三千，劫灰未滿無可填。須將人類劫中煎，但是為劫何矯虔。祇將一島付炎煇，東西之海何平平。中央一土獨倒顛，文物之邦辱腥羶。倫類之祖一線綿，未知冥漠夫何言。高高下下皆陶甄，生人機械亦戔戔。天豈無力為轉圜，何為坐視距喙專。山有熊羆野有豻，猙獰頭角行蹣跚。避地欲到天門難，仰空呼籲天閶關。〔註60〕

此詩句句押同一韻。天魔舞跰躔，魚羊食人血的殺戮，哀傷人如蒡如草

菅，民居如拘攣。如獐如麋狼虎前，人民「足如繭縛手如捲，如肉如醢在刀邊。」淪為獸食。羅剎鬼國批評列強侵略中國，疫病劫灰，處處殺機，「古有大劫經三千，劫灰未滿無可填。」此千古未有之變局，仰空呼籲天閽關，下民之哀，卻難達天聽。〈偶得夢境頗覺奇壯歌以紀之〉云：

> 一夜夢登萬仞山，手弄日月扶桑間。下界雷霆等嬰兒，回頭捫得天門關。俯視浮世黃埃起，虎鬥龍爭亂天紀。天狗食人天魔飛，赤帝下走白帝死。鯨鯢上陸添角牙，百足之蚿為長蛇。土怪夔魖水怪蝄，交奪龍宮紛騰拏。張公劉公覬天位，王母瑤池方博戲。浪拋五嶽供彈丸，醉裂九州當塼埴。我時問天天不應，天王當路髮鬔鬙。欲窮天閽闢九層，將要天帝百怪懲。帝顧而嘻似無能，一跌夢渺長撫膺。〔註61〕

　　首四句直接寫夢中陟昇叩關，不畏雷霆的豪情，並得以俯視塵世的爭鬥。恍如置身一超脫出世的仙境，目擊一幕幕光怪陸離，魑魅蝄蜽的景象，詩的意象涉入妖怪，雜用冷僻的罕見字體，刻意的描寫怪誕種種，無非是和內鬥方酣，爭奪政權的清末世局相隱喻。而在位者博戲酣醉，浪拋國權，國土予外人。「王母」隱諷慈禧，但知嬉娛。以對偶句「浪拋」二字，細寫國步惟艱。志士仁人在夢中清醒的呼籲：「將要天帝百怪懲」，似乎只是換來「帝顧而嘻」，結尾才感受到現實與夢境的落差，無奈的失落感強烈。

第四節　蓬萊神話與桃源遷變的樂園失落哀臺灣割日

　　蓬萊神話與桃源遷變的樂園失落哀臺灣割日，成了乙未年（西元一八九五年）後，洪棄生詩的象徵意象。乙未年臺灣割讓給日本，棄生〈臺灣淪陷紀哀〉開頭云：「天傾西北度，地傾東南方。蛟龍激海水，淪沒蓬萊鄉。黿波沸巨浪，白日黯無光。山俏牽木魅，土怪鞭石梁。顛簸王母關，震拆禹皇疆。洪水湮部洲，燹火及崑岡。差哉武陵客，坱漭失康莊。避秦無源路，仰首望蒼蒼。天心方有醉，西眷彌不遑。玄枵淫歲紀，鶉首賜扶桑。戈船起海岱，毒弩橫汪洋。」〔註62〕起首便以蓬萊神話思維，引用共工破壞，巨鼇負地等典故。以神話意象入詩，神話意象用於首尾，首以表達淪陷劫難的悲痛。末云：「默

〔註61〕洪棄生著，《寄鶴齋詩集》，頁298。
〔註62〕洪棄生著，《寄鶴齋詩集》（南投：臺灣省文獻委員會，1993年），頁135。

默謀為臧。」雖有被棄的悲憤，猶思退隱而行善，可謂轉化為行善力量，可謂貞善的君子性格。洪氏自云心地光明磊落，有過不諱，觀此信然。默默行善，表現孤臣孼子心懷。又以〈桃花源〉避秦典故，諷日人如暴秦。又用「秦醉」典故，出自張衡〈西京賦〉：「昔者天帝悅秦繆公而覲之，饗以鈞天廣樂，帝有醉焉，乃為金策，錫用此土，而翦諸鶉首。」鶉首本十二星次分野說，分野主秦，屬雍州，見《晉書·天文志》。「秦醉」因而指僥倖取得政權，以此暗諷日人治臺。〔註63〕

　　詩情以神話象徵無常，書寫深刻滄桑，例如洪棄生詩作〈生壙詩歌第六〉，引用丁令威求道化鶴的神話，來象徵無常倏忽，滄桑感受深刻，而生於亂世，臺人淪為日本統治下的次等國民，因殖民者苛政而有的痛苦，猶如臺人命運中的罪過，不忍見故園城郭迥非昔日。以蓬萊神話象徵樂園失落，深有滄桑感者，又如洪棄生〈題謝君生壙八首〉其一、其二、其四的三首詩慨歎桃源已失，死後方有乾淨土，反諷現世汙濁。其五云：「問影問形皆若贅，為仙為鬼總稱逋。」藉遊仙以為逃遁現實苦難的託辭。方壺圓嶠以蓬萊神話象徵樂園失落。例如〈珠樹〉：

> 葳蕤珠樹條，托在蓬山苑。垂葉未吐華，飄搖已歲晚。蓬山淺水年，珍禽去不返。旁有浮邱子，滄桑三過眼，撫樹未應傷，未損仙家產。
> 〔註64〕

　　「蓬山淺水年，珍禽去不返。」〔註65〕筆者著作已詳論之。〔註66〕蓬山水淺，桃源遷變的意象，經常出現在洪棄生乙未年之後的詩作。論者以〈桃花源記〉乃「文學是『空物』」，與現世的事物不必產生對應，自成形式與天地。文中「忽逢」的無分別心，以及「不復得」的分別心，印證《莊子·齊物論》「古之人其知有所至矣」一段哲理，漁人「不復得」的分別心，因為以知識分歧的意識，放逐隔絕到無分別前的純樸世界之外。而對理想世界的失落的「匱缺」，是此文桃花源世界對比讀者本身經驗的社會互相對比。桃花源居

〔註63〕陳光瑩著，《儒醫謝道隆《小東山詩存》研究》（新北市：花木蘭文化出版社，2020年），頁35。

〔註64〕洪棄生著，《寄鶴齋詩集》，頁140。

〔註65〕洪棄生著，《寄鶴齋詩集》，頁141。

〔註66〕班固著，楊家駱主編，《漢書·楚元王傳》（臺北：鼎文書局，1997年10月9版），卷36，頁1953，劉向語。陳光瑩著，《儒醫謝道隆《小東山詩存》研究》（新北市：花木蘭文化出版社，2020年3月），頁121～123。

民避秦來此,乃「避難放逐」而失去故土。又因漁人誤入桃花源,所自來的時代和世界,對比桃源人而有強烈的疏離和文化的陌生而加深放逐感。漁人事後的追敘和重尋,以及劉子驥的欣然規往,都不復再到桃源,後世遂無「問津者」,可視為作者陶潛以想像抗拒內心的枯竭落寞。陶潛以文字追求超越時空的價值,但寫作的內在放逐及心靈的無以自處。對應〈桃花源詩〉末云:「願言躡輕風,高舉尋吾契。」嚮往卻遭來放逐,此放逐有桃花源(理想社會對比此世),居民和漁人(自足對比嚮往),有心人(文字、心機的,如劉子驥),以及作者自己。而後世讀者在時空、語言、心靈也與作者無奈的奇想疏離,領會到無由問津的放逐。〔註67〕例如洪棄生〈詠懷〉云:「誰知桃源中,乃先變漢朔。」〈雜詠〉云:「欲覓桃源何處去,市間苛虎自耽耽。」「滄桑蕭瑟不能堪。」〈無憀作〉云:「渺渺桃源不可尋。」知交零落而益感滄桑難耐。〈看山〉云:「欲尋漁父路,已絕武陵蹤。」〔註68〕〈即景感詠〉云:「今世方淪沒,教余老淚多。」〈秋日感喟〉云:「滄桑銷壯齒,閒散落雄心。」〈歲暮雜感〉云:「陸沈無故土,空作陸行仙。」〔註69〕

　　從此界飛升彼界,由悲壯而超越,此因悲壯是「非自我的世界」與「非世界的自我」的強烈衝突。桃源象徵的是一種「非自我的世界」,以此躲避暴政和戰亂。從神話和儀式的角度研究,論者李豐楙以神話、巫俗、原始宗教與《騷》的關係,從此世之憂到彼世之遊,遊仙文學的「上昇」主題,仙境遊歷說的出發、探求與回歸,追索《楚騷》的文學啟發在哪?源頭何在?引用伊利亞德(Mircea Eliade)《宇宙與歷史:永恆回歸的神話》一書中「永恆回歸」的說法,〔註70〕回歸一最原初、豐盈世界,即宇宙中心點。尤其是薩滿(Shaman)教祝祭時靈魂出殼,升入天穹,巫溝通人我,神降身巫,巫出魂而遊。最原始的宗教意義,薩滿傳統的靈魂之遊。神遊從宗教儀式的遊到文學的想像的遊。人藉神話及儀式回歸「中心點」,即宇宙秩序所建立的「中」,為人與天交通之處,如世界大山、終界的山「崑崙」,世界大木「建木」。除了神山崑崙在西,扶桑在東,道教又造洞天福地,乃在天下名山。道教的三品

〔註67〕廖炳惠著,《解構批評論集》(臺北市:東大,1995年),頁31~38。陳光瑩著,《儒醫謝道隆《小東山詩存》研究》,頁31~32。

〔註68〕洪棄生著,《寄鶴齋詩集》,頁139、363、341。

〔註69〕洪棄生著,《寄鶴齋詩集》,頁334、338、339。

〔註70〕伊利亞德(Mircea Eliade)著,楊儒賓譯,《宇宙與歷史:永恆回歸的神話》(台北:聯經出版社,2000年6月)。

仙，乃由地仙至天仙，同於《騷》之回歸。屈原作品〈離騷〉裏表達回歸的願望，因現世時間的無常，空間的狹隘，憂生憂世成為探求回歸的動機。〈離騷〉寫飛天神遊「崑崙」此一樂園的永恆希冀，形成後世文學「士不遇」的主題，如漢代士不遇賦到後來的遊仙詩。例如魏晉小說《搜神記》中怪異、非常的筆記，有超常的神仙，反常異常的精怪，但凡人要成仙必須變化，除非轉化凡質為仙質。因此，道教強調修煉而變化，探求與回歸為其終極關懷。其中如阮肇誤入仙境，再回歸人間，實強調修道成真，而所以誤入，不過是仙界不經意中開了一個孔，使人超凡入聖而再求修練。〔註71〕

　　論者陳麗桂分析齊文化的闊達、誇誕與譎怪與荊楚之人尚鬼崇巫，好想像而文化細膩、約柔不同。荊楚雲夢氤氳迷濛的地理環境，人民情緒多柔靡、細膩、俳惻、纏綿而富情緻。齊地有廣海崇山，與務實的經貿產業，尚功騖利的傳統習性。相較荊楚的陰柔深入，齊文化屬陽性的誇誕與譎怪。經貿活動伴隨交通發達、資訊流通，不免引入千奇百怪、五花八門的訊息與事物。〔註72〕

　　《史記·封禪書》中的三神山為隔絕的神聖空間。更完整記載見《列子·湯問》云，其中有五山焉：一曰岱輿，二曰員嶠，三曰方壺，四曰瀛洲，五曰蓬萊。論者高莉芬分析此文本詳盡。相較《史記》，《列子》此處多出岱輿、員嶠二山。並將《史記》中的「方丈」寫成「方壺」，成了東方海域上的神聖空間，一不老不死的仙境樂園。論者高莉芬分析中國大地潛水的創世神話。前引「大壑」位於極遠的東海之外，為眾水所歸的無底之谷，又見《山海經·大荒東經》、《莊子·外篇·天地》。以及〈遠遊〉：「上至列缺兮，降望大壑。」寫無天無地，混沌「視儵忽」、「聽惝怳」，詩人無見無聞，至「超無為」二句，進入創世之初的混沌之道。〈天問〉有「東流不溢，孰知其故？」因「大壑」是「地不滿東南」、故「水潦塵埃歸焉」，江河東南傾注入海的地理環境，表現在《淮南子·天文》「昔者，共工與顓頊爭為帝，怒而觸不周山。天柱折，地維絕。天傾西北，故日月星辰移焉；地不滿東南，故水潦塵埃歸焉。」

〔註71〕李豐楙著，《誤入與謫降：六朝隋唐道教文學論集》（臺北市：臺灣學生，1996
　　　　年），頁314。
〔註72〕陳麗桂著，《漢代道家思想》（臺北市：五南圖書，2013年11月初版一刷），
　　　　頁30～31。

　　相對於西方高山「崑崙」。高莉芬認為蓬萊神仙的空間型式是「谷型」宇宙海中凸起的山岳，具有伊利亞德所謂「中心象徵」的「宇宙軸」象徵。筆者著作引高莉芬的研究，以蓬萊神仙的空間型式，成了棄生乙未年（西元一八九五年）後，象徵臺島滄桑，日人治臺的種種遺民情懷。〔註73〕

〔註73〕陳光瑩著，《儒醫謝道隆《小東山詩存》研究》，頁 32～36、121～123。

第五章　《九歌》置辭奇，香草美人興

　　此章本六觀的觀置辭，析論洪棄生的《楚辭》理論，因修辭的技巧，分析《楚辭》以香草美人比興的寫作。王逸《楚辭章句・九歌序》云：「昔楚國南郢之邑，沅湘之間，其俗信鬼而好祠。其祠必作歌樂鼓舞以樂諸神。屈原放逐，竄伏其域……出見俗人祭祀之禮，歌舞之樂，其詞鄙陋，因作九歌之曲。」王逸以為〈九歌〉乃楚南郢之地、沅湘之間，祭祀鬼神之樂辭。屈原因其辭鄙陋，因為作〈九歌〉之曲。辭本富於地方色彩，屈子靈心點化，將巫覡之祭歌蕩滌為美人香草之篇。其辭義廣異，適見楚地文學土壤之豐饒；王逸所謂「章句錯雜」，〔註1〕棄生認為《楚辭》〈九歌〉源於風，〈九章〉源於變雅。〈九歌〉源於風，適見楚地文學土壤之豐饒，根源自楚地的宗教習俗而有〈九歌〉的祭神之曲，是屈原借鑑民歌、發展民歌而取得的藝術成就。

　　〈九歌〉的祭神之曲儀式的作用，在「介入歷史性時間，使之與宗教時間實現同步化。」〔註2〕人與神、現實與神話所建立的關係，一方面是敘事朝歷史性、摹仿性敘事發展，例如〈離騷〉中的用典和香草美人的現實經驗摹仿，其中又有堯、桀等歷史人物，因其是具體的又具典型的人物而有象徵和教寓性；一方面楚地民風特有的巫俗，神話虛幻奇異而展現人類想像的心理模式，可作為普遍意義的神話原型。也「可理解為無意識原型」、「揭示各種文化之間相同的人類現實。」〔註3〕這些神話的意象賦予後世詞曲新的素材，

〔註1〕王逸原注，何錡章編著，《王逸注楚辭》（台北：黎明文化，1984年），頁32。
〔註2〕羅伯特・斯科爾斯、詹姆斯・費倫、羅伯特・凱洛格著，于雷譯，《敘事的本質》（南京市：南京大學出版社，2015年1月1版），頁144。
〔註3〕《敘事的本質》，頁144。

成為比興象喻使作品有了寓意，誠如羅伯特·斯科爾斯云：「寓言性敘事將美學性意象用作代表觀念的例釋性象徵，只有它才能做到在對神話進行理性化發展的同時而不必增強其再現性。」〔註4〕對神話進行理性化的例釋性象徵，見於後代援引《楚辭》意象以作為比興象喻。

　　關於〈九歌〉的特質，學者吳福助援引大陸學者湯漳平、馬茂元等人的研究，認為〈九歌〉是楚國王室祀典樂歌。〔註5〕論者魯瑞菁認為屈原《九歌》有國家郊祀歌與民間俗祀歌性質。前者如〈東皇太一〉、〈國殤〉，後者如〈湘君〉、〈湘夫人〉、〈山鬼〉。論者採信清代戴震的說法，視《九歌》非祀神之曲，而是記述祀曲之作。「總而言之，屈原《九歌》藉祭祀神曲來獨白、寄託，已不復古虞舜《九歌》的大雅之聲，也失卻夏啟《九歌》及楚地民間巫歌，歌、舞、樂三位一體的生動臨場感，卻增加了雋永的文學詩歌抒情質素。」且分為三類：天神、地祇、人鬼。天神有〈東皇太一〉、〈雲中君〉、〈大司命〉、〈少司命〉、〈東君〉五組五位天神。地祇有（〈湘君〉／〈湘夫人〉）、〈河伯〉、〈山鬼〉三組四位地祇。人鬼之組，數當為一組、眾位人鬼，合計共為九組，九位神祇，再加上眾家人鬼。則《九歌》的九為實數。〈禮魂〉僅五句，原是〈國殤〉的亂詞，兩者原為一篇，因〈禮魂〉的魂乃人鬼始得具有。〈禮魂〉作為亂詞，「正是以柔婉委屈的風格映照〈國殤〉正詞之剛毅強武，造成全篇起伏跌宕，一弛一張的文學效果。」〔註6〕

　　關於〈九歌〉寫作的年代，論者吳福助認為〈九歌〉是屈原擔任楚國三閭大夫時期，秉承楚懷王之命，在傳統祭神歌辭的基礎上進行加工再創作的。屈原任三閭大夫，大約在楚懷王五年（公元前三二四年）至楚懷王十年（公元前三一九年）之間，當時屈原大約二十九至三十四歲。這時正是屈原參政初期獲得寵信的階段。三閭大夫是職掌王朝的宗族事務，類似宗伯、宗正之類，而主管祭祀又正是這類官員的專職，《周禮·春官·宗伯》：「大宗伯之職，掌建邦之天神、人鬼、地示（祇）之禮。」說明大宗伯要制定各種祭祀典禮，〈九歌〉所祭祀的對象正好也包括天神、地祇、人鬼三類，可見主管祭

〔註4〕《敘事的本質》，頁144。
〔註5〕吳福助著，〈《楚辭·九歌·東君》太陽神祭儀考釋〉，《中華文化與文學學術研討系列——第十次會議：古典文獻的現代詮釋學術研討會論文》（台中：東海大學中國文學系，2005年3月26日（星期六）），頁1。
〔註6〕魯瑞菁著，《楚辭騷心論：諷諫抒情與神話儀式》（上海：上海書店，2016年11月第1版），頁35～60。

祀，安排典禮儀式，是這類官員的專職。〔註7〕學者吳福助屈原在民間巫歌的基礎上加工創造〈九歌〉，以其內在的語言、格調的統一，尤其是構詞法、句式、習慣用語（多用聯緜詞）、所舉名物（美人、香草之喻等）、語言的形象性，與屈原其他詩歌頗為一致，明顯可見它確實是由屈原就楚國傳統祭祀樂歌，作了較大幅度、較為全面的修改加工，甚至有不少成分是重新創作而成的。〔註8〕吳福助云：

> ……朱熹《楚辭集注》曾說：「蠻荊陋俗，詞既鄙俚，而其陰陽人鬼
> 之間，又或不能無褻慢淫荒之雜。屈原……頗為更定其詞，去其泰
> （太）甚。」屈原在楚地民間禮神樂歌的素坯上，加以宣洩詩人自
> 己清新的性靈，傾注詩人大量深厚的情感，從而進行潤飾加工、融
> 裁改寫、淨化昇華，使其言詞更加典雅清麗，樂調更加和諧鏗鏘，
> 情志更加剛健質樸，結構更加嚴密完整，從而成為情文並茂、千古
> 不朽的名作，顯示了屈原借鑑民歌、發展民歌所取得的高度藝術成
> 就。〔註9〕

吳福助引用何念龍〈〈九歌〉旨說〉列舉〈九歌〉內容與屈原其他作品一致，共有五項：（1）嗟老歎時，傷盛年易逝，恐無所為。（2）思怨君王。（3）象徵芳潔品格的服飾、舉止、食飲。（4）遠遊高蹈。（5）驅遣一切的氣概。據此說明〈九歌〉寄託著詩人深沉的情思，與屈原其他作品的內在精神上，有共通之處，從而證明〈九歌〉確為屈原所作。〔註10〕至於〈九歌〉的特質，論者吳福助認為由於〈九歌〉直接取材自沅、湘一帶民間祀神的巫歌，〈九歌〉是南方民族祭神樂歌的典型代表，也就是「巫官文化」的產物，因而它的內容特質與北方「史官文化」迥然不同。吳福助引用馬茂元的論點：「〈九歌〉這一類型的祭神樂歌之流行於楚國，並非偶然，實質上它標幟著南方的文化傳統，是楚國人民宗教形式的一種巫風的具體表現。」〔註11〕〈九歌〉的特質，論者吳福助引用林河（李鳴高）《九歌與沅湘民俗》認為有三項：一是〈九歌〉所禮祀的是男神。二是〈九歌〉是人們以絕色女巫取悅男神的祀神辭。三是

〔註7〕吳福助著，〈《楚辭·九歌·東君》太陽神祭儀考釋〉，頁1～2。

〔註8〕吳福助著，〈《楚辭·九歌·東君》太陽神祭儀考釋〉，頁2。

〔註9〕吳福助著，〈《楚辭·九歌·東君》太陽神祭儀考釋〉，頁2。

〔註10〕見中國屈原學會編，《楚辭研究》（濟南：齊魯書社，1988年1月第1版），頁232～235。

〔註11〕馬茂元著，《楚辭選》（北京：北京人民出版社，1998年8月第1版），頁50。

〈九歌〉是女巫與男神的情歌對唱。〔註12〕以上學者所論，印證〈九歌〉。與屈原作品情思相同者，一是嗟老歡時，傷盛年易逝，恐無所為。如〈湘君〉末云：「時不可兮再得，聊逍遙兮容與。」〈河伯〉「日將暮兮悵忘歸，惟極浦兮寤懷。」其次是思怨君王。如〈湘君〉末云：「時不可兮再得，聊逍遙兮容與。」〈湘夫人〉首云：「帝子降兮北渚，目眇眇兮愁予。」第三點是象徵芳潔品格的服飾，以及香草等。例如《楚辭‧九歌‧少司命》詠蘭，洪亮吉云：

> 體物之工，後人有未及前人者。即如漢、唐以來，詠蘭詩亦至多矣，而《楚辭‧九歌》以二語括之，曰「綠葉兮素枝，芳菲菲兮襲予。」祇八字，而色、香、味並到。詠橘詩亦多矣，而《九章》之〈橘頌〉，以十四字括之，曰「曾枝剡棘，圓果摶兮；青黃雜糅，文章爛兮」，祇四語，而枝、葉、蒂、幹、花、實、形狀、采色并出。後人從何處著筆耶？〔註13〕

寫生鮮活，體物之工，象徵芳潔品格。第四點是遠遊高蹈。例如《楚辭‧九歌‧少司命》云：「與汝沐兮咸池，晞汝髮兮陽之阿。」第五點是驅遣一切的氣概。例如《楚辭‧九歌‧東君》東君是日神，描寫的祭祀景象有驅遣一切的氣概。吳福助稱太陽神的形象負責盡職，剛毅神勇，云：

> 〈九歌‧東君〉太陽神祭儀是女巫與太陽神東君的情歌對唱。……太陽神是天體天象諸神之長，他以雷為輪，以雲為旌，並且雲衣霓裳，酌酒明月，驅遣星辰。無邊的宇宙是他活動的舞台，時間的推移是他行動的軌跡，太陽神可謂是宇宙間陽剛之美的最典型代表。太陽神年富力強，擅御善射，既懷居室，又貪杯好色，微逐歌舞，豪放不羈，是多麼可親可愛，充滿人情味。……漢司馬遷《史記‧貨殖列傳》論楚人之俗，稱「西楚」之民，「其俗剽輕，易發怒」；「徐、僮、取慮」一帶，「矜己諾」；「東楚」之俗也與此相同。對照來看，屈原筆下的太陽神，不正是放浪不羈（「剽輕」），而又熱情豪俠（「矜己諾」）的楚民族的化身？〔註14〕

吳福助稱太陽神了解楚人的「報秦之心」，自告奮勇，彎弓舉矢，射狼抗暴，是楚民族的化身。棄生詩有「報秦之心」者，如〈欲闢荒榛感作〉云：

〔註12〕吳福助著，〈《楚辭‧九歌‧東君》太陽神祭儀考釋〉，頁2。
〔註13〕洪亮吉著，《北江詩話》，（北京：人民文學出版社，1998年），頁87。
〔註14〕吳福助著，〈《楚辭‧九歌‧東君》太陽神祭儀考釋〉，頁8、10。

延秋門中白日昏，鷲鶹鵂鶹舞蹲蹲。城狐欺人怒乘屋，野狼衙肉走衝村。千丈廢臺為窟穴，萬年古樹長兒孫。天陰雨黑聲崩奔，草木森森啼斷魂。左鄰右舍皆流徙，出門千里無雞豚。人類稀少獸跡蕃，變遷城市如荒屯。豈惟城市不可見，下穴上巢繞幾旬。愚公頓起移山心，急攜鍬鉏效填黿。烈炬焚樵火四熾，高呼鼠輩來鏖戰。驅除未終心忽懨，方今暴虎方出山。夷狄橫行入人間，髑髏頭顱堆閭閻。宮殿為墟鐘簴失，神皋萬里血痕殷。沉沉天帝閉天關，不聞射狼天弧彎。何為在此爭么麼，枉費鉅功鬥眾頑。須揚長劍倚天外，神姦巨慝供削剗。平劇大地為泰壇，九州四海歌安瀾。〔註15〕

「左鄰右舍皆流徙，出門千里無雞豚。人類稀少獸跡蕃，變遷城市如荒屯。」文明荒落宛如走獸蒼莽肆虐之亂世。「夷狄橫行入人間」而天閽閉沉，「不聞射狼天弧彎」、「須揚長劍倚天外」描寫「報秦之心」，平劇大地以臻安瀾。

第一節　《九歌·湘君》和《九歌·湘夫人》奇想奇情，悱惻芬芳

至於〈九歌·湘君〉和〈九歌·湘夫人〉，論者裴普賢稱受《詩經》多次的重複短句影響，〈九歌·湘君〉：「捐余玦兮江中，遺余佩兮醴浦。採芳洲兮杜若，將以遺兮下女。時不可兮再得，聊逍遙兮容與。」和〈九歌·湘夫人〉：「捐余袂兮江中，遺余褋兮醴浦。搴汀洲兮杜若，將以遺兮遠者。時不可兮驟得，聊逍遙兮容與。」六句中相同者有二十九字。〔註16〕棄生舉〈九歌·湘君〉〈九歌·湘夫人〉〈九歌·少司命〉之奇句秀語為例云：

〈湘夫人〉篇云：「帝子降兮北渚，目渺渺兮愁予。嫋嫋兮秋風，洞庭波兮木葉下。」又云：「沅有芷兮澧有蘭，思公子兮未敢言。」〈少司命〉篇中云：「秋蘭兮青青，綠葉兮紫莖。滿堂兮美人，忽獨與予兮目成。入不言兮出不辭，乘回風兮載雲旗。悲莫悲兮生別離，樂莫樂兮新相知。」是皆悱惻芬芳，足供後人漱香無盡，熟讀此種，不啻置身蘭芷叢中。〔註17〕

〔註15〕洪棄生著，《寄鶴齋詩集》，頁293。
〔註16〕裴普賢著，《詩經相同句及其影響》（臺北：三民書局，1974年），頁163。
〔註17〕洪棄生，《寄鶴齋詩話》，頁3。

〈九歌‧湘君〉篇自「君不行兮夷猶，蹇誰留兮中洲。」一路讀去，
雋語層出，而又悱惻纏綿，至中間忽接以「采薜荔兮水中，搴芙蓉
兮木末，心不同兮媒勞，恩不甚兮輕絕。」奇想天開，奇情波譎，
悟此以作古詩，豈有平易之病。〔註18〕

〈九歌‧少司命〉詠蘭，前引洪亮吉稱許寫生鮮活，體物之工，象徵芳潔
品格。本篇是少司命與女巫的情歌對唱。論者吳福助稱「少司命是掌管人間生
兒育女的神，也是兒童的保護神。他是一位風流倜儻，備受婦女崇拜的壯年男
神。」「目成」寫神巫相悅相眷顧，「悲莫悲兮」二句寫離別時的悲傷和得遇新
知的喜悅。〈九歌‧大司命〉也是神與女巫的情歌對唱。但大司命是楚地人民
心目中掌管壽夭的神。〈九歌‧大司命〉末云：「愁人兮奈何？願若今兮無虧。
固人命兮有當，孰離合兮可為？」直言人的壽命有定數，論者稱〈九歌‧大司
命〉認真不苟，〈九歌‧少司命〉描寫人神戀愛，氣氛歡愉熱烈。〔註19〕

朱熹言〈湘君〉篇旨乃「男主事陰神之詞，故其情意曲折尤多，皆以陰
寓忠愛於君之意。」〔註20〕篇中「桂櫂兮蘭枻，斲冰兮積雪。采薜荔兮水
中，搴芙蓉兮木末。心不同兮媒勞，恩不甚兮輕絕。」朱熹云：「此章比而又
比也，蓋此篇本以求神而不答，比事君之不偶，而此章又別以事比求神而不
答也。」不但「比而又比」，而且「采薜荔兮水中」二句寫景言事，如朱熹云：
「薜荔緣木，而今采之水中；芙蓉在水，而今求之木末；既非其處，則用力雖
勤而不可得。」宛轉興喻「合昏而情異，則媒雖勞而昏不成；結友而交疏，則
今雖成而終易絕；則又心志睽乖，不容強合之驗也。」〔註21〕真可謂「興寄
無端」、「情往似贈」的奇思奇情。

以《楚辭‧九歌》〈湘君〉、〈湘夫人〉為配偶神，本自王夫之、陳本禮等
人。筆者的著作依何焯、戴震的析賞，〈湘夫人〉起首，何焯云：「起筆縹渺，
神情欲活。」戴震云：「寫水波，寫木葉，所以寫秋風，皆所以寫神不來，冷
韻淒然。」然傳神點睛，尤在「荒忽」二句，猶如西方但丁《神曲》開頭的情
韻，荒莽失路，悵惘無依。因此，陳本禮云：「一聞字，一將字，全於空中著
色。」又說：「憑空造謊，奇甚。」映照前段望遠極思，用示現修辭顯現超越

〔註18〕《寄鶴齋詩話》，頁4。
〔註19〕吳福助註譯，《楚辭註繹》，頁175～198。
〔註20〕朱熹集注，《楚詞集注》（台北：文津，1987年10月出版），頁35。
〔註21〕朱熹集注，《楚詞集注》，頁34。

和空靈的觀照。其意境如唐代李商隱〈錦瑟〉滄海月明、藍田日暖等意象的縹緲鮮活，以神話寓託失意孤寂。和《詩經》〈靜女〉「愛而不見，搔首踟躕。」相較，情韻更為淒婉悠長。而〈少司命〉「悲莫悲兮生別離」二句，論者評曰：「真乃千古情詩之祖。」〔註22〕論者裴普賢稱〈九歌・湘君〉和〈九歌・湘夫人〉受《詩經》多次的重複短句影響，〈九歌・湘君〉：「捐余玦兮江中，遺余佩兮醴浦。採芳洲兮杜若，將以遺兮下女。時不可兮再得，聊逍遙兮容與。」和〈九歌・湘夫人〉：「捐余袂兮江中，遺余褋兮醴浦。搴汀洲兮杜若，將以遺兮遠者。時不可兮驟得，聊逍遙兮容與。」六句中相同者有二十九字。〔註23〕〈湘君〉、〈湘夫人〉的藝術成就，論者吳福助認為篇幅在〈九歌〉中最長。佳期密約的差錯，而不遇、而誤會、而悲傷、而怨恨，有期待、有追尋、有幻想、有排遣。其中離別的哀愁、失望的怨惱、濃厚的悲劇氣氛，浪漫且纏綿的比興手法，尤其「嫋嫋」二句白描而筆觸輕靈，廣闊而雄渾的景象，乃為人傳誦的佳句。〔註24〕

　　論者魯瑞菁稱《九歌》、〈離騷〉出現最多的香草就是蘭、芷，所詠的蘭，多指佩蘭（即蘭草），非今日所說的蘭花。楚地的湖泊、沼澤和山丘本適合香草生長，用在愛情巫術上，成為巫術信仰和民俗習慣，形成楚人心中有因襲性、普遍性、母題性的原型意象。此古老愛情巫術的積澱，如《九歌・湘夫人》「沅有芷兮」二句，錢澄之《屈詁・九歌》曰：「不敢言思公子，思其地之蘭芷而已。」魯瑞菁云：「以思其地之蘭芷代言思公子。」即香草愛情巫術的比興手法。〔註25〕

　　黃永武認為傳統詩歌的詠物手法，大抵是託物以起興、擬人以比況、就物以賦志等。要之，不脫賦、比、興三種方法。〔註26〕棄生的詠物詩寫生鮮活，體物之工，受《九歌》影響。詠物詩宜寫的不即不離，即王士禎云：「詠物之作，須如禪家所謂不黏不脫，不即不離，乃為上乘。」又云：「詠物詩最難超脫，超脫而復精切則尤難也。」〔註27〕能精切，方謂刻劃入微；能超

〔註22〕傅錫壬著，《新譯楚辭讀本》，頁64、69。
〔註23〕裴普賢著，《詩經相同句及其影響》（臺北：三民書局，1974年），頁163。
〔註24〕吳福助著，《楚辭註繹》上冊，頁148～149。
〔註25〕魯瑞菁著，《楚辭騷心論：諷諫抒情與神話儀式》，頁158～159。
〔註26〕黃永武著，《詩與美》（台北：洪範，民國76年12月4版），〈詠物詩的評價標準〉，頁153。
〔註27〕王士禎著，《帶經堂詩話》（北京：人民文學，1998年2月北京第一刷），卷12〈賦物類〉，頁305、308。

脫，才能神態宛然，棄生以為有「大方」之趣，以清代張玉裁（字禮存。九歲通五經，康熙丙午（西元一七二六年），未冠，領鄉薦。丁未對策，授編修）〈憶橘〉為例，稱其詩能因小見大，有所寄託，詠物精切中有超脫之遠情。〔註28〕深得古人比興之法。棄生的詠物詩如〈虞美人詠花二十韻十六首〉為此類佳作。以虞美人花為喻體。用七言排律體，排比麗詞，融詠物與詠古於一爐，其以人事擬物詠物的比興手法超妙。如〈虞美人詠花二十韻十六首〉其一云：

> 名花傾國兩徘徊，蓋世青姿尚未衰。芳草不知亡國恨，美人猶占百花魁。鶯鶯燕燕啼遺緒，白白紅紅襯劫灰。入夢愁煙凝黛綠，思君淚雨落瓊瑰。若非楚客當時見，定是項王去後栽。盥手薔薇無限艷，熏心蘭麝有餘哀。形神影裏能婀娜，味色香中自蕩駘。一夕悲生明月帳，千秋怨絕大風臺。遙遙泗水流紅葉，黯黯彭城鎖碧苔。孰把桃花為賾臉，何妨竹粉與勻腮。仍存前渡驚鴻態，好待儂家戲馬才。楚舞曲終雙袖濕，繡衣夜看一齊開（《史記》衣繡夜行）。中原鹿走春難駐，垓下雛嘶事可猜。半面已教成半謝，重瞳安得望重來。杜鵑變血留情蒂，鸚鵡多言惹禍胎。晚季江山誰管領，妒嬌風雨漫相摧。羞憑漢女淋玲護，肯付花奴打鼓催。越鏡吳妝依舊樣，瑤璫翠羽稱新裁。人殊劉苑長眠柳，妻異逋仙點額梅。莫叱霸圖芳菲歇，漢宮金粉亦塵埃。〔註29〕

　　此詩七言排律。首句拈出「名花」與「傾國」之美人虞姬同名，「蓋世」句人、花雙讚。以下一聯分寫花、人，以「無情」花草襯映無窮的亡國恨。「鶯鶯」二句寫愁緒似斷非斷。「入夢」以下宕開，以擬人筆法，涉入項王典故，似夢似真。「盥手」句以薔薇、蘭麝側寫，「形神」二句正寫。「一夕」一聯扣項王典故，「泗水」一聯、「戲馬」一聯亦然。穿插「桃花」一聯寫其色艷芳鮮。以「楚舞」一聯綰合詠物與典故，刻劃花錦翩翩貌。「中原」以下感慨末季國勢凌夷。「杜鵑」句暗寓清室已亡，哀國之泣血染花，末句「漢宮金粉亦塵埃」，讀之有滄桑感。

〔註28〕洪棄生，《寄鶴齋詩話》，頁111。引自清李桓輯錄，《國朝耆獻類徵初編》（八）
　　　　（台北：文海，民國62年12月版），卷116〈詞臣二〉，頁4907。
〔註29〕洪棄生，《寄鶴齋詩集》，頁378。

第二節　〈國殤〉金戈鐵馬，溫序含鬚，一種人物，活現眼前

棄生論《九歌》中〈國殤〉一篇云：

> 操吳戈兮被犀甲，車錯轂兮短兵接。旌蔽日兮敵若雲，矢交墜兮士
> 爭先。凌余陣兮躐余行，左驂殪兮右刃傷。霾兩輪兮縶四馬，援玉
> 枹兮擊鳴鼓。天時墜兮威靈怒，嚴殺盡兮棄原壄。出不入兮往不
> 反，平原忽兮路超遠。帶長劍兮挾秦弓，首身離兮心不懲。誠既
> 勇兮又以武，終剛強兮不可凌。身既死兮神以靈，子魂魄兮為鬼
> 雄。

〈國殤〉前段筆力健仗，後段則壯烈而悲，風格剛強勇邁，祭祀歌末以
頌詞招魂，英魂雖死猶生，如棄生所評，似「先軫喪元，面猶如生，真溫序含
鬚。」，一種人物，活現眼前。後來無數從軍詞，從軍樂之唱，不能有加於此。
世人以屈子為詞賦之祖，埋沒湘纍矣。」〔註30〕

學者傅錫壬評論〈國殤〉是一篇對國家偉大陣亡將士的祭祀：

> 在外而死的叫殤。又無主的鬼也叫殤。全篇寫戰陣的慘烈與將士的
> 勇敢殺敵，悲壯成仁。陸時雍說：「國殤，字字干戈，語語劍戟，左
> 旋右轉，真有步伐止齊之象。帶長劍兮挾秦弓，首雖離兮心不懲，
> 鬼何其雄！」〔註31〕

〈國殤〉和荊軻〈易水歌〉「風蕭蕭兮易水寒，壯士一去兮不復還。」相
較，悲壯而更沈著，不僅止於「劍拔弩張之態」。論者吳福助分析〈國殤〉不
用香草美人那種比興手法，通篇直賦其事，吳福助云：

> 用凝鍊的詞句描寫激烈戰鬥的場面，用特寫的鏡頭表現陣亡將士英
> 勇捐軀的氣概，用激昂的情調讚美陣亡將士殉國的精神，透過熱情
> 的禮贊，慷慨的歌聲，從而塑造了忠誠、勇武、威毅、剛強的鬼雄
> 的悲劇形象，具有相當的藝術概括力，形成一種剛健樸質的風格，
> 與〈九歌〉其他各篇的「情思綿邈」不同。〔註32〕

〈國殤〉風格陽剛，悲壯而更沈著，後世如晉代劉琨的〈扶風歌〉，與此
風格相近。

〔註30〕洪棄生，《寄鶴齋詩話》，頁3。
〔註31〕傅錫壬注譯，《新譯楚辭讀本》（台北：三民書局，1987年），頁72～76。
〔註32〕吳福助著，《楚辭註繹》上冊，頁241。

第三節　〈山鬼〉「寫生欲出」的妙筆

　　詩人專運機神而寫出高遠深韻的詩作，得力於「寫生欲出」的妙筆。洪棄生稱許《楚辭·九歌·山鬼》云：

　　　　若有人兮山之阿，被薜荔兮帶女蘿。既含睇兮又宜笑，子慕予兮善
　　　　窈窕。乘赤豹兮從文狸，辛夷車兮結桂旗。被石蘭兮帶杜衡，折芳
　　　　馨兮遺所思：「余處幽篁兮終不見天，路險難兮獨後來。」表獨立兮
　　　　山之上，雲容容兮而在下，杳冥冥兮羌晝晦，東風飄兮神靈雨。留
　　　　靈脩兮憺忘歸，歲既晏兮孰華予？采三秀兮於山間，石磊磊兮葛蔓
　　　　蔓，怨公子兮悵忘歸，君思我兮不得閒。山中人兮芳杜若，飲石泉
　　　　兮蔭松柏。君思我兮然疑作。雷填填兮雨冥冥，猨啾啾兮又夜鳴，
　　　　風颯颯兮木蕭蕭，思公子兮徒離憂。

　　「若有人兮山之阿」四句別出一種篠遠筆墨，絕世豐神。末段則一種陰
森之氣，不啻山鬼欲出，真寫生神手。〔註33〕妙以「填填」、「冥冥」、「啾啾」、
「颯颯」、「蕭蕭」等疊詞摹繪聲情，寫生入神。論者吳福助闡述中國沅、
湘有形形色色的山鬼傳說，巫師以「和神」之法祓除，此詩即是原始雛型。
〔註34〕論者傅錫壬的解題與析評，則認為山鬼是山神：

　　　　……此篇為主祭之巫獨唱獨舞。山鬼並未登場。故篇末用「徒離
　　　　憂」作結。通篇是祭巫設想之詞。首先描寫幻想中山鬼出現的神態，
　　　　車乘。繼則設想山鬼寄托不至的原因，於是祭巫怨悵，舉眼前艱阻
　　　　以襯托徒然憂傷之苦。文字悽楚動人。王逸說：「備寫鬼趣，悽緊動
　　　　人。」王夫之說：「此章纏綿依戀，自然為情至之語，見忠厚篤悱之
　　　　音焉。」是確評。〔註35〕

　　論者稱〈山鬼〉直到晉、宋時代，還被改寫後譜曲歌唱，見《宋書·樂
志》。〔註36〕悽緊動人而又纏綿依戀，此自然為情至之語，得力於「寫生欲
出」，詩人下筆專運機神而有高遠深韻。

〔註33〕《寄鶴齋詩話》，頁5。

〔註34〕吳福助註譯，《楚辭註繹》（台北市：里仁書局，2007年），頁226。

〔註35〕傅錫壬註譯，《新譯楚辭讀本》（台北：三民書局，1987年），頁72～76。

〔註36〕曹道衡著，《中古文學史論文集》（台北市：洪葉文化，1996年），頁5。

第六章　〈遠遊〉而遊仙，設情以位體

　　此章本六觀的觀位體，設情以位體，洪棄生以析論《楚辭》為後代詩歌題材與風格淵源。洪棄生論李白之〈遠別離〉、〈春日行〉，杜甫（字子美，生在鞏縣（今河南鞏縣）。遠祖京兆杜陵（今陝西西安東南）人，因自稱「京兆杜甫」、「杜陵布衣」、「杜陵野客」。又曾住在少陵（今陝西西安南），又號「少陵野老」，有《杜工部集》傳世，西元七一二～七七〇年）之〈寄韓諫議注〉等詩善學騷。所謂善學騷在於肖神不肖形。

　　前引宋朱熹在〈楚辭後語目錄・序〉所謂「又必以無心而冥會者為貴」，即棄生所謂「肖神不肖形」。指後代詩人無心求似屈原的作品，而其性情、志趣與遭際卻與屈原有相合相似之處，都有幽憂窮蹙、怨慕淒涼之意，則杜甫所謂「蕭條異代不同時」，發為詩作，而無心竟然合轍。誠如薩伊德（Edward W. Said，1935～2003）云：

　　　風格會抵銷現世性——即孤獨文本沉默的、看似沒有境遇的存在。
　　　任何文本，只要不曾立即被毀滅，都是往往互相衝撞的力量網絡，
　　　而且實際存在的文本就是現世中的一個生命。〔註1〕

　　生命情調與人格氣質才是創作者變而不易的現世存在感，創作者以其「視野」，吸納前人文本的影響與啟發，化為詩作，成了另一與前人文本相互依存、對話的現世生命，由此探討「變格」與「意境」，論析李白、杜甫詩與《詩》《騷》肖神不肖形。

〔註1〕艾德華・薩伊德著，薛絢譯，《世界・文本・批評者》（台北：立緒文化，2009年），頁54。

第一節　論〈遠遊〉影響遊仙詩

　　根據馬克斯・繆勒（Friedrich MaxMüller，西元一八二三～一九○○年）的理論，神話可解釋成語言發展的副產品。神話形成是語言的變質，一種語言疾病，起源自語言進化的早期。那些被引以為例，特別重要概念的字彙被提高到神話的部份，神話將概念轉化為生物和故事。在穆勒看來，「眾神」開始是為了表達抽象思想而構建的詞彙，但卻被轉化為想像的個性。因此，印歐人的父神以各種名字出現，例如希臘神話裡的宙斯，從象徵父神的天，等同於天，宙斯。例如〈遠遊〉對於四方神遊方位、方向的描述，論者魯瑞菁引文分析。「吾將過乎句芒，歷太皞以右轉兮。」「指炎神而直馳兮……祝融戒而還衡兮。」「遇蓐收乎西皇」。「從顓頊乎增冰。歷玄冥以邪徑兮」，分別是東、西、南、北之遊。「句芒」、「蓐收」、「祝融」、「玄冥」四神為一組。「太皞」、「西皇」、「炎神」、「顓頊」四神為另一組。「句芒」等四神，又見《山海經》。〈海外南經〉：「南方祝融，獸身人面，乘兩龍。」〈海外西經〉：「西方蓐收，左耳有蛇，乘兩龍。」〈海外北經〉：「北方禺彊，人面鳥身，珥兩青蛇，踐兩青蛇。」〈海外東經〉：「東方句芒，鳥面人身，乘兩龍。」〔註2〕其中北方神禺彊，郭璞注：「字玄冥，乃水神也。」禺彊即玄冥。《左傳・昭公二十九年》載有五行之官，即木正句芒、火正祝融、金正蓐收、水正玄冥、土正后土。除去土正后土，其他四神與〈遠遊〉、〈山海經〉同。《左傳》的五神系統，其後為《呂氏春秋・十二月紀》、《禮記・月令》及《淮南子・天文》所承繼。《淮南子・天文》正式將東、南、中、西、北五方及木、火、土、金、水五種元素，提到五行排列的首位。而派上五神五佐，名為五星。〔註3〕「眾神」開始是為了表達抽象思想而構建的詞彙，但卻被轉化為想像的個性。從〈遠遊〉五行排列的首位。而派上五神五佐，名為五星。印證馬克斯・繆勒的理論，特別重要概念的字彙被提高到神話的部份，神話將概念轉化為生物和故事。

　　其他學者，如恩斯特・卡西爾（Ernst Alfred Cassirer Cassirer，西元一八七四～一九四五年），企圖解釋神話是一種前邏輯的產物，反經驗主義的思考，

〔註2〕袁珂校注，《山海經校注》（臺北市：里仁書局，1995年），頁206、227、248、265。

〔註3〕劉安撰，高誘注，《淮南子》（臺北市：臺灣中華書局，1993年6月6版2刷），卷3，頁3～4。魯瑞菁著《楚辭騷心論：諷諫抒情與神話儀式》（上海：上海書店，2016年11月第1版），頁189～193。

不同於科學的思想。〔註4〕神話和儀式間的關係，何者才是源頭？本是爭論不已卻難有定論。同樣的，許多的宗教，包括基督教、伊斯蘭教、猶太教等，將其起源溯自偉大宗教革新者的教義，認為偉大宗教革新者的聲音就是神的啟示。其教義起源自神話，之後才發展出有組織的神學思想和教義。

　　筆者的著作論〈遠游〉由「憂世」而「憂生」而追求「度世」，超越此世。而莊子認為孔子遊於道術，仍是「遊方之內」，其主張「與造物者為人，而遊乎天地之氣。」飛越超舉之凌虛狀態，見〈逍遙遊〉。〔註5〕清代王夫之《楚辭通釋》將〈遠游〉視為氣功專著。此外，考查辭賦與詩對遊仙的描寫，李豐楙云：「〈離騷〉、〈遠遊〉應是巫師的神遊或是模擬巫師的昇天經驗，為世俗化的昇登仙界的神遊版本。」「漢晉之際諸般〈昇天行〉、〈遊仙詩〉則是世俗化的乘蹻術。」〔註6〕漢賦如司馬相如〈大人賦〉云：「悲世俗之迫隘兮，朅輕舉而遠遊」〔註7〕則鋪寫遠遊天上帝宮之樂，稍稍滿足帝王遊仙求長生的欲望。論者稱屈原〈遠游〉採用民間道教傳聞來表現愛國的主題，影響後世世俗化的乘蹻術。〈遠遊〉的神仙奇詭思想，影響後世遊仙詩的興起。

　　關於〈遠遊〉「鍊質」問題，蔣驥《楚辭餘論》卷下，以開頭四句為全篇之旨。「重曰」以下至「神要眇」言「鍊質」。「嘉南州」六句言「輕舉」。「命天閽」至末言「遠遊」。論者魯瑞菁分析屈賦中的「宇宙樂園」式空間圖像分為兩類。一是崑崙型，即縱線型、宇宙柱型，如〈離騷〉。另一為亞型，即四方型，大十字型、曼荼羅型，加上中央，立體來看即「上下」，則成六方，〈遠遊〉所謂「周流六漠」。結構首言煉氣法門的實踐，屬道家煉氣服食的修養工夫。輕舉遠遊營造的空間秩序與儀式程序，有心靈組織結構的象徵意義。〔註8〕

　　魯瑞菁的文章著重分析〈遠遊〉的空間審美模型，筆者則著重「積極想

〔註4〕Müller, F. M.（1861年）Lectures on Science of Language（語言科學課程），Longman, London. Cassirer, E.（1955年）Philosophy of Symbolic Forms（象徵型式的哲學）：Mythical Thought（神話的思想），Yale University Press, New Haven.

〔註5〕陳光瑩著，《洪棄生的旅遊詩歌──《八州詩草》研究》（新北市：花木蘭文化出版社，2015年），頁63～64。

〔註6〕李豐楙《憂與遊：六朝隋唐遊仙詩論集》（台北：台灣學生書局，1996年），導論頁6。

〔註7〕司馬遷《史記》（台北：藝文印書館，1982年），卷117，頁1246。

〔註8〕魯瑞菁著，《楚辭騷心論：諷諫抒情與神話儀式》，頁180～204。

像的四個階段」。從心理學積極想像的四個階段論〈遠遊〉，即心理學家榮格強調治療精神官能症的真正治療，應是走向「神聖的事物」、「得到神聖的經驗」，才能脫離疾病的咒咀，甚至就是疾病也有神聖的特徵。此四個階段的第一階段，「必須倒空自己的自我意識，脫離自我的意識之流。」心理學治療推崇東方的冥想技巧，比如瑜伽的修習和道教內丹功法的修行。此即〈遠遊〉中「餐六氣」、「飲沆瀣」、「漱正陽」、「含朝霞」等餐食天地精氣以清澄神明者。

　　第二階段必須讓潛意識之流升起的幻想影像進入內在知覺的範圍。但不是留在內在事件，卻不進入任何私人關係。而是〈遠遊〉王子喬的內養、審氣、和德之方，於身處現世之事務，虛以待之於無為之先。

　　第三階段必須讓內在感知到的幻想得到表現的形式，如作曲、跳舞，或透過儀式。此即當代大量討論的問題，如何回答身體在心理分析裡的角色。心理學認為西方的煉金術士大多處理身體之外的物質，想像內在受到外在的神奇影響。認為神奇的外在影響和身體的東西經由類比的方式而具有同時性的關係。〔註9〕這種思維方式，〈遠遊〉以採服為言，以「濯髮湯谷」、「晞身九陽」、「吸飛泉微液」、「懷琬琰華英」為內容的採服、行氣之事。

　　第四階段是關鍵的階段，「也是大部分想像技巧欠缺的部分，就是以道德面對自己製造出來的東西。在這個時刻，榮格警告我們會有一個常犯的錯誤，會危及整個歷程，這個錯誤就是「以虛構的自我進入內在事件，而不是以真實自我進入。」〔註10〕〈遠遊〉則以上下四方，周流六漠象徵靈性視野的擴大。榮格強調積極想像的超越功能，除了強調四種元素如水、火、風、地四種精華，更強調被整合的輪子所代表的第五元素。他視個體化歷程為道德問題。以意識的四種功能，分別是思考、情感、感官、直覺。思考、情感為相對立的一組，共同處是思考和情感都有區辨、判斷的理性功能，後兩者感官、直覺是相對立的一組，共同處是感官和直覺作用都非關理性功能。每一組（例如思考、情感）兩種功能相反，如思考與情感互斥。另一組（例如感官、直覺）兩種功能相反，例如以直覺功能為主要功能的人，則感官功能是其劣勢功能。兩組之間（組一的思考、情感，組二的感官、直覺）互為輔助功能。

〔註 9〕瑪麗－路薏絲・馮・法蘭茲著，易之新譯，《榮格心理治療》（臺北市：心靈工坊，2011 年 8 月初版一刷），頁 172、158～169。

〔註 10〕瑪麗－路薏絲・馮・法蘭茲著，易之新譯，《榮格心理治療》，頁 161。

例如感官功能是某個人的劣勢功能，則思考和情感可以成為輔助功能。每一種功能依自我與客體的心理適應模式分為外傾和內傾型。每一組兩種外傾和內傾型功能相反且互斥，例如外傾思考型以外傾的思考功能為優勢功能，其劣勢功能就是相反的內傾情感功能。

　　榮格看重劣勢功能在人生後期的發展，因為劣勢功能關係到潛意識與意識的結合，以及全人的整體發展。劣勢功能的共通特徵是不適應社會，人最大的磨難、痛苦，總覺得遇到障礙都因劣勢功能。這裡不是要將屈原歸入可能的八種八型的某一類，而是劣勢功能很靠近潛意識，如意識人格無法止血的傷口，使潛意識一直進來，而擴大意識，帶來新經驗。尤其是心理學家將意識領域比成有四道門的房間，而第四道門是陰影，為本質我的化身。當心理學運用積極想像的第四階段來看待個體化歷程，人類意識的四種功能提出「豐富的假設」，榮格所謂人類心靈中形成基本結構的原型的表現形式，可以看做是人類氣質傾向的表現形式，用來表現整體存在的宇宙世界，此四重模式，榮格引用東方的曼荼羅來印證。〔註11〕

　　論者魯瑞菁以此分析〈遠遊〉的心靈空間圖像，以自發的曼荼羅，在集體無意識的一部分，即威脅人格整體性的巨大心理領域——曼荼羅對應精神的勝利——從意識吸收和整合的意義來說心靈空間圖像。〔註12〕則〈遠遊〉的東西南北四方，以及隨意漫遊和超越之遊，一方面可用類比方式來思維「理性」、「情感」、「感官」、「直覺」的四種現象，但更應該用「曼荼羅」的方式，視為積極想像的「超越功能」，去除意識不斷地干預、幫忙、矯正和否定。容許事情發生，通過不行動產生行動，放下自我，必須有能力容許事情在心靈中發生，榮格引用艾克哈特的觀點，使心靈的歷程在平靜中單純的成長。〔註13〕

　　以下以學者對〈遠遊〉的論述，與「積極思考」說互相印證，以闡發意蘊。因此，〈遠遊〉乃以四方標誌廣闊深遠的立體宇宙空間，遠遊至各方絕域極境的終點而後返轉、回歸。〔註14〕恣遊於天地間的巡禮中。如「命天閽」至「始夕臨」句，為天宮之遊。其中「天閽」是天宮之門神，「豐隆」是雷神

〔註11〕瑪麗－路薏絲・馮・法蘭茲著，易之新譯，《榮格心理治療》，第二章。
〔註12〕魯瑞菁著，《楚辭騷心論：諷諫抒情與神話儀式》，頁197。
〔註13〕瑪麗－路薏絲・馮・法蘭茲著，易之新譯，《榮格心理治療》，頁144。
〔註14〕魯瑞菁著，《楚辭騷心論：諷諫抒情與神話儀式》，頁189～193。

也是雲神。「帝宮」、「清都」、「太儀」都是天帝所居的宮殿。「重陽」、「旬始」指皇天，其命名可印證「永恆回歸」的神話時間觀。「屯余車」以下十三句寫東方之遊，論者魯瑞菁稱儀仗、隊列的繁重雄壯，較〈離騷〉有過之而無不及。〔註15〕「前飛廉」至「遇蓐收」七句為西方之遊。其中「飛廉」、「風伯」都指風神。此段接「攬彗星」以下二十四句。論者魯瑞菁以此段動作的變化，相應複雜的心緒。由「度世忘歸」、「恣睢担撟」到「欣欣自喜」、「媮娛淫樂」，到「余心悲」、「長太息」，再到「泛容與」、「遭舉」，再到「抑志自弭」。「指炎神」以下十六句，在音樂、舞姿、藝術描寫中迫近極樂的精神自由。「舒并節」至「歷玄冥」十三句為北方之遊。接著「乘間維」至「與泰初」十三句為超越之遊。從北方之遊始，論者魯瑞菁認為愈近超越的臨界點，「速度愈來愈慢，愈接近無為、無識的狀態。」至「超越之遊」以「五無一至」的語言策略，「鋪設出無限之遊的無終點性。」〔註16〕

前引容格思考、情感、感官、直覺四種功能。其原型觀念可用於析解神遊天地的意象。如果以威爾金森法則看物理現象的四種方法來類比。感官功能和感官知覺如「能量的過程」，文本中感性描寫運用感官和超越感官式的張力對比法。再者是「重力的法則」。「重力的法則可以類比為思考功能，以某種秩序整理事實，分類為上層或下層。」詩中遭舉之樂對比「抑志自弭」，尤其是天神儀仗等描寫，以天上秩序呼應人間帝庭，以世路艱難苦志對比神遊之樂。又可呼應人際關聯性的「情感功能」。「情感功能」即「具有相同電荷的粒子在某個距離會互相排斥，但如果它們接近到一個程度，會以特別強的凝聚力吸引彼此。」西方之遊接著「隨意漫遊」，再接「南方之遊」，情感複雜，憂樂雜陳，從相斥到凝聚力強，但見眾神歌舞並陳。由北方之遊到超越之遊相當於「直覺」，總是有模糊或消解事物的傾向，可類比物理學家所說的「弱作用力」。以「持續不斷、非常緩慢的擴散過程，會分解所有物質現象。」〔註17〕

受到〈遠遊〉的遊仙描寫影響，以遺民世路艱難苦志對比神遊之樂，例如洪棄生寫給施梅樵的詩作，〈入山詞和梅樵韻〉云：

　　蓬萊既已淺，蓬島苦無仙。騎龍不可期，四海莽風煙。安得尋浮邱，

〔註15〕魯瑞菁著，《楚辭騷心論：諷諫抒情與神話儀式》，頁195。

〔註16〕魯瑞菁著，《楚辭騷心論：諷諫抒情與神話儀式》，頁194～196。

〔註17〕瑪麗－路蕙絲・馮・法蘭茲著，易之新譯，《榮格心理治療》，頁130～131。

神芝采瓊田。道逢盧敖子，竦身直上天。愧無御風術，相遇九重淵。
變計入嵩華，笑把洪崖肩。路與崆峒通，境與塵世捐。千日中山釀，
醉作逃世禪。

施梅樵的詩作原作云：

紅塵莫插腳，入山訪神仙。神仙安可遇，山中空雲煙。上有紫瓊芝，
下有白玉田。蒼蒼千歲松，直幹高接天。怪石懸危崖，俯臨萬丈淵。
我欲登絕頂，躡屐聳吟肩。素有愛山癖，到此思慮捐。依山且結廬，
靜坐參詩禪。〔註18〕

　　洪棄生和施梅樵的詩作都有身隱思想。棄生醉作逃世禪，施梅樵的靜坐
參詩禪，都是適性歸隱。然而「騎龍不可期，四海莽風煙。」遺民世路艱難苦
志對比神遊之樂。施梅樵想像入山訪仙，結廬山居，棄生卻慨歎「蓬萊既已
淺，蓬島苦無仙。」屈原〈離騷〉中叩問天閽，飛昇崑崙的仙遊，以及神話的
運用，極為靈活。〈遠遊〉「悲時俗之迫阨兮，願輕舉而遠遊。」因憂患而避
世，夙為遊仙詩中詠懷的主調。《莊子》〈逍遙遊〉高逸超脫的神人，則成為後
世仙人形象的張本。以「遊仙」為題材的詩，見於《文選》所錄者，有何劭和
郭璞所作。《藝文類聚》卷七八「仙道」一類則有曹丕、曹植、何劭、張華、
成公綏諸人之作。這些作品的思想，可遠溯至戰國秦漢方士的成仙觀和長生
觀。而魏晉服食風氣盛行，詩中也多有仙藥之描寫。貝瓊（初名闕，字廷琚，
號清江，海寧人，西元一三一四～一三七九年）〈遊仙詩序〉云：

遊仙詩何所始乎？始於離騷遠遊之作也。天下固無神仙之說，而屈
子不容於君，放乎湘潭，蓋將臨六合，鄙薄俗，排風御氣，超然物
表，與日月齊壽，以盡無窮之觀，其託為王子之言曰：「道可受兮，
不可傳；其小無內兮，其大無垠；毋滑而魂兮，彼將自然；一氣孔
神兮，於中夜存；虛以待之存，無以為先；庶類以成兮，此德之
門。」則自廣成之告黃帝者，莫之能過，此真神仙之要，不待餐六
氣、飲沆瀣、漱正陽、食朝霞而後謂之神仙也。……亦足以窺其高
懷遠識，要皆祖於〈離騷〉之言。〔註19〕

　　〈遠遊〉的神遊描寫本自〈離騷〉而儀仗更為壯盛。王子喬之言又可與

〔註18〕洪棄生著，《寄鶴齋詩集》，頁163～164。

〔註19〕貝瓊撰，《清江詩文集》臧紀昀等編，《四庫全書總目提要》，（《文淵閣四庫全
　　　　書·集部·別集類二十二》，臺北：商務印書館，1983年10月初版），卷7。

漢代道家思想如《淮南子》等書所說相印證。李善注郭璞〈遊仙詩〉云：

> 凡遊仙之篇，皆所以滓穢塵網，錙銖纓紱，食霞倒景，餌玉玄都，
> 而璞之制，文多自敘，雖志狹中區，而辭無俗累，見非前識，良有
> 以哉！〔註20〕

鍾嶸《詩品》列郭璞詩入中品。遊仙詩多描寫仙人、仙藥、仙景，因遠離塵世，遂不問俗情。〔註21〕而郭璞詩雖題為遊仙，內容多詠懷。鍾嶸便認為「辭多慷慨，乖遠玄宗。」「乃是坎壈詠懷，非列仙之趣也。」〔註22〕以李善所言之純粹遊仙詩為正體，郭璞詩作則為變體。

唐代以降遊仙詩體大興，作家輩出，成就遠邁前代。為棄生稱賞者，如唐代之王績、李白，李賀與盧仝，以及宋代蘇軾等。論者顏進雄就遊仙詩體格言，初唐王績〈過山尋蘇道士不見題壁四首〉，洪棄生以為「作曹唐遊仙之祖」。棄生因〈遠遊〉影響，以遺民世路艱難苦志對比神遊之樂。對遊仙詩作，稱許李白的作品「英警深情、胸懷宕逸。」稱蘇軾詩如地仙，多人間語。讀其詩如方朔之諧，以其嘻笑怒罵皆成文章，所謂「思窮天際，詼詭見奇。」又稱許李賀詩能開奇闢之麗境。〔註23〕

論者曹道衡認為郭璞《遊仙詩》是中國古代浪漫主義詩歌從屈原到李白的發展中一個重要的環節。例如郭璞《遊仙詩》第九首云：

> 採藥遊名山，將以救年頹。呼吸玉滋液，妙氣盈胸懷。登仙撫龍駒，
> 迅駕乘奔雷。鱗裳逐電曜，雲蓋隨風回。手頓羲和轡，足蹈閭闔開。
> 東海猶蹄涔，崑崙螻蟻堆。遐邈冥寂中，俯視令人哀。

曹道衡析論郭璞詩對李白、李賀遊仙詩的影響，相較〈離騷〉詩寫行遊於天空，郭璞詩同樣不能忘記世人，回顧人世，對人民疾苦有一定的同情。筆法如〈離騷〉在「奏《九歌》而舞《韶》兮」後，筆鋒一轉為「陟升皇之赫戲兮」四句。郭璞詩的情節受屈原啟發，影響李白，如李白〈古風五十九首〉其十九「西上蓮花山」，寫自己與仙人衛叔卿「駕鴻凌紫冥」之際，卻「俯視洛陽川」，悲憫人世戰亂和殺戮。至於李賀〈夢天〉的「遙望齊州九點煙，一泓海水杯中瀉。」曹道衡認為是前引郭璞「東海猶蹄涔」二句，和《遊仙詩》

〔註20〕蕭統編，《文選》卷21。台北，藝文。民國72年6月十版。
〔註21〕顏進雄著，《唐代遊仙詩之研究》（台北：文津，1996年初版），頁35。
〔註22〕鍾嶸著，《詩品》（台北：金楓，1986年12月初版）。
〔註23〕洪棄生，《寄鶴齋詩話》，頁93。

第十二首的「四瀆流如淚，五岳羅若垤。」的發展。但郭璞詩句傾向古樸和自然；而李賀更偏於奇崛和瑰麗。〔註24〕

　　此外，李白的遊仙詩又受到南朝詩人鮑照的影響。論者曹道衡稱許鮑照詩以樂府舊題出新意，成為揭露或蔑視當時社會的有力武器。例如〈升天行〉這種遊仙詩，曹植或梁代劉孝勝等人，詩的情調都是出世的。唯獨鮑照的〈代升天行〉首云：「家世宅關輔，勝帶宜王城。備聞十帝事，委曲兩都情。倦見物興衰，驟睹俗屯平。翩翩若回掌，恍惚似朝榮。窮途悔短志，晚志重長生。」藉漢代喻南朝，概括平生熟睹的劉宋王朝的歷史現實。末以「何當與爾曹，啄腐共吞腥。」表達對富貴、權勢的極端蔑視。其詩句的技巧和思想方面，影響唐代的李白。〔註25〕李白詩善學騷在於肖神不肖形。棄生特別推崇〈春日行〉。此詩云：

> 深宮高樓入紫清，金作蛟龍盤繡楣。佳人當窗弄白日，絃將手語彈鳴箏。春風吹落君王耳，此曲乃是〈昇天行〉。因出天池泛蓬瀛，樓船窣沓波浪驚。三千雙蛾獻歌笑，撾鐘考鼓宮殿傾，萬姓聚舞歌太平。我無為，人自寧。

> 三十六帝欲相迎，仙人飄翩下雲軿。帝不去，留鎬京。安能為軒轅，獨往入窅冥？小臣拜獻南山壽，陛下萬古垂鴻名。

　　郁賢皓注譯李白〈春日行〉屬於樂府舊題。紫清指天帝所局之紫宮清都。此處指天空、雲霄。郁賢皓云：

> 《樂府詩集》卷六五列於〈雜曲歌辭〉。南朝宋鮑照有此題詩。蕭士贇注：「〈春日行〉者，時景二十五曲之一也。」胡震亨注：「鮑照〈春日行〉詠春遊，白則擬為君王遊樂之辭。」《樂府詩集》卷六三列於〈雜曲歌辭〉，於曹植此題詩下引《樂府詩集》曰：「〈昇天行〉，曹植云：「日月何時留。」鮑照云：「家世宅關輔。」曹植又有〈上仙籙〉與〈神遊〉、〈五遊〉、〈龍欲升天〉等篇，皆傷人世不永，俗情險艱，當求神仙，翱翔六合之外。與〈飛龍〉、〈仙人〉、〈遠遊篇〉、〈前緩聲歌〉同意。」〔註26〕

〔註24〕曹道衡著，〈郭璞和《遊仙詩》〉。收入曹道衡著，《中古文學史論文集》（臺北市：洪葉文化，1996年版），頁304～305。

〔註25〕曹道衡著，《中古文學史論文集》（臺北市：洪葉文化，1996年版），頁333～334。

〔註26〕李白著，郁賢皓注譯，《新譯李白詩全集》（台北：三民書局，2011年），頁

曹植遊仙詩傷人世不永，俗情險艱，當求神仙，翱翔六合之外。李白〈春日行〉則擬為君王遊樂之辭。此繼承漢賦司馬相如的長篇遊獵，誇揚君王遊樂之辭，又脫胎自〈招魂〉「亂曰」以下的遊獵描寫，小民的哀情則見於言外。棄生所謂善學〈離騷〉在於肖神不肖形。例如杜甫〈玉華宮〉一詩，其寫作年代，浦起龍繫於至德二年：

> 溪迴松風長，蒼鼠竄古瓦。不知何王殿，遺構絕壁下。陰房鬼火青，
> 壞道哀湍瀉。萬籟真笙竽，秋色正蕭灑。美人為黃土，況乃粉黛假。
> 當時侍金輿，故物獨石馬。憂來藉草坐，浩歌淚盈把。冉冉征途間，
> 誰是長年者？〔註27〕

地面上的宮殿因戰亂而毀，這種劇變與前代的荒落對比，雖遲速有別，卻同感荒謬。以丹麥哲學家祁克果（西元一八一三年～一八五五年）所說的「同情的反感和反感的同情」，分析感性階段的「絕望」，倫理階段的「犯罪感」和宗教階段的「荒謬感」，詩中「浩歌淚盈把」，此感性階段的「絕望」；「美人為黃土」，此倫理階段的「犯罪感」。儒者以家國秩序為終極關懷，以行仁義為信仰。「誰是長年者」，此宗教階段的「荒謬感」。蘇格拉底所說的「我知道我一無所知」，此矛盾表達所引發道德犯罪和內疚心理，詩中了悟憂患和畏懼，還有理想與現實的矛盾，自由選擇的飛躍和參與所不可迴避的個人責任感，更感畏懼的是不確定後果的冒險與害怕，所謂「冉冉征途間」。浦起龍論詩有黍離行邁之思，誠然。又說「不知何王殿」，婉轉致諷，嘆昔日帝王儉德之風蕩然不存。

以歷史意識所展現的生命存在感，詩的時空書寫，以艾略特（西元一八八八年～一九六五年）稱許真正的傳統詩人是具有「歷史眼光」的詩人，其時間觀念是「超脫時間的永恆感，甚至是永恆與時間合一的感覺。」論者稱此受柏格森（西元一八五九年～一九四一年）的生命哲學，強調生命之流的綿延乃是精神的作用，以變化和進化的生命衝動，尤其在突變和劇變的年代，結合記憶的精神性印象，以及知覺的物質性、目的性認識外在對象，用自由創造的直覺所重視的神祕經驗，打破理性分析的廣延而連貫特質。杜甫於安史之亂時目擊世變，天崩地毀的中國，逃難中又見荒落古殿，生命之流的綿

116～118。

〔註27〕杜甫著，浦起龍撰，黃永武編，《讀杜心解》（臺北市：大通書局，1984 年 10月初版），頁 39。

延乃是精神上的恆常滄桑感。柏格森生命哲學的時間觀，頗能契合詩中「蒼鼠竄古瓦」所象徵唐朝王室的崩壞與天下的動盪。〔註28〕

第二節　棄生遺民詩的遊仙意趣

棄生以遺民世路艱難苦志對比神遊之樂。其遺民詩的遊仙意趣，從題名及內容來看，詩題有仙人、仙景、仙藥三者之一，內容實為遊仙者，如〈重題蓬萊圖〉、〈望蓬萊山有悼〉、〈望見三神山歌〉、〈求仙六章〉、〈夢遊玉京〉等。題名無關遊仙，而內容相關者，如〈吸煙戲詠〉、〈說夢二首〉、〈望遠海〉、〈循寶石山登葛嶺訪仙蹟並弔往蹟放歌〉。末首乃訪遊杭州所作，屬遊歷弔古詩，情思閒遠。多數詩作中「為仙為鬼總稱適」，多因憂患避世，企求遠遊。屈原的作品如〈漁父〉，用「擬言」、「代言」，以「記言為敘事」，如〈漁父〉，論者吳福助稱人物描寫把握特徵，用詞精當。「全篇結構尤其嚴密完整，有人物、對話、場景，有衝突、高潮，活似一齣獨幕短劇，具有強烈的藝術魅力。」〔註29〕筆者的著作分析棄生〈三題謝君生壙詩後〉五古，有人物、對話、場景，為遊仙寓言詩，與〈漁父〉意旨不同而同樣具有戲劇性。〔註30〕試論棄生遊仙詩要旨。

一、悲臺割日，憂國陸沈

台灣割日，棄生悲痛之餘，絕意仕進，不願作清廷的官奴，更不屑助紂為虐，作日人的走狗，惟恨「神州陸沈，仙山糞土」。〔註31〕〈感懷十二首〉其七云：「散遊姑作陸沈仙」，〔註32〕「元龍意氣潛藏甚，離亂愁中斗室懸。」〔註33〕乃幽閉避世，以潛藏意氣。〈重題蓬萊圖〉（癸巳有作蓬萊圖詩，是時未見蓬萊淺也，故重題之。）云：

> ……今日看畫不可堪，無限風光俱草草。千歲茯苓能養生，雨淋日炙成枯槁。蓬萊峰沒蓬萊水，處處橫流為洪潦。轉瞬忽成赤赭山，

〔註28〕祁克果、柏格森思想見趙敦華編著，《現代西方哲學新編》（台北：五南書局，2002年），頁24～30、33～41。葉維廉著，《《荒原》‧艾略特詩的藝術》（台北：台大出版中心，2018年5月），頁105。

〔註29〕吳福助註譯，《楚辭註繹》（台北市：里仁書局，2007年），頁692。

〔註30〕陳光瑩著，《儒醫謝道隆《小東山詩存》研究》（新北市：花木蘭文化出版社，2020年3月），頁185、196～199。

〔註31〕《寄鶴齋駢文集》，頁205〈再與家韜巖孝廉書〉。

〔註32〕《寄鶴齋詩集》，頁232〈感懷十二首〉其七。

〔註33〕《寄鶴齋詩集》，頁232。

回頭頓失金銀島。不見當時安期生，一路相逢即猓獠。裸形對客如
園狙，吸腦驚人似地蠟。……。〔註34〕

此詩多用象徵比喻手法，詩中的台灣已成為鬼域，和〈題海外蓬萊圖〉
的寫實不同。圖中的仙島風光草草，茯苓等養生之仙藥枯槁，仙峰漸淪沒水
中。皆歸罪「雨淋日炙」和「處處洪潦」，以天災之蹂躪比喻日人之殘虐。「轉
瞬」間仙山崩裸赤赭，寶藏盡失。不見仙人，惟見猓獠。日人以異族入宰臺
民，詩人比喻為異類之獸入侵。裸形園狙言日人之野蠻好鬥，吸腦地蠟諷其
剝削之狠。〈望蓬萊山有悼〉云：

海上蓬萊山，自是神仙闔。瓊瑤削作臺，琳瑯排作闕；仙人凌雲出，
望之心目豁。誰知閱滄桑，仙山亦轕轄。淪汩滄茫中，滔滔海水闊。
殘破不可知，中流膌一髮。日出照深淵，黝黶見髣髴。既作妖螭居，
復變鬼狐窟。人類想無存，岩嶢枯髏骨。時或洪流漲，浮沈見凹凸。
可歎蓬萊峰，年年海底沒。海底何所有，黿鼉來窸窣。海中何所見，
鯨鯢弄溟渤。海屋添籌翁，聲噎氣復鬱。日與鬼蜮鄰，頻年無一物。
〔註35〕

詩描寫仙山沈淪殘破下的轕轄，中流一髮，日照深淵，見沉淪之深。黑
暗中彷彿有光，已成為鬼妖的黑暗居窟，因悲念人類無存，枯骨岩嶢。「時
或」以載浮載沈於洪水之山峰，形其陸沈之無底。又以海底之黿鼉鯨鯢比喻
列強之侵逼。「海屋添籌翁」本祝壽詞，反用為滄桑悲語。恆與日夷鬼蜮為
鄰，不見古人及來者，怎不愴然心傷？

此外，清末列強交侵，中國國勢凌夷，棄生常歎「神州陸沈」。〈望遠
海〉云：

颶風激遠海，巨蛟騰海東。西池降王母，不見蓬萊宮。扶桑暘谷外，
神州渺濛濛。神山忽焉沒，波濤連天風。誰云尾閭水，遠與天河
通。……萬里崑崙邱，倒映蠡勺中。銀潢從天瀉，萬水不朝宗。我
居東海上，願問東王公。〔註36〕

海上狂鯨巨蛟，喻列強之寇我者。「西池」句，以王母喻慈禧太后，然宮
闕瓊樓渺茫，神州濛濛不可望，神山忽沒於波濤，比喻陸沈。「誰云」二句，

〔註34〕《寄鶴齋詩集》，頁181。
〔註35〕洪棄生著，《寄鶴齋詩集》，頁163～164。
〔註36〕《寄鶴齋詩集》，頁279。

因思此生與神州隔絕，憤而詰問。「萬里」句，導虛入實，夸飾成趣，發抒對神州仙山之想望。然而國勢既凌夷，「萬水不朝宗」，此願問仙仙豈能為？〈望見三神山歌〉云：

> ……我生夢想翼一至，有似五嶽羅吾胸。誰知今日親眼見，只有鬼物無仙蹤。山中白日生土螻，山外微陰來海童。馮夷擊鼓商羊舞，攫人長爪垂蛟龍。千丈鯨鯢噓惡浪，百群沙蝨吹毒風。樓臺宮闕何所往，終古蜃氣昏濛濛。秦皇當日童男女，莫怪一去無回航。枉說仙樂不可求，豈知鬼國有餘凶。七十二地卅六天，可憐方士多鑿空。只今仙源殊曠莽，渺渺人類皆沙蟲。我身欲往叩蒼穹，安得仙杖化長虹。黑劫萬重歸一瞬，俯視浮世真蟻蟓。〔註37〕

此詩次於〈海外悼昇遐篇〉後，則慈禧、光緒晏駕，詩人有感於中國氣運之衰而作。昔日神州，今惟鬼物無仙蹤，因寫土螻、海童等怪物。土螻狀似羊而四角，居崑崙之丘，食人，本自《山海經》。海童乃海中神怪。「馮夷」二句言天將大雨。天際烏雲，攫人的蛟龍長爪隱隱；惡浪噓天，若有鯨鯢掣海。沙蝨毒風、蜃氣濛濛，樓臺宮闕已不知何往，仙藥仙山亦不可求。惟見仙源曠莽，人類化為沙蟲。清室末造，猶如黑劫萬重，風雨中蟻蟓群飛。故國凌夷至此，恨不能杖解成虹，遠離鬼國。〈求仙六章〉其四云：

> 生年始三十，過眼多風煙。學道長不死，浩劫倍憂煎。中路且徘徊，或謂余無然。此地有乾坤，別成世外天。豈尚知人間，滄桑有變遷。
> 「子未絕世務，洗耳須深淵。子未脫塵氛，濯足須深泉。一朝成大道，憂騷永棄捐。下觀蠻觸羣，蚍蜉逝目前。」……〔註38〕

言學道長不死，可免浩劫憂煎；不若人間天地，尚有滄桑遷變。後半段虛設仙人教誡，以其世務未絕，須濯足洗耳於深淵深泉，一朝積善達道，「憂騷永棄捐」。「下觀」塵寰蠻觸蚍蜉，道念益堅。另有其五悼荒邱枯骨，誰所廢劉？「白骨」四句言天地自秋而不語。悠悠人間苦難，直欲飛昇出九州，叩閽問天帝。其六卻自我寬解，以仙人未絕苦惱，桃棗異味，食之心酸。酸楚來自莽莽塵寰，因俯念憂思，浩浩難捨，寧願下謫為人。詩人徘徊進退在避世與

〔註37〕《寄鶴齋詩集》，頁 321。
〔註38〕洪棄生著，《寄鶴齋詩集》，頁 142～143。

入世間，欲脫離濁世卻又不捨紅塵。〈歲暮雜感二首〉其二云：「霜雪迫華
巔，東荒老漏天。陸沈無故土，空作陸行仙。」〔註39〕年華老矣，英雄補天
之志未遂，眼見國土陸沈，「空」字有多少無奈和悲痛！因自比煙仙，在煙霞
行薦中解脫塵世苦痛。如〈吸煙戲詠〉云：「教我且學不死方，煙霞之裡垢塵
外。」末云：「邯鄲一枕夢黃梁，洞府三清伸白喙。霧液雲腋流玉酥，鸞膠鳳
髓含金薤。太乙然火三千年，一吸沖虛無大塊。」〔註40〕多少憾恨，盡付之
昏憻頹唐。

二、功名不遂，黍離之悲

　　洪棄生〈夢遊玉京〉託夢遊仙境，經仙人指點，了悟己為謫仙，以此舒
解其功名不遂及黍離之悲。詩自日沒蓬萊仙峰，天地微茫敘起。「空中」以下
夢遊玉京，乃天尊之治所。據《洞玄靈寶玉京山步虛經》載：「玄都玉京山，
在三清之上，無上大羅天中，上有玉京金闕、七寶玄臺、紫微上宮，太上無極
虛皇天尊之治也。「崔嵬」數句；描寫天帝金碧冕旒，仙仗鹵簿，玉女旁掖。
朱鬒鬚鬖，語出張衡〈西京賦〉。以賦筆鋪排神人、宮掖、神物之光怪陸離。
或以同偏旁字如徘徊、幕帘、嵯峨、璇璣、簧簾、竽瑟、雲霞、衣裙、蹤跡。
或以計量詞夸飾，如「千門萬戶闢」、「森森百千尺」。疊詞如几几、森森；疊
韻詞如晃蕩、玲瓏。「靈馭」二句對偶。「千門」四句中，「羽葆」與「雲氣」
二個隔句的句式相同，「千門」與「森森」二句句式稍異，整齊中不失錯綜和
變化。玉帝之召見眷顧不可得，惟見宮室之壯麗及神人之泄沓，卻可見不可
即，「無可問蹤跡」。豈功名之念未除，恍然於夢境浮現？中間以一智慧老人
點破迷津云：

> ……道逢老仙翁，揖之告以臆。仙翁顧我笑，似將為拂拭。問我從
> 何來，對以恍然得。指之向我云：「此為神仙閟。昨者招群仙，共來
> 會辰極。王母在上方，賜以蟠桃席。桃熟歲三千，塵寰經數易。今
> 適塵劫時，子向塵寰謫。仙人憫子身，援汝魂與魄。雖不與斯宴，
> 亦足繫斯籍。慎勿忘本來，致墮塵灰隙。」聞之豁然悟，儼同群仙
> 適，塵世苦惱懷，不復為記憶。蝸角生戰爭，不過流光擲。陵谷起

〔註39〕《寄鶴齋詩集》，頁139。
〔註40〕《寄鶴齋詩集》，頁301。

變遷，如掃塵埃積。富貴功名場，蜉蝣為形役。無時無殺機，乾坤
亦荊棘。萬古與千秋，去來如一刻。紫氣出天關，雲際麾霹靂。置
身於此間，空明無障隔。瞥然望老翁，一去如飛翼。縹緲不可追，
仙花開的的。看花不知歸，忽見赤城赤。前有采芝人，後有眠雲客。
顧盼失所遭，一笑在羅幕。捫得胸懷間，猶遺仙桃核。迴思入夢時，
夢境何歷歷。出門望鄉里，殊覺非疇昔。大廈為荒邱，高原為深澤。
不見舊時人，問途迷巷陌。山川倏忽更，城闕生禾黍。痛悔到人間，
從茲尋黃石。〔註41〕

「道逢老仙翁」，恍然以對，不知是夢是真。仙翁為之指迷，「今適」四
句，點破棄生謫仙身分，「雖不與斯宴，亦足繫斯籍。」安慰之餘，殷殷教誡：
「忽忘本來，致墮塵灰。」「聞之豁然悟」，忘卻塵世之苦。「蝸角」為俯瞰所
見，因了悟滄桑倏忽，視富貴功名輕賤如蜉蝣，遂能等視殺刈變滅之苦。「紫
氣」句遊戲乾坤。縹緲仙翁、仙花的的，如真似幻。看花如迷，「赤城赤」又
栩栩可見，采芝及眠雲之人卻又近若遠。顧盼失所，重回現實，胸懷間如有
桃核在梗，典用《神仙傳》王質故事。「出門」後驚見陵谷變異，人物全非，
覺人間迷幻如夢。不勝黍離之痛，直欲尋仙遠引。

玉京夢境猶如現實功業幻化的蜃樓。仙遊宴樂的描寫，無非是功名不遂
的補償心理。〈說夢二首〉其二云：

少小聞風懷賈生，南越繫闕請長纓。又慕終童棄繻手，班超介子
同橫行。讀書不獲遂所願，牖下埋首真無名。天荒地老又遷變，
石爛海枯頻踐更。束縛英雄作詞客，此恨千秋長不平。……夢中
樓船起橫海，遠從海上收赤城。曉日雙輪烏馭迅，落霞萬里龍旗
明。金甌重補神州缺，玉柱遙撐地軸傾。玉皇虛左相逢迎，瑤池
侍飲許飛瓊。奏凱蓬萊坐列仙，仙人顧我笑而興，此夢依稀落上
清。〔註42〕

詩首敘立功異域的夙昔典型，既而慨歎投筆從戎之志不遂。恨滄桑頻
更，時不我予。夢境卻雄異快哉，既橫海破浪，又收城復地於一旦。「落霞」
句之意象鮮明。遊宴玉京，蒙帝眷顧，舒解多少功業蹉跌之悵恨！

〔註41〕《寄鶴齋詩集》，頁146。
〔註42〕《寄鶴齋詩集》，頁309。

三、且效地仙，逍遙遊山

服食還丹金液，以昇天為仙的說法，見於葛洪《抱朴子》之說。若服食半劑，則「不死之事已定，無復奄忽之慮，正復且遊地上，或入名山，亦何所復憂乎？」〔註43〕洪棄生遊杭州西湖，登葛嶺訪葛洪舊蹟。葛洪，字稚川，晉丹楊句容人。從祖玄，吳時學道得仙，號曰葛仙公，以其鍊丹秘術授弟子鄭隱。洪就隱學，悉得其法焉。後師事鮑玄，玄能逆占將來，見洪深重之，以女妻洪。洪傳玄業，兼綜練醫術。自號抱朴子，因以名書。〔註44〕引申葛氏地仙棲遊名山之說，〔註45〕寄託其逍遙山水之樂，〈循寶石山登葛嶺訪仙蹟並弔往蹟放歌〉云：

> 層層磴道入雲霄，嶺頭疑有群仙朝。葛仙仙去長逍遙，葛仙仙嶺何岧嶤。我在西湖朝復朝，葛仙嶺下逢仙樵。仙靈指我路，抱朴盧在雲中飄，抱朴人在雲中招。仙境仙花歷不盡，神仙樓閣半空搖。往時曾為勾漏令，中路亦停羅浮軺，鮑姑裙帶化仙蝶，葛公藜杖為仙橋。煉丹之井長在此，煉丹之臺長翹翹。嶺頭壇見扶桑日，嶺半樓見錢塘潮。龕赭兩山鱉門口，縹渺海中隨沃焦。宋時秋壑何來此，盛飾飛樓滿山椒。蟋蟀陣圖分兩部，蝦蟆更鼓點連宵。西湖燈火繞山下，山中仙人破寂寥。山靈一怒叱之去，木棉庵裡聽歌謠。至今遺跡無人道，園亭並與山嵐消。後人收拾作仙蹟，結構盡綴仙瓊瑤。我來瀑布冬霜凋，挂山惟少玉龍驕。見此重疊雲霞窟，恨不飛傍赤松寮。下時天風忽送我，孤山白鶴落翛翛。〔註46〕

「葛嶺朝暾」為西湖十景之一葛嶺上有抱朴盧、葛公廟、煉丹井，絕頂上有煉丹臺。由此仰望嶺左寶雲山之初陽臺，相傳葛洪修真於此，吸日月精華，其地高朗，宜遠矚，可觀日出。〔註47〕詩自磴道入雲，想像嶺頭群仙朝山。「葛仙仙去」四句，言仙去嶺空，不意今日幸逢仙樵。句式近似類疊，又

〔註43〕王明校釋，《抱朴子內篇校釋》（北京：中華，1996 年 4 月第 4 刷），卷 3，〈對俗〉，頁 52。

〔註44〕唐房玄齡撰，《晉書》（台北：鼎文，民國 69 年 3 月初版），卷 72，〈葛洪傳〉。

〔註45〕參見李豐楙，〈神仙三品說的原始及其演變〉，頁 71。李豐楙著，《誤入與謫降：六朝隋唐道教文學論集》（台北：學生，民國 85 年初版）。

〔註46〕洪棄生著，《八州詩草》（南投：台灣省文獻委員會，民國 82 年 5 月 31 日版），頁 93。

〔註47〕沈德潛纂，《西湖志纂》（台北：廣文，民國 67 年 3 月初版），頁 573～577。

有排比句式之妙。「仙靈」句連上句似頂真。層層刻劃仙境、仙花、仙閣。「往時」二句，言葛洪曾求為勾漏令，以其地可煉丹；後又止羅浮山煉丹。〔註48〕「鮑姑」二句夸其仙術，頗有奇趣。仙道之要，在服食還丹金液。〔註49〕「煉丹」二句言煉丹井。「嶺頭」二句，一言「葛嶺朝暾」，一言錢塘潮勝景。「龕赭」二句宕開，牽扯沃焦石之海，為佛家所云眾生受苦處，對比南宋奸相賈似道舊蹟之荒落，慨聲色財貨不長久，而福禍無常不可忽。賈似道為理宗朝之權相。威福肆行，積禍稔亂甚烈。後似道被貶，被殺於漳州木棉庵。〔註50〕「宋時」二句，言當年似道飛樓盛飾。「蟋蟀」二句，以對偶鋪寫其縱欲淫樂。南宋末年，元兵圍襄陽已急，似道日坐葛嶺，起樓閣亭樹，日淫樂其中。非與博徒縱博，即與群妾踞地鬥蟋蟀。

「西湖」言笙歌院落，燈火樓臺，豪奢囂俗，仙山玄冥寂寥為之破滅。「山靈」四句，言如今遺跡無人道，園亭如山嵐頓消。詩意有若葛洪所云：「隆隆者絕，赫赫者滅；有若春華，須臾凋落；得之不善，失之安悲？」〔註51〕時值冬霜水凋，雖然少了披雪如玉龍的枝柯。然而雲霞片疊的麗景，遐然有飛傍仙寮之想。下山時天風送人，飄飄然如孤山林逋，長與白鶴翛然塵世之外。

棄生詩中的陸沈仙山，已成鬼域，其恐怖醜怪和盧全〈月蝕詩〉有相類似處，然詩情哀憐悲憤卻非盧全所有。其想像雄奇，隱喻深微，迥不同於傳統。〈望遠海〉則有古典詩習見的興亡之感。〈求仙六章〉隱然自比謫仙，英警與深情兼具。〈夢遊玉京〉用賦法鋪寫，仙景壯麗，虛設仙翁之教誡寬慰，敘事極富戲劇性，當受前代遊仙筆記小說之影響。〈說夢二首〉強烈流露功名不遂之恨意，寫實和虛想對比強烈，稍露斧鑿。〈吸煙戲詠〉描寫肉體的亢奮空虛及精神的超拔，意態頹放，其情則悲。詩於多慾耽癖毫無諱飾，反而自嘲自哂，可見其胸懷之坦易光明。〈循寶石山登葛嶺訪仙蹟並弔往蹟放歌〉筆調靈動又不失沈著，頗有東坡之風。〈招隱六章〉本自晉代詩人左思的詩作影響，發抒隱居之志，其六云：

〔註48〕唐房玄齡撰，《晉書》（台北：鼎文，民國69年3月初版），卷72，〈葛洪傳〉。
〔註49〕王明校釋，《抱朴子內篇校釋》（北京：中華，1996年4月第4刷），卷4，〈金丹〉，頁70。
〔註50〕脫脫撰，《宋史》（台北：鼎文，民國67年9月初版），卷474，〈賈似道傳〉。
〔註51〕楊明照校箋，《抱朴子外篇校箋》（北京：中華，1997年10月第1刷），卷50，〈自敘〉，頁690。

處世成大隱，神仙亦不如。煙霞入几席，日月生琴書。蠻觸與滄桑，
浮雲過太虛。山林固可悅，城市亦可居。相逢殊俗人，相視如猿狙。
雖處闌闠間，游心等邱墟。嘯詠近陶潛，草木傍茅廬。出視龍與蠖，
為卷不為舒。〔註52〕

　　視統治臺灣的日本人為殊俗人，相視如猿狙，欲嘯詠近陶潛，卷藏而不
舒，發抒貞隱之志。

〔註53〕洪棄生著，《寄鶴齋詩集》，頁 142～143。

第七章　〈招魂〉〈天問〉典，奧衍詩事義

　　此章本六觀的觀事義，洪棄生析論《楚辭》〈招魂〉〈天問〉典故，風格奧衍，為其遺民詩史的淵源，品評洪棄生詩用典以足義的標準。洪棄生乙未年（西元一八九五年）之後的詩援引神話，自《楚辭·天問》、《淮南子》、《山海經》等書擷取意象，其神話思維關涉現實，闡發內心幽微怨憤。

第一節　〈天問〉詩史源，〈招魂〉哀家國：遺民的詩史書寫

　　關於〈天問〉、〈招魂〉的篇旨，〈天問〉或以一切高遠於人者曰天，天問乃窮其本始之義。〔註1〕〈招魂〉的篇旨，筆者採常森的論點，即屈原自招生魂。關於〈天問〉、〈招魂〉，洪棄生云：

　　　《楚辭》中〈離騷〉之外，〈天問〉、〈招魂〉為大篇，後世二馬、班、

　　　揚、韓、柳，無數詭譎奇文，皆從此化出。〔註2〕

　　柯慶明論《詩經》與《楚辭》文學的美感，提到在具有較強個人色彩的〈招魂〉、〈大招〉中，我們看到了以家室為中心的意念與四處上下遨遊的精神的聚會與衝突：

　　　繼承了《詩經》的抒情傳統的南方楚國的《楚辭》。《楚辭》中有一

─────────────

〔註 1〕傅錫壬註譯，《新譯楚辭讀本》（台北市：三民出版社，1995 年），頁 90。
〔註 2〕洪棄生，《寄鶴齋詩話》，頁 5。

部分宗教性的作品，如〈天問〉、〈九歌〉、〈招魂〉、〈大招〉，可能是繼承了早期神話的「巫」的文化，而有很顯然的「巫」的自然神的崇拜（這與《詩經》的祖先崇拜以及倫理性的「帝」的崇拜顯然不同），以及神話的宇宙觀之信仰的痕跡。不同於《詩經》的家居文化以及由此而擴大的社會禮教生活的關切，早期神話的基本精神是人類在自然中自由遊蕩，四處追索的精神。這種遨遊追尋的精神和對自然之美的人性化、神格化的崇拜，就成為〈九歌〉中優美非凡的神巫交感的偉大的戀情劇儀。它對中國戲劇後來發展的影響很難確定，但無疑卻使中國情詩的寫作提昇到深具宇宙意識的海闊天空、天長地久的境地。在具有較強個人色彩的〈招魂〉、〈大招〉中，我們看到了以家室為中心的意念與四處上下遨遊的精神的聚會與衝突；再加上屈原個人兼承南北兩種文化，又身遭放逐的命運，屈原使《楚辭》基本上反映出一種由家居、由京城被逐，而於上下四方徬徨流蕩、痛苦追索的無處安心，無家可歸的遠別流浪的情懷。這種孤臣孽子的處境，一方面導致了對於國家的更大的渴思，一方面也促成了個人自我生命的獨特性的醒覺，及對文明與社會之本質的反省。〔註3〕

　　論者游國恩稱屈原作品有四大觀念：（一）宇宙觀念，以〈天問〉最多，〈離騷〉、〈遠遊〉次之。前引柯慶明所謂深具宇宙意識的海闊天空、天長地久的境地。（二）神仙觀念，以〈遠遊〉為代表，〈離騷〉亦多有之。前引柯慶明所謂駕虯驂螭的幻想，貫穿在屈原個人的徬徨流離的同時是精神上也是生活上的流浪追索的歷程。（三）神怪觀念，以〈招魂〉最多，〈天問〉次之。前引柯慶明所謂繼承了早期神話的「巫」的文化，而有很顯然的「巫」的自然神的崇拜。《楚辭》於抒情之外，更偏重想像與幻想，而於現實的世界之外，更構作出另一象徵人類心靈的奇幻的文學世界的特質。例如〈天問〉開頭曰：「遂古之初，誰傳道之？上下未形，何由考之？冥昭瞢闇（暗），誰能極之？」（四）歷史觀念，以〈離騷〉最多，〈天問〉次之。〔註4〕

〔註3〕柯慶明著，《中國文學的美感》（台北：麥田出版公司，2000年1月1日初版一刷），頁23～25。

〔註4〕魯瑞菁著，《楚辭騷心論：諷諫抒情與神話儀式》（上海：上海書店，2016年11月第1版），頁61。游國恩著，《游國恩學術論文集》（北京：中華書局，1999年），頁415。

　　〈天問〉凡一百七十一個疑問，其中神話啟沃後世者，如柳宗元作〈天對〉以彰揚〈天問〉，亦為奇文。長達三百七十六句，一五六九字，是屈原作品中僅次於〈離騷〉的第二長詩。寫作於楚懷王三十年（西元前二九九年）。此年秦昭王騙懷王會武關而挾持至咸陽，屈原遭構陷而第一次被放逐，最後到漢北，過故都郢時，參拜楚先王廟，見壁畫而作。〔註5〕王逸《楚辭章句·天問解題》提出有名的呵壁說。論者魯瑞菁認為屈原觀賞具體可感的神聖壁畫，對形而上者慨歎與追問，表達了深切的形而上學體驗，也體驗他深邃的形而上學表達。論者認為屈原賦中的「時」，一指時間、時光，一指指時俗和時勢。神賦光明美質的生命創造力愈強大，對時間流逝的感受就愈敏銳，偏遇黨人讒陷、君主壅蔽、是非顛倒、忠良遭陷。〔註6〕

　　論者李川分析〈天問〉以聖人和惑婦的二元劃分，呼應《論語》好德和好色的問題，由天命呵問人事，由天心探究人心。〔註7〕以個人的創傷，對不公平的事件的怨憤來討論屈原的天人時命觀，比較儒家觀點的異同，則儒家「盡性知天」，踐形的天道觀，《孟子》所謂的「天」有造物、賦性的功能。《孟子》〈告子上〉所謂「天生蒸民，有物有則；民之秉彝，好是懿德。」儒家的天道觀又有主宰、定命之意涵。子夏所謂「死生有命，富貴在天」是定命之天命觀。孔子所謂「富貴如可求，雖執鞭之士，吾亦為之，如不可求，從吾所好。」是主宰之天命觀。《孟子》所謂「盡其心者知其性也，知其性者，則知天也。存其心，養其性，殀壽不貳，修身以俟之，所以立命也。」其天命觀以知命、立命、安命，樂觀進取，所謂「君子素其位而行，不願乎其外。」朱熹注：「素者，安處也。」故能「無入而不自得焉」。因此，在上位，不陵乎下；正己而不求於人。上不怨天，下不尤人，君子居易以俟命。所謂俟命是指積極的立命而待之。

　　屈原〈天問〉即其心儀的人格典範仰而問之，其詩意和文藝的世界與現實的矛盾衝突，屈原以窮則呼天問天的憤懣、諷刺和憐憫，寄託於人物典型。屈原神賦光明美質的生命創造力，欲努力實踐進德立業的理想卻不可得。班固說屈原「露才揚己」，劉勰說屈原有「狷狹之志」，屈原乃狂狷之士而特立

〔註5〕吳福助註譯，《楚辭註繹》（台北市：里仁書局，2007年），頁253。
〔註6〕魯瑞菁著，《楚辭騷心論：諷諫抒情與神話儀式》（上海：上海書店，2016年11月第1版），頁224～251。
〔註7〕李川著，《論「譜屬詩」:《神譜》《天問》比較研究》（北京：中國社會科學出版社，2016年3月），頁200。

獨行，其怨情和抒情，論者魯瑞菁認為「一方面是最有個性、最獨特的遭遇、最強烈的人格表現，另一方面則具有後世士大夫，普遍的生命困境與情感模式原型。」〔註8〕高秋鳳推測民間占筮之辭與祝語巫言可能對〈天問〉暗施影響，其內容來源，一是《詩經》，二是歷史著作，如楚史《檮杌》及《三墳》、《五典》、《八索》、《九丘》者。三是神話傳說，可求之《山海經》、《淮南子》之素材。四是諸子散文，因屈原曾親與戰國稷下學者之論戰。五是民歌謠諺，其與西南少數民族之史詩有類似處三端。詩中又多中原古史人物，可能受北方民歌謠諺的影響。六是畫贊題銘。〔註9〕

　　〈天問〉從天地開闢問起，「明明闇闇，惟時何為？陰陽三合，何本何化？」誠如陳世驤所說，詢問時間、存在、遷化的秘密，以主觀覺察和抒情詩的意象，在〈離騷〉等篇章以個人而富動力的色彩，獲得更大的情緒感，「作為那恆久奔流不息的時間底高度完整的概念的諸般表露」。〔註10〕論者魯瑞菁認為從開頭到「烏焉解羽？」其中「圜則九重」到「曜靈安藏？」關於天體結構和日月星辰的問題。「不任汨鴻」到「禹何所成？」關於鯀禹治水的問題。「康回馮怒」到「烏焉解羽？」是大地及四方靈異的問題。論者認為重點在詰問，問所不知，問所不信。中章自「禹之力獻功」到「易之以百兩，卒無祿？」著重夏、商、周三代國君興亡盛衰的追問，屬歷史、政治哲學的詠史詩，以述史、諷諫為主。下章自「薄暮雷電」到「忠名彌彰？」就楚國歷史並及一己身世的感懷，以感懷、抒憤為主，屬人生、生命哲學的詠懷詩。〔註11〕

　　〈天問〉一向被認為有錯簡，但依據湯炳正《楚辭類稿》八四「〈天問〉的段落次序問題」分析〈天問〉敘述之四例。第一即順敘法，如「簡狄」至「足周之命」一段，自殷之先祖姄問至殷之先王先公，再到商湯興商，迄周滅商，以史事時代之先後為敘述之次第。至於第二種類序法以性質相同之事類來分段。例如「桀伐」至「得兩男子」，自妹嬉而二姚，由二姚問至女媧，

〔註8〕魯瑞菁著，《楚辭騷心論：諷諫抒情與神話儀式》（上海：上海書店，2016年11月第1版），頁249～251。

〔註9〕高秋鳳著，《天問研究》（臺北縣：花木蘭出版社，2008年），頁187、223～226。

〔註10〕陳世驤著，〈論時：屈賦發微〉。收於柯慶明、蕭馳主編，《中國抒情傳統的再發現（下冊）》（台北市：臺大出版中心，2009年12月），頁435。

〔註11〕魯瑞菁著，《楚辭騷心論：諷諫抒情與神話儀式》（上海：上海書店，2016年11月第1版），頁225～229。

再由舜象兄弟推至吳太伯、仲雍兄弟。另一種是回敘法，如敘夏代興亡，已言「妹嬉」，問至「太伯」，再連發「緣鵠」、「黎服」二問，回環敘述商湯因伊尹治國謀略而用之為相，使黎民大悅，反復追問，以暢其義。至於另一種雜敘法則如「初湯臣摯」至「易之以百兩」，雜問歷代各國瑣事。高秋鳳又揭明：「至於一人之事而前後錯舉為問者，如鯀禹既見於治水之問，又見於夏代之歷史傳說中；又如商湯之問既見於夏，又見於殷，凡此實皆因側重之點不同，而分別兩處，實不足為病。」〔註12〕

至於神話傳說與歷史人物，如禹、羿等歷史人物又多神話故事。神話傳說如「女歧無合」四句，王逸注云：「女歧，神女，無夫而生九子也。」伯強為二十八宿中的箕宿，箕宿有星四顆，形如簸箕，古人想像為神話中的風神。東方蒼龍七宿，角、亢、氐、房、心、尾、箕。主春令。尾、箕二宿主東北方時，角宿適在東南，東方蒼龍七宿正當其位，乃春日載陽，惠風和暢之時。因此，角宿指東方。「角宿」二句指東方未明，太陽藏於何方？〔註13〕

「鴟龜曳銜，鯀何聽焉？」後面，與後文「阻窮西征」以下兩個問題疑為錯簡，為鯀被舜殛放鳴不平，相較班固《漢書·古今人表》將鯀列為第九等「下等愚人」之內，可見屈原與儒家思想的不同。〔註14〕「鴟龜曳銜」王逸《楚辭章句》解作飛鳥水蟲曳銜而食鯀，不過論者丁晏解此句為鯀築長堤如鴟龜之曳尾相銜，甚有創意。〔註15〕

「河海應龍？何盡何歷？」論者丁晏引朱熹注所引《山海經》：「禹治水有應龍以尾畫地。」即水泉流通，禹因以治之。丁晏又引《山海經·大荒東經》：「應龍處南極，殺蚩尤與夸父。」〔註16〕應龍是有翼之龍。《文選》卷四十五，班固〈答賓戲一首〉並序云：「故夫泥蟠而天飛者，應龍之神也。」「應龍」又見洪棄生〈望海有見〉「軒皇應龍偶不作，蚩尤夸父稱明神。」〔註17〕洪棄生以蚩尤夸父暗諷西方列強與日本等國的當政者侵略中國。可惜中國無

〔註12〕湯炳正著，《楚辭類稿》（四川：巴蜀書社，1988 年 1 月第一版）。高秋鳳著，《天問研究》，頁 351～352。

〔註13〕吳福助註譯，《楚辭註繹》（台北市：里仁書局，2007 年），頁 282。

〔註14〕吳福助註譯，《楚辭註繹》（台北市：里仁書局，2007 年），頁 285。

〔註15〕丁晏撰，黃靈庚點校，《楚辭天問箋》（上海：上海古籍出版社，2018 年 11 月第 1 版），頁 13。

〔註16〕丁晏撰，黃靈庚點校，《楚辭天問箋》（上海：上海古籍出版社，2018 年 11 月第 1 版），頁 15。

〔註17〕洪棄生著，《寄鶴齋詩集》（南投：臺灣省文獻委員會，1993 年），頁 182。

軒皇應龍殺酋首以安土，望海思故國而憂時世。

　　「八柱何當，東南何虧？」呼應後文「康回馮怒，墜何故以東南傾？」八柱指大地上有八座支撐天空的大山，其中西北為不周山。王逸《楚辭章句》引《淮南子》：共工與顓頊爭為帝，不得，「怒而觸不周之山」，天維絕，地柱折，故東南傾。丁晏引證詳博，此前「洪泉極深，何以寘之？」引《山海經・海內經》：「鯀竊帝之息壤以堙鴻（洪）水。」〔註18〕〈天問〉有「東流不溢，孰知其故？」因「大壑」是「地不滿東南」、故「水潦塵埃歸焉」，江河東南傾注入海的地理環境，表現在《淮南子・天文》「昔者，共工與顓頊爭為帝，怒而觸不周山。天柱折，地維絕。天傾西北，故日月星辰移焉；地不滿東南，故水潦塵埃歸焉。」高莉芬進而闡明〈天問〉「洪泉極深」四句，是對古代神話「大地從洪泉中填寘而出」的疑惑。

　　棄生〈四題謝君生壙詩後〉：「青山舊息壤，遺下廣漠堘。陸沉身不壞，沆瀣壽長生。何藉一抔土，遠與天尊爭。」〔註19〕則用鯀竊帝之息壤以堙洪水，寫乙未年（西元一八九五年）臺灣割日，謝道隆抗日的義舉。論者魯瑞菁稱原始薩滿飛昇天地溝通兩層世界，其職責如遠古巫師，「為部族、氏族所遭遇到的災厄、困境，尋求過渡、解脫的契機，使部族、氏族恢復信心與希望，以繼續面對未來生活的重要意義。」〈離騷〉飛天求女儀式有此含意，與鯀竊帝之息壤以堙洪水都有追尋進而歷險進而尋獲的神話原型模式。〔註20〕《山海經》鯀竊帝之息壤以堙洪水。《淮南子・時則》赤帝祝融令以息壤堙洪水之州，〈墜形〉又云：「禹乃以息土填洪水，以為名山。」此潛水取土造地神話母題，息壤生生不息所形成之名山，與海上他界的蓬萊神山，象徵宇宙形成時，世界海洋「原水」創生具有「初地」、「始地」的性質。《山海經・海內經》「禹、鯀是始布土，均定九州。」「帝乃命禹卒布土以定九州。」《詩經・商頌・長發》：「洪水茫茫，禹敷下土。」大禹治水是世界創世神話中「大地潛水者創世」的類型。禹為創世造物主，功績即治水布土，均定九州，此神話乃是「撈泥造陸」的神話母題，禹從水中撈取泥土（息壤）鋪在水上而為大地造物主。

〔註18〕丁晏撰，黃靈庚點校，《楚辭天問箋》（上海：上海古籍出版社，2018年11月第1版），頁14～15。

〔註19〕洪棄生著，《寄鶴齋詩集》（南投：臺灣省文獻委員會，1993年），頁274。

〔註20〕魯瑞菁著，《楚辭騷心論：諷諫抒情與神話儀式》，頁89。

　　「崑崙縣圃，其尻安在？」班固〈離騷序〉言〈離騷〉：「多稱崑崙，冥婚
宓妃，虛無之語，皆非法度之政。」《九歌・河伯》、《九章・涉江》皆有崑崙。
論者以為此處問天道，以下至「何氣通焉？」皆以氣寓道。〔註21〕東方朔《十
洲記》言崑崙山上有玉樓十二。《山海經・西山經》以崑崙之丘為帝之下都。
郭璞《山海經圖讚》以崑崙傑然中峙，號曰天柱。〔註22〕洪棄生〈夢遊玉京〉
等詩的意象即本於此。玄趾、三危是山名，在西方。黑水出自崑崙山，此問延
年不死的神仙之事。

　　洪棄生〈臺灣哀詞〉哀痛乙未年（西元一八九五年）臺灣割日，反省興
亡云：「有力兮羿、羿，不武兮仲康。」典故本自「啟棘賓商」以下四個問題，
其中「涅娶純狐，眩妻爰謀。何羿之射革，而交吞揆之？」試以論者坎伯闡述
「早期文化有一個典型的殺怪獸英雄，那是史前時期的一種冒險形式，那時
人類正從危險、不安的荒野中塑造他們的世界。」〔註23〕進而引申，這類擅
長用武的射日英雄羿，日後成了政治領袖，「以力不以德」，放縱慾望的結果
是難得善終。屈原〈離騷〉云：「羿淫遊以佚田兮，又好射夫封狐。國亂流其
鮮終兮，涅又貪夫厥家。澆身被於強圉兮，縱慾殺而不忍。日康娛以自忘兮，
厥首用夫顛隕。」以羿、寒涅、澆等人為戒。

　　「白蜺嬰茀」以下兩個問題則詰問仙人王子僑，以及嫦娥奔月事。「蓱號
起雨」以下三個問題詰問雨神屏翳、風神飛廉、以及《列仙傳》具靈之鼇，背
負蓬萊之山而抃舞，戲滄海之中。為洪棄生〈臺灣哀詞四首〉其三，七律
頷聯首句：「有懷蹈海鼇梁折」典故所出。高莉芬又以「巨鼇負山；龜駄大地
與宇宙創建」分析〈天問〉「鼇戴山抃」，以龜為負地之巨靈，引王逸所引《列
仙傳》曰：「有巨靈之鼇，背負蓬萊之山而抃舞，戲滄海之中，獨何以安之乎？」
東海負蓬萊山為巨鼇或巨鼈。與《列子・湯問》帝令禺彊使巨鼇負山，都是
世界性的神話母題。〈天問〉「登立為帝」四句，單獨指女媧事蹟。《山海經・
大荒西經》云：「有神十人，名曰女媧之腸，化為神，處栗廣之野，橫道而
處。」論者高莉芬以女媧腸化生神人的神話，是世界創世神話中的「神體化
生」型神話。引李豐楙論先秦變化神話：「根據鄭玄注語中所反映的先秦，兩

〔註21〕汪曉雲著，《一「名」驚人：「崑崙」之「道」》（廈門：廈門大學出版社，2015
　　　　年9月），頁152～153。
〔註22〕丁晏撰，黃靈庚點校，《楚辭天問箋》，頁20～21。
〔註23〕喬瑟夫・坎伯、莫比爾（Joseph Campbell、Bill Moyers）著，朱侃如譯，《神
　　　　話》（臺北縣：立緒文化，1995年），頁229～230。

漢人的觀念，清楚表明凡是種、類相生即是生、或是生產，而非類相生則為化、為變。」萬物非類，因而是神聖女「女媧」所化。《山海經》中的女媧具有強大的生殖力，民間信仰將其視為生殖女神來崇拜信仰。〔註24〕洪棄生〈地震行〉云：「六鼇斷足為黃能，蝸皇一見心為哀。」前一句用巨鼇負山的神話，誇寫地震震災嚴重，猶如陸沈。後一句用女媧神話，哀痛震災罹難者眾。

「簡狄」四句，引《呂氏春秋・音初》、《史記・殷本紀》簡狄為帝嚳次妃，生子契，為商的始祖。〈天問〉言：「稷維元子，帝何竺之？投之於冰上，鳥何燠之？何馮弓挾矢，殊能將之？既驚帝切激，何逢長之？」又奉為天神，初生即能拉弓射箭，長大後又有統帥軍隊的特殊才能。《詩經・魯頌・閟宮》云：「閟宮有侐、實實枚枚。赫赫姜嫄、其德不回。上帝是依、無災無害。彌月不遲、是生后稷、降之百福。」《詩序》言詩意：「〈閟宮〉，頌僖公能復周公之宇也。」滕志賢分析云：「此是借新廟落成讚頌魯僖公能繼承烈祖、光復疆土、安邦興業之詩。」推本溯源姜嫄、后稷等之功德。〔註25〕《詩經・魯頌・閟宮》云：「泰山巖巖、魯邦所詹。奄有龜蒙、遂荒大東。至于海邦、淮夷來同。莫不率從、魯侯之功。」神話是群體凝結力的有力要素，提供強烈的歸屬感。其力量來自超越事實的神話足以成為可分享的文化要素，它具有蠱惑並進入個人較深潛意識的強度。特別是在種族、少數種族關係中，形塑國家、群體和少數種族的認同上，神話明顯地是重要的角色。雖然不是所有的神話都在仇視外人，群體凝結力的增強因素，是對其他群體的反對要素——可能基於起源神話，假定我們談論的群體，其優越性勝過另一個民族，以神話其明顯的種族含義來暗示。根據萊昂・波里亞剋夫（Léon Poliakov，西元一九一〇～一九九七年）的理論，主要的例子便是印歐語族的國家起源神話，促成反猶太主義的興起。相似的神話持續出現、重新振興便製造爭端，不可避免的門戶之見，形成所謂種族差別政策，也就是種族主義的形式。他認為沒有一個國家的代表神話不具爭鬥的象徵。許多研究已指出這樣的事實：所有的國家似乎都創造起源的神話，以便形成普遍認同感和文化的一律及密切的關聯。根據霍米・K・巴巴（Homi k. Bhabha，西元一九四九～）的理論，神話

〔註24〕高莉芬著，《蓬萊神話》，頁200～201。
〔註25〕滕志賢注譯，《新譯詩經讀本》（台北市：三民書局，2006年），頁1041～
1054。

形塑國家、群體和少數種族的認同。基於起源神話，假定群體的優越性勝過另一個民族，以神話其明顯的種族含義來暗示。國家的疆界是由神話來定義，由此而形成心理結構。〔註26〕

　　起源神話如《詩經・商頌・玄鳥》云：「天命玄鳥、降而生商、宅殷土芒芒。古帝命武湯、正域彼四方。方命厥后、奄有九有。商之先后、受命不殆、在武丁孫子。武丁孫子、武王靡不勝。龍旂十乘、大糦是承。邦畿千里、維民所止、肇域彼四海。四海來假、來假祁祁、景員維河。殷受命咸宜、百祿是何。」《詩序》言詩意：「〈玄鳥〉，祀高宗也。」滕志賢分析「天命玄鳥」云：「推本溯源，言商契降生，成湯立國，皆由天命。」高宗武丁繼承成湯之功業，開疆拓土。〔註27〕

　　論者湯炳正以《詩經・商頌・玄鳥》文本，分析〈天問〉「簡狄在臺，嚳何宜？玄鳥致貽，女何喜？」〈離騷〉「望瑤臺之偃蹇兮，見有娀之佚女。」簡狄即有娀之佚女，後來成為帝嚳的次妃，生子契，為商朝的始祖。「鳳皇既受詒兮，恐高辛之先我。」高辛為帝嚳的稱號。《詩經・商頌・玄鳥》為遠古母性社會的神話，因「聖人感天而生」加以神聖化，由燕卵變為靈異的鳳卵。〔註28〕

　　「彼王紂之躬，孰使亂惑？何惡輔弼，讒諂是服？」「殷有惑婦，何所譏？」朱熹《集註》：「惑紂者，內則妲己，外則飛廉、惡來之徒也。」論者常森引用《史記・殷本紀》記載帝紂：「愛妲己，妲己之言是從。」又引用《史記・楚世家》記載張儀說，懷王於鄭袖之言，「無不從者。」常森云：「楚懷、殷紂之過，正所謂如出一轍。」引用《尚書・泰誓》、《尚書・牧誓》周武王數落殷紂罪過的文字佐證，可見屈原〈天問〉有深厚的《尚書》學背景。〔註29〕

　　〈天問〉「登立為帝」四句，單獨指女媧事蹟。《山海經・大荒西經》云：

〔註26〕Poliakov, L.（1971 年）The Aryan Myth（亞利安人種的神話）; A History of Racist and Nationalist Ideas in Europe, Greenwood Press, London.Bhabha, H. K. (ed.)（1997 年）Nation and Narration, Routledge, London.

〔註27〕滕志賢注譯，《新譯詩經讀本》（台北市：三民書局，2006 年），頁 1061～1063。

〔註28〕湯炳正著，《與日月爭光可也：湯炳正論《楚辭》》（北京：生活・讀書・新知三聯書店，2018 年 5 月第 1 版），頁 160～162。

〔註29〕常森著，《屈原及楚辭學論考》（北京市：北京大學出版社，2016 年 6 月第 1版），頁 370。

「有神十人，名曰女媧之腸，化為神，處栗廣之野，橫道而處。」論者高莉芬以女媧腸化生神人的神話，是世界創世神話中的「神體化生」型神話。

〈天問〉的神話和歷史影響《易林》的內容。西漢焦贛（字延壽，據余嘉錫說法，約生於西漢武帝天漢、太始年間，卒於宣帝末年或元帝初年，約西元前九十六～前二十五年）《易林》全書以四千零九十六首詩歌，類似《周易》繇辭，稱為林辭，論者稱《易林》四言詩「取效風騷」，〔註30〕合於比興手法。其大有之賁云：「作此哀詩，以告孔憂。」上接屈原自覺的抒情傳統。〔註31〕棄生云：

> 漢儒得〈天問〉遺意者，焦延壽之作《易林》一書，其卦四千九十六，繇辭四倍，可謂異才。茲為略擷一二，以廣異聞。乾第一云：「鵠鵒鳲鳩，專一無尤；君子是則，長受嘉福。」頌云：「龍馬上山，絕無水泉，喉焦脣乾，舌不能言。」坤第二屯云：「蒼龍單獨，與石相觸，摧折兩角，家室不足。」震云：「三年生狗，以戌為母；荊夷上侵，姬伯出走。」比第八同人云：「仁智隱伏，麟不可得，龍蛇潛藏，虛居堂室。」同人十三乾云：「一臂六手，不便於口，莫肯與用，利棄我走。」需云：「黃帝出遊，駕龍乘馬，東上太山，南過齊魯。」家人三十七剝云：「騎龍乘石，上見神公，彭祖受刺，王喬讚通，巫咸就位，拜壽無窮。」奇辭奧旨，可新耳目，後來則郭璞《山海經圖讚》。〔註32〕

奇辭奧旨如乾之蒙云：「鵠鵒鳲鳩，專一無尤；君子是則，長受嘉福。」論者徐芹庭、徐耀環云：「鵠鵒、鳲鳩，皆布穀鳥也，除生性無私，且『布穀的催春耕』，裨益人間。」指「專（貞正布穀鳥，君子效法常受福。）引《詩經·曹風·鳲鳩》詩句證之。〔註33〕乾之頌云：「龍馬上山，絕無水泉，喉焦脣乾，舌不能言。」論者云：「龍馬上山無水泉，喉焦脣乾不能言。凶。」其象證云：「乾為龍為馬。坎災坎水，兌口舌半見。」〔註34〕論者以此記漢武帝

〔註30〕劉銀昌著，《焦氏易林文學研究》（北京：中國社會科學出版社，2016 年 7 月），頁 129、162。
〔註31〕陳良運著，《焦氏易林詩學闡釋》（南昌：百花洲文藝出版社，2000 年），頁 311。
〔註32〕洪棄生著，《寄鶴齋詩話》（南投：臺灣省文獻委員會，1993 年），頁 6。
〔註33〕徐芹庭、徐耀環著，《焦氏易林解譯》（新北市：聖環圖書，2013 年 6 月），頁 250。
〔註34〕徐芹庭、徐耀環著，《焦氏易林解譯》，頁 251。

發動軍隊發大宛奪汗血馬。〔註35〕坤之屯云：「蒼龍單獨，與石相觸，摧折兩角，家室不足。」論者義譯云：「青龍觸石折兩角，家室不足獨悲傷。」象證云：「震為龍、為甲卯乙東方木、為青龍，坎災、艮石，兌折半見。」坤之震云：「三年生狗，以戌為母；荊夷上侵，姬伯出走。」義譯云：「戌屬狗，母狗三年才生其子，難以安定。荊蠻上侵中原，姬伯逃走。」象證云：「震為出走，艮為狗，坎災難。」比之同人云：「仁智隱伏，麟不可得，龍蛇潛藏，虛居堂室。」義譯云：「龍蛇潛藏麟不得，仁智休虛居堂，吝。」象證云：「乾為仁智為龍，互巽為隱入，乾為麟，巽坎為蛇，艮為堂室。」〔註36〕

同人之乾云：「一臂六手，不便於口，莫肯與用，利棄我走。」義譯云：「一隻手臂六隻手腕，不便於口，不肯合作無利可得。」象證云：「六爻，艮手、一臂六手，象兌口，坎災半見，離為干戈。」同人之需云：「黃帝出遊，駕龍乘馬，東上太山，南過齊魯，邦國咸喜。」元朝人對此註解云：「黃帝邑於涿鹿之阿，遷徙無常，以兵師為營衛，後得六相，而天地治，神明至，遠夷之國莫不入貢。」義譯云：「黃帝出遊駕龍馬，東上泰山過齊魯，天下皆喜，吉。」象證云：「乾為龍為馬，坎為車互離東。」家人之剝云：「騎龍乘石，上見神公，彭祖受刺，王喬讚通，巫咸就位，拜壽無窮。」元朝人對此註解云：「彭祖，古有壽者。王喬，古仙人。巫咸，商臣名。」論者則解巫咸有二說，一指商臣，「能以祝延人之疾，愈人之禍者。」引自《論衡‧言毒》。一引《周禮‧春官宗伯》，則「巫咸」為筮人之筮法。」義譯云：「乘風騎龍拜聖神，彭祖接受我名片，王喬巫咸禮遇隆，拜壽無窮。吉。」象證云：「巽風震龍，坤眾無窮。」「同人之需」是標準的遊仙詩。其中記漢代歷史如《淮南子‧本訓篇》：「堯乃使羿誅鑿齒于疇華之野，殺九嬰于凶水之上，繳大風於青丘之澤，上射十日而下殺猰貐，斷修蛇於洞庭，禽封豨于桑林，萬民皆喜，置堯以為天子。」萃之益云：「長城既立，四夷賓服。交和結好，昭君受福。」論者指此乃「西漢元帝時，王昭君下嫁南匈奴單于之事，見《漢書‧匈奴列傳》。」〔註37〕

《易林》所記可以用現代科學解釋者，如論者王溢嘉解《易經‧明夷》，引用《說文解字》，認為「夷」可代表弓箭。又以〈明夷〉初九爻辭「明夷于

〔註35〕陳良運著，《焦氏易林詩學闡釋》，頁161。
〔註36〕徐芹庭、徐耀環著，《焦氏易林解譯》，頁251、291、316、517。
〔註37〕徐芹庭、徐耀環著，《焦氏易林解譯》，頁698、700、1597、517、14。

飛，垂其翼，君子于行，三日不食。」認為「明夷」或可說是「太陽鳥」。又引《左傳・昭公五年》卜楚丘的解釋：「明夷，日也。」以「明夷」代表「太陽」。因而分析戰國時出現的神話「后羿射日」，引用焦延壽《焦氏易林》「十烏俱飛，羿得九雌。雄雖得全，且驚不危。」其中「烏」指太陽。引用臺灣中央大學地球科學院趙豐的推測，很可能在遠古時代，有一顆不算小的彗星闖入地球範圍，先解體成為九塊，這九個火球連同太陽出現，隨後殞落，後人因而編出后羿射九日的故事和神話。〔註38〕

這類神話意象，洪棄生援引入詩者如〈後地震行〉：「無目無頭刑天舞，一手一足商羊飛。」〔註39〕論者坎伯視神話為詩，它是隱喻的，是準終極真實（the penultimate truth），因為不能化為語言，而且超越語言，超越意象，「超越佛教徒再生之輪的限定邊緣。」「神話把心投向那輪緣之外的世界，投向那可以知道，但不能說出的世界。」所以，英雄的冒險是讓自己真正活著的冒險。以神話奧祕及個己奧祕的經驗與知識來生活，更新自己，以神話的語言思考，與塵世協調一致，看起來在生活中是負面的時光或面向，必須學習去體認它們的正面價值，對此冒險由衷說是。〔註40〕坎伯借用印度系統中的心靈發展階段，以脊骨上有一個由七個心理中心點組合而成的系統，分別代表不同的關心、意識與行動的層次。第一是直腸，代表營養，是基本的生命維持的功能，最佳象徵是蛇。第二個心理中心點是以性器官作為象徵，代表生殖的衝動。第三個中心點則是肚臍，它是追求權力、控制與成就的意志中心。負面意義是去征服、掌控、打敗和貶抑他人的中心，也就是攻擊的功能。第四個中心位於心臟，代表打開慈悲之意，使人從動物行為的領域進入人類與精神的領域。〔註41〕坎伯的闡述使人想起神話中的刑天。陶潛〈讀山海經〉云：「刑天舞干戚，猛志固常在。」雖失去頭顱，卻依然懷有猛志。

論者廖春紅引用葛吉夫和依察諾在研究九型人格時的觀察，意識到人的

〔註38〕王溢嘉著，《易經101：文化八卦的當代解碼》（臺北市：有鹿文化，2017年8月10日初版第三印），頁195～197。

〔註39〕洪棄生著，《寄鶴齋詩集》（南投：台灣省文獻委員會，1993年5月30日初版），頁297。

〔註40〕喬瑟夫・坎伯、莫比爾（Joseph Campbell、Bill Moyers）著，朱侃如譯，《神話》（臺北縣：立緒文化，1995年），頁281。

〔註41〕喬瑟夫・坎伯、莫比爾（Joseph Campbell、Bill Moyers）著，朱侃如譯，《神話》，頁297～298。

智慧存在著精神智慧、情感智慧和本能智慧三種形式，而這三種智慧分別對應人身體的三個中心。腹部中心（有時也稱為身體中心）和思考、感覺對應，這個中心是我們本能的焦點，也就是存在感。透過這個中心，我們從肉體體驗到和人群、環境的關係。這是我們在物質世界中行動所需的能量和力量的來源。以腹部為主的人格類型，常常把焦點放在存在本身之上，具有以行動「存在」於這個世界上的傾向，在看待世界時往往會受到身體感覺和內在本能的影響。他們的本能就是行動，即使他們已經思考過所有細節，他們還是會根據根本的感覺，去談論正在打基礎的決定和行動。他們透過行動在這世上補充能量，並緩和憤怒。〔註42〕

至於屈原〈招魂〉，遺民詩人洪棄生則引用其要旨。以〈招魂〉寓含為國家民族招魂，以招魂哀傷為家國犧牲者。屈原〈招魂〉，宋代朱熹認為是宋玉的作品，宋玉作〈招魂〉以招屈原魂。朱熹《楚辭集注》卷七云：

> 招魂者，宋玉之所作也。古者人死，則使人以其上服升屋履危，北面而號曰：「皋！某復！」遂以其衣三招之乃下，以覆尸。此禮所謂復。而說者以為招魂復魄，又以為盡愛之道，而有禱祠之心者，蓋猶冀其復生也。如是而不生則不生矣。於是乃行死事，此制禮者之意也。而荊楚之俗乃或以是施之生人。故宋玉哀閔屈原無罪放逐，恐其魂魄離散而不復還，遂因國俗，託帝命假巫語以招之。以禮言之，固為鄙野。然其盡愛以致禱，則猶古人之遺意也。

不過論者以《史記》司馬遷的說法，將作者歸給屈原。至於是屈原招懷王之魂，還是自招生魂，也有許多不同說法。筆者採常森的論點，即屈原自招生魂。寫於屈原被頃襄王放逐於陵陽期間，放浪於沅湘之前。〈招魂〉中的巫陽提出「改變」或「重新選擇」的問題，擺明兩種境況，「往東南西北、上天或者下幽都，都充滿了危險、可怕之極，這是一種境況。入修門，回故居，衣食住行有無窮可樂，富貴榮華享之不盡，這是另一種境況。」這種個人生命意義抉擇的問題，常森引用梁啟超的評語：「此篇對於厭世主義與現世快樂主義兩方面皆極力描寫，而兩皆撥棄，實全部楚辭中最酣肆、最深刻之作。」〔註43〕

〔註42〕廖春紅編著，《圖解九型人格（職場與投資）》（新北市：華威國際，2017年6月），頁43。

〔註43〕常森著，《屈原及楚辭學論考》，頁409～456。

　　〈招魂〉酣肆深刻處，本在巫陽此角色。從榮格心理學治療言，古代巫醫或巫師的志業來自神明或神靈的呼召，要成為療癒者。〈招魂〉帝與巫陽的對話有此意涵，療癒屈原被君王放逐的哀傷。從團體的意識加上潛意識，某些原型導向深入的問題。例如某些治療團體渴望有「自己的房間」，「類似動物對自身領域的依附，也類似部落和國家的領土依附。這種領土依附衍生自『母親原型』。人容易把「母親」投射到自己的團體，此事實導致各種各樣的嬰兒式退化。另一種可能性，「在流亡的猶太人中，律法取代領土，被證明同樣有效地保持團體的凝聚。在兄弟會、戰士的團隊之類的團體，較常由共通的『精神』或『理念』（亦即父親原型）使人結合起來。」〔註44〕

　　〈招魂〉一方面將驚懼魂的崇怪凶險張揚到極致，用來誘引魂的享樂亦然。「母親原型」渴望有「自己的房間」，〈招魂〉中的室家飲食歌舞之極樂可作為象徵意象。「類似動物對自身領域的依附，也類似部落和國家的領土依附。」〈招魂〉又張揚到極致，往東南西北、上天或者下幽都，都充滿了危險、可怕。強調對於宗國楚國的依附。此外，「亂曰」以下追憶昔日得懷王信用時伴王遊獵。當年君臣的遇合相對屈原當下的流放，遊獵的意象如兄弟會、戰士的團隊之類的團體，即「父親原型」使人結合起來。

　　論者艾倫・迪薩納亞克（Ellen Dissanayake）《關於藝術的哲學觀點》，視藝術為一種演化的適應，是為了鞏固家庭和社會紐帶。他認為藝術是演化之舞。藝術如何開始？藝術的許多基本元素、風格傳統和調性模式，都可追溯至最原始的親密關係：母子間的親密互動。艾倫・迪薩納亞克辨認出母子連心的普遍運作模式，就是母親和幼兒之下意識的自發眼神、手勢和聲音暗示：呼喚與回應。「這些模式活動，母親與幼兒間親密聯繫的暗號，也是一種藝術的活動。」她主張：「藝術家做的事，正是藝術活動。有意或無意，你編排一支舞蹈或創作一首曲子時，就是在為你的期待賦予形式，加以誇飾、重複、操縱，並生生不息變化你的主題。」在傳統文化之間，以及在人類大部分歷史裡，藝術也一直是一種深入社群的活動，豐收舞，宗教慶典等等。藝術以不可思議的和諧力量，使個人相對的脆弱可以換成群體的力量，凝聚成一個準備對抗世界的社會單位。除了藝術，宗教是另一個跨越文化和時代的驅動力。〔註45〕

〔註44〕瑪麗－路蕙絲・馮・法蘭茲著，易之新譯，《榮格心理治療》（臺北市：心靈工坊，2011年8月初版一刷），頁262、274～275。
〔註45〕Ellen Dissanayake（2010年）Philosophical Perspectives on Art , OUP Oxford.

〈招魂〉的「母親原型」，表現在中間主要用四言，援用《詩經》傳統賦予形式、變化主題，又本自楚國宗教習俗，以招國魂來凝聚群體的力量。

「父親原型」則以君王遊獵凝聚成一個準備對抗外侮的群體。論者游國恩考查〈招魂〉首尾用騷體，中間主要用四言形式，每隔一句，句尾用「些」字，與其他各篇用「兮」字不同，大概是模擬南方巫音。論者湯炳正把楚地少數民族的招魂風習跟禁咒語尾的「寫寫」，此疊音與「些」應當是同一來源。〈招魂〉所述之險惡情景，與湘西苗族招魂的傳說，如出一轍。湯炳正引用弗拉惹《金枝集》記載緬甸加倫人的招魂習俗，錄有歌詞，先敘外界之危險，次敘屋內之舒適，與〈招魂〉相近。〔註46〕

「舍君之樂處」二句質問魂魄為何捨去樂處，而遭到許多不善？「魂兮歸來！東方不可以託些。」以下描寫四方之險惡。東方之險惡，如「長人千仞，唯魂是索些。」十日更代而出，鎔化金屬，銷鑠堅石。彼皆習之，魂魄往必遭分解。「歸來歸來！不可以託些。」又招魂歸來。

南方之險惡，以「雕題黑齒，得人肉而祀，以其骨為醢些。」指其地之民刻其肌以丹青涅之。大蛇積聚，大狐如千里之多。「雄虺九首，往來倏忽，吞人以益其心些。」又招魂歸來，不可久留。

西方之害，流沙千里。「雷淵」句，見《山海經》載雷潭中有雷神。魂魄碎爛潰散而不能休息。幸而得脫，其外為大野。赤蟻若象，土蜂若壺。五穀不生，棘草叢生。其土爛人，求水無所得些。彷徉無所依倚，廣大無所窮盡。「遺賊」句恐魂魄被加害。

北方之害，層冰高峨，飛雪千里。「虎豹九關」句，指天門九重，虎豹把關守之。啄害下人。一夫九首，拔木九千。豺狼之獸縱其目，往來眾多。或懸人以嬉，投之深淵。地下幽冥之都有后土之侯伯，有九尾和觺觺利角。厚背且拇指之上有血沾染而疾走駓駓。又有參目虎首，其身若牛，以食人為甘美。

「魂兮歸來！入脩門些。」以下，學者傅錫壬的註釋，工祝招君，巫背行先，以導之。秦人所製竹籠，以棲魂。齊人所織縷五色之線，以飾篝。綿絡猶靈幡。誇寫家室、高堂、檻軒、臺榭之累華高崇。美人盛飾理鬢，其制不同，充滿後室寢宮。美好親附，柔順蓋世，容貌柔弱而志意堅定。出言正直而又皆中禮意。容貌姱好修美，充滿深房。黛眉輕細，含情睞視。雙目騰發。緻

〔註46〕湯炳正著，《與日月爭光可也：湯炳正論《楚辭》》，頁168～176。

好顏貌，膩滑肌膚。竊視時目中瞳子清澈炯然。離榭別館，修長大帳，閒暇可遊憩。

「翡帷翠幬」以下承「層臺累榭」寫遊覽侍從之樂。〔註47〕乘軒駕輬而輕車出遊，步兵騎兵羅列相隨。一棵棵玉樹種成離宮別館的圍籬。以此來招回遠遊之魂。「室家遂宗」以下寫飲食之樂，敍宗族祭祀致敬之禮。其中苦、鹹、酸、辣、甜五味，稻米、小米、新麥、黃粱，多種精細食物參雜著做飯，可做一飲食品物玩味文字。「粔籹蜜餌，有餦餭些。」洪棄生〈詠蔗糖〉一詩，承此典故作「粔籹蜜餌間，渴慕餀餦餭。」其中「大苦」句，辛謂椒薑，甘謂飴蜜。行為辛甘之味俱發而行。〔註48〕

「肴羞」以下，肴指魚肉之屬，按鼓猶擊鼓。〈涉江〉、〈采菱〉、〈揚荷〉皆楚歌曲名。言美人飲酒而赭色著面，嬉戲而目騰光。眼波層層煥發，綺繡羅殼，美好大方。舞者廻轉衣襟，相交如竿。〔註49〕

「竽瑟」以下，寫楚歌激疾。妖好可玩之物，或說鄭、衛為新聲所出。「菎蔽」以下，投擲以決定行棋之法。「六簙」是奕棋賭博的遊戲。對棋雙方沉思熟慮，行棋緩慢。〔註50〕耗費時光。撞鐘鼓梓瑟。娛樂於酒不已。沈湎日夜，以膏燭與刻飾華好之燈映襯。「結撰」以下，「乃以極至之思，結撰於篇章，其吐屬清妙，若蘭蕙之芳，發越而盛大。」人之極至，同心盡歡，樂於故舊。以招魂反故居。

〈招魂〉云：「朕幼清以廉絜兮，身服義而未沬。」王逸注曰：「不求曰清。」表現屈原廉貞性格。〈招魂〉從帝遣巫陽招魂，以下屈原自招「生魂」，又為楚懷王招「亡魂」。巫陽下招詞為總綱，接著分敍四方上下的禍害。東方有「長人千仞」，「流金鑠石」的十日代出。南方有食肉醢骨的雕題黑齒。「封狐千里」、「雄虺九首」以對偶句誇飾。西方流沙千里，夸寫「赤蟻若象，玄蜂若壺些。」昆蟲極大化，襯景是「廣大無所極些」，描寫極有層次。北方「增冰峨峨，飛雪千里些。」句式和「南方」「蝮蛇」二句相同，呼應生趣。「上天」怪祟如虎豹、一夫九首、豺狼等，妙用「上天」與「投之深淵兮」的對比筆法。至於「幽都」一段文字妙用疊詞，和獸類字如馬、虎、牛，以及表多和

〔註47〕吳福助註譯，《楚辭註繹》（台北市：里仁書局，2007 年），頁 792。
〔註48〕吳福助註譯，《楚辭註繹》，頁 795。傅錫壬註譯，《新譯楚辭讀本》，頁 164。
〔註49〕傅錫壬註譯，《新譯楚辭讀本》，頁 164。
〔註50〕傅錫壬註譯，《新譯楚辭讀本》，頁 807。

極多的數字三、九，即「土伯九約」、「參目虎首」誇寫魔怪。李豐楙〈崑崙、登天與巫俗傳統〉提到楚辭中的神怪如（一）神類：〈天問〉中的「女岐」、「女媧」。（二）仙類：〈天問〉提到「彭祖」。（三）鬼怪類：〈招魂〉提到「土伯」。王逸注云：「后土之伯也」。〔註51〕

此外，描寫招魂歸來，先言執行招魂者為誰，所用招具為何，使遊魂知所辨識，順利返回故居。因而招魂的招辭第二部分，論者吳福助云：「分別從楚國宮殿、女色、遊覽、飲食、歌舞、宴會等方面鋪張描寫，引誘亡魂歸來，其內容恰與第一部分『四方之惡』成鮮明對比。」〔註52〕「亂曰」以下，猶言歲始發春。汩疾南征。葌蘋白芷，路貫廬江。長薄謂山林互望皆叢薄。倚依沼池。區界池澤，遙遠望平。青驪連駟，四馬為駟。千乘之車齊驅。懸火之眾盛延曼而起，玄顏天容，火氣上行，形容煙上升使天變黑色。步行而及，驟馬所止之處，言走之疾。先行誘騁，抑止馳騖以順達獵事。引車右還謂以射左邊的野獸。「亂曰」以下是全篇結語，末曰：「魂歸來兮哀江南」。「亂」是古代樂歌中的尾聲，自述當時的處境和心情。

余光中曾分析中國詩中大自然形象之可畏。以《楚辭》〈招隱士〉，〈大招〉警告亡魂，以及〈招魂〉描寫上下四方的危險。後世如吳梅村〈悲歌送吳季子〉的「超自然風格」，都脫胎轉化自三招，可謂卓見。〔註53〕

一些比較研究（comparativist）的學者發現神話是人類基本一致性的另一象徵。布朗尼斯勞‧馬凌諾斯基（Bronislaw Kasper Malinowski，西元一八八四～一九四二年）視神話具有不斷為社會關係結構辯護的功能，這些關係根基於神話和神聖的過去。這些社會人類學的理論也被克勞德‧李維史陀（Claude Lévi-Strauss，西元一九〇八～二〇〇九年）採用，對社會組織他以神話關係作結構分析，使他將不同地理區域的神話都歸結自共同的結構和形式。這他認為是所有人類基本相似的象徵，因此反駁因人類種族差異而來的種族意識型態。論者李亦園舉李維史陀採用中國、歐洲與南美「寒食」儀式的相似性是基於共通的思維結構之理論，李亦園並以中國寒食和端午的神話與習俗，與二分（春分秋分）二至（夏至冬至）的冬至夏至有關。端節儀式連

〔註51〕鍾敬文著，《楚辭中的神話與傳說》（台北市：東方文化，1988年）。

〔註52〕吳福助著，《楚辭註繹》上冊，頁780。

〔註53〕余光中著，《舉杯向天笑》〈舉杯向天笑——論中國詩之自作多情〉（台北：九歌出版社，2008年），頁16。

結屈原與龍船見於《荊楚歲時記》，實際象徵夏至季節轉變活動，代表由夏入秋，這段期間常見的河水氾濫、蚊蟲孳生、傳染病頻仍，因而儀式有水與飲菖蒲雄黃酒、藥水沐浴等習俗。而《周禮‧秋官‧司寇》水神龍罔象的記載，而有貫象齒以驅水怪，相似中古歐洲驅毒龍等夏至儀式，因此古來視端午乃「惡五月」之節。〔註54〕論者溫宗翰認為「五月不吉利的觀念，主要出現在日治時期，有許多台灣人迷信政權更迭，與五月有密切關係，顯是結合著臺灣歷史脈絡，逐漸表現出的文化特色。」〔註55〕例如文獻云：

> 臺灣百姓之喜歡捏造謠傳流言，進而動搖人心的成例，史上屢見不鮮，其中最不可思議的是五月與迷信，在其連串的偶發事件之中，竟然形成一歷史性的結合。如：目前被臺灣同胞尊奉為開臺始祖的鄭成功，他在臺灣罹患瘧疾，終而不起的時間是五月。又如康熙六十年朱一貴之亂，臺灣府城的淪陷就發生在五月，又如最近的光緒十年中法戰爭法軍在五月進逼臺灣。再如明治二十八年（光緒二十一年），日本軍之開始進征臺灣也在五月。以上這些偶發事件，竟牢固地印在相當迷信的臺民腦海裡，每當談起五月，他們就毫無依據地聯想到變亂……於是一時之間，民心鼎沸。所謂迷信之利用預言，肇因於偶發的事實，便是這個道理。〔註56〕

洪棄生以〈招魂〉寓含為國家民族招魂，以招魂哀傷為家國犧牲者。他在一九一五年的詩作〈乙卯重午〉云：

> 五月五日弔屈原，六日又當弔臺灣。臺島此日蛟螭蟠，戶三百萬海漫漫。海底殘魂招不起，三百萬人同日死。髑髏骭骼欝嵯峨，虎狼戛戛磨牙齒。彼一人兮千古傷，全臺奈何不斷腸。羌沉江兮羌沉海，黑風毒浪魚龍僵。昨夜雷車擂大鼓，獱羊䕫蘷商羊舞。燈火煌煌黎邱市，旄旎窣窣修羅府。〔註57〕

〔註54〕Lévi-Strauss, C.（1955 年）Myth and Meaning（神話和意義），Schocken Books, New York. Lévi-Strauss, C.（2000 年）The Structural Anthropology（結構人類學），Basic Books, New York。李亦園著，《宗教與神話論集》（台北縣：立緒文化，2004 年 10 月二刷初版），頁 302～345。

〔註55〕溫宗翰著，《臺灣端午節起源與節日習俗研究》（新北市：花木蘭出版社，2013 年 9 月），頁 40。

〔註56〕臺灣慣習研究會原編，鄧憲卿等新編，《臺灣慣習記事》（南投：臺灣省文獻委員會，1997 年），卷 4，頁 97～98。

〔註57〕洪棄生著，《寄鶴齋詩集》（南投：臺灣省文獻委員會，1993 年），頁 331。

甲午戰後，中日簽署交割臺灣文書的日期。棄生《瀛海偕亡記》卷上曰：「五月丙子（初六日、西曆六月二日），而李鴻章子經芳為交割事，偕日兵船至。」應是乙未年（西元一八九五年）五月初十日（六月二日）李經方（中方代表）與樺山資紀（日方代表）簽署交割文書，臺灣的主權名副其實的轉移到日本手中。〔註58〕此時已割臺二十年，「海底殘魂招不起」，哀悼乙未年（西元一八九五年）臺灣割日，抗日犧牲生命的志士。更暗喻臺灣陸沉，臺灣雖生猶死。他〈生壙詩歌第七〉云：「人民祇作行尸看，山水渾如大隧昏。」《易經》〈遯卦〉言世亂之際，君子以遠小人，不惡而嚴。然而幽人處士，困而不見光明，所以有黎邱市、修羅府的譬喻。燈火煌煌與前途黯淡對比生哀。

第二節　變形神話：暗喻時世動亂，象徵遺民志節

洪棄生詩每以變形的神怪暗喻時世動亂解體與臺灣災害，也暗喻濟世猛志。以變形的意象反應時勢的變動劇烈。以變形神話暗喻時世動亂，象徵遺民志節。他的詩以怪異的意象來比喻災異，如地震等，其〈地震行〉寫明治三十九年（西元一九〇六年三月二十七日，光緒三十二年二月二十三日），在嘉義、斗六造成重大傷亡的地震。詩初寫天柱地軸的傾頹撓折。宇宙天地的混沌荒涼愴傷。天愴地傷，莫名而來，天地滄桑變異，被巨大的地震支解。詩云：「維歲丙午月剛卯，天柱傾頹地軸撓。星辰易位山川崩，五行二氣同紛攪。日月未懸天未開，大造莽莽飛黃埃。巨靈怒劈太華來，坤輿斳破聲如雷。六鼇斷足化黃能，媧皇一見心為哀。哀哉城郭闠闠為蒿萊，血肉膚軀為廢骸。……」支解的意象如「六鼇斷足化黃熊」，山川崩解擬人化為巨靈怒劈太華。詩意象怪誕、支離，呈現值得哀憐的受愴大地。〈地震歌〉的神話象徵，大地的遷變也和時世的動亂一樣，帶給人災禍。現實中天界代表朝廷，人間的苦難，可不可能上達天聽？受列強壓迫的中國，受日本統治的台灣，民不堪命的危迫感很深，人民偏偏又訴怨無門，只有在詩作中，藉由假夢境的描寫，泯合上下睽隔，無處訴怨的憤慨。

論者高莉芬分析〈楚帛書・甲篇〉云：「為禹為萬，以司堵襄，咎天步數。」

〔註58〕黃秀政著，《臺灣割讓與乙未抗日運動》（台北：台灣商務印書館，1992年），頁107～110。

文中「萬」即商契。《史記‧殷本記》「契長而佐禹治水有功。」《山海經‧海內經》「禹、鯀是始布土，均定九州。」「帝乃命禹卒布土以定九州。」《詩經‧商頌‧長發》：「洪水茫茫，禹敷下土。」大禹治水是世界創世神話中「大地潛水者創世」的類型。禹為創世造物主，功績即治水布土，均定九州，此神話乃是「撈泥造陸」的神話母題，禹從水中撈取泥土（息壤）鋪在水上而為大地造物主。創世神話另一母題即「丈量大地」，此「創世主丈量大地」的記載，如《山海經‧海內東經》云：「帝命豎亥步，自東極至于西極，五億十選九千八百步。豎亥右手把算，左手指青丘北。一曰禹命豎亥。一曰五億十萬九千八百步。」《淮南子‧墜形》云：「禹乃使太章步，自東極至于西極，二億三萬三千五百里七十五步；使豎亥步自北極，至於南極，二億三萬三千五百里七十五步。」步算天數之功歸大禹，禹、萬為有序宇宙的創世神祇。〔註59〕但在洪棄生〈後地震行〉云：「共工巨顝撼不周，豎亥大步移方里。」豎亥和共工成了宇宙破壞，象徵震災傾倒位移的神話意象。以神怪意象暗喻時世動亂解體，如〈望海有見〉：

> 千里萬里海色紅，海天落日旋盤銅。風雲對面青濛濛，隔絕中原無
> 路通。須臾窅冥百怪出，前有冰夷後海童。滄溟淜湃不可止，掀簸
> 星辰動蒼穹。銀濤昂現長蛇首，雪浪吹湧狂鯨風。精衛填石石枯
> 爛，鬱氣蒸成海上虹。海濱有屋無人住，獨有存者添籌翁。三千年
> 時一變幻，世途顛倒無由同。日黯慘兮月朦朧，赤縣淪沒蛟龍宮。
> 此時天地純黑色，尾閭無底伊胡窮。長魚一出輒噬人，大塊縹緲如
> 灰塵。軒皇應龍偶不作，蚩尤夸父稱明神。望望不見浩難測，髣髴
> 鼇梁來峛崺。欲往從之鼇梁遙，鞭石成血不成橋。南海儵兮北海
> 忽，鮫人蜃氣時一消。〔註60〕

詩中「冰夷」，據顧炎武《日知錄》〈河伯〉云：

> 《山海經》中（一作從）極之淵深三百仞，惟冰夷恒都焉。冰夷人
> 面乘兩龍，郭璞注：「冰夷，馮夷也，即河伯也。」郭璞〈江賦〉「冰
> 夷倚浪以傲睨」。）

詩中「海童」，據《太平御覽》卷一九二〈居處部二十〉：

> 三齊記略曰：陽庭城東西二百五十里青城山，秦始皇登此山造石城

〔註59〕高莉芬著，《蓬萊神話》，頁206～210。
〔註60〕洪棄生著，《寄鶴齋詩集》，頁181～182。

入河三十里，臨海射魚方四百里，水變血色，今猶爾也。解道虎齊
記曰：「不夜城在陽庭東南一百二十里，淳于髡稱海童作妖城，古有
日夜出見於東境，故菜子城此，以不夜為名。」

此外，庾信《庾子山集》卷四〈和李司錄喜雨〉云：「海童還碣石，神女
向陽臺。」注：《神異經》曰：「西海有神童乘白馬，見則天下大水。郭璞〈江
賦〉曰：『海童之所巡遊』。〈吳都賦〉曰：海童於是燕語。索隱史記注云：『〈地
理志〉曰碣山在北平驪城縣西南，〈太康地理志〉曰：「樂浪遂城有碣石山，長
城所起。《水經注》曰：『在遼西臨渝縣南水中，蓋碣石此有二：〈禹貢〉夾右
碣石入於河，當非平北之碣石也。』」冰夷和海童，長蛇與狂鯨都是禍害，以
變形的神怪暗喻時世動亂解體。「精衛填石石枯爛，鬱氣蒸成海上虹。」精衛
填石的變形的神怪暗喻濟世猛志。

洪棄生詩以變形神話象徵遺民堅抗命運的志節，例如詩作〈生壙詩〉，引
用《搜神記》丁令威化鶴歸來，比喻命運不可逆轉的滄桑，以及其中神話的
循環、可重複再生，而且可以完全逆轉的時間觀。論者黃鎮台〈永恆回歸的
神話〉一文引用耶律亞德（Mircea Eliade）的理論云：

> 中國人認為宇宙中萬物運行如圓、而各復歸其根（「有物混成，先天
> 地生。寂兮寥兮，……周行不殆。……萬物並作，吾以觀復。夫物
> 芸芸，各復歸其根」《老子》）。初民認為，人生的苦難來自於他們忤
> 逆上天的行為。也因此，隨著時間的再生，初民舉行各種「儀式」，
> 藉著模仿先祖、神祇在宇宙創生之際的行為，「淨化」自己、求得「新
> 生」。這種永恆回歸的時間觀念，為先民在歷史及大自然的苦難中尋
> 得安慰，也使苦難變得能夠忍受。持續不斷的重返「彼時」，也使流
> 逝的時間因而作廢、歷史得以泯除。〔註61〕

洪棄生詩作則藉夢境泯沒時間的遷變，或藉由變形神話回歸故里，關照
滄桑和群己間的命運。持續不斷的重返「彼時」，也使流逝的時間因而作廢、
歷史得以泯除。

臺灣在中日甲午戰後，清廷視為邊壤之地而割予日本。臺灣士紳每歎臺
島淪為化外之地，有被「拋棄」感。甲午戰敗後清廷割臺，洪棄生詩〈割地議
和記事〉末云：「眼見島夷竟得天，心痛中華長失歲。沉淪身世付傖荒，分裂

〔註61〕耶律亞德（Mircea Eliade）著，楊儒賓譯：《宇宙與歷史—永恆回歸的神話》
（臺北市：聯經出版，2000年6月）。

乾坤消猛銳。倉海君無博浪錐，銜石今後同精衛。」〔註62〕末二句一用歷史典故，以張良故事諷刺日本為暴秦。一用變形神話，以銜石精衛比喻遺民堅抗命運的志節。〈追述去冬時事〉末云：「年來銜石不能填，嘆息海天出魑魅。嗚呼七哀兮，哀不盡風雲氣。」〔註63〕追述乙未年（西元一八九五年）臺北抗日失敗事，深哀臺灣淪為魑魅之鄉。「年來銜石不能填」，〔註64〕即使化為銜石精衛，也難以挽救沉淪。又如〈海上憶舊遊〉：

> 昔年放櫂南溟邊，四海雲垂一笠天。船頭雷公擂大鼓，攪起虯龍水底眠。戲摘龍珠不知數，照耀層霄入九淵。水宮魚龍盡起舞，琉璃為壁玉為田。鮫人挈月海底懸，珊瑚蠣貝作錦編。錯落珠璣璵瑠筵，龍女嬌歌我扣舷。此景依稀在眼前，今日海枯白石爛，綺麗四散如雲煙。六鼇涸轍文螭死，洛神恨與精衛填。瓊樓玉宇不可見，海市頓作黑風旋。〔註65〕

此詩誇寫水宮魚龍和珠璣璵瑠的仙筵，設色鮮麗。「龍女嬌歌我扣舷」，彷彿親臨其境，末幅急轉而下，六鼇涸轍且蓬萊水淺，瓊樓玉宇成了蜃樓，滄海頓作黑風旋，徒留洛神恨與精衛填。

第三節 天河斷槎：譬喻日治時期臺灣與中國隔絕

天河浮槎見於詩者，如杜甫〈秋興八首〉其二云：「奉使虛隨八月槎」。仇兆鼇《杜詩詳註》卷十七引張華《博物志》：「近有人居海渚者，年年八月有浮槎，去來不失期。人有奇志，乘槎而去，十餘日至一處，有城郭狀，宮中有織婦，見一丈夫牽牛渚次飲之，因問此是何處？答曰：『訪嚴君平則知之。』因還至蜀問君平，曰：『某年某月有客星犯牽牛宿，計其年月，正是此人到天河時。』」

洪棄生詩以天河斷槎或滄海阻山譬喻日治時期臺灣與中國隔絕，如〈秋月望海感賦〉云：

> 秋風吹雲如吹煙，雲破天開月娟娟。海中月色與山連，海潮千里浮

〔註62〕洪棄生著，《寄鶴齋詩集》（南投：臺灣省文獻委員會，1993年），頁353～354。
〔註63〕洪棄生著，《寄鶴齋詩集》（南投：臺灣省文獻委員會，1993年），頁166。
〔註64〕洪棄生著，《寄鶴齋詩集》，頁167。
〔註65〕洪棄生著，《寄鶴齋詩集》，頁292。

一天。夜靜天空濤聲湧，萬里如火空中懸。何處火船艤近岸，火煙縷縷如蜿蜒。藏頭露角雲中舞，一檣一條倉龍纏。港中櫓聲潮聲起，萬馬爭喧夜不眠。我時樓上正秋望，秋風吹衣露冷然。日夕長望浮漢船，漢槎不見今千年。袖中空有支磯石，簾間無復賣卜錢。憑欄望月思遠道，河山滅沒波濤邊。青天有月長如此，塵世蜉蝣幾變遷。舉杯問月月不應，安得移山轉海到酒前。〔註66〕

「日夕長望浮漢船，漢槎不見今千年。」「塵世蜉蝣幾變遷」〈送客歸湖北不遂〉云：「渡海非無大海帆，出關難得函關帛（洋例：凡向官領無路照者，即不得出海。）」〔註67〕滄桑後，兩岸隔絕加深改朝換代的悲哀感。追憶當年渡海應舉的往事，如〈海上憶舊遊〉云：「今日海枯白石爛，綺麗四散如雲煙。」〈欲闢荒榛感作〉云：「沈沈天帝閉天關」，欲「尊王攘夷」，「須揚長劍倚天外」，欲效愛國志士，為國盡忠而不可得。〈冬日感事〉感慨「海市蜃樓空」，「望斷中華路」「傷心滄海上，已作島夷看。」〈口號〉「九閶天問遠」。原想中國得與日本「鼎立是高籌」。誰料中國國勢凌夷。乙未臺灣割日之後，〈登樓〉云：「雲斷北來色。」〈故壘〉云：「故壘歌蕃曲」〈海上〉云：「無復漢槎過」。〈望海〉云：「依然故國帆」〈感事〉云：「地阻虛閩粵」。〔註68〕日治時期臺灣對外貿易中心之由中國轉變為日本，關稅制度也就統一。〔註69〕棄生〈洋關行〉批評：「商人瞠視兩眼如巨鼇，泣訴不可得，關吏瞋爾言囉嘈。吮爾皮血鹽爾膏，東頭有虎千百牢。」〔註70〕懷念清領昔日的寬大，〈憶昔六首〉其五：「……關梁萬里成坦途，關吏瞋人亦寬假。蜀錦吳綾不可論，車載馬馳盈四野。關下往還何自如，豈與今日來撋捼。」〔註71〕多方摘取、割裂，撋捼百姓過錯，刻意打壓。論者涂照彥提到日治時期臺灣的關稅和海關：

> 日本於一八九〇年九月制定關稅法，在佔領台灣之翌年（一八九六年十一月）起開始在台實行。……台灣仍繼續適用輸出稅。此外，針對輸往日本的貨物，另外制定與輸出稅率大致相同的出港稅。……所以，台灣的殖民地商品，便以完全不課徵出港稅的糖、

〔註66〕洪棄生著，《寄鶴齋詩集》，頁293。
〔註67〕洪棄生著，《寄鶴齋詩集》（南投：臺灣省文獻委員會，1993年），頁372。
〔註68〕洪棄生著，《寄鶴齋詩集》，頁292、293、219、209～213。
〔註69〕《臺灣省通志稿》第十五冊（南投：臺灣省文獻委員會，1962年），頁272。
〔註70〕洪棄生著，《寄鶴齋詩集》，頁172。
〔註71〕洪棄生著，《寄鶴齋詩集》，頁178。

米，以及只課以某程度出港稅的茶為主，……因此，當日本於一九一一年完全恢復關稅自主權之後，台灣亦由過去的協定關稅改為國定稅率，並大幅提高輸入稅。〔註72〕

大正五年（一九一六年），棄生參加勸業共進會，遊臺北、淡水、基隆等地，慨歎淡水等港口因與中國隔絕而衰微。〔註73〕一九二二年乘船從臺灣基隆到上海，寫上海「小輪到新開河，自太馬頭登陸，行李皆出於海關前，……竟無一徵稅，視台灣則疏略萬萬矣。」〔註74〕因此，其〈冬日感事四首〉其一：「望斷中華路，風波日日寒。傷心滄海上，已作島夷看。」〔註75〕

第四節　名士煙癮：批評日人限制吸煙等暴政

洪棄生有名士談玄之風，自謂煙癮從俗戒之，卻又藉癮隱居求志，噴薄憤氣，填坤乾以不平之氣。詩作又以斷尾鳳和芙蓉城主批評日人治臺禁鴉片、斷頭髮、解纏足。棄生〈與梁任公〉信中云：

> 又如限制吸煙，自是善政，而此間奉行不善，日日罰鍰，日日笞撻，至有以細故死於杖下者，其他尚待論乎！〔註76〕

此信寫於一九一一年，可見官方禁煙法之殘暴。臺民發起的戒煙運動，則以「降筆會」所倡者為最，於西元一八九九年春起盛行於全臺，推行戒煙之成果頗著。此會原稱鸞堂、乩堂等，於西元一八九三年，自廣東惠州陸豐縣傳入扶鸞祈禱戒煙之方法。係由鸞生祈求神降，將神之託宣降筆書於沙上，再以混有香灰之神水給癮者服用。因而大大減少了政府的鴉片收入，使該會被疑為排日反日組織而加以偵查、逮捕及打壓，於西元一九〇一年之後逐漸平息。〔註77〕當戒煙運動盛行時，〈戒煙長歌〉一詩云：

> 時下競為戒煙，多有病者。予從俗戒之，累日無苦，遂復吸之，因

〔註72〕涂照彥著，《日本帝國主義下的臺灣》（台北市：人間，2017 年），頁 156。第三章「台灣農業的畸形整編」第一節「對外經濟關係的扭曲」。

〔註73〕陳光瑩著，《臺灣古典詩家洪棄生》（台中：晨星出版社，2009 年），頁 242～252。

〔註74〕洪棄生著，《八州遊記》，頁 4。

〔註75〕洪棄生著，《寄鶴齋詩集》，頁 219。

〔註76〕洪棄生著，《寄鶴齋古文集》（南投：臺灣省文獻委員會，1993 年），頁 361。

〔註77〕王世慶著，《清代臺灣社會經濟》（台北：聯經，民國 83 年初版），頁 443，〈日據初期臺灣之降筆會與戒煙運動〉。

歌以寄意。

……閒來偶吸罌粟髓，恰似客思蓴菜然。寫意聊作消閒計，心不在
此等談玄。床頭金燈伴玉管，藉作藜光年復年。亦愁食痂成風癖，
旬日匝月輒舍旃。凌雲吐氣豪千尺，未許尤物長熬煎。況思調鼎上
金殿，復願飲冰到居延。一椌一酊且須斷，寧忍煙霞痼癖臥寒氈。
雖未作監兼作戒，早已忘蹄又忘筌。自從世界變腥羶，爨火劫灰焚
大千。惡氛炎燼不可掃，瘴煙毒物鎮相連。九霄無路餐金瀣，半世
空勞煉汞鉛。自歎此身已廢朽，遂將此事託逃禪。古人有託隱於酒，
我今何妨隱於煙。收拾青雲付灰爐，壯心縷縷管中牽。芙蓉城主
石曼卿（煙膏世亦名芙蓉膏），金粟堂身李青蓮。末路英雄無退步，
噴薄憤氣填坤乾。小榻一椽書萬卷，枕藉拚作甕中眠。……〔註78〕

詩中「閒來」二句，則吸煙初為消遣，為免食痂成風癖，斷斷續續，力能
自制。其志在立功邊塞，榮身金殿，不願床頭長伴金燈玉管，受鴉片煎熬。經
歷兵劫爨火後，心如死灰，吸煙漸成嗜好。而吞吐之間，胸中塊壘盡消，成為
「煙隱」者。芙蓉城主石曼卿（煙膏世亦名芙蓉膏）自嘲吸鴉片上癮。誠如
江燦騰所論，這些情緒有舊式儒生的轉型困難與社會地位失落後的茫然悲
憤。〔註79〕連橫《臺灣通史》〈榷賣志・阿片釐金〉云：

阿片年於印度，以此為國課之大宗。而突厥、埃及、波斯皆有產。
上者曰「公班」，則黑土也，味濃力大，次曰「白皮」，又次曰「金
花」，則紅土也。臺灣之銷阿片，其始多用黑土，繼乃合用紅土，價
較賤，故吸之者眾。〔註80〕

一九三〇年三月二日（昭和五年，舊曆二月三日，日曜日，星期日，
晴），連橫在漢文版的《臺灣日日新報》發表名為〈附臺灣通史著者連雅堂氏
對此回問題致本社意見書一篇如右〉，內容贊成發出新的吸食鴉片牌照，此文
一出，引來全台知識分子之批判。林獻堂本年三月六日日記記載：

昨日槐庭來書，痛罵其無恥、無氣節，一味巴結趨媚，請余與幼
春、錫祺商量，將他除櫟社社員之名義。余四時餘往商之幼春，他

〔註78〕《寄鶴齋詩集》，頁 192。
〔註79〕江燦騰著，《日據時期臺灣佛教文化發展史》（台北：南天，2001 年元月初版
　　　　1 刷），頁 420～423。
〔註80〕連橫著，《臺灣通史》（南投：台灣省文獻委員會，1992 年），頁 399。

亦表贊成。

此因林獻堂與蔣渭水等人於本年一月時，以民眾黨發電報，致書日內瓦國際聯盟，反對去年十二月日本政府同意讓非法吸食鴉片者重新請領牌照，因為不僅不符合人道精神，也違反國際條約。又因電文署名「代表四百萬台灣人的台灣民眾黨」，事後成為官方攻擊的焦點。連橫為櫟社社員，卻認為勤勞、為進取，而非懶惰、非退步，自然受到知識分子之批判。〔註81〕論者蔣朝根（蔣渭水之孫）提到：

> 日本佔領台灣時，對鴉片採漸禁論，設立公營工廠，生產鴉片專賣，統籌配銷，發給吸食者鑑札（特許牌照），在戶口名簿上註記「阿」字，可以向指定店購買。一九〇〇年調查有鴉片癮者近十七萬人，約占當時人口的六分之一，鴉片專賣的收入曾占一年歲入的三分之一；可見當時吸鴉片的風氣幾乎和現在抽香菸一樣普及。推行鴉片專賣的後藤新平，還因為對台灣財政有貢獻，獲得勳章呢，實在是天下奇聞。……這件事的起因是，日內瓦的「萬國鴉片協定」，宣布將於西元一九二九年一月九日生效，嚴禁鴉片吸食，當時日本也是簽約國。但是台灣總督府，因為鴉片專賣可觀的收入，乃頒布「台灣鴉片令施行細則」，鴉片不准吸食下有「但書」：「但本令施行前之鴉片癮者，由總督特許吸食，而吸食政府發售之鴉片膏者，不在此限。」……當時突破重重阻礙，好不容易才成立的「台灣民眾黨」領導人蔣渭水是醫生，深知鴉片毒害，挺身而出帶領該黨指控總督府的阿片「新特許方針」是「和在澳領澳門徵稅而准許賭博之榨取政策，同出一轍。均將留汙名與罪惡於人類歷史上者。」他們除了全島舉行打倒阿片演講會，也向東京的日本政府抗議，要求全面禁止鴉片吸食。〔註82〕

蔣朝根（蔣渭水之孫）提到，發出電報向國際聯盟控訴日本人在台灣實行的阿片特許制度，是台灣民眾黨領導人蔣渭水的兒子蔣松輝，於一九三〇年（民國十九年）一月二日，晚上七時，拿著一封電文走入台北電報局，發出

〔註81〕林獻堂著，許雪姬等共同註解，《灌園先生日記（三）》（台北市：中研院臺史所，2000年），頁14～16、76。

〔註82〕蔣朝根著，〈禁菸反毒歷史回顧：台灣民眾黨的一封英文電報，向國際聯盟控訴日本人——日據時代鴉片戰爭〉（2001年6月3日星期日），聯合報15版。

了一封電報，電報是以「代表四百萬的台灣人的台灣民眾黨」名義，用英文發出，日本人以鴉片毒害台灣人的惡行才引起國際重視。

洪棄生詩寫鴉片煙，如〈有所思效玉臺體十首〉：「……我有咫尺天，亦是桃花土。比月足娟娟，依稀未出戶。何日凌風游？鳳凰生翠羽。下到芙蓉城，上到芙蓉府。」〔註83〕〈齋中即景〉：「四圍風月一燈懸，帳裡芙蓉（俗謂鴉片煙曰芙蓉）小洞天。」〔註84〕

印證日治時期，棄生視寫作如營造一洞天，安置私密隱情。吸鴉片成「癮」，而「癮」一滿足則痛苦暫「隱」，詩寫鴉片癮自我滿足，隱喻異族統治下難言的苦痛。〈吸煙戲詠〉云：

> ……有時臥遊上九霄，有時魂遊空五內。燥吻惟濡陸羽茶，饞情卻謝元修菜。藉茲冀免俗氛侵，不治未是南山穢。羅什有道吞亂鍼，游戲神通何介蔕。晞髮陽阿下大荒，久鄰山魈木石怪。御氣身與造化遊，陸地行仙纔莫壞。甜鄉休道爛如泥，糟邱須知肉不敗。與人無悶世無懷，掃愁有帚詩有械。挪揄或謂窮骨頭，顛倒拚作尸居態。邯鄲一枕夢黃粱，洞府三清伸白喙。霧液雲腴流玉酥，鸞膠鳳髓含金薤。太乙然火三千年，一吸沖虛無大塊。〔註85〕

吸煙之快感，在肉體極亢奮時，同時感到肉體的真實與空虛。那種物我相融相忘之快感，使人暫忘俗世之塵氛、荒誕與怪異。御氣同遊造化、吞針能化痛為游戲，其實不止講吸煙，更與作詩時的「移情同感」、「馳騁想像」、「提煉昇華」等原理相似。以詩筆為戈，掃蕩窮愁。不恤流俗道德的評價，但求陸地行仙，以煙癮暫且舒緩肉體的痛苦（氏素有頭痛之疾），以作詩自救心靈。詩末看似迷溺淪落，反應視為自我超脫的形象。就疾病書寫所隱喻的文心禪理，如其〈自懺文〉云：「傳癖書淫，沉痼抱維摩之疾。」〔註86〕以維摩善病，因病觀理，因身苦常體眾生悲苦，去除個人負面情緒，轉化為冷靜觀照的文思。他的詩有骨力卻不流於露骨，也因此深造之功，沉澱快意激情，使其詩能「立意有骨」。〈吸煙戲詠〉「青精有飯黃精代」。《博物志》太陽之草名黃精，食之可以長生。嵇康《昭明文選·與山巨源絕交書》「聞道士遺

〔註83〕《寄鶴齋詩集》，頁154。
〔註84〕《寄鶴齋詩集》，頁363。
〔註85〕洪棄生著，《寄鶴齋詩集》，頁301。
〔註86〕洪棄生著，《寄鶴齋駢文集》（南投：臺灣省文獻委員會，1993年），頁95。

言，餌之黃精。」古有服食黃精，以求長生的記載。而黃精、朮等仙藥，見葛洪《抱朴子》〈仙藥〉篇，棄生素有頭疼之症，以鴉片緩解。棄生〈遣意漫賦〉云：

> 足下碧落凌三千，胸中雲夢吞八九。不能富貴求神仙，惟有讀騷痛飲酒。少年樂水兼樂山，適興問花更問柳。此日落拓無所營，窮愁老景來相守。丹藥難駐玄髮身，摵絖空作不龜手。甘羅既相鄧禹侯，笑余四十徒腐朽。世外自負龍鳳姿，山中惟將麋鹿友。欲免衣冠優孟容，永甘形塊哀駘醜。邇來傴僂循牆走，獨坐無朋行無耦。紛華我知亡是公，流俗人喚支離叟。塵途有跡風憐蛇，滄海無情雲變狗。季野滿腹儲陽秋，強與旁人相可否。百鍊剛腸繞指柔，偶生芒角澆一斗。不平時作老龍鳴，長嘯卻同獅子吼。

「惟有讀騷痛飲酒」有名士之風。不願做衣冠優孟，永甘形塊如哀駘醜，本色獨行，末「不平時作老龍鳴，長嘯卻同獅子吼。」以道教長嘯修練，擺脫俗世浮沉之悲。〈遣意再賦〉云：

> 世間已置六尺軀，身上猶存三寸舌。南溟之鵬北海鯤，屈伸變化歸一瞥。我生骯髒四十秋，如何枯株長守拙。閉門鬱鬱無所為，如頭受髡足受刖。揚尻欲作萬里行，車已無輪馬無軏。干將生就百鍊鋼，嶢嶢之齒堅不缺。年華一耗身漸柔，鬖鬖者鬢星星髮。冥心思與大化游，蛇困求蛻蟬求脫。造物閉我穬榖中，鼠肝蟲臂徒生活。愛我謂我有用身，惡我笑我窮死骨。我自渾沌隨造物，滿腔藏有萇弘血。世途列子悲濕灰，歧路楊朱泣回轍。傀儡新自西洋來，黥鉗大為我輩設。我已土苴視功名，時猶袞冕矜閭閻。破壞仁義真窮奇，均輸食貨亦饕餮。江湖魏闕同一邱，願從泥龜作跛鱉。〔註87〕

棄生〈感望四首〉：「從茲莫過誇高蹈，小隱依然在故鄉。」〔註88〕〈閑居書事兼述懷〉：「……逍遙世外亦一計，自顛自倒忘倒懸。……造物彼蒼何阨我，土人桃梗相為緣。不知何時堪解脫？駢枝大塊殤彭籛，胚胎或免天桎纏。」〔註89〕前引戒鴉片煙運動，臺灣降筆會於明治三十四年（西元一九〇一年）四月左右，運動擴大至苗栗、東勢角〔譯註：即今東勢〕、彰化、鹿

〔註87〕洪棄生著，《寄鶴齋詩集》，頁300。
〔註88〕洪棄生著，《寄鶴齋詩集》，頁245。
〔註89〕洪棄生著，《寄鶴齋詩集》，頁308。

港、和美縣〔譯註：即今和美〕、北斗、土庫、斗六、以及北港等地。「倒舖間」即臺灣俗語鴉片吸食所。〔註90〕「愛我謂我有用身，惡我笑我窮死骨。」吸食鴉片而觀身蟬蛻，批判日人「破壞仁義真窮奇，均輸食貨亦饕餮。」如怪獸窮奇和饕餮，以鴉片煙公賣制度剝削民生，破壞仁義。「冥心思與大化游，蛇困求蛻蟬求脫。」以道家哲理談玄觀身，身如蟬蛇困求蛻，吸煙則煙霧混沌中，暫時解除身痛與心腔的氣血憤恨。「傀儡新自西洋來，黥鉗大為我輩設。」批評日人治臺的種種苛政。「我已土苴視功名，時猶衰冕矜閭閻。」日治時期，舊日科舉士子的淪落，與新興知識階層的興起，又見於詩外。

〔註90〕〈大龍峒耆宿座談會〉，見《台北文物》季刊（第 2 卷第 2 期，民國 42 年 8 月 15 日版），頁 73。丸井圭治郎著，溫國良譯，〈台灣之宗教〉，頁 124。

第八章 結 論

　　此書《洪棄生《詩》《騷》別裁的遺民詩史研究》緒論分析洪棄生（西元一八六六～一九二八年），清末臺灣鹿港秀才，為臺灣古典漢文學詩文大家。日治時期貞隱不仕。「洪繻」、「洪棄生」則是乙未年（西元一八九五年）之後改取之名與字，寓意自己是清朝棄民，以教授並傳承漢學，創作古典詩為志。引用其〈臺灣哀詞〉云：「島嶼於今成糞壤，江山從此署遺民。」其乙未年（西元一八九五年）臺灣割日後，洪棄生的諷諭詩每每描寫臺灣受到日人殖民的痛楚，內容包括日治初期臺人抗日的英勇事蹟等等。

　　「詩史」比興諷諭之傳統自以詩經楚騷為大成，由來已久。洎乎盛唐，詩歌大盛。杜甫感時憂國的諷諭詩作，後人推為「詩史」。杜甫「詩史」，指其詩善陳時事，寓含悲歡、忠憤及襃貶，故後人重之。杜甫「詩史」敘事詠懷、諷刺批判兼具，乃「詩」而為「史」者，此精神為中唐元白所承繼。棄生實上承風雅及漢儒詩論，近師杜甫「詩史」，中唐元白新樂府。

　　筆者的著作分析棄生諷諭詩的寫作，主張「敘事覈實，議論允當。」「詩史」之可貴，在彰顯詩情及史識。詩情貴真；議論允當方顯識見洞達。強調敘事覈實，目擊存真，棄生因舉清末詩人王國維（初名國禎，字靜安，又字伯隅，號禮堂，晚年又號觀堂、永觀，浙江省海寧縣人，西元一八七七～一九二七年）於民國元年（西元一九一二年）所作的〈頤和園詞〉，用清初吳偉業的「梅村體」詩格，敘清室鼎革事。棄生讚許王國維有詩人之銳感，及學者之博識，詩深有情韻而具見雅度。棄生「詩史」的寫作，宗法杜甫的「別裁偽體親風雅」，以風騷為典則，別裁偽體，分別優劣，決定取捨，懸為論詩作詩之圭臬。

　　第一節「研究動機：論乙未臺灣遺民洪棄生。」乙未年（西元一八九五年）清廷割讓臺灣給日本，洪棄生貞隱不仕，批評日人治臺苛政，如抱器之魯生，傳承漢學，可視為遺民和逸民。從洪棄生遭喻台灣割日，深受日人殖民之痛來立論。洪棄生的哲嗣洪炎秋，提到他的那一條辮髮，斷送在民政長官下村宏（字海南，日本和歌山縣人，西元一八七五～一九五七年。一九一五年台灣總督安東貞美邀請其任民政長官）的手中的，只因日本統治者下令勸誘剪辮放足，標榜同化，下級警吏，聽到上司屁聲，便覺得大似雷響，雷屬風行，爭顯成績，攔途剪人辮髮，入閨解人腳布，弄得雞犬不寧，閭閻騷擾，洪炎秋的辮髮就是在那個時候，被警吏在路上給剪掉的。當時洪棄生作了一首七律〈厲行斷髮散足事感詠〉說：「是何世界任摧殘，警吏施威六月寒。」云云。七律〈逃剪髮感詠〉說：「穆生久懼楚人箝，藏尾藏頭二紀淹。」云云。七律〈再為厲行斷髮散足事感詠〉說：「長歎無天可避秦，中華遠海總蒙塵。」云云。七古〈蓄髮詩〉說：「不歐不亞亦不倭，我髮雖短未婩婀。」云云。

　　第二節「研究方法：棄生詩文體裁新變論。」棄生詩文體裁正變與新變論的要旨，正變論是「以時言詩」，而新變論是「以詩言時」。相同處是兩者都以共時的研究為主，著眼當代的詩壇，分析作品如何反映現實？而作者又如何鎔鑄風格以新變代雄？研究洪棄生的遺民詩史，如何親風騷而別裁偽體？其詩史又如何仰挹風騷而反映現實？關於研究方法，因棄生精於《文心雕龍》的創作與批評論，以此提綱挈領，引申義例，以為研究方法。詩文體裁新變說的要旨即《南齊書‧文學傳論》所強調的「若無新變，不能代雄。」講求新變，才能獨自成家，雄長一代。不同於「風雅正變」說，關切文學與時代的關係，又強調先王禮義，詩篇諷刺時政。一、從「原道以徵聖」、「宗經而下緯」論文章體製。二、從「尊古通變」、「神通千載」論〈宗經〉〈辨騷〉。三、從「明詩辨騷」、「情采隱秀」論《詩》、《騷》。四、從韓愈詩文論「中聲正響」與「唐律開徑」。五、從「風格即人格」論詩才家數。

　　第一章「憑情以負氣，遺民詩變論。」析論洪棄生的遺民詩新變理論，分析宋明遺民詩的情志和正氣。以及洪棄生對當代晚清詩壇「同光體」詩人的批判與學習。指出宋代士大夫的強烈憂患意識。北宋靖康之禍，南渡之際，士人的氣節值得表彰者。以及日後南宋亡於蒙元，遺民詩人懷抱國亡哀痛，如錢謙益推崇杜甫「詩史」，又稱許宋遺民舊老之「詩史」，其中憂生憂世之

情，所謂「古今之詩莫變於此時，亦莫盛於此時。」宋遺民的詩史論，見於文天祥等人。明遺民與貳臣的詩史論則以學術研究《楚辭》的王夫之，以及寫作詩史的吳偉業最著名。嶺南三大家的雄直慷慨詩風，尤其是屈大均的寓言詩〈猛虎行〉，尤為棄生所推許。陳恭尹〈日本刀歌〉「蒼老」的詩風，充分發揮文字特有的時間流動感與歷史縱深。又以奧衍微至，發揚高華評論晚清詩家。溯源此風格，則本自《詩經》《楚辭》。其中王國維的詩史醇雅公允，棄生推為典範。

第二章「題材源《詩經》，比興標風格。」棄生論詩歌題材、筆法與風格淵源《詩經》。重要題材（一）送別詩（二）閨房、棄婦閨怨、香奩豔體、盟諑、悼亡詩（三）田家風俗詩（四）征戍從軍和天子田獵詩（五）人物詩。此外，棄生詩歌練意、筆法與風格淵源《詩經》。詩善練意方有文骨和意味，以「明時空以取變化」一法論之。筆法如鋪張映襯，善用側筆，描摹細微。《詩經》詩歌風格多變，就洪棄生所推崇的，如（一）峭深緊遒。（二）快直平簡。

第三章「《楚辭》繼《詩經》，通變為詩史。」就「變風變雅以諷論」，洪棄生論中國古代詩人杜甫與陸游的性情及詩作，以及身世背景，氏〈讀變雅詩說〉、〈讀變雅書感〉等文感慨家國，有憂世憂身之感，引《詩經》變風變雅以諷世傷時。認為《楚辭》繼《詩經》，通變為詩史。棄生論詩主張變風變雅，認為詩風深染時世變亂之音，〈讀變雅書感〉所謂：「蓋詩人哀於下，志士憤於上，一戰殺敵兆於風謠之間矣。」平日學《詩經》、《離騷》，並取徑漢魏以下詩作，此本自劉勰《文心雕龍‧通變》「參古定法」的理論。而因應世變，詩作有憂生憂世之情，棄生論詩強調《詩經》風雅正變之說。

第一節「論風雅正變。」棄生所謂「變風變雅」，與「達於事變而懷其舊俗」原意相同，關切文學與時代的關係，又強調以先王之禮義來匡革時政，因此詩篇也就諷刺時政。從境遇與詞章，以及性情品德論「風雅正變」說。推崇杜甫和陸游詩，批評建安七子中的陳琳、王粲的性情品德，此棄生正變說的要旨。

首論《詩》變雅憂世，《騷》好色怨誹。《詩經》變雅，憂生憂世；《離騷》怨誹，好色情真。詩經時代詩、樂、舞往往合一，人之感情往往受環境影響，故有亂世之音，治世之音。變風變雅說從環境影響作者情志，作者情志影響作品風格，以「文變乎時」的觀念認為因時代、環境不同而影響作品風格。一

個時代有大歷史、小歷史，小至個人的貧富窮通，大至時代的治亂興衰。詩言情志，情志具有普遍性，由詩歌可以看出整個大環境。變風、變雅為亂世之音，《詩經》中怨刺的作品不少。怨，就是苦悶。文學，是苦悶的象徵。而孔子曰：「詩可以怨。」南朝鍾嶸《詩品》強調詩的怨刺諷諭。諷諭詩的理論源自《詩經‧毛詩大序》，元代范梈揭舉孔子「興於詩。」之詩教。詩者，志之所之。以其志感人之志者。因於一時盛衰之運，發乎性情之正，而形見乎辭者，所以說「亂世之音怨以怒，其政乖。」孟子曰：「王者之迹息而《詩》亡，《詩》亡而後《春秋》作。」章太炎引《詩序》云〈正雅〉二十二篇廢而王道缺，終之曰〈小雅〉盡廢則四夷交侵，中國微矣。因此《詩》亡而後《春秋》作。洪棄生認為杜甫、陸游詩染變風遺音，性情亦近之。清末世變方殷，詩作多染變風，棄生〈讀變雅詩說〉、〈讀變雅書感〉等文感慨家國，引《詩經》變風變雅以諷世傷時。〈讀變雅書感〉云：「變雅之詩，詩人之哀也甚矣。繁霜之秋，板蕩之時，民之危苦，何可言哉。」比較周室未衰與外患侵擾時國家局勢的不同，一為「禮樂衣冠德刑政教，雍然在於民間」，一為「宗廟邱墟，京畿禾黍，民之室家復奚問乎」，並引變雅兩篇詩句為證。繁霜之秋，詩人之哀也甚矣，如《詩經‧小雅‧正月》以「憂」字為一篇之骨，寫憂生憂世真摯之情。即棄生所說真性情之詩如自然天籟洋洋有餘味。詩人將個人命運與人民、國家之命運緊緊聯繫在一起，棄生因身處清末變局，慘遭日人殖民之痛，詩文每有憂生憂世之情，首重詩文佳境真意。其推許《詩‧小雅‧正月》為傷時之詩篇。〈蕩〉是《詩經‧大雅》中譏刺周厲王無道的詩篇，後用來指政局混亂或社會動蕩。〈板〉是周朝元老憂國之將傾，勸諫年輕同僚輔弼周王、挽救危亡之詩。「噂沓背憎，職競由人。」出自《小雅‧節南山之什‧雨無正》。屈萬里云：「此當是東遷之際，詩人傷時之作。」屬變雅。至於「周餘黎民，靡有孑遺。」此二句出自《大雅‧蕩之什‧雲漢》，屬變雅，本為周宣王禳旱祈雨之詩。例如《詩經‧小雅‧十月之交》描摹災異以喻人事，棄生〈地震行〉等詩布局手法與此詩類似。

　　第二節「《詩經》、《楚辭》『詩史』論。」闡釋（一）詩人興諷之旨，對應於史家褒貶之義。（二）詩人比興藝術，對應於史家書法。（三）詩人感事而吟，對應於史家實錄。（四）詩人忠愛之忱，對應於史家殷鑑之用。（五）〈離騷〉固《檮杌》之精華也，亦猶《三百》之於《春秋》。

　　第四章「《騷》變《詩》神理，執正以馭奇。」析論洪棄生論《楚辭》奇

思奇情，稱許屈原以曠古逸才，運三百篇神理，變三百篇體形，不獨古賦之祖，亦古詩之祖。棄生詩作仰挹〈離騷〉的儒道思想與華采。以《詩經》之正以馭《楚辭》之奇。

第一節「仰挹〈離騷〉的儒道思想與華采。」棄生詩作仰挹〈離騷〉的儒道思想與華采。論者許瑞哲認為屈原吸收的諸家思想中，最明確與最精粹的，莫過於儒、道兩家思想。陳怡良的序文舉例屈賦〈橘頌〉、〈離騷〉強調內外兼美的涵養，與儒家「君子」修德而人格完成的思想相符合。而「修身」以成德的工夫，〈離騷〉中出現「修」就有十八處。道家影響，見於〈遠遊〉、〈天問〉、〈離騷〉等，其中道氣、出世等觀念，以飲食、行氣來改變體質，以延年益壽，輕舉遠遊。因而，梁啟超認為〈遠遊〉是屈原「宇宙觀、人生觀的全部表現，是當時南方哲學思想之現於文學者。」〈天問〉以提問式的長詩形式，針砭夏、商、周三代興亡成敗，其歷史觀印證屈原「好修為常」、「法夫前修」的思想。

第二節「《九章》憂世情，執正以馭奇。」劉勰《文心雕龍・辨騷》認為屈原的作品「同乎風雅」者「四事」，即「典誥之體」、「規諷之旨」、「比興之義」、「忠怨之辭」；「異乎經典」者「四事」，即「詭異之辭」、「譎怪之談」、「狷狹之志」、「荒淫之意」。以通變的觀點強調「酌奇而不失其貞，翫華而不墜其實。」可謂識見卓犖。劉勰《文心雕龍・辨騷》推崇楚騷「驚采絕豔」。又說：「騷經九章，朗麗以哀志。九歌九辨，綺靡以傷情。」《九章》是屈原一生行事的壯采詩篇，不僅僅如《九歌》源自楚俗民間祭祀，神巫深情對唱，綺靡以傷情的風格。宋代嚴羽論《九章》與《九歌》云：「《九歌》不如《九章》，《九章・哀郢》尤妙。」又云：「前輩謂〈大招〉勝〈招魂〉，不然。」又云：「讀騷之久，方識真味，須歌之抑揚，涕洟滿襟，然後為識〈離騷〉，否則如戛釜撞甕。」棄生意見略有不同：「《九章》中，嚴滄浪愛〈哀郢〉，余則愛〈涉江〉及〈悲回風〉。」又云：「《九章》嗶緩，自然不及《九歌》脩潔，嚴滄浪曾發其端。馮鈍吟嘵嘵強辯，味同嚼蠟，予已駁之，詳見《詩話》卷八。」

第三節「棄生詩以夢遊或求仙針砭清廷而自嗟窮愁。」詩作扣問蒼天而發天問，猶如屈原窮而呼天。其〈帝京篇〉有「哀郢」之思。此外，〈叩閽辭〉「中央一土獨倒顛」的「中國為中心」文化本位思想。棄生用夏變夷的思想，異於當時「師夷之長技以制夷」的變法思想。第四節蓬萊神話與桃源遷變的樂園失落哀臺灣割日，成了乙未年（西元一八九五年）後，洪棄生詩的

象徵意象。蓬山水淺，桃源遷變的意象，經常出現在洪棄生乙未年之後的詩作。從此界飛升彼界，由悲壯而超越，此因悲壯是「非自我的世界」與「非世界的自我」的強烈衝突。桃源象徵的是一種「非自我的世界」，以此躲避暴政和戰亂。從神話和儀式的角度研究，論者李豐楙以神話、巫俗、原始宗教與《騷》的關係，從此世之憂到彼世之遊，遊仙文學的「上昇」主題，仙境遊歷說的出發、探求與回歸，追索《楚騷》的文學啟發。屈原作品〈離騷〉裏表達回歸的願望，因現世時間的無常，空間的狹隘，憂生憂世成為探求回歸的動機。〈離騷〉寫飛天神遊「崑崙」此一樂園的永恆希冀，形成後世文學「士不遇」的主題。論者陳麗桂分析荊楚雲夢氤氳迷濛的地理環境，人民情緒多柔靡、細膩、悱惻、纏綿而富情致。筆者著作又引高莉芬的研究，以蓬萊神仙的空間型式，成了棄生乙未年（西元一八九五年）後，象徵臺島滄桑，日人治臺的種種遺民情懷。

　　第五章「《九歌》置辭奇，香草美人興。」析論洪棄生的《楚辭》理論，因修辭的技巧，分析《楚辭》以香草美人比興的寫作。〈九歌〉的祭神之曲儀式的作用，在「介入歷史性時間，使之與宗教時間實現同步化。」人與神、現實與神話所建立的關係，一方面是敘事朝歷史性、摹仿性敘事發展，例如〈離騷〉中的用典和香草美人的現實經驗摹仿，其中又有堯、桀等歷史人物，因其是具體的又具典型的人物而有象徵和教寓性；一方面楚地民風特有的巫俗，神話虛幻奇異而展現人類想像的心理模式，可作為普遍意義的神話原型。也「可理解為無意識原型」、「揭示各種文化之間相同的人類現實。」這些神話的意象賦予後世詞曲新的素材，成為比興象喻使作品有了寓意。〈九歌〉在屈原潤色加工之前，原本是民間詩人（很可能是巫覡）創作的。論者吳福助依據民間文學的性質來看，它本來的情感是自由奔放，言辭是活潑、率真、樸實，但在涉及神與神、神與人之間男女燕昵之情時，恐怕不免有些原始性慾的野性美的描寫，此外還免不了會夾雜一些「鄙俚」的方言土音（或巫音）。〈九歌〉例如（1）嗟老歎時，傷盛年易逝，恐無所為。（2）思怨君王。（3）象徵芳潔品格的服飾，以及香草等。體物之工，後人有未及前人者。（4）遠遊高蹈。（5）驅遣一切的氣概。例如《楚辭・九歌・東君》東君是日神，描寫的祭祀景象有驅遣一切的氣概。太陽神了解楚人的「報秦之心」，自告奮勇，彎弓舉矢，射狼抗暴，是楚民族的化身。棄生詩有「報秦之心」者，如〈欲闢荒榛感作〉等詩。

　　第一節「《九歌・湘君》和《九歌・湘夫人》奇想奇情，悱惻芬芳。」論者魯瑞菁以其中香草用在愛情巫術上，成為巫術信仰和民俗習慣，形成楚人心中有因襲性、普遍性、母題性的原型意象。棄生的詠物詩如〈虞美人詠花二十韻十六首〉為此類佳作。以虞美人花為喻體。用七言排律體，排比麗詞，融詠物與詠古於一爐，其以人事擬物詠物的比興手法超妙。

　　第二節「〈國殤〉金戈鐵馬，溫序含鬚，一種人物，活現眼前。」棄生論《九歌》中〈國殤〉一篇似「先軫喪元，面猶如生，真溫序含鬚。一種人物，活現眼前。後來無數從軍詞，從軍樂之唱，不能有加於此。世人以屈子為詞賦之祖，埋沒湘纍矣。」

　　第三節「〈山鬼〉『寫生欲出』的妙筆。」棄生稱許《楚辭・九歌・山鬼》「若有人兮山之阿」四句別出一種倏遠筆墨，絕世豐神。末段則一種陰森之氣，不啻山鬼欲出，真寫生神手。

　　第六章「〈遠遊〉而遊仙，設情以位體。」洪棄生以析論《楚辭》為後代詩歌題材與風格淵源。洪棄生論李白之〈遠別離〉、〈春日行〉，杜甫之〈寄韓諫議注〉等詩善學騷。所謂善學騷在於肖神不肖形。宋朱熹在〈楚辭後語目錄・序〉所謂「又必以無心而冥會者為貴」，即棄生所謂「肖神不肖形」。指後代詩人無心求似屈原的作品，而其性情、志趣與遭際卻與屈原有相合相似之處，都有幽憂窮蹙、怨慕淒涼之意，則杜甫所謂「蕭條異代不同時」，發為詩作，而無心竟然合轍。

　　第一節「論〈遠遊〉影響遊仙詩。」筆者的著作論〈遠游〉由「憂世」而「憂生」而追求「度世」，超越此世。而莊子認為孔子遊於道術，仍是「遊方之內」，其主張「與造物者為人，而遊乎天地之氣。」飛越超舉之凌虛狀態，見〈逍遙遊〉。清代王夫之《楚辭通釋》將〈遠游〉視為氣功專著。此外，考查辭賦與詩對遊仙的描寫，李豐楙云：「〈離騷〉、〈遠遊〉應是巫師的神遊或是模擬巫師的昇天經驗，為世俗化的昇登仙界的神遊版本。」「漢晉之際諸般〈昇天行〉、〈遊仙詩〉則是世俗化的乘蹻術。」漢賦如司馬相如〈大人賦〉云：「悲世俗之迫隘兮，朅輕舉而遠遊」則鋪寫遠遊天上帝宮之樂，稍稍滿足帝王遊仙求長生的欲望。論者稱屈原〈遠游〉採用民間道教傳聞來表現愛國的主題，影響後世世俗化的乘蹻術。〈遠遊〉的神仙奇詭思想，影響後世遊仙詩的興起。魯瑞菁的文章著重分析〈遠遊〉的空間審美模型，筆者則著重「積極想像的四個階段」。從心理學積極想像的四個階段論〈遠遊〉。受到〈遠遊〉

的遊仙描寫影響，以遺民世路艱難苦志對比神遊之樂，例如洪棄生寫給施梅樵的詩作，〈入山詞和梅樵韻〉云：「蓬萊既已淺，蓬島苦無仙。」施梅樵想像入山訪仙，結廬山居，棄生卻慨歎「蓬萊既已淺，蓬島苦無仙。」屈原〈離騷〉中叩問天閽，飛昇崑崙的仙遊，以及神話的運用，極為靈活。〈遠遊〉「悲時俗之迫阨兮，願輕舉而遠遊。」因憂患而避世，夙為遊仙詩中詠懷的主調。《莊子》〈逍遙遊〉高逸超脫的神人，則成為後世仙人形象的張本。論者曹道衡認為郭璞《遊仙詩》是中國古代浪漫主義詩歌從屈原到李白的發展中一個重要的環節。曹道衡析論郭璞詩對李白、李賀遊仙詩的影響，相較〈離騷〉詩寫行遊於天空，郭璞詩同樣不能忘記世人，回顧人世，對人民疾苦有一定的同情。筆法如〈離騷〉在「奏《九歌》而舞《韶》兮」後，筆鋒一轉為「陟升皇之赫戲兮」四句。郭璞詩的情節受屈原啟發，影響李白，如李白〈古風五十九首〉其十九「西上蓮花山」，寫自己與仙人衛叔卿「駕鴻凌紫冥」之際，卻「俯視洛陽川」，悲憫人世戰亂和殺戮。至於李賀〈夢天〉的「遙望齊州九點煙，一泓海水杯中瀉。」曹道衡認為是前引「東海猶蹄涔」二句，和《遊仙詩》第十二首的「四瀆流如淚，五岳羅若垤。」的發展。但郭璞詩句傾向古樸和自然；而李賀更偏於奇崛和瑰麗。

此外，李白的遊仙詩又受到南朝詩人鮑照的影響。論者曹道衡稱許鮑照詩以樂府舊題出新意，成為揭露或蔑視當時社會的有力武器。例如〈升天行〉這種遊仙詩，曹植或梁代劉孝勝等人，詩的情調都是出世的。李白詩善學騷在於肖神不肖形。棄生特別推崇〈春日行〉。此詩擬為君王遊樂之辭。此繼承漢賦司馬相如的長篇遊獵，誇揚君王遊樂之辭，又脫胎自〈招魂〉「亂曰」以下的遊獵描寫，小民的哀情則見於言外。棄生所謂善學騷在於肖神不肖形。例如杜甫〈玉華宮〉一詩，與〈離騷〉肖神不肖形。詩有黍離行邁之思，誠然。又說「不知何王殿」，婉轉致諷，嘆昔日帝王儉德之風蕩然不存。

第二節「棄生遺民詩的遊仙意趣。」棄生因〈遠遊〉影響，以遺民世路艱難苦志對比神遊之樂。其遺民詩的遊仙意趣，從題名及內容來看，詩題有仙人、仙景、仙藥三者之一，內容實為遊仙者，如〈重題蓬萊圖〉、〈望蓬萊山有悼〉、〈望見三神山歌〉、〈求仙六章〉、〈夢遊玉京〉等。題名無關遊仙，而內容相關者，如〈吸煙戲詠〉、〈說夢二首〉、〈望遠海〉、〈循寶石山登葛嶺訪仙蹟並弔往蹟放歌〉。末首乃訪遊杭州所作，屬遊歷弔古詩，情思閒遠。棄生遊仙詩要旨。一、悲臺割日，憂國陸沈。二、功名不遂，黍離之悲。洪棄生〈夢遊玉

京〉託夢遊仙境，經仙人指點，了悟己為謫仙，以此舒解其功名不遂及黍離之悲。三、且效地仙，逍遙遊山。棄生〈循寶石山登葛嶺訪仙蹟並弔往蹟放歌〉遐然有飛傍仙寮之想。下山時天風送人，飄飄然如孤山林逋，長與白鶴翛然塵世之外。〈招隱六章〉本自晉代詩人左思的詩作影響，發抒隱居之志，詩視統治臺灣的日本人為殊俗人，相視如猿狙，欲嘯詠近陶潛，卷藏而不舒，發抒貞隱之志。

第七章「〈招魂〉〈天問〉典，奧衍詩事義。」析論《楚辭》〈招魂〉〈天問〉典故，風格奧衍，為其遺民詩史的淵源，品評洪棄生詩用典以足義的標準。洪棄生乙未年（西元一八九五年）之後的詩援引神話，自《楚辭・天問》、《淮南子》、《山海經》等書擷取意象，其神話思維關涉現實，闡發內心幽微怨憤。

第一節「〈天問〉詩史源，〈招魂〉哀家國：遺民的詩史書寫。」關於〈天問〉、〈招魂〉的篇旨，〈天問〉或以一切高遠於人者曰天，天問乃窮其本始之義。〈招魂〉的篇旨，筆者採常森的論點，即屈原自招生魂。關於〈天問〉、〈招魂〉，洪棄生云：「《楚辭》中〈離騷〉之外，〈天問〉、〈招魂〉為大篇，後世二馬、班、揚、韓、柳，無數詭譎奇文，皆從此化出。」屈原〈天問〉即其心儀的人格典範仰而問之，其詩意和文藝的世界與現實的矛盾衝突，屈原以窮則呼天問天的憤懣、諷刺和憐憫，寄託於人物典型。屈原神賦光明美質的生命創造力，欲努力實踐進德立業的理想卻不可得。班固說屈原「露才揚己」，劉勰說屈原有「狷狹之志」，屈原乃狂狷之士而特立獨行，其怨情和抒情，論者魯瑞菁認為「一方面是最有個性、最獨特的遭遇、最強烈的人格表現，另一方面則具有後世士大夫，普遍的生命困境與情感模式原型。」棄生〈四題謝君生壙詩後〉：「青山舊息壤，遺下廣漠塋。陸沉身不壞，沆瀣壽長生。何藉一抔土，遠與天尊爭。」用鯀竊帝之息壤以堙洪水，寫乙未年（西元一八九五年）臺灣割日，謝道隆抗日的義舉。論者魯瑞菁稱原始薩滿飛昇天地溝通兩層世界，其職責如遠古巫師，「為部族、氏族所遭遇到的災厄、困境，尋求過渡、解脫的契機，使部族、氏族恢復信心與希望，以繼續面對未來生活的重要意義。」〈離騷〉飛天求女儀式有此含意，與鯀竊帝之息壤以堙洪水都有追尋進而歷險進而尋獲的神話原型模式。

〈天問〉的神話和歷史影響《易林》的內容。西漢焦贛（字延壽，據余嘉錫說法，約生於西漢武帝天漢、太始年間，卒於宣帝末年或元帝初年，約西

元前九十六～前二十五年)《易林》全書以四千零九十六首詩歌,類似《周易》
繇辭,稱為林辭,論者稱《易林》四言詩「取效風騷」,合於比興手法。其大
有之賁云:「作此哀詩,以告孔憂。」上接屈原自覺的抒情傳統。棄生云:「漢
儒得〈天問〉遺意者,焦延壽之作《易林》一書。」

　　至於屈原〈招魂〉,遺民詩人洪棄生則引用其要旨。〈招魂〉醋肆深刻處,
本在巫陽此角色。從榮格心理學治療言,古代巫醫或巫師的志業來自神明或
神靈的呼召,要成為療癒者。〈招魂〉帝與巫陽的對話有此意涵,療癒屈原被
君王放逐的哀傷。從團體的意識加上潛意識,某些原型導向深入的問題。可
用領土依附衍生自「母親原型」。「由共通的『精神』或『理念』(亦即父親原
型)使人結合起來。」

　　〈招魂〉一方面將驚懼魂的崇怪凶險張揚到極致,用來誘引魂的享樂亦
然。「母親原型」渴望有「自己的房間」,〈招魂〉中的室家飲食歌舞之極樂可
作為象徵意象。「類似動物對自身領域的依附,也類似部落和國家的領土依
附。」〈招魂〉又張揚到極致,往東南西北、上天或者下幽都,都充滿了危險、
可怕。強調對於宗國楚國的依附。此外,「亂曰」以下追憶昔日得懷王信用時
伴王遊獵。當年君臣的遇合相對屈原當下的流放,遊獵的意象如兄弟會、戰
士的團隊之類的團體,即「父親原型」使人結合起來。

　　李亦園並以中國寒食和端午的神話與習俗,與二分(春分秋分)二至(夏
至冬至)的冬至夏至有關。端節儀式連結屈原與龍船見於《荊楚歲時記》,實
際象徵夏至季節轉變活動,代表由夏入秋,這段期間常見的河水氾濫、蚊蟲
孳生、傳染病頻仍,因而儀式有水與飲菖蒲雄黃酒、藥水沐浴等習俗。而《周
禮‧秋官‧司寇》水神龍罔象的記載,而有貫象齒以驅水怪,相似中古歐洲驅
毒龍等夏至儀式,因此古來視端午乃「惡五月」之節。洪棄生以〈招魂〉寓含
為國家民族招魂,以招魂哀傷為家國犧牲者。他在一九一五年的詩作〈乙卯
重午〉云:「五月五日弔屈原,六日又當弔臺灣。」

　　第二節「變形神話:暗喻時世動亂,象徵遺民志節」洪棄生詩每以變形
的神怪暗喻時世動亂解體與臺灣災眚,也暗喻濟世猛志。以變形的意象反應
時勢的變動劇烈。以變形神話暗喻時世動亂,象徵遺民志節。他的詩以怪異
的意象來比喻災異,如地震等,其〈地震行〉寫明治三十九年(西元一九〇六
年三月二十七日,光緒三十二年二月二十三日),在嘉義、斗六造成重大傷亡
的地震。詩初寫天柱地軸的傾頹撓折。宇宙天地的混沌荒涼愴傷。天愴地傷,

莫名而來，天地滄桑變異，被巨大的地震支解。

　　第三節「天河斷槎：譬喻日治時期臺灣與中國隔絕。」洪棄生詩以天河斷槎或滄海阻山譬喻日治時期臺灣與中國隔絕，如〈秋月望海感賦〉云：「日夕長望浮漢船，漢槎不見今千年。」「塵世蜉蝣幾變遷」。

　　第四節「名士煙癮：批評日人限制吸煙等暴政。」洪棄生有名士談玄之風，自謂煙癮從俗戒之，卻又藉癮隱居求志，噴薄憤氣，填坤乾以不平之氣。詩作又以斷尾鳳和芙蓉城主批評日人治臺禁鴉片、斷頭髮、解纏足。日治時期，棄生視寫作如營造一洞天，安置私密隱情。吸鴉片成「癮」，而「癮」一滿足則痛苦暫「隱」，詩寫鴉片癮自我滿足，隱喻異族統治下難言的苦痛，見於〈吸煙戲詠〉等詩。

參考書目

一、筆者的著作

1. 陳光瑩著，《臺灣古典詩家洪棄生》（台中：晨星出版社，2009 年）。

2. 程玉凰、陳光瑩選注，《洪棄生集》（台南市：臺灣文學館，2012 年）。

3. 陳光瑩著，《吳梅村諷諭詩研究》（臺北：花木蘭文化出版社，2009 年）。

4. 陳光瑩著，《洪棄生的旅遊詩歌——《八州詩草》研究》（新北市：花木蘭文化出版社，2015 年）。

5. 陳光瑩著，《儒醫謝道隆《小東山詩存》研究》（新北市：花木蘭文化出版社，2020 年 3 月）。

二、洪棄生、洪炎秋著作

1. 洪棄生著，《寄鶴齋古文集》（南投：臺灣省文獻委員會，1993 年）。

2. 洪棄生著，《寄鶴齋詩話》（南投：臺灣省文獻委員會，1993 年）。

3. 洪棄生著，《寄鶴齋駢文集》（南投：台灣省文獻委員會，1993 年）。

4. 洪棄生著，《寄鶴齋詩集》（南投：臺灣省文獻委員會，1993 年）。

5. 洪棄生著，《洪棄生先生遺書》第七冊（台北：成文出版社，1960 年）。

6. 洪棄生著，《時勢三字編》（南投：臺灣省文獻委員會，1993 年）。

7. 洪棄生，《八州詩草》（南投：台灣省文獻委員會，1993 年）。

8. 洪棄生，《八州遊記》（南投：台灣省文獻委員會，1993 年）。

9. 程師玉凰著，《洪棄生的旅遊文學——《八州遊記》研究》（台北：文津出版社，2011 年）。

10. 程師玉凰著，《洪棄生及其作品考述》（臺北縣：國史館，1997 年）。

11. 洪炎秋著，《洪炎秋自選集》（台北：黎明文化公司，1975 年）。

12. 洪炎秋著，《淺人淺言》（台北：三民書局，1973 年）。

13. 洪炎秋著，《閑話與常談——洪炎秋文選》（彰化市：彰化縣立文化中心，1996 年 7 月）。

三、詩經著作

1. 方玉潤著，《詩經原始》（台北：藝文出版社，1960 年）。

2. 王先謙撰，《《詩》三家義集疏》（臺北：明文書局，1988 年 10 月 10 日初版）。

3. 王靜芝著，《詩經通釋》（台北：輔仁大學文學院，1991 年）。

4. 孔穎達撰，《《毛詩》正義》（臺北：中華書局，1966 年 3 月臺一版）。

5. 朱熹集註，《《詩》集傳》（臺北：中華書局，1969 年）。

6. 朱熹集註，《《詩》集傳》（臺北：中華書局，1970 年 9 月臺三版）。

7. 朱熹集註，《詩經集註》（臺北市：萬卷樓圖書公司，1996 年）。

8. 朱善著，《詩解頤》，《文淵閣四庫全書・經部三・詩類》（台北：商務印書館，1983 年）。

9. 李辰冬撰，《《詩經》通釋》（臺北：水牛出版社，1980 年 11 月 15 日三版）。

10. 余培林著，《詩經正詁》（臺北市：三民書局，2007 年）。

11. 吳宏一著，《詩經新繹，雅頌篇：小雅》（台北：遠流出版社，2018 年 3 月初版）。

12. 吳宏一著，《詩經新繹，雅頌篇：大雅・三頌》（台北：遠流出版社，2018 年 3 月初版）。

13. 吳宏一著，《詩經新繹・國風編・國風一：周南・召南・邶風・鄘風》（臺北市：遠流出版社，2018 年 5 月）。

14. 吳宏一著，《詩經新繹・國風編・國風二：衛風・王風・鄭風・齊風・魏

風》（臺北市：遠流出版社，2018 年 5 月）。

15. 吳宏一著，《詩經新繹・國風編・國風三：唐風・秦風・陳風・檜風・曹風・豳風》（臺北市：遠流出版社，2018 年 5 月）。

16. 林慶彰編著，《詩經研究論集》（台北市：臺灣學生書局，1983 年）。

17. 屈萬里著，《《詩經》詮釋》（臺北：聯經出版社，1983 年）。

18. 屈萬里著，《《詩經》詮釋》（臺北：聯經出版社，1996 年 7 月初版第十刷）。

19. 姚際恆撰，《《詩經》通論》（臺北：廣文書局，1971 年 11 月再版）。

20. 胡承珙撰，《《毛詩》後箋》（收於《續四庫全書》冊 67，上海：上海古籍出版社，1995 年 3 月）。

21. 高亨撰，《《詩經》今注》（臺北：里仁書局，1981 年 10 月 15 日版）。

22. 馬瑞辰撰，《《毛詩》傳箋通釋》（臺北：中華書局，1980 年 1 月臺三版）。

23. 楊家駱主編，《清儒詩經彙解》（台北：鼎文，1972 年）。

24. 裴普賢編著，《詩經研讀指導》（台北：東大，民 76 再版）。

25. 裴普賢編著，《詩經評註讀本》（臺北：三民書局，1987 年 4 月三版）。

26. 糜文開、裴普賢著，《詩經欣賞與研究》（台北市：三民書局，1986 年 11 月三版）。

27. 滕志賢注譯，葉國良校閱，《新譯詩經讀本》（台北：三民書局，2000 年）。

28. 魏源撰，《《詩》古微》（湖南長沙：嶽麓書社，1989 年 12 月第一版）。

四、楚辭著作

1. 王逸原注，何錡章編著，《王逸注楚辭》（台北：黎明文化，1984 年）。

2. 王逸撰，《楚辭章句十七卷四冊》，收於《國立中央圖書館善本序跋集錄・別集（一）》（明陳深批點明萬曆天啟閒吳興凌氏刊朱墨套印本，台北：1994 年 4 月）。

3. 王家歆著，《楚辭九章集釋》（臺灣：商務印書館，2007 年 10 月二版一刷）。

4. 王夫之著，《楚辭通釋》（上海：上海人民出版社，1975 年版）。

5. 丁海玲著，《王夫之《楚辭通釋》研究》（天津：南開大學出版社，2018 年 2 月版）。

6. 丁晏撰，黃靈庚點校，《楚辭天問箋》（上海：上海古籍出版社，2018 年 11 月第 1 版）。

7. 朱熹集注，《楚辭集注》（台北：文津出版社，1987 年）。

8. 朱熹集注，《楚辭集注》（合肥市：黃山書社，2009 年）。

9. 朱熹撰，《楚辭集註八卷後語六卷辯證二卷五冊》，收於《國立中央圖書館善本序跋集錄・別集（一）》（明萬曆間楊鶴南京刊本，台北：1994 年 4 月）。

10. 朱熹著，蔣立甫校點，《楚辭集注》，見《朱子全書》（上海：上海古籍出版社；合肥：安徽教育出版社，2002 年）。

11. 李川著，《論「譜屬詩」：《神譜》《天問》比較研究》（北京：中國社會科學出版社，2016 年 3 月）。

12. 汪曉雲著，《一「名」驚人：「崑崙」之「道」》（廈門：廈門大學出版社，2015 年 9 月）。

13. 吳福助註譯，《楚辭註繹》（台北市：里仁書局，2007 年）。

14. 高秋鳳著，《天問研究》（臺北縣：花木蘭出版社，2008 年）。

15. 常森著，《屈原及楚辭學論考》（北京市：北京大學出版社，2016 年 6 月第 1 版）。

16. 許瑞哲著，《屈原儒道思想探微》（臺北市：元華文創，2019 年 4 月）。

17. 傅錫壬註譯，《新譯楚辭讀本》（台北：三民書局，1987 年）。

18. 湯炳正著，《屈賦新探》（北京：商務印書社，2019 年）。

19. 湯炳正著，《與日月爭光可也：湯炳正論《楚辭》》（北京：生活・讀書・新知三聯書店，2018 年 5 月）。

20. 湯炳正著，《楚辭講座》（北京：北京出版社，2018 年 4 月）。

21. 湯炳正著，《楚辭類稿》（四川：巴蜀書社，1988 年 1 月第一版）。

22. 魯瑞菁著，《楚辭騷心論：諷諫抒情與神話儀式》（上海：上海書店，2016

年 11 月第 1 版）。

23. 漢劉向編，清陳兆崙手批，陳元祿、鮑毓東手跋，包根弟審查、張曉生標點，《楚辭八卷四冊》，收於《國立中央圖書館善本序跋集錄・集部・楚辭類》（明萬曆丁酉（二十五年）武林郁氏尚友軒刊袖珍本，台北：1994年 4 月）。

五、工具書、地方志

1. 陳正祥著，《臺灣地名辭典》（臺北：南天書局，1993 年版）。

2. 臧勵龢主編，《中國人名大辭典》（臺北：商務印書館，1979 年二月增補臺二版）。

3. 黃秀政撰，《鹿港鎮志・沿革篇》（鹿港鎮：鹿港鎮公所，2000 年）。

4. 葉大沛著，《鹿港發展史》（彰化市：左羊出版社，1997 年）。

5. 單文經撰，《鹿港鎮志・教育篇》（鹿港鎮：鹿港鎮公所，2000 年）。

6. 施添福撰，《鹿港鎮志・地理篇》（鹿港鎮：鹿港鎮公所，2000 年）。

7. 許雪姬撰，《鹿港鎮志・宗教篇》，（鹿港鎮：鹿港鎮公所，2000 年）。

8. 高拱乾修纂，《臺灣府志》（臺北：台灣大通書局，1987 年 10 月）。

六、詩（詞）話、詩箋、詩集、文集、年譜

1. 干寶著，黃鈞注譯，《新譯搜神記》（台北：三民書局，1996 年 1 月）。

2. 王應麟撰，閻若璩箋，《困學紀聞》（山東濟南市：山東友誼書社，1992年 7 月第 1 版）。

3. 王夫之著，《薑齋詩話》（北京：人民文學出版社，1998 年）。

4. 王夫之等撰，《清詩話》（上海：上海古籍出版社，1999 年 6 月第 1 版）。

5. 王國維著，《海寧王靜安先生遺書》（四）（台北：商務印書館，1979 年）。

6. 王士禛著，《帶經堂詩話》（北京：人民文學出版社，1998 年）。

7. 王士禛著，《池北偶談》（台北市：漢京文化出版社，1984 年）。

8. 王國維著，《人間詞話》（台北：金楓出版社，1999 年）。

9. 方回選評，李慶甲集評校點，《瀛奎律髓彙評》（上海：上海古籍出版社，2005 年）。

10. 方苞，《欽定四書文》，《文淵閣四庫全書・集部・總集類》（台北：商務印書館，1983 年）。

11. 方苞，《望溪集》，《文淵閣四庫全書・集郡・別集類》（台北：商務印書館，1983 年）。

12. 方苞，《望溪先生文集》，《續修四庫全書・集郡・別集類》第 1420 冊（上海：上海古籍出版社，2002 年）。

13. 白居易著，陶敏、魯茜注譯，《新譯白居易詩文選》（台北：三民書局，2009 年）。

14. 阮籍原著，林家驪注譯，《新譯阮籍詩文集》（台北：三民書局，2001 年）。

15. 李桓輯錄，《國朝耆獻類徵初編》（八）（台北：文海，民國 62 年 12 月版）。

16. 李白著，郁賢皓注譯，《新譯李白詩全集》（台北：三民書局，2011 年）。

17. 李商隱著，朱恆夫、姚蓉、李翰、許軍注譯，《新譯李商隱詩選》（台北：三民書局，2011 年）。

18. 李一冰著，《蘇東坡新傳》（台北：聯經出版公司，1996 年）。

19. 杜甫著，張忠綱、趙睿才、綦維注譯，《新譯杜甫詩選》（臺北市：三民書局，2009 年）。

20. 杜甫著，仇兆鰲注，《杜詩詳註》（北京，中華書局，1989 年 12 月第三刷）。

21. 杜甫著，楊倫箋注，《杜詩鏡銓》（台北：華正書局，1986 年 8 月版）。

22. 何文煥輯，《歷代詩話》（四部刊要集部・詩文評類，台北：漢京文化，1983 年 1 月 1 日初版）。

23. 吳文志編，《宋詩話全編》（江蘇：江蘇古籍出版社，1998 年）。

24. 吳文志編，《明詩話全編》（南京：江蘇古籍出版社，1997 年）。

25. 吳偉業著，李學穎集評標校，《吳梅村全集》（上海：上海古籍出版社，1990 年 12 月）。

26. 沈德潛等人編，《宋詩別裁集・元詩別裁集・明詩別裁集》（長沙市：岳麓書社，1998 年）。

27. 沈括著,《夢溪筆談》(上海:上海古籍出版社,1987 年 9 月第一刷)。

28. 易順鼎著,《琴志樓詩集》(上海:上海古籍出版社,2004 年 4 月第一刷)。

29. 洪邁著,《容齋隨筆》(北京:中華書局,2005 年)。

30. 洪亮吉著,《北江詩話》(北京:人民文學出版社,1998 年)。

31. 柯慶明著,《中國文學的美感》(台北市:麥田出版公司,2000 年)。

32. 袁枚著,王英志主編,《袁枚全集》(江蘇:江蘇古籍出版社,1993 年)。

33. 袁枚原著,張健精選,《隨園詩話精選》(台北:文史哲出版社,1986 年 4 月一版)。

34. 袁枚著,《隨園詩話》(台北:漢京文化公司,1984 年)。

35. 連橫編撰,《臺灣詩薈》(台北:成文出版社,1977 年)。

36. 連橫著,《雅堂文集》(台北:臺灣銀行,1964 年)。

37. 陸游著,錢仲聯校注,《劍南詩稿校注》(上海:上海古籍出版社,1985 年 9 月)。

38. 郭紹虞著,《元好問論詩三十首小箋》(北京市:人民文學出版社,1998 年)。

39. 郭紹虞著,《宋代詩話考》(四部刊要集部・詩文評類,台北:漢京文化,1983 年元月 20 日)。

40. 郭茂倩編,《樂府詩集》(台北:里仁書局,1981 年 3 月 24 日)。

41. 陳恭尹著,《獨漉堂集》(廣東:中山大學出版社,1988 年 8 月)。

42. 陳沆著,《詩比興箋》(台北:藝文出版社,1970 年 9 月初版)。

43. 張夢機著,《近體詩發凡》(台北:中華,1984 年 5 月四版)。

44. 張鳴編著,《宋詩菁華:宋詩分體選讀》(臺北市:三民書局,2016 年)。

45. 陶秋英編選,虞行校訂,《宋金元文論選》(北京:人民文學出版社,1999 年版)。

46. 梁啟超著,《飲冰室詩話》(北京市:人民文學出版社,1998 年)。

47. 清聖祖御製,《全唐詩》(台北:明倫出版社,1971 年 5 月初版)。

48. 陶潛著,龔斌校箋,《陶淵明集校箋》(上海:上海古籍出版社,2004 年)。

49. 陶潛著，逯欽立校注，《陶淵明集》（台北：里仁書局，1985 年）。

50. 傅錫壬著，《新譯楚辭讀本》（台北：三民書局，2007 年）。

51. 傅璇琮主編，《全宋詩》（北京市：北京大學古文獻研究會編，北京大學出版社出版，1999 年）。

52. 傅與礪著，《傅與礪詩文集》，《四庫全書珍本三集》（臺北：商務印書館）。

53. 傅與礪著，紀昀等編，《傅與礪詩文集》（《文淵閣四庫全書·集部·別集類》第一二一三冊，臺北：商務印書館，1983 年 10 月初版）。

54. 曾國藩著，湯孝純注譯，《新譯曾文正公家書》（台北：三民書局，2001 年）。

55. 黃鈞宰著，《金壺七墨》，《續修四庫全書》第 1183 冊（上海：上海古籍出版社，1999 年版）。

56. 黃遵憲著，《人境廬詩草箋注》（上海：上海古籍出版社，1999 年 12 月第二刷）。

57. 黃美娥編，《魏清德全集·參·文卷》（台南市：台灣文學館，2013 年 12 月初版）。

58. 黃文煥輯，《歷代詩話》（台北：漢京文化出版社，1983 年）。

59. 黃庭堅撰，任淵、史容、史季溫注，《黃庭堅詩集注》（北京：中華書局，2003 年 5 月）。

60. 黃庭堅著，《山谷集》，《景印文淵閣四庫全書·集部·別集類》（台北：商務印書館，1983 年）。

61. 歐陽脩著，《文忠集》（文淵閣四庫全書集部·別集類，台北：商務，1983 年）。

62. 錢謙益著，錢曾箋注，錢仲聯標校，《錢牧齋全集》（上海：上海古籍出版社，2003 年）。

63. 韓愈著，馬通伯校注，《韓昌黎文集校注》（台北：華正書局，1986 年）。

64. 韓愈著，錢仲聯編，《韓昌黎詩繫年集譯》（台北市：學海書局，1985 年）。

65. 韓愈著，周啟成、周維德注譯，《新譯昌黎先生文集》（台北：三民書局，1999 年）。

66. 蕭統編，《增補六臣註文選》（台北：漢京文化，1983 年）。

67. 蘇軾著，王文誥輯校，《蘇軾詩集》（北京市：中華書局，1996 年）。

68. 蘇軾著，清王文誥、馮應榴輯注，《蘇軾詩集》（台北：學海出版社，1985 年 9 月再版）。

69. 蘇軾著，《東坡全集》，《景印文淵閣四庫全書‧集部‧別集類》（台北市：商務印書館，1983 年）。

70. 嚴羽著，《滄浪詩話》（台北市：金楓出版社，1986 年）。

七、文化、美學

1. 艾德華‧薩伊德著，薛絢譯，《世界‧文本‧批評者》（台北：立緒文化，2009 年）。

2. （艾）愛德華‧W‧薩伊德著，李自修譯，《世界‧文本、批評家》（北京：三聯書店，2009 年）。

3. 艾德華‧薩伊德著，單德興譯，《知識分子論》（台北：麥田出版社，2004 年）。

4. 何冠彪著，《明末清初學術思想研究》（台北：台灣學生，1991 年）。

5. 李豐楙著，《誤入與降謫：六朝隋唐道教文學論集》（台北：台灣學生書局，1996 年）。

6. 李豐楙著，《憂與遊：六朝隋唐遊仙詩論集》（台北：台灣學生書局，1996 年）。

7. 漢娜‧鄂蘭著，鄧伯宸譯，《黑暗時代群像》（台北：立緒文化公司，2006 年版）。

8. 錢鍾書著，《談藝錄》（台北：書林出版社，1999 年 2 月二刷）。

9. 錢鍾書著，《談藝錄》（野狐出版社，出版地及年月不詳）。

10. 劉紀曜等著，《理想與現實》（台北：聯經文化公司，1987 年 2 月）。

八、文學史、史學、哲學、語言學

1. 方豪著，《宋史》（臺北市：華岡，1979 年）。

2. 王師忠林等人編，《中國文學史初稿》（台北：福記文化，民國 74 年 5 月

修訂三版）。

3. 王力主編，《古代漢語》第二冊（北京：中華，2003 年 8 月）。

4. 王仲犖著，《魏晉南北朝史》（台北：漢京文化出版社，1992 年 9 月 1 日台版一刷）。

5. 王國維著，《宋元戲曲史》（台北：商務印書館，1986 年 2 月初版）。

6. 古鴻廷、黃書林、顏清苓合編，《臺灣歷史與文化（五）》（台北：稻鄉出版社，2000 年 11 月）。

7. 司馬遷著，瀧川龜太郎注，《史記會注考證》（台北：洪氏出版社，1986 年 9 月版）。

8. 台北縣鎮江旅台同鄉會編，《思我故鄉——鎮江》第二集（台北縣：鎮江旅台同鄉會，1986 年 10 月初版）。

9. 北京大學古文獻研究所編，《全宋詩》（北京：北京大學出版社，1998 年 12 月第一刷）。

10. 左丘明著，郁賢皓等注譯，《新譯左傳讀本》（台北：三民書局，2006 年）。

11. 左丘明著，楊伯峻注，《春秋左傳會注》（高雄：復文書局，1988 年 1 月初版）。

12. 左丘明著，杜預注，《春秋經傳集解》（台北：新興書局，1989 年 8 月版）。

13. 左丘明著，《國語》（台北：九思出版社，1978 年）。

14. 全漢昇等人著，《中國近代現代史論集第九編，自強運動（四）工商業》（台北：商務印書館，1985 年 8 月初版）。

15. 呂思勉著，《先秦史》（台北：台灣開明書局，1975 年 1 月臺五版）。

16. 宋濂等撰，《元史》（台北：鼎文書局，1980 年 3 月初版）。

17. 里德（Leader, Darian）著，龔卓軍譯，《拉康》（台北：立緒文化公司，1988 年）。

18. 吳福助著，《史記解題》（台北：國家出版社，1986 年 6 月三版）。

19. 杜維運著，《憂患與史學》（臺北市：東大出版社，1993 年）。

20. 李細珠著，《張之洞與清末新政研究》（上海：上海書店出版社，2003年）。

21. 季明華著，《南宋詠史詩研究》（臺北市：文津，1997年）。

22. 易中天注譯，《新譯國語讀本》（台北：三民書局，2006年）。

23. 孟元老撰，鄧之誠注，《東京夢華錄》（台北：漢京出版社，1984年3月30日版）。

24. 房玄齡等撰，《晉書》（台北：鼎文書局，1980年3月初版）。

25. 胡適著，《白話文學史》（台南：東海出版社，1981年）。

26. 班固著，《漢書》（台北：鼎文書局，1997年10月9版）。

27. 倉修良主編，《中國史學名著評介》（台北：里仁書局，1994年4月）。

28. 袁康著，劉建國注譯，《新譯越絕書》（台北：三民書局，1997年6月初版）。

29. 徐芹庭、徐耀環著，《焦氏易林解譯》（新北市：聖環圖書，2013年6月）。

30. 脫脫等撰，《宋史》（台北：鼎文書局，1983年11月三版）。

31. 郭廷以著，《近代中國史綱》（台北：曉園出版社，1994年5月初版第一刷）。

32. 清史稿編纂委員會編，《清史稿校註》（台北：商務印書館，1999年）。

33. 曹道衡著，《中古文學史論文集》（台北市：洪葉文化，1996年）。

34. 張京華注釋，《新譯近思錄》（臺北市：三民書局，2005年）。

35. 張麗俊著，《水竹居主人日記》（四）（台北市：中央研究院近代史研究所，2001年）。

36. 張玉法著，《中華民國史稿》（台北：聯經出版社，1998年初版）。

37. 陳壽撰，裴松之注，楊家駱主編，《新校本三國志注附索引》（台北：鼎文書局，1997年）。

38. 陳良運著，《焦氏易林詩學闡釋》（南昌：百花洲文藝出版社，2000年）。

39. 陳鼓應著，《易傳與道家思想》（臺北市：臺灣商務，1994年）。

40. 陳麗桂著，《漢代道家思想》（臺北市：五南圖書，2013 年 11 月初版一刷）。

41. 陸心源輯撰，《宋史翼》（北京：中華書局，1991 年 12 月第 1 版）。

42. 國史館編，《清史稿校註》（台北：國史館，1991 年 6 月初版）。

43. 葉昌熾撰，柯昌泗評，《語石‧語石異同評》（北京：中華書局，2005 年重印）。

44. 傅佩榮解讀，《傅佩榮解讀易經》（臺北：立緒文化出版社，2005 年 2 月）。

45. 楊衒之著，楊勇校箋，《洛陽伽藍記校箋》（北京：中華書局，2010 年版）。

46. 葛洪著，王明校釋，《抱朴子內篇校釋》（北京市：中華書局，1996 年）。

47. B. Delfgaauw 著，傅佩榮譯，《西方哲學（1900～1950）》（台北：業強出版社，1989 年 6 月）。

48. 萬斯同著，《明史》（台北：鼎文書局，1975 年 6 月初版）。

49. 廖炳惠著，《解構批評論集》（臺北市：東大，1995 年）。

50. 劉向編，易中天注譯，《新譯國語讀本》（台北：三民書局，1995 年 11 月）。

51. 劉向編，《國語》（台北：里仁書局，1980 年 1 月 15 日版）。

52. 劉向編，《戰國策》（台北：九思出版社，1976 年 10 月初版）。

53. 劉安撰，高誘注，《淮南子》（臺北市：臺灣中華書局，1993 年 6 月 6 版 2 刷）。

54. 劉鳳翰等著，《中國現代史論集第 23 冊第 21 編‧民初政治（三）》（台北：商務印書館，1986 年 6 月初版）。

55. 劉銀昌著，《焦氏易林文學研究》（北京：中國社會科學出版社，2016 年 7 月）。

56. 劉昫等撰，《舊唐書》（台北：鼎文書局，1979 年 12 月初版）。

57. 楊家駱主編，《太平天國文獻彙編》第五冊（民國 62 年 12 月初版）。

58. 楊伯峻著，《春秋左傳會注》（高雄：復文書局，1986 年 8 月初版）。

59. 錢穆著,《先秦諸子繫年》(臺北:台灣開明書局,1986 年 2 月台北初版)。

60. 錢仲聯主編,《清詩紀事》(南京:鳳凰出版社,2004 年 4 月)。

61. 韓養民著,《秦漢文化史》(台北:里仁書局,1986 年)。

九、現代文學作品

1. 伊莉莎白・碧許(Elizabeth Bishop)著,曾珍珍譯,《寫給雨季的歌——伊莉莎白・碧許詩選》(台北:木馬文化,2004 年)。

2. 余光中著,《望鄉的牧神》(台北:九歌出版社,2008 年)。

3. 余光中著,《逍遙遊》(台北:時報文化出版社,1985 年 11 月 1 日初版二刷)。

十、經書、宗教、倫理、心理、人類學

1. 王溢嘉著,《易經 101:文化八卦的當代解碼》(臺北市:有鹿文化,2017 年 8 月 10 日初版第三印)。

2. 朱熹著,黎德靖編,《朱子語類》(北京:中華書局,1996 年 6 月)。

3. 朱熹、趙順孫等注疏,《四書纂疏》(台北:學海出版社,1980 年 9 月初版)。

4. 江燦騰著,《日據時期臺灣佛教文化發展史》(台北:南天,2001 年元月初版 1 刷)。

5. 伊利亞德(Mircea Eliade)著,楊素娥譯,《聖與俗:宗教的本質》(台北:桂冠出版社,2001 年)。

6. 李亦園著,《宗教與神話論集》(台北縣:立緒文化,2004 年 10 月二刷初版)。

7. M・耶律亞德著,楊儒賓譯《宇宙與歷史:永恆回歸的神話》(台北:聯經出版社,2000 年)。

8. 紀昀等撰,《四庫全書總目提要》(台北:商務印書館,1983 年 10 月初版)。

9. 高莉芬著,《蓬萊神話》(台北:里仁書局,2008 年)。

10. 袁珂校注，《山海經校注》（臺北市：里仁書局，1995 年）。

11. 格爾達‧帕格爾著，李朝暉譯，《拉康》（北京：中國人民大學出版社，2008 年）。

12. 莫里斯‧梅洛——龐蒂（Maurice Merleau-Ponty，1908～1961 年）著，楊大春譯，《眼與心》（北京：商務印書館，2007 年 6 月）。

13. 陳昭瑛著，《臺灣儒學：起源、發展與轉化》（台北：正中書局，2000 年 3 月）。

14. 陳慧劍譯註，《維摩詰經今譯》（台北：東大圖書公司，1990 年）。

15. 章太炎著，傅杰編校，《章太炎學術史論集》（北京：中國社會科學出版社，1997 年 6 月第一刷）。

16. 康師義勇著，《論語釋義》（高雄：麗文文化公司，1993 年）。

17. 勒內‧吉拉爾著，馮壽農譯，《替罪羊》（台北：臉譜出版社，2004 年）。

18. 喬瑟夫‧坎伯、莫比爾（Joseph Campbell、Bill Moyers）著，朱侃如譯，《神話》（臺北縣：立緒文化，1995 年）。

19. 廖春紅編著，《圖解九型人格（職場與投資）》（新北市：華威國際，2017 年 6 月）。

20. 瑪麗－路蕙絲‧馮‧法蘭茲著，易之新譯，《榮格心理治療》（臺北市：心靈工坊，2011 年 8 月初版一刷）。

21. 劉君祖著，《易斷全書：理解《易經》斷卦的實用寶典》第一輯（臺北市：大塊文化出版，2017 年 12 月）。

22. 顏之推著，李振興、黃沛榮、賴明德注譯，《新譯顏氏家訓》（台北市：三民，2001 年 2 月初版 2 刷）。

23. 羅洛‧梅（Rollo May）著，朱侃如譯《焦慮的意義》（臺北：立緒文化出版社，2004 年）。

24. Follette、Victoria 等著，楊大和等譯，《創傷的認知行為治療》（台北市：心理出版社，2004 年）。

十一、文學理論、批評

1. 王忠林著，《文心雕龍析論》（台北：三民書局，1998 年）。

2. 方東樹著，《昭昧詹言》（台北：漢京文化，1985 年 9 月 30 日初版）。

3. 巴徹爾（S. H. Butcher）著，《亞里斯多德論詩的藝術》（Dorer Publication. Inc. 1951 年）。

4. 卡勒（Jonathan Culler）著，李平譯，《文學理論》（香港：牛津大學出版社，1998 年）。

5. 安伯托‧艾可著，翁德明譯，《艾可談文學》（臺北市：皇冠，2008 年 1 月）。

6. 朱自立著，《說詩晬語論歷代詩》（台北：里仁書局，1994 年）。

7. 朱自清著，《朱自清古典文學論文集》（上海：上海古籍出版社，2009 年 4 月第 2 版）。

8. 李建崑著，《韓孟詩論叢》（台北：秀威資訊出版社，2005 年 11 月初版）。

9. 余美玲著，《日治時期台灣遺民詩的多重視野》（臺北市：文津，2008 年）。

10. 林祥征著，《錢鍾書先生論《詩經》《楚辭》》（台北：五南圖書公司，2013 年 12 月）。

11. 亞里斯多德著，陳中梅譯注，《詩學》（臺北市：臺灣商務，2001 年）。

12. 柯慶明、蕭馳主編，《中國抒情傳統的再發現（下冊）》（台北市：臺大出版中心，2009 年 12 月）。

13. 柯慶明著，《中國文學的美感》（台北：麥田出版公司，2000 年 1 月 1 日初版一刷）。

14. 泰瑞‧伊格頓（Terry Eagleton）著，吳新發譯，《文學理論導讀》（台北：書林出版社，1993 年）。

15. 泰瑞‧伊格頓（Terry Eagleton）著，黃煜文譯，《如何閱讀文學》（台北市：商周出版社，2014 年）。

16. 海若‧亞當斯（Hazard Adams）著，傅士珍譯，《西方文學理論四講》（台北：洪範書店，2000 年）。

17. 舒燕等編記，《近代文論選》（北京：人民文學出版社，1999 年）。

18. 梁實秋著，《梁實秋論文學》（台北：時報文化公司，1981 年）。

19. 張高評著，《王昭君形象之轉化與創新：史傳、小說、詩歌、雜劇之流變》（臺北：里仁書局，2011 年 12 月）。

20. 張高評著，《宋詩之新變與代雄》（台北：洪葉文化，1995 年）。

21. 張高評著，《宋詩之傳承與開拓》（台北：文史哲出版社，1990 年 3 月初版）。

22. 張健著，《詩話與詩》（台北：五南圖書出版公司，2002 年）。

23. 張健著，《文學批評論集》（台北：臺灣學生書局，1985 年）。

24. 張健著，《宋金四家文學批評研究》（台北：聯經出版社，1983 年）。

25. 張健著，《文學概論》（台北：五南圖書公司，1983 年）。

26. 張健著，《文學評論第一集》（台北：巨流圖書公司，1980 年）。

27. 張夢機著，《讀杜新箋——律髓批杜詮評》（台北：漢光文化公司，1987 年）。

28. 張夢機著，《思齋說詩》（台北：華正書局，1977 年）。

29. 張錯（Dominic Cheung）著，《西洋文學術語手冊》（台北：書林出版社，2005 年）。

30. 陳光瑩著，《吳梅村諷諭詩研究》（臺北：花木蘭文化出版社，2009 年）。

31. 程千帆著，《閑堂詩學》（瀋陽：遼海出版社，2002 年 12 月第 1 版）。

32. 黃永武著，《字句鍛鍊法》（臺北市；洪範書局，2003 年 11 月）。

33. 黃永武著，《中國詩學（鑑賞篇）》（臺北：巨流出版社，1977 年三版）。

34. 黃慶萱著，《新譯乾坤經傳通釋》（台北：三民書局，2009 年）。

35. 黃慶萱著，《修辭學》（台北：三民書局，1989 年）。

36. 黃景進著，《意境論的形成：唐代意境論研究》（台北：臺灣學生書局，2004 年 9 月初版）。

37. 楊勇著，《楊勇學術論文集》（北京：中華書局，2006 年 9 月第 1 刷）。

38. 奧斯卡·王爾德著，蕭易譯，《謊言的衰落》（南京市：江蘇教育出版社，2004 年 3 月第一刷）。

39. 瑪格莉特·愛特伍（Margaret Atwood）著，嚴韻譯，《與死者協商：瑪格莉特·愛特伍談寫作》（臺北：麥田出版社，2004 年 5 月）。

40. 廖蔚卿著，《漢魏六朝文學論集》（台北市：大安出版社，1997 年第一版）。

41. 廖炳惠著，《解構批評論集》（台北：東大圖書公司，1995 年 10 月）。

42. 廖可斌著，《復古派與明代文學思潮》（台北：文津出版社，1994 年初版）。

43. 劉勰著，王更生注譯，《文心雕龍讀本》（台北：文史哲出版社，1988 年）。

44. 劉勰著，周振甫注，《文心雕龍注釋》（臺北：里仁書局，1984 年）。

45. 劉勰著，羅立乾注譯，李振興校閱，《新譯文心雕龍》（臺北市：三民書局，1996 年）。

46. 劉若愚著、杜國清譯，《中國文學理論》（台北：聯經出版社，1981 年）。

47. 劉熙載著，《詩概》（台北：藝文印書館，1985 年 9 月初版）。

48. 糜文開、裴普賢著，《詩經欣賞與研究》（臺北：三民書局，1985 年）。

49. 韓經太著，《詩學美論與詩詞美境》（北京：北京語言文化大學出版社，2000 年）。

50. 關永中著，《神話與時間》（臺北市：臺灣書局，1997 年）。

51. 簡宗梧著，《賦與駢文》（台北：台灣書局，1998 年）。

52. 鄺健行著，《科舉考試文體論稿：律賦與八股文》（台北市：臺灣書局，1999 年）。

53. 羅伯特・斯科爾斯、詹姆斯・費倫、羅伯特・凱洛格著，于雷譯，《敘事的本質》（南京市：南京大學出版社，2015 年 1 月 1 版）。

54. 龔鵬程著，《詩史本色與妙悟》（台北市：學生書局，1992 年）。

55. 龔鵬程著，《中國文學十五講》（臺北市：臺灣學生，2013 年 8 月）。

56. 龔鵬程著，《才》（台北：臺灣學生，2006 年）。

57. 龔鵬程著，《六經皆文：經學史／文學史》（台北市：臺灣學生書局，2008 年 12 月初版）。

十二、期刊論文

1. 卞良君著，〈《詩經》：中國古代詩歌題材類型的濫觴〉，收於《延邊大學

　學報：哲社版》（1995 年 4 月）。

2. 吳福助著，〈《楚辭・九歌・東君》太陽神祭儀考釋〉，《中華文化與文學學術研討系列——第十次會議：古典文獻的現代詮釋學術研討會論文》（台中：東海大學中國文學系，2005 年 3 月 26 日（星期六））。

3. 陳光瑩著，〈洪棄生古典的漢詩教學研究〉，《建國科技大學通識教育中心『第七屆提升職業倫理與職業道德教育研討會論文集』》（彰化：建國科技大學通識教育中心，2010 年 4 月 30 日）。

4. 楊錦富著，〈釋小雅「正月」〉（國雄師範大學博士班詩經學專題研究報告，1997 年 11 月，指導教授江聰平先生）。

5. 蔡淑玲著，〈德布達（即德希達）與白朗修對「空無」看法的異同：符號與現實之間的關係〉（《中外文學》第 22 卷第 10 期，1994 年 3 月）。

6. 德國 Wackernagel 著，易默譯，〈修辭學與風格論〉（刊載《國文月刊》第五十四期）。

7. 霍松林、鄧小軍著，〈論中國傳統詩歌的文化精神〉（《江海學刊（南京）》，1989 年第一期）。

8. 譚澎蘭著，〈韓愈《論語筆解》與中唐經學發展傾向〉（1996 年筆者博士班經學專題研究課程討論報告）。

十三、英文

1. Adalaide Kirby Morris, "Wallace Stevens: Imagination and Faith" (New Jersey: Princeton University Presss, 1974).

2. Bhabha, H. K. (ed.) (1997) Nation and Narration, Routledge, London.

3. Cassirer, E. (1955) Philosophy of Symbolic Forms（象徵型式的哲學）: Mythical Thought（神話的思想），Yale University Press, New Haven.

4. Ellen Dissanayake (2010) Philosophical Perspectives on Art, OUP Oxford.

5. Frank T. Vertosick , Jr., M. D., "WHY WE HURT: The Natural History of Pain" (New York: A Harvest Book Harcourt, Inc., 2000).

6. Lévi-Strauss, C. (1955) Myth and Meaning（神話和意義），Schocken Books, New York. Lévi-Strauss, C. (2000) The Structural Anthropology（結構人類

學）, Basic Books, New York.

7. Martin McQuillan, PAUL DE MAN（保羅德·曼）·(London: Taylor & Francis Group, 2001).

8. Müller, F. M. (1861) Lectures on Science of Language（語言科學課程）, Longman, London.

9. Poliakov, L. (1971) The Aryan Myth（亞利安人種的神話）; A History of Racist and Nationalist Ideas in Europe, Greenwood Press, London.